Stefan Tetzlaff
Heterotopie als Textverfahren

Studien zur deutschen Literatur

Herausgegeben von
Georg Braungart, Eva Geulen,
Steffen Martus und Martina Wagner-Egelhaaf

Band 213

Stefan Tetzlaff

Heterotopie als Textverfahren

—

Erzählter Raum in Romantik und Realismus

DE GRUYTER

ISBN 978-3-11-061049-9
e-ISBN (PDF) 978-3-11-047573-9
e-ISBN (EPUB) 978-3-11-047523-4
ISSN 0081-7236

Library of Congress Cataloging-in-Publication Data
A CIP catalog record for this book has been applied for at the Library of Congress.

Bibliografische Information der Deutschen Nationalbibliothek
Die Deutsche Nationalbibliothek verzeichnet diese Publikation in der Deutschen Nationalbibliografie; detaillierte bibliografische Daten sind im Internet über http://dnb.dnb.de abrufbar.

© 2018 Walter de Gruyter GmbH, Berlin/Boston
This volume is text- and page-identical with the hardback published in 2016.
Druck und Bindung: CPI books GmbH, Leck

♾ Gedruckt auf säurefreiem Papier
Printed in Germany

www.degruyter.com

Dank

Die vorliegende Studie wurde im September 2013 vom Fachbereich 09 Philologie der Westfälischen Wilhelms-Universität Münster als Dissertation angenommen. Mein Dank gilt allen, die als Wegbegleiter teilgenommen und mich gefördert haben.

Allen voran Moritz Baßler, der das Projekt von Beginn an unterstützt und in seinen Forschungskreis integriert hat; seine Anregungen haben die Studie sehr bereichert und von seinem Denkstil habe ich viel gelernt.

Genauso Alfred Sproede und Hania Siebenpfeiffer, deren akribische Lektüre, interessiertes und genaues Nachfragen ebenso wertvoll waren wie die zahlreichen Hinweise. Ich kann es nur so sagen: Ich hatte ausgesprochenes Glück mit meinem Betreuungspanel.

Ein entscheidender Faktor war darüber hinaus das Dach der Münsteraner Graduate School ›Practices of Literature‹, für dessen Möglichkeiten zum Austausch und Anregungen allen Mitgraduierenden sowie den Federführenden Martina Wagner-Egelhaaf, Cornelia Blasberg und Klaus Stierstorfer gedankt sei.

Für die großzügige finanzielle Unterstützung, ohne die diese Arbeit nicht hätte entstehen können, sei ausdrücklich der Stiftung Bildung und Wissenschaft gedankt, deren Promotionsstipendium das konzentrierte Forschen erst ermöglichte. Die Finalisierung schließlich verdankt sich dem Promotionsabschlussstipendium der Westfälischen Wilhelms-Universität Münster, das ebenfalls eine große Hilfe war.

Für die Bereitstellung der Bilder Andreas Nesselthalers sei Birgit Verwiebe sowie für die Abdruckgenehmigung dem Kupferstichkabinett der Staatlichen Museen zu Berlin gedankt.

Mein Dank gilt auch den Kollegen und Mitstreitern, mit denen ich in den vergangenen Jahren über das Projekt diskutieren oder dies für hervorragenden Kaffee einen wunderbaren Moment lang sein lassen konnte, allen voran Maren Conrad, Stephan Brössel, Anna Stemmann und Daniel Ehrmann.

Genauso sei Justus Kalthoff gedankt für den Besuch in benachbarten Elfenbeintürmen und dafür, diese gemeinsam zu verlassen.

Und besonders Dir, Jana. Danke für das Wichtigste.

Berlin, März 2016

Inhalt

1 Begriffsgeschichtliches —— 1

2 Foucaults Heterotopien —— 15
2.1 Heterotopie und Utopie —— 24
2.2 Das paradigmatisch Andere —— 28

3 Metapher und Metonymie —— 34

4 Diorama. Der romantische Raum —— 73

5 Wirkraum —— 82

6 Romantische Infektionsheterotopie —— 86
6.1 Eichendorff und die Metapher —— 123
6.2 Sonderfall Hoffmann —— 135

7 Vitrine. Der realistische Raum —— 143
7.1 Adressenlogik —— 145
7.2 Inszenierung —— 150
7.3 Ein Haus machen. Geprägter Raum —— 185

8 Realistische Erinnerungsheterotopie —— 202
8.1 Erinnerung als Inszenierung —— 203
8.2 Erinnerung als Blockade —— 213

9 Romantische Reminiszenzen —— 225

10 Schluss —— 255

11 Abbildungsverzeichnis —— 259

12 Literatur —— 260

13 Personen- und Werkregister —— 280

1 Begriffsgeschichtliches

In seine sechste Auflage nimmt der *Duden* 2007 das Lemma »Heterotopie« auf.[1] Mit der medizinischen sowie der geologischen Bedeutung werden die hauptsächlichen Verwendungen dieses Terminus aufgeführt, dessen Begriffsgeschichte noch zu schreiben wäre. Während die Geologie solche Stoffe als heterotopisch bezeichnet, die sich an verschiedenen Orten (Sedimentationsgebieten) gebildet haben, bezieht sich die Heterotopie im gegenwärtigen medizinischen Gebrauch auf einen physiologischen Vorgang oder Gewebe an untypischer Stelle. So wird die orthope von der heterotopen Herztransplantation unterschieden. Dabei bezeichnet erstere den Ersatz des alten durch ein Spenderherz, wohingegen der heterotope Eingriff darin besteht, an das eigene Herz des Patienten ein Spenderherz anzukoppeln. Das zusätzliche Herz bildet, seiner untypischen Lage *neben* dem eigentlichen Herz entsprechend, eine Heterotopie.[2] Analog dazu beschreibt die heterotope Schwangerschaft das »gleichzeitige Auftreten einer intrauterinen und extrauterinen Gravidität«, also die simultane Befruchtung jeweils einer Eizelle innerhalb sowie außerhalb des Uterus.[3] Die Beispiele lassen sich über Pankreasheterotopien (Bauchspeicheldrüsengewebe beispielsweise im Magen)[4] und heterotope Ossifikation (Knochenbildung an falscher Stelle)[5] weiterführen.

Während die Erstverwendung uneinheitlich auf Ernst Haeckel [1866],[6] Rudolf Virchow [1867][7] oder Edmund Mojsisovics [1897][8] zurückgeführt wird, findet sich

---

1 Duden. Deutsches Universalwörterbuch, Mannheim ⁶2007, S. 810.
2 Vgl. Hans Scheld, Dieter Hammel, Christof Schmid und Mario Denk, Leitfaden Herztransplantation, Berlin/Heidelberg ²2001, S. 97 ff.
3 Vgl. Claude Henri Diesch, Heterotope Schwangerschaft. Eine aktuelle Literaturübersicht. In: Speculum, 23.1, 2005, S. 17.
4 Vgl. Lemma »Pankreas«. In: Ursus-Nikolaus Riede, Martin Werner und Nikolaus Freudenberg, Basiswissen Allgemeine und Spezielle Pathologie, Heidelberg 2009, S. 485.
5 Vgl. Franz Walter Koch, Heterotope postoperative Ossifikationen. In: Knochenkrankheiten. Klinik, Diagnose, Therapie, hg. von Klaus Peters, Berlin/Heidelberg 2002, S. 151–154.
6 Charles Tung, Modernist Heterochrony, Evolutionary Biology, and the Chimery of Time. In: The Year's Work in the Oddball Archive, hg. von Jonathan Eburn und Judith Roof, Indiana 2016, S. 271: »The term first appears in Ernst Haeckel, ›Die Gastrula und die Eifurchung der Thiere‹, *Jenaische Zeitschrift für Naturwissenschaft* 9 (1875): 402–508. For its first appearance in English, see Haeckel, *Evolution of Man*«. [Hervorh. i. Orig.] Ebenso Brian K. Hall, Evo-Devo: evolutionary developmental mechanisms. In: The International Journal of Developmental Biology, 47, 2003, S. 492 sowie Miriam L. Zelditch und William L. Fink, Heterochrony and heterotopy. Stability and Innovation in the Evolution of Form. In: Paleobiology, 22.2, 1996, S. 241.
7 Vgl. Charles Karsner Mills, The Nervous System and its Diseases. A Practical Treatise on Neurology for the Use of Physicians and Students, Philadelphia 1898, S. 501. Sowie in der rezenten

der Begriff nicht nur bei Virchow schon 1858,[9] also deutlich vor Haeckel, sondern auch bereits 1843 in Walter Hayle Walshes *The Physical Diagnosis of Diseases of the Lungs*[10] sowie 1849 in Chapin A. Harris' *Dictionary of Dental Science. Biography, Bibliography and Medical Terminology.*[11] Ob es sich hierbei um die terminologischen Ursprünge handelt, wäre noch zu klären. Bezeichnend scheint aber, dass trotz nachweislichem Gebrauch in verschiedenen Diskursen Thorsten Arwidsson sich noch 1938 wiederum auf die spätere Quelle Mojsisovics bezieht und feststellt:

> Doch scheint das Wort so gut wie unbekannt zu sein und hat sich nicht in der Literatur eingebürgert. Es liegt offenbar kein Anlaß vor, in der Botanik und Pflanzengeographie das Wort *heterotop* zu verwerfen.[12]

Diese Einschätzung ist umso erstaunlicher, als es schon ein halbes Jahrhundert zuvor in *Meyers Konversationslexikon* heißt:

> Wenn man alle bekannten Formen der abnormen Behaarung (Hypertrichosis) zusammenstellt, so lassen sie sich einteilen 1) in solche, welche sich an einem in der Norm unbehaarten Körperteil finden (Heterotopie), 2) in solche, welche an einem in späterer Zeit behaarten Teil vor der normalen Zeit auftreten (Heterochronie), und 3) in solche, welche bei Frauen an Stellen sich entwickeln, welche zur selben Entwickelungsperiode beim andern Geschlecht behaart sind (Heterogenie).[13]

Womit Arwidsson jedoch Recht behält ist, dass sich die Karriere des Begriffs entfaltet, als die hier angesprochene hohe Adaptierbarkeit entdeckt wird. So entwirft Josh Kun für die Musikwissenschaft das an der Heterotopie orientierte Konzept der Audiotopie. Gemeint sind sowohl der Klangraum als auch die über Musik organisierte Vergesellschaftung, die jeweils heterogene Kulturen verbinden

---

Forschung: Lemma »Heterotopie«. In: Günter Krämer, Kleines Lexikon der Epileptologie, Stuttgart/New York 2005, S. 130.
8 Thorsten Arwidsson, Kurze Mitteilung über homotope und heterotope Parasiten. In: Zeitschrift für Parasitenkunde, 10.1, 1938, S. 154. [Hervorh. i. Orig.]
9 Rudolf Virchow, Die Cellularpathologie in ihrer Begründung auf physiologische und pathologische Gewebelehre, Berlin 1858, S. 57.
10 Vgl. Walter Hayle Walshe, The Physical Diagnosis of Diseases of the Lungs, Philadelphia 1843, S. 11.
11 Vgl. Chapin A. Harris, Dictionary of Dental Science. Biography, Bibliography and Medical Terminology, Philadelphia 1849, S. 366.
12 Arwidsson, Kurze Mitteilung, S. 154.
13 Lemma »Haarmenschen«. In: Meyers Konversationslexikon. Band 7. Gehirn-Hainichen, Leipzig/Wien ⁴1890, S. 979.

und »new maps for re-imagining the present social world«[14] erschließen. Motivisch verfährt Anna Piotrowska, die Zigeuner im romantischen Ballett an Heterotopien als »forbidden expanse operating outside the typical bounds of European culture«[15] geknüpft sieht. Und Philip Bohlman bezieht das Konzept auf die Weltmodelle in jüdischer Musik, um die »Heterotopie der jüdischen Diaspora«[16] entgegen Foucault zwischen Utopie und Dystopie zu verorten; gemeint sind hier das utopische Israel sowie die Dystopie des Holocaust.

Emma Bell und Scott Taylor wiederum beschreiben die Reaktionen der Apple-Fangemeinde, nach dem Tod von Steve Jobs lose installierte Trauerorte einzurichten, als heterotope Praxis. Die Aufladung vor allem von Apple Stores mit einer Präsenz des Todes, »sacred meaning and significance« bringe einen heterotop aufgeladenen und ambigen Ort hervor, »where fear and hope were articulated simultaneously«.[17] Diese Verbindung gegensätzlicher Orte profitiere dabei vom bereits etablierten Schwellencharakter der Stores, in denen sich materielle und virtuelle Realität begegnen.

Neben solchen etwas eigenwilligen Modifikationen finden sich ›klassische‹ Lesarten wie die Peter Sloterdijks, der Foucaults Konzept unverändert lässt und für einen Blick auf die Universität nutzt. Dieser »Raum der akademischen Heterotopie« fungiere als Ort der radikalen Meinungsfreiheit und des geistigen Aufenthalts in der Imagination; zudem werde die Vergangenheit »in eine Art virtuelle Gegenwartslinie eingerückt«.[18] Aus architektonischer Sicht wiederum grenzt Marc Angélil heterotope von homotopen Konstruktionen ab; die Heterotopie als beabsichtigter baulicher Effekt entsteht »by the linking together of incongruous and inappropriately related

---

14 Josh Kun, Audiotopia. Music, Race, and America, Berkeley/Los Angeles 2005, S. 23. Zum heterotopen Effekt, das Gegensätzliche zu verbinden, führt Kun aus: »[B]ecause of its uncanny ability to absorb and meld heterogeneous national, cultural, and historical styles and traditions across space and within place, the possibility of the audiotopia makes sense: sonic spaces of effective utopian longings where several sites normally deemed incompatible are brought together.« (S. 23)
15 Anna Piotrowska, Gypsy Music in European Culture. From the Late Eighteenth to the Early Twentieth Centuries, Boston 2013, S. 159.
16 Philip Bohlman, Jüdische Lebenswelten. Zwischen Utopie und Heterotopie, jüdische Musik zwischen Schtetl und Ghetto. In: Lied und populäre Kultur, 47, 2002, S. 37.
17 Emma Bell und Scott Taylor, Vernacular mourning and corporate memorialization in framing the death of Steve Jobs. In: Organization, 23.1, 2016, S. 127.
18 Peter Sloterdijk, Die Akademie als Heterotopie. Rede zur Eröffnung des Wintersemesters an der HFG Karlsruhe. In: Philosophie des Raumes. Standortbestimmungen ästhetischer und politischer Theorie, hg. von Marc Jongen, Paderborn ²2010, S. 31. Neben der Universität auch Mülldeponien als heterotope Räume zu betrachten (vgl. S. 24) zeigt wiederum zugleich die Varianz des Konzepts und ist eine so unterhaltsame wie kultursemiotisch vielversprechende Überlegung.

elements of construction«.[19] Und wenn Bertrand Lefebvre und Audrey Bochaton den Medizintourismus im mittleren Osten betrachten, finden sie sich mit den untersuchten Kliniken in Bangkok ganz in der Nähe von Foucaults eigenen Beispielen. Die werbetechnische Herausforderung, Exotik, Erholung und einen chirurgischen Eingriff als Wellness zu verkaufen, konstruiert eine Heterotopie: »The whole experience emulates ›a realized utopia‹.«[20] Genauso richtet der ›Dark Tourism‹ sein Interesse bevorzugt auf solche Orte, die sich als Heterotopie beschreiben lassen (man denke an historische Friedhöfe[21] oder Tschernobyl[22]), sodass Foucaults Konzept im entsprechenden Forschungsdiskurs häufig vertreten ist.

Mary Jane West-Eberhard wiederum begreift die Heterotopie aus evolutionsbiologischer Perspektive als »evolutionary change in the site of expression of a phenotypic trait«.[23] Gemeint ist beispielsweise der Transfer heller Blumenpigmente von ursprünglichen Blütenblättern auf normale Blätter, die in der Folge auch in ihrer Form Blüten imitieren.[24]

Das begriffliche und konzeptuelle Feld also ist ausgesprochen weit. Beim Vorangehenden kann es sich dabei um kaum mehr als Stichproben handeln. Dies zeigt sich bereits daran, dass Projekte wie die englischsprachige kommentierte Bibliographie auf *heterotopiastudies.com* trotz über 250 Titeln zur Heterotopieforschung über keinen einzigen der in der vorliegende Studie angebrachten verfügt und begriffsgeschichtliche Fragen ohnehin ganz außer Acht lässt (Stand März 2016).[25] Allein die thematische Sortierung gibt einen Ausblick darauf, wie divers

---

19 Marc Angélil, Construction Deconstructed: A Relative Reading of Architectural Technology. In: Journal of Architectural Education, 40.3, 1987, S. 25.
20 Bertrand Lefebvre, Audrey Bochaton, The Rebirth of the hospital. Heterotopia and medical tourism in Asia. In: Asia on tour. Exploring the rise of Asian tourism, London 2009, S. 97.
21 Vgl. Stéphanie Toussaint und Alain Decrop, The Père-Lachaise Cemetery. Between dark tourism and heterotopic consumption. In: Dark Tourism and Place Identity. Managing and interpreting dark places, hg. von Leanne White und Elspeth Frew, London/New York 2013, S. 13–27.
22 Vgl. Philip R. Stone, Dark tourism, heterotopias and post-apocalyptic places. The case of Chernobyl. In: Dark Tourism and Place Identity. Managing and interpreting dark places, hg. von Leanne White und Elspeth Frew, London/New York 2013, S. 79–93.
23 Mary Jane West-Eberhard, Developmental Plasticity and Evolution, Oxford/New York 2003, S. 255.
24 Vgl. West-Eberhard, Evolution, S. 255. Übrigens führt auch West-Eberhard den Begriff in Anlehnung an Stephen Jay Gould (Ontogeny and Phylogeny, Cambridge u. a., 1977) auf Ernst Haeckel zurück.
25 Die von Peter Johnson (Bath Spa University, GB) geführte Website sortiert grundlegende englischsprachige Literatur zum Thema und stellt die Übersetzungsgeschichte von Foucaults Texten zur Heterotopie zusammen. Neben dem Schwerpunkt der bildenden Kunst und entsprechend dokumentierten Exponaten bietet die Seite einen Blog, der seit mehreren Jahren Einträge von Besuchern mit Hinweisen auf Projekte, Interpretationen oder heterotope Funde speichert. Dass spätestens hier Ge-

Begriff und Konzept in verschiedensten Modifikationen verbreitet sind. Dementsprechend listet die Bibliographie die Heterotopie als Zugang in den Bereichen »Art and Architecture«, »Communication, Film and Media Studies«, »Death Studies«, »Digital and Cyberspace Studies«, »Education and Health Studies«, »Gender, Sexuality and Queer Studies«, »Literature«, »Marketing and Tourism«, »Museum and Library Studies«, »Political Geography«, »Urban Studies«, »Religion«, »Theatre, Performance, Music«, »Miscellaneous Places and Spaces«.[26]

Dass der *Duden* mit der siebten Auflage 2011 auch Foucaults Version der Heterotopie aufnimmt, bildet die nach wie vor steigende Prominenz des Begriffs ab.[27] Dies entspricht auch der Vermutung Foucaults, als er das medizinische Konzept auf die Philosophie überträgt. Der Raum insgesamt sei »die bedrängendste aller Metaphern«,[28] schreibt Foucault mit Blick auf die Literatur des zwanzigsten Jahrhunderts und verbildlicht damit zugleich seinen eigenen Denkstil. Die Metapher des Raums ist von Beginn an die Matrix, auf der er die Begriffe seines permanent runderneuerten Theoriegebäudes ordnet und mit jeder Studie umsortiert. In der Rede vom ›raumgreifenden Wuchern der Diskurse‹ oder vom ›Ausschluss‹ werden Relationen sichtbar und lassen sich Dinge erklären, von denen Foucault selbst sagt, sie seien unaussprechlich. Die lyrisierende Raummetaphorik ist vielleicht die einzige tatsächliche Konstante in Foucaults Denken,

---

genstandsbereich und Dehnbarkeit des Konzepts ins Unüberschaubare reichen, ist wenig überraschend; die vielfältige, auch nicht akademische Begeisterung hingegen schon.
26 Alle unter http://www.heterotopiastudies.com/bibliography/ als Punkte 3.1 bis 3.14. [29.03. 2016]
27 Dort heißt es unter dem Lemma »Heterotopie«: »[...] 2. (Philos.) *(nach M. Foucault) Ort, Zone als tatsächlich realisierte Utopie, in der alle anderen Räume innerhalb einer Kultur zugleich repräsentiert, bestritten od. umgekehrt werden*« (Duden. Deutsches Universalwörterbuch, Mannheim [7]2011, S. 843). [Hervorh. i. Orig.] Analog erweitert auch der Fremdwörterduden mit der zehnten Auflage 2010 das Lemma »Heterotopie«, das bis dato nur die bekannten Bedeutungen aus Medizin und Geologie referiert, um den Ansatz Foucaults (Duden. Das Fremdwörterbuch, Mannheim/Zürich [10]2010, S. 420). – Die Ankunft des Begriffs in der Popkultur markiert bereits Samuel R. Delanys Science-Fiction Roman *Trouble on Triton* [1976], der im Untertitel ›An Ambiguous Heterotopia‹ benannt ist. Des Weiteren erfreut sich die Heterotopie als Song- oder Albumtitel einer gewissen Beliebtheit (vgl. das Album *Heterotopias* [2012] des Electro-Duos Chevalier Avant Garde, das Jazz-Album *Heterotopia* [2014] von Luis Felipe Barrio oder den Song *Heterotopia Lunar* auf dem Album *Injusticia Poética* [2014] der Band Verbo). Darüber hinaus findet sich die im Bietti-Verlag erscheinende italienische Filmzeitschrift *Heterotopia*, der Bildband *Heterotopia* (hg. von Peter Cachola-Schmal und Yorck Förster, Heidelberg 2008), der sich als Sammmlung von Außenseiterkunst versteht, sowie zahlreiche weitere Beispiele schon bei stichprobenhafter Suche.
28 Michel Foucault, Die Sprache des Raumes. In: Michel Foucault. Schriften in vier Bänden. Dits et Ecrits. Band I. 1954–1969, hg. von Daniel Defert und François Ewald, Frankfurt am Main 2001, S. 534.

sie erklärt Verhältnisse – oder rangiert den Leser elegant in eine Textur des vollkommen Unverständlichen, sozusagen über die »Grenze unserer Sprache: Sie bezeichnet den Rand der Gischt desjenigen, was auf dem Sand des Schweigens gerade noch in Reichweite ist.«[29] In den unzähligen Projekten ist die Konzeptualisierung als Ort, Objekt oder Ausdehnung im Raum das zentrale Beschreibungsverfahren, mit dem sich von dem sprechen lässt, was sich als das jeweils Andere von Sprache, Diskurs und Vernunft erweist. So heißt es auch in der *Geburt der Klinik* bezeichnend: »In diesem Buch ist die Rede vom Raum.«[30]

Der Rede vom Raum widmet sich auch die vorliegende Untersuchung. Genauer gesagt der literarischen Rede vom Raum und der narrativen, textuellen Konstruktion fiktiver Räume. Die Fragestellung steht dabei in einer Forschungstradition, die unter dem bereits erwähnten weiten Begriff des ›Spatial Turn‹ firmiert. Die ohnehin erst rückwirkende Ausrufung dieser Perspektive, deren ›Turnhaftigkeit‹ Doris Bachmann-Medick orientiert an Kuhns Paradigmenbegriff anzweifelt,[31] greift jedoch zu kurz. Hatte Jakob von Uexküll seine Raumtheorie in den 1910er Jahren entwickelt und nebenbei den modernen Begriff der ›Umwelt‹ erfunden, so datiert Georg Simmels *Soziologie des Raums* gar von 1903. Die Abwehrhaltung gegen eine so ›frühe‹ Datierung wie das Jahr 1967, als Foucault in seinem Heterotopie-Essay die ›Epoche des Raums‹ ausruft, erscheint aus diesem Blickwinkel eher als Marketingstrategie.[32] Es wäre damit eben alles doch nicht so neu. Vielmehr ließe sich behutsam der Kompromiss formulieren, der Spatial Turn habe in den letzten zwanzig Jahren ein Selbstbewusstsein entwickelt, die Wende zum Raum ließe sich als Bündelung des schon Dagewesenen zu einem neuen Fokus begreifen. So hat sich der Spatial Turn durch intensive Selbstproblematisierung seit den 1990er Jahren nachhaltig ausdifferenziert und mit der Topoanalyse eines der führenden kultur- und literaturwissenschaftlichen Paradigmen etabliert.[33] Im Zuge dessen befassen sich gerade die Humanwissenschaften ver-

---

[29] Michel Foucault, Vorrede zur Überschreitung. In: Michel Foucault. Schriften in vier Bänden. Dits et Ecrits. Band I. 1954–1969, hg. von Daniel Defert und François Ewald, Frankfurt am Main 2001, S. 320.
[30] Michel Foucault, Die Geburt der Klinik. Eine Archäologie des ärztlichen Blicks, Frankfurt am Main 1988, S. 17.
[31] Doris Bachmann-Medick, Cultural Turns. Neuorientierungen in den Kulturwissenschaften, Reinbek ²2007, S. 16.
[32] Im Gegenzug werden Foucaults Überlegungen zur Heterotopie teilweise als Initiationsmoment des Spatial Turn insgesamt gesehen (vgl. Kirsten Wagner, Zur Produktion des Raumes in der Architektur. Leibproduktion oder räumliche Technik der Macht? In: RaumErkundungen. Einblicke und Ausblicke, hg. von Elisabeth Tiller und Christoph Oliver Mayer, Heidelberg 2011, S. 185).
[33] Ein rezentes Beispiel ist neben den zahlreichen Veröffentlichungen zum kulturellen und literarischen Raum sowie der Schwerpunktsetzung ganzer Verlage (beispielsweise des transcript-

stärkt mit dem Raum als einem Aspekt der Lebenswirklichkeit, der als Indikator für Machtverhältnisse und den Wandel gesellschaftlicher Organisationsstrukturen und Weltentwürfe in der jüngeren Forschung höchst präsent ist.

Aus Tagungen und Graduierten-Kollegs gehen Sammelbände hervor, die *Kulturelle Topographien* (2004)[34] respektive *Kulturelle Geographien* (2007)[35] genauso wie *Topographien der Literatur* (2005),[36] *Räume des Subjekts um 1800* (2010),[37] *Literarische Räume* (2012),[38] die *Philosophie des Raumes* (2010),[39] den *Spatial Turn* (2008)[40] oder die *Topologie* (2007)[41] insgesamt als geisteswissenschaftliches Dispositiv beschreiben und analysieren.[42]

Verlags und dessen wie ein Katalog raumwissenschaftlicher Fragestellungen erscheinenden Programms) das breit angelegte Forschungsprojekt eines ›literarischen Atlas‹ unter der Federführung von Barbara Piatti (http://www.literaturatlas.eu).
34 Kulturelle Topographien, hg. von Vittoria Borsò und Reinhold Görling, Stuttgart 2004.
35 Kulturelle Geographien. Zur Beschäftigung mit Raum und Ort nach dem Cultural Turn, hg. von Christian Berndt und Robert Pütz, Bielefeld 2007.
36 Topographien der Literatur. Deutsche Literatur im transnationalen Kontext, hg. von Hartmut Böhme, Stuttgart/Weimar 2005.
37 Räume des Subjekts um 1800: Zur imaginativen Selbstverortung des Individuums zwischen Spätaufklärung und Romantik, hg. von Rudolf Behrens und Jörn Steigerwald, Wiesbaden 2010.
38 Literarische Räume. Architekturen – Ordnungen – Medien, hg. von Martin Huber, Christine Lubkoll, Steffen Martus und Yvonne Wübben, München 2012.
39 Philosophie des Raumes. Standortbestimmungen ästhetischer und politischer Theorie, hg. von Marc Jongen und Matthias Müller, München ²2010.
40 Spatial Turn. Das Raumparadigma in den Kultur- und Sozialwissenschaften, hg. von Jörg Döring und Tristan Thielmann, Bielefeld 2008.
41 Topologie. Zur Raumbeschreibung in den Kultur- und Medienwissenschaften, hg. von Stephan Günzel, Bielefeld 2007.
42 Die Liste lässt sich nahezu beliebig erweitern; stellvertretend seien genannt: Urs Urban, Der Raum des Anderen und Andere Räume, Würzburg 2007; Figuren der/des Dritten. Erkundungen kultureller Zwischenräume, hg. von Claudia Breger und Tobias Döring, Amsterdam 1998; Raum – Wissen – Macht, hg. von Rudolf Maresch und Nils Werber, Frankfurt am Main 2002; Peter Sloterdijk, Sphären I–III, Frankfurt am Main 1998/1999/2004; Edward Soja, Postmodern Geographies, London 1989 und Thirdspace, Malden 1996; Von Pilgerwegen, Schriftspuren und Blickpunkten. Raumpraktiken in medienhistorischer Perspektive, hg. von Jörg Dünne u. a., Würzburg 2004; Norm – Grenze – Abweichung. Kultursemiotische Studien zu Literatur, Medien und Wirtschaft, hg. von Gustav Frank und Wolfgang Lukas, Passau 2004; Denken des Raums in Zeiten der Globalisierung, hg. von Michaela Ott und Elke Uhl, Münster 2005 sowie die von Martina Löw geprägten rezenten Ansätze einer Raumsoziologie: Martina Löw, Raumsoziologie, Frankfurt am Main 2007; dies., Soziologie der Städte, Frankfurt am Main 2008; Markus Schroer, Räume, Orte, Grenzen. Auf dem Weg zu einer Soziologie des Raums, Frankfurt am Main 2006. Den jüngsten Interessensschwerpunkt bilden phänomenologische Zugänge (Gernot Böhme, Architektur und Atmosphäre, München 2006; Elisabeth Blum, Atmosphäre. Hypothesen zum Prozess räumlicher Wahrnehmung, Zürich 2010) sowie Ansätze der Emotionsforschung: Gertrud Lehnert, Raum und

Besonderer Beliebtheit erfreuen sich dabei Hybrid- oder Zwischenräume, die sich einer systemischen Einordnung widersetzen. Ob gender- und diskursbasierte Untersuchungen der *Topographien des Weiblichen* (2004)[43] jene Zwischenräume als Schaubühne möglicher gesellschaftlicher Neuordnung herausarbeiten, oder ob Raumgeschichten als *Topographien der Moderne* (2007)[44] begriffen werden, die sich durch die Figur der Inversion auszeichnen und diese der Textur Rilkes, Musils und der Ästhetik Carl Einsteins auf verschiedenen Ebenen einschreiben – die Aufmerksamkeit der Raumforschung widmet sich entschieden den Experimentalräumen und den darin erprobten Kippfiguren und Inszenierungen neuer Weltentwürfe.

Als Gewährstext beinahe jeder Topoanalyse nach 1990 gilt dabei Michel Foucaults knapper Entwurf einer Heterotopologie.[45] Jede der hier genannten Arbeiten bezieht sich in irgendeiner Weise auf das Konzept des heterotopen Raumes, und zahlreiche literaturwissenschaftliche Untersuchungen machen explizit die literarische Heterotopie zum Gegenstand.[46]

Gefühl. Der Spatial Turn und die neue Emotionsforschung, Bielefeld 2011; Hermann Schmitz, Der Leib, der Raum und die Gefühle, Bielefeld 2007.
43 Michaela Krug, Auf der Suche nach dem eigenen Raum. Topographien des Weiblichen im Roman von Autorinnen um 1800, Würzburg 2004.
44 Oliver Simons, Raumgeschichten. Topographien der Moderne in Philosophie, Wissenschaft und Literatur, München 2007.
45 Der Ansatz geht zurück auf einen am 14. März 1967 vor dem Cercle d'études architecturales gehaltenen Vortrag, der unter dem Titel »Von anderen Räumen« in der Zeitschrift *Architecture, Mouvement, Continuité* (Nr. 5, Oktober 1984) erschien sowie den bereits am 7. Dezember 1966 gehaltenen Radiovortrag »Les hétérotopies« (Michel Foucault, Von anderen Räumen. In: Michel Foucault. Schriften in vier Bänden. Dits et Ecrits. Band IV. 1980–1988, hg. von Daniel Defert und François Ewald, Frankfurt am Main 2005, S. 931–942; Michel Foucault, Die Heterotopien. In: ders., Die Heterotopien. Les hétérotopies. Der utopische Körper. Le corps utopique, Frankfurt am Main 2005, S. 7–22).
46 Heterotopien der Identität. Literatur in interamerikanischen Kontaktzonen, hg. von Hermann Herlinghaus, Heidelberg 1999; Frank Reiser, Andere Räume, entschwindende Subjekte. Das Gefängnis und seine Literarisierung im französischen Roman des ausgehenden 20. Jahrhunderts, Heidelberg 2007; Außenraum – Mitraum – Innenraum. Heterotopien in Kultur und Gesellschaft, hg. von Hamid Tafazoli und Richard T. Gray, Bielefeld 2012; Barbara Thums, Das Kloster als imaginierte Heterotopie um 1800. In: Räume des Subjekts um 1800: Zur imaginativen Selbstverortung des Individuums zwischen Spätaufklärung und Romantik, hg. von Rudolf Behrens und Jörn Steigerwald, Wiesbaden 2010, S. 37–51. Brahim Moussa, Heterotopien im poetischen Realismus. Andere Räume, Andere Texte, Bielefeld 2012; Manuela Günter, Tierische T/Räume. Zu Kafkas Heterotopien. In: Raumkonstruktionen in der Moderne. Kultur – Literatur – Film, hg. von Sigrid Lange, Bielefeld 2001, S. 49–73; Christiane Leiteritz, Gespenster-Welten: Heterotopien bei Kasack, Sartre und Wilder. In: Gespenster. Erscheinungen – Medien – Theorien, hg. von Moritz Baßler, Bettina Gruber und Martina Wagner-Egelhaaf, Würzburg 2005, S. 253–266; Hermann Doetsch, Baudelaires Pariser Topographien (am Beispiel von ›Les Veuves‹). In: Stadt-Bilder. Al-

Dabei bringt diese pointierteste der foucaultschen Raummetaphern die Faszination genauso wie die Crux seines Denkens in einem Bild zusammen. Denn dass sich Foucaults Studien über diskursive Machtmechanismen in genau dem Medium bewegen, das sie entlarven, nämlich Sprache, liegt in der Natur der Sache. Genauso ist die Problematik gelagert, über die Pathogenese des Wahnsinns selbst nur im Diskurs jener abendländisch-analytischen Vernunft handeln zu können, deren Horizont eben gerade überschritten werden soll. In den schwachen Texten erwacht in genau diesen Momenten die esoterische Metapher. In den starken erfindet Foucault Konzepte wie das der Heterotopie. Denn damit wird genau dieser Gestus der Unkonventionalität manifest. Vom Anderen der Vernunft in der Sprache der Ratio zu reden und das Nicht-Sagbare über die Raummetapher der Grenze und der Überschreitung letztlich doch zu beschreiben, ist das Kunststück eines praktikablen Widerspruchs und damit genau der Paradoxie, die im Zentrum der ›anderen Räume‹ steht.

In der Idee der »lokalisierten Utopie«[47] bildet sich die Grundhaltung Foucaults ab, innerhalb der Ordnung einen gegen- und ausgelagerten Reflexionsraum einzurichten. Die Heterotopie entgeht der Gefahr, entweder über das Unbegreifbare zu spekulieren und Metaphysik zu betreiben oder als Teil des Systems sich letztlich immer wieder affirmativ selbst zu beschreiben.

Die Frage aber, was denn eigentlich keine Heterotopie sei, erscheint vor dem Hintergrund einer über unzählige Fallbeispiele konstituierten Forschungsliteratur bibliothekaren Ausmaßes als nicht ganz unberechtigt; was bleibt ist der Eindruck

---

legorie, Mimesis, Imagination, hg. von Andreas Mahler, Heidelberg 1999, S. 197–228; Vittoria Borsò, Utopie des kulturellen Dialogs oder Heterotopie der Diskurse? In: Poststrukturalismus – Dekonstruktion – Moderne, hg. von Klaus W. Hempfer, Stuttgart 1992, S. 95–117; Hania Siebenpfeiffer, Kerker, Kirchen, Kriegsschauplätze – Heterotopie und Stadt in Wolfgang Koeppens ›Der Tod in Rom‹. In: Krieg und Nachkrieg. Konfigurationen der deutschsprachigen Literatur (1940–1965), hg. von Hania Siebenpfeiffer und Ute Wölfel, Berlin 2004, S. 99–121; Utz Riese, Heterotopien der Komplizenschaft. Räume differentieller Negativität in der amerikanischen Literatur. In: Postmoderne – globale Differenz, hg. von Robert Weimann und Hans Ulrich Gumbrecht, Frankfurt am Main 1991, S. 278–289; Reinhard Hörster, Bildungsplazierungen. Räume, Möglichkeiten und Grenzen der Heterotopologie. In: Raumbildung – Bildungsräume. Über die Verräumlichung sozialer Prozesse, hg. von Jutta Ecarius und Martina Löw, Opladen 1997, S. 93–121. Eine kulturwissenschaftliche Lesart bringt Reinhold Görling an, der den Diskursraum einer Gesellschaft an sich als heterotop begreift im Sinne eines »Raum[s], durch den Neues in die Welt tritt«. Dies »prädisponiert die in der eigenen Gesellschaft entwickelten Heterotopien wie den Traum, die Literatur, die Liebe oder die Adoleszenz zu Orten einer Begegnung« (Reinhold Görling, Heterotopia. Lektüren einer interkulturellen Literaturwissenschaft, München 1997, S. 168 und 35). Einen medientheoretischen Ansatz legt Marcus Kleiner vor (Marcus S. Kleiner, Medien-Heterotopien. Diskursräume einer gesellschaftskritischen Medientheorie, Bielefeld 2006).
47 Foucault, Die Heterotopien, S. 10.

der Beliebigkeit.⁴⁸ So wie man sich beispielsweise bei Jürgen Hasse über die Beschreibung des Parkhauses als Heterotopie wundert,⁴⁹ irritiert mit zunehmender Fülle der Fallstudien ein Gestus der Selbstverständlichkeit, wenn es um die Definition des anderen Raumes geht. So beschreibt Walter Russell Mead den Flughafen als »kind of bubble of discontinuity in the social and geographical landscape of the modern city«.⁵⁰ In der Fluktuation verschiedener Nationen und Kulturen sieht Mead disparate Elemente, die einander relationslos passieren. Der Raum selbst aber wäre als Transitraum, als ›Nicht-Ort‹ im Sinne Marc Augés sinnvoller beschrieben.⁵¹ Denn die irritierende, weil anonyme Multikulturalität des Flughafens ist an dessen Passanten gebunden und lässt den Raum selbst vielmehr als sterilen, »nichtsymbolisierten Raum«⁵² erscheinen, der über eine »solitäre Vertraglichkeit«⁵³ und eine Benutzung ohne näheren Kontakt zu anderen Nutzern organisiert ist. – Warum Mead gerade die Heterotopie zur Erklärung heranzieht, wird erst bei deren etwas sparsamer Definition deutlich. Auf der Suche nach der »best one-word description of an airport«⁵⁴ stößt Mead mit folgender Erklärung auf die Heterotopie:

---

48 Kevin Hetherington zählt sechs Verwendungsweisen des Begriffs auf, von denen nur eine textuell gefasst ist und relativ vage auf paradoxe Diskurselemente verweist: »Incongruous forms of writing and text that challenge and make impossible discursive statements« (Kevin Hetherington, The Badlands of Modernity. Heterotopia and social ordering, London/New York 1997, S. 41).
49 Jürgen Hasse, Übersehene Räume. Zur Kulturgeschichte und Heterotopologie des Parkhauses, Bielefeld 2007. Um einen dezidiert nichttextualistischen Kulturbegriff zu etablieren, muss Hasse einen semiotischen Raum »jenseits der begrifflichen Sprache« (11) annehmen – nicht präverbal wohlgemerkt, sondern ›jenseits‹, das ist die andere Richtung. Und im Sinne des Uncle-Charles-Principles (der Färbung des Erzähldiskurses durch die Idiosynkrasie der Figurenrede) nähert sich der sprachliche Duktus der Arbeit selbst immer mehr der foucaultschen Undeutlichkeit: »Parkhäuser lassen sich aus dem Blickwinkel ihrer verkehrstechnischen Funktion als räumliche Reifikation einer zyklisch wiederkehrenden Krise begreifen, die durch die Gerinnung überschüssiger Verkehrsströme in kurzer zeitlicher Folge überwunden wird.« (49) »Im Schweigen müssen die Narrative der Architektur beredt werden und im noch flüssigen Brei des Erlebten atmosphärisch gerinnen.« (153) »Eine implodierende Heterotopie provoziert in einem Maße den politischen Diskurs, wie ihn die gelingende Heterotopie vereitelt, indem sie fern der Sprache dahinschleicht und ihre Geschichte szenisch und atmosphärisch verströmt – im Außen der Diskurse mehr rumorend und gärend, als an den Rändern der Sprache ›lesbar‹.« (204)
50 Walter Russell Mead, Trains, Planes, and Automobiles: The End of the Postmodern Moment. In: World Policy Journal, 4.12, 1995/1996, S. 13.
51 Augé selbst führt den Flughafen als Beispiel für einen kulturell leeren Durchgangsraum an, vgl. Marc Augé, Nicht-Orte, München 2010, S. 97 f.
52 Augé, Nicht-Orte, S. 86.
53 Augé, Nicht-Orte, S. 96.
54 Mead, Trains, Planes, and Automobiles, S. 13.

Utopia is a place where everything is good; dystopia is a place where everything is bad; heterotopia is where things are different.⁵⁵

Der Versuch, ein komplexes Konzept griffig zu verkürzen, misslingt so gerade bei der Heterotopie auf Kosten jeglicher Trennschärfe. Apodiktisch oder als reine Zitatsammlung angelegt arbeitet diese Verwendung des Heterotopiebegriffs einem Foucault-Bild zu, das Philipp Sarasin als den »ausgetretene[n] Platz einer geschwätzigen Vulgata, die mit fünf Zitaten und einer Handvoll Klischees auskommt«,⁵⁶ bezeichnet.

In der Literaturwissenschaft ist diese Unschärfe ebenso zu beobachten. So sieht Richard T. Gray in Kafkas *Bericht für eine Akademie* das Heterotope in der Differenz zwischen sprechendem und erlebendem Subjekt des äffischen Protagonisten.⁵⁷ Birgit Tauz beschreibt Yoko Tawadas ›ethnologische Poetologie‹ als Heterotopie.⁵⁸ Und im *Droste-Jahrbuch* zum Thema *Raum. Ort. Topographien der Annette von Droste-Hülshoff* erweisen sich nacheinander die Handschriften der Droste,⁵⁹ das Dorf B. in der *Judenbuche*,⁶⁰ die Inschrift am Baum in derselben Erzählung⁶¹ sowie die Leerstelle der Figurenidentität in den *Klängen aus dem Orient* als Heterotopie.⁶² Bei aller Überzeugung im Einzelnen verliert sich doch vor diesem Panorama die Funktionalität des Heterotopie-Begriffs.

Das zweite zentrale Problem liegt im rein motivischen Zugriff auf das Konzept. Es werden Friedhöfe, Museen und Gefängnisse in literarischen Texten gesucht und anschließend deren heterotope Eigenschaften aufgezeigt. So argumentiert auch Klaus Scherpe, wenn er Fontanes Erzählen attestiert, keinen Raum für Heterotopien zu bieten: »Nichts scheint Fontanes Romanen ferner zu liegen als die von Foucault

---

55 Mead, Trains, Planes, and Automobiles, S. 13.
56 Philipp Sarasin, Michel Foucault zur Einführung, Hamburg 2005, S. 11.
57 Richard T. Gray, The Fourth Wall: Illusion and the Theatre of Narrative in Franz Kafka's ›Ein Bericht für eine Akademie‹«. In: Außenraum – Mitraum – Innenraum. Heterotopien in Kultur und Gesellschaft, hg. von Hamid Tafazoli und Richard T. Gray, Bielefeld 2012, S. 103–130.
58 Birgit Tautz, Michel Foucault trifft Yoko Tawada. Sprache und ethnologische Poetologie als Heterotopien. In: Außenraum – Mitraum – Innenraum. Heterotopien in Kultur und Gesellschaft, hg. von Hamid Tafazoli und Richard T. Gray, Bielefeld 2012, S. 169–191.
59 Rüdiger Nutt-Kofoth, Schreibräume, Landnahmen. Annette von Droste-Hülshoffs Manuskriptblätter. In: Droste-Jahrbuch, 7, 2007/2008, S. 243–273.
60 Claudia Liebrand, Odysseus auf dem Dorfe. Genre, Topographie und Intertextualität in Droste-Hülshoffs Judenbuche. In: Droste-Jahrbuch, 7, 2007/2008, S. 145–162.
61 Ernst Ribbat, Lebensräume, Todesorte und eine Inschrift. Zum topographischen Erzählen in Die Judenbuche. In: Droste-Jahrbuch, 7, 2007/2008, S. 163–175.
62 Mirjam Springer, Verbotene Räume. Annette von Droste-Hülshoffs Klänge aus dem Orient. In: Droste-Jahrbuch, 7, 2007/2008, S. 95–108.

benannten ›anderen Orte‹: [...] das Bordell oder der [...] schlechthin andere Ort: die letzte Ruhestätte.«⁶³ Die Möglichkeit heterotoper Raumfunktionen außerhalb der Beispiele Foucaults steht von vornherein nicht zur Verfügung. Zwar erschließt eine rein motivische Nutzbarmachung des Konzepts für die Literatur durchaus ein umfangreiches Archiv kulturpoetischer Topoi. Mit einer solchen Analyse jedoch wird dem Unterschied zwischen Soziologie und Literaturwissenschaft nicht Rechnung getragen. Während die Soziologie Phänomene beschreibt, verfügt Literatur über die Fähigkeit, Phänomene zu *entwerfen*. Friedhof und Bordell mögen über einen langen Zeitraum heterotope Konstanten der außerliterarischen Wirklichkeit (im westlichen Kulturraum) gewesen sein – welche Orte hingegen in einer erzählten Welt als Heterotopie auftreten, entscheidet von Text zu Text der Erzähldiskurs. So zum Beispiel Heinrich Seidels *Der Gartendieb*, eine Erzählung, die mit der Oberseite einer Mauer einen Ort als zumindest tendenziell heterotop entwirft, der in Foucaults Beispielkatalog verständlicherweise nicht auftaucht. Um dem Obstdiebstahl in seinem Garten zu steuern, gewinnt Dr. Barten einen Gehilfen, der sich demonstrativ mit gestohlenem Obst erwischen lässt. Vor den Augen redseliger Mütterchen täuscht der Komparse vor, seine Beute in Händen auf der Mauer magisch gebannt zu sein, lässt sich vom Gärtner verprügeln und hinterlässt davonlaufend einen Eindruck, der sich wie beabsichtigt zum Stadtgespräch entwickeln wird: Im Garten des Dr. Barten walten magische Kräfte, die jeden Diebstahl schmerzhaft misslingen lassen. – »Von dieser Zeit ab aber war Herr Bartens Garten wie gefeit und kein Kohlstrunk ward jemals aus ihm entfremdet«.⁶⁴ Der Bann als gefängnisartige Haft-Funktion stellt genauso eine Verwandtschaft mit dem Funktionskatalog der Heterotopie her wie die museale Ausstellungsfunktion, die ihre Wirkung nicht verfehlt. Aus auktorialer Sicht, mit dem Wissen um die Inszenierung der Szene, kommt noch die theatrale Funktion sich überlagernder Räume hinzu, in der Verbindung von bloßem Spiel und vermutetem Raum des Magischen. Ein motivisch unverdächtiger Raum – eine Gartenmauer lädt eher zur Applikation von Grenz- und Schwellenkonzepten ein – wird als heterotop aufgeladen geschildert. Die Analyse des heterotopen Raums in der Literatur kann demnach nur als Beschreibung einer Textstrategie bzw. eines Verfahrens geschehen. Die motivische Übernahme der Idee ›anderer Räume‹ durch die Literaturwissenschaft

---

63 Klaus R. Scherpe, Ort oder Raum? Fontanes literarische Topographie. In: Theodor Fontane. Am Ende des Jahrhunderts. Band III, hg. von Hanna Delf von Wolzogen, Würzburg 2000, S. 166. Dass Scherpe dabei stillschweigend Foucaults Terminologie der eigenen angleicht und aus Raum (*espace*) Ort (*lieux*) macht, wäre gerade in einer Studie, die diese Begriffe abgrenzt und deren Relation auslotet, eine Reflexion wert gewesen.
64 Heinrich Seidel, Der Gartendieb. In: Heinrich Seidel. Gesammelte Werke. Neue wohlfeile Ausgabe. Band 2. Vorstadtgeschichten, Stuttgart/Berlin-Grunewald o. J. [um 1925], S. 455.

bleibt so lange unfruchtbar, wie der Text als reiner Speicher bzw. Container erzählter Wirklichkeit verstanden wird. So verwundert es auch nicht, dass Johannes Kersten, der sich dem literarischen Raum über die »Themen- und Motivforschung«[65] nähert, zum Fazit kommt: »Eichendorffs Waldmotiv ist ambivalent«.[66] Einer solchen Mehrdeutigkeit begegnet die Frage nach Raumfunktionen und -strukturen, deren Auftreten nicht an ein bestimmtes Motiv gebunden ist. Dass sich motivische Vorlieben und Tendenzen herausstellen, bleibt dabei im Nachgang unbenommen. Eine Systematisierung aber muss auf die Rekurrenz von Raumkonzepten zurückgreifen, um deren Auftreten fallweise zum Beispiel als Wald aufzuzeigen.

Kurz gesagt, die Heterotopie fungiert in der Regel entweder als Koloratur wissenschaftlichen Sprechens oder sie ist Sammelbezeichnung für einen Motivkatalog und bedeutet eigentlich nicht mehr, als das Ergebnis einer Studie schon im Vorhinein an den Text heranzutragen. Das Problem scheint aber im Übertrag zu liegen. Denn literarische Texte präsentieren ihre Inhalte vermittelt über Verfahren. Ein motivisches oder in Beliebigkeit verschwindendes Vorgehen unterschlägt dabei das eigentliche Potenzial von Literatur – die Konstitution nicht-mimetischer, sinnstiftender Beziehungen, also das Bedeuten über die reine Abbildung hinaus, qua Struktur, Fokalisierung, Erzähldiskurs, Aufbau, eben textuelle Verfahren.

Die Adaptation des Heterotopiekonzepts für die Literaturwissenschaft ist aber vor allem dann sinnvoll, wenn der Import der Kategorie mit einer Übersetzung in das Zielparadigma einhergeht, das heißt wenn die Analyse des heterotopen Raums in der Literatur auch genuin literaturwissenschaftlich geschieht. So lässt sich beispielsweise am Übergang von Romantik und Realismus beobachten, dass sich zwar die motivische Füllung der Heterotopie wandelt, die Herstellung des heterotopen Raums aber über analoge literarisch-textuelle Verfahren als diachrones Konzept erscheint, dessen Beschreibung bisher aussteht. Daher wird im Folgenden die Raumstruktur romantischer und realistischer Erzähltexte untersucht und der Fokus auf solche Orte und Raumkonzepte gerichtet, die gegenüber der restlichen Kulisse eine Kodierung im Sinne der foucaultschen Heterotopie aufweisen. Genauso ist nach der Rolle der Heterotopie im Syntagma zu fragen; schließlich sind Heterotopien nach Foucault auch diskursive Störfelder, »weil sie heimlich die Sprache unterminieren«.[67] Dieser in der *Ordnung der Dinge* entwickelte Heterotopie-Begriff ist der deutlich weniger prominente; die Heterotopie als

---

65 Johannes Kersten, Eichendorff und Stifter. Vom offenen zum geschlossenen Raum, Paderborn u. a. 1996, S. 13.
66 Kersten, Eichendorff, S. 26.
67 Michel Foucault, Die Ordnung der Dinge. Eine Archäologie der Humanwissenschaften, Frankfurt am Main 1974, S. 20.

Textverfahren zu begreifen bietet jedoch die Möglichkeit, die beiden Heterotopiekonzepte ineinander abzubilden.

Den ursprünglichen, weil vor *Die Heterotopien* und *Von anderen Räumen* entstandenen Heterotopiebegriff entwickelt Foucault, indem er mit dem anderen Raum die sprachlich-diskursive Unerhörtheit einer Nebenordnung voller logischer Brüche, eine katachretische, inkohärente Kategorisierung verschiedener Tierarten fasst. In einer bei Borges zitierten chinesischen Enzyklopädie heißt es, dass sich

> Tiere wie folgt gruppieren: a) Tiere, die dem Kaiser gehören, b) einbalsamierte Tiere, c) gezähmte, d) Milchschweine, e) Sirenen, f) Fabeltiere, g) herrenlose Hunde, h) in diese Gruppierung gehörige, i) die sich wie Tolle gebärden, k) die mit einem ganz feinen Pinsel aus Kamelhaar gezeichnet sind, l) und so weiter, m) die den Wasserkrug zerbrochen haben, n) die von weitem wie Fliegen aussehen.[68]

Im »exotische[n] Zauber eines anderen Denkens«, in der »Unmöglichkeit, das zu denken«[69] tritt nach Foucault dieser Topos, dieser Ort im Text als Heterotopie hervor. Dabei liegt die Irritation nicht auf der Ebene der einzelnen Elemente; jede der Rubriken lässt sich separat sinnvoll mit Inhalt füllen.[70] Stattdessen liegt das Unvorstellbare in ihrer Rubrizierung innerhalb eines Ordnungssystems. Dass diese Kategorien komplementär und ihre Inhalte verwandt seien, ist das Undenkbare; dass diese Elemente in der Homogenität desselben Diskurses untergebracht sind, zerstört diesen Diskurs. Die Gruppierung von Elementen, die völlig verschiedenen ontologischen Ebenen entstammen, formt eine heterotope Ballung, die jeden Versuch einer Synthese scheitern lässt. Die Kategorien sind nicht innerhalb derselben Logik fremd, sondern bauen auf je verschiedene Logiken auf. Die Suche nach einem gemeinsamen Nenner ist eine Figur des Paradoxen.

Tatsächlich erweisen sich heterotope Räume auch als Text-Heterotopien, indem sie eine Umwertung der Ordnung, meist einen Bruch in der Erzähllogik initiieren. Im Übergang von Romantik zu Realismus verändert sich zwar die motivische Füllung der Heterotopie, es nehmen von ihr aber epochenübergreifend bestimmte Erzählverfahren ihren Ausgang oder werden getilgt. Die Verfahrensanalyse soll dabei den funktionalen Aspekt der Heterotopie innerhalb der Entfaltung des Syntagmas erfassen.

---

68 Foucault, Ordnung der Dinge, S. 17.
69 Foucault, Ordnung der Dinge, S. 17.
70 Für l) wird dies erst evident, wenn man sich darunter die Restkategorie einer Menge beliebiger Tiere vorstellt.

2 Foucaults Heterotopien

Heterotopien sind als Verbindungsräume entworfen, als Mittler zwischen Normalraum und Utopie, zwei polaren Formen, die selbst keine Berührungspunkte aufweisen. Die Leistung der Heterotopie, das Utopische begehbar zu machen, wird dabei an Räumen sichtbar, die sich als »Gegenräume«[1] beschreiben lassen. Aus der Sicht der kindlichen Phantasie beispielsweise zeigen sich »das Indianerzelt auf dem Dachboden«[2] und die Seereise im elterlichen Bett als solche »lokalisierten Utopien«.[3] Die Imagination lässt das Bett zum Schiff, zum Himmel oder zum Wald werden und den Aufenthalt darin zur Seereise, zum Flug oder zum Versteck. Und wenn man »unter den Laken zum Geist wird«[4], ist es das Utopische von Seele, Tod und Jenseits, das sich im Normalraum manifestiert und diesen als Heterotopie ausweist (s. Abb. 1).

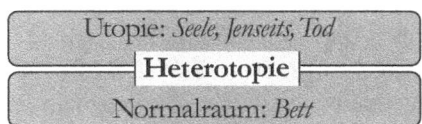

Abb. 1: Die Heterotopie als Verbindung zwischen Utopie und Normalraum

Diesem Raum der Imagination stehen als weitere Formen ›anderer Räume‹ »Krisenheterotopien« und »Abweichungsheterotopien«[5] zur Seite. Während die Quarantäne einer Krise in der von Foucault beschriebenen Funktion nicht mehr auftritt – beispielsweise als Rückzugsraum für Frauen während der Menstruation –, ist die Gegenwart von Abweichungsheterotopien geprägt. Seniorenheime, Gefängnisse und psychiatrische Anstalten gliedern diejenigen aus der Gesellschaft aus, die von der Norm abweichen. Dass die entsprechenden Institutionen dabei zugleich als Teil des Systems mit diesem in Wechselwirkung stehen, bildet die funktionale Paradoxie der Heterotopie genauso ab wie die Tatsache, dass entsprechende Einrichtungen simultan ein- und aussperren.

Eine wiederum andere heterotope Form ist das Theater. Der Aufführungsraum bringt auf der Bühne die verschiedensten Orte zusammen, sodass sich während des Schauspiels der materielle Raum und der fiktive überlagern. Museen und Bibliotheken wiederum als Akkumulationen von Wissen und Zeit stehen in einer

---

1 Foucault, Die Heterotopien, S. 10.
2 Foucault, Die Heterotopien, S. 10.
3 Foucault, Die Heterotopien, S. 10.
4 Foucault, Die Heterotopien, S. 10.
5 Foucault, Die Heterotopien, S. 12.

Reihe mit dem Schiff als »Heterotopie *par excellence*.«[6] Denn das Schiff ist ein nach innen fixierter, zugleich aber insgesamt beweglicher Raum. Es durchquert als Raum den Raum und führt den Passagier an ferne Orte, ohne dass dieser sich aktiv durch den Raum bewegt. Und der Garten schließlich bildet in seinen Formen und Bereichen »beispielhaft und vollkommen«[7] die Welt ab.

Eine erste Annäherung zeigt die Heterotopie damit als Vermittlungsraum zwischen Wirklichkeit und Utopie. Über die Heterotopie treten der Normalraum und die Utopie in einen Austausch, ohne das Gesetz ihrer Unvereinbarkeit zu brechen; die Heterotopie bildet einen virtuellen Berührungspunkt, der sich durch die Verbindung verschiedener Räume sowie deren materieller und zeitlicher Logiken auszeichnet. Als Geist unter den Laken ist man weder nur im Bett noch wirklich Geist. Die Heterotopie vereint beides und stellt einen Raum bereit, der die Aspekte von Normalraum und Utopie mischt. Das Gefängnis schließt zugleich ein und aus, das Schiff ist zugleich Raum und entarretierte Bewegung durch den Raum und das Museum ist zugleich Gegenwart, Vergangenheit und Stillstand der Zeit; »Museen sind immer zeit- und raumraffende Einrichtungen«.[8] Als zentrale Verfahren dieser Verbindungen werden sich im Folgenden die Paradoxie und das paradigmatisch Andere herausstellen. Bevor dies im Detail erklärt wird, sei zunächst aber grundsätzlich festgehalten, dass die Gemeinsamkeit der foucaultschen Beispiele eben in dem bezeichneten Verbindungsraum besteht. Museen als Zugleich von Vergangenheit und Gegenwart lassen sich auf diese Weise genauso beschreiben wie der Garten als Verbindung von begehbarem Raum und symbolischer Abbildung von Raum, der simultanen Präsentation von Mikrokosmos und Makrokosmos im selben Raum. Heterotopien scheinen damit definitorisch durchaus greifbar zu sein. – Und doch verwundert die literarische Gegenprobe. Offenbar lassen sich diese Beispiele nicht verabsolutieren und als motivisches Paradigma im Text aufsuchen. In Theodor Storms *Die Söhne des Senators* etwa steht ein Garten im Mittelpunkt der Erzählung. Heterotope Züge sucht man indes vergebens, obwohl es sich motivisch anböte. Als das Familienoberhaupt stirbt, bleiben die beiden Söhne im Erbschaftsstreit um den »stattlichen Lust- und Nutzgarten«[9] zurück, dessen Besitzverhältnisse durch ein Versehen testamentarisch ungeklärt sind. Jenes Versäumnis gibt sich betont rätselhaft: »[E]s trat im selben Augenblick ein Fremder in das

---

6 Foucault, Die Heterotopien, S. 21 f. [Hervorh. i. Orig.]
7 Foucault, Die Heterotopien, S. 15.
8 Götz Großklaus, Medien-Zeit, Medien-Raum. Zum Wandel der raumzeitlichen Wahrnehmung in der Moderne, Frankfurt am Main 1997, S. 240.
9 Theodor Storm, Die Söhne des Senators. In: Theodor Storm. Sämtliche Werke in vier Bänden. Band 2. Novellen 1867–1880, hg. von Karl Ernst Laage, Frankfurt am Main 1987, S. 722.

Zimmer, und derohalben unterblieb es damals«.¹⁰ Doch obwohl das Feld der Alterität damit bereits eröffnet ist, bleibt der Garten topologisch leer.¹¹ Der einzig nähere Hinweis betrifft die Vergangenheit, in der man sich vor den bewundernden Augen der Passanten im Garten »zum Kaffee versammelt hatte«.¹² Präsentiert wird damit einer der Schauräume, die sich für den literarischen Realismus als typisch erweisen werden. Um eine Heterotopie aber handelt es sich nicht.

Zur hohen Frequenz, mit der in der Literaturwissenschaft Heterotopien entdeckt werden, tragen damit drei Pauschalisierungen bei, die sich eigentlich aus Foucaults Überlegungen nicht ableiten lassen:

1) *Heterotopien als erzählerisches Universale.* Die Vermutung, ein erzähltes Raumtableau enthalte immer, sozusagen natürlicherweise auch eine Heterotopie, scheint nicht begründbar. Wie jedes andere Verfahren vom Leitmotiv bis zum Endreim sind auch Heterotopien fakultative Textelemente. Dementsprechend gibt es viele, vielleicht die meisten Texte, in denen keine Heterotopie vorkommt.

2) *Heterotopien als absolute Phänomene.* Im Gegensatz zu Orten im Normalraum kann eine Heterotopie nicht aus sich heraus und für sich allein existieren. Dieser Aspekt ist übrigens schon im medizinischen Gebrauch des Begriffs angelegt. Ein heterotoper physiologischer Vorgang respektive heterotopes Gewebe kontrastieren in der Regel mit der Beobachtung, dass der eigentliche Vorgang und das eigentliche Gewebe ebenfalls vorhanden sind und simultan funktionieren. Eine Tubargravidität (Eileiterschwangerschaft) oder eine Dextrokardie (Herz auf der ›falschen‹ Seite) sind eben für sich *keine* Heterotopie, sondern erst dann, wenn gleichzeitig die Normalform vorkommt. Genau so funktionieren auch Foucaults Heterotopien in der Gesellschaft und analog dazu die hier beschriebenen Heterotopien im Text. Ein Roman, der sich auf die Beschreibung eines einzigen Schauplatzes beschränkt, kann diesen per definitionem nicht als Heterotopie entwerfen. Etwaige Besonderheiten, die sich immerhin als heterotope Eigenschaften anführen ließen, würden nur als solche erscheinen, indem man sie mit der außerliterarischen Wirklichkeit vergleicht. Die Heterotopie wird erkennbar, indem sie von etwas abweicht. Ist diese Folie nicht gegeben, lässt sich von einer solchen Abweichung auch nicht reden. Das Weltmodell des Textes zu verlassen und als Abgleich die Welt außerhalb des Textes heranzuziehen, führt in eine Schräglage. Denn damit wären Literatur und Erzählen an sich als He-

---
10 Storm, Die Söhne des Senators, S. 728.
11 Dementsprechend befasst sich Michael White bei seiner Topoanalyse ausschließlich mit der Symbolik der Mauer, also der Aufteilung des Raums durch den Menschen. Eine genuine Aufladung des Gartens selbst findet auch White nicht (vgl. Michael White, Space and Ambiguous Sentimentality. Theodor Storm's ›Die Söhne des Senators‹. In: Raumlektüren. Der Spatial Turn und die Literatur der Moderne, hg. von Tim Mehigan und Alan Corkhill, Bielefeld 2013, S. 107 und 111).
12 Storm, Die Söhne des Senators, S. 723.

terotopie beschrieben. Der im Text erzählte Raum kann als Heterotopie nur im Vergleich zum ebenfalls im Text angesiedelten normalräumlichen Tableau erscheinen. Welches das ist, kann und muss das sekundäre modellbildenden System (der Text) vorgeben und nicht die Wirklichkeit, die dem primären sprachlichen System zugrundeliegt. Fehlt diese Vorgabe, was ja immerhin möglich ist, bleibt der Raum zwar durchaus in all seinen etwaigen besonderen Funktionen beschreibbar, nicht aber als die relationale Kategorie der Heterotopie. Diese wird erst sichtbar, indem sie den Normalraum ›auslöscht, ersetzt, neutralisiert und reinigt‹.[13] Kurz gesagt: Ein Text, der eine Heterotopie beschreiben will, muss immer auch vom Normalraum handeln. Kommt dieser nicht vor, weil das Setting ausschließlich in einem Turm oder einer Raumstation besteht, kann sich keine mutmaßliche Heterotopie an ihm oder gegen ihn ausrichten.

Aus diesem Grund kann es auch zu keinem wissenschaftlich validen Ergebnis führen, einen erzählten Raum, beispielsweise einen Friedhof, schon auf der Grundlage seiner Motivik als heterotopen Raum zu begreifen. Man stelle sich einen Roman über einen Friedhofsgärtner vor, der in seiner Freizeit Autorennen fährt, während der Friedhof im Rahmen der Erzählung als sein immergleicher, eintöniger Arbeitsplatz und gerade als Normalraum entworfen wird.[14] Die entscheidende Frage ist immer, wie sich der als Heterotopie vermutete Raum zum restlichen Normalraum verhält, denn Heterotopien sind sekundäre Räume. Sie finden auf der Grundlage des Normalraums statt und bestehen aus den Verweisen und Umwertungen des um sie herum angesiedelten Eigentlichen. Und über dieses Netz von Verweisen und Relationen kann literarisch erzählter Raum frei verfügen.

3) *Heterotopien als klare, eindeutige Kategorie.* Heterotopien sind graduelle Phänomene und müssen weder den gesamten Eigenschaftskatalog noch jedes Charakteristikum in voller Intensität aufweisen. Andernfalls gäbe es die eine prototypische Heterotopie, die Foucault angebracht hätte, anstatt jeden der Grundsätze durch andere Beispiele zu illustrieren. Inwiefern das Schiff einen zeitlichen Bruch oder die Hochzeitsreise ein System von Öffnung und Abschließung aufweist, bleibt fraglich. Man könnte zwar entgegnen, dass die Zeit auf einer Fähre in Warten besteht, sozusagen entleerte Zeit ist und dass bei längeren Reisen Bordzeit und Festlandzeit un-

---

13 Vgl. Foucault, Die Heterotopien, S. 10.
14 So resümiert schon Gisela Wilhelm, deren *Dramaturgie des epischen Raumes bei Theodor Fontane* genau diesen motivischen Zugang wählt und unter »Raumtypen« nicht Funktionen oder Strukturen zählt, sondern Kategorien wie »Der Salon«, »Schlösser und Kirchen« sowie »Die Dörfer«: »In den späteren Romanen gehört der Friedhof zu Raumbeschreibungen, ohne daß man den Eindruck gewinnen könnte, er sei über seine topographische Lokalisierung hinaus von Bedeutung. Er fügt sich in das Gesamtbild ein und entspricht landläufigen real-empirischen Gegebenheiten« (Gisela Wilhelm, Die Dramaturgie des epischen Raumes bei Theodor Fontane, Frankfurt am Main 1981, S. 57).

terschieden werden. Und dennoch sind das gesuchte Beispiele, deren Evidenz subjektiv bleibt. Genau solche Ansätze sollen hier vermieden werden, weil sie darin bestehen, die Schablone der Heterotopie an einen Gegenstand heranzutragen, anstatt beobachtete Formen und Funktionen ergebnisoffen darauf zu untersuchen, ob sie als Heterotopie beschreibbar sind. Die Frage wäre weniger, unter welchen Umständen auch im Schiff der Eindruck einer Heterochronie entsteht, sondern wo sich der Aspekt überlagerter Räume, wie er auch im Flugzeug gegeben ist, strukturell findet. Eine Heterotopie wäre damit ein Ort, der verschieden viele der von Foucault beschriebenen Eigenschaften in verschieden starker Ausprägung aufweist. Eben wie das Schiff, das als Paradebeispiel für den Ort ohne Ort funktioniert, den Aspekt von Öffnung und Abschließung sicher – wenn auch nicht zentral – aufweist und in Bezug auf zeitliche Brüche eher im schwachen Rahmen einer Möglichkeit bleibt. Daher gibt es die ungeliebten Grenzfälle; das hindert jedoch nicht, Modelle und grundlegende Tendenzen an stark heterotop geprägten Beispielen aufzuzeigen.

Der Heterotopiebegriff erweist sich damit als Strukturkonzept, dessen Verfahren an den foucaultschen Beispielen bildhaft werden, ohne sich deren Motivik wiederkehrend zu verpflichten. Auf die Heterotopie als Funktionsraum hin gelesen zeigt sich anstelle rekurrenter Topoi ein Merkmalskatalog dessen, was in einem ›anderen Raum‹ geschieht, unabhängig davon, wo konkret die jeweilige Heterotopie realisiert ist. Dabei wird als ein Kernaspekt des Heterotopen dessen Kommentarfunktion deutlich. Das Vermögen, den Normalraum »auslöschen, ersetzen, neutralisieren oder reinigen«[15] zu können, beschreibt eine Bezugnahme der Heterotopie, die stets auch eine Aussage über den Gegenstand solcher Manipulationen ist, oder wie Leonard D. Baer und Bodil Ravneberg feststellen: »Heterotopias are places that have a return effect«.[16] Die Auslagerung des Alters in Seniorenheime löscht nicht nur die familiäre Pflicht der Sterbebegleitung, sondern kommentiert in ebendieser Geste auch die Werte einer sozialen Gemeinschaft, die einen solchen Raum in Anspruch nimmt. Dem Zynismus von Foucaults eigenen Ausführungen ist diese Kommentarfunktion offen abzulesen:

> Und auch die Altersheime wären hier zu nennen, denn in einer so beschäftigten Gesellschaft wie der unsrigen ist Nichtstun fast schon abweichendes Verhalten. Eine Abweichung, die als biologisch bedingt gelten muss, wenn sie dem Alter geschuldet ist, und dann ist sie tatsächlich eine Konstante, zumindest für alle, die nicht den Anstand besitzen, in den ersten drei Wochen nach der Pensionierung an einem Herzinfarkt zu sterben.[17]

---

15 Foucault, Die Heterotopien, S. 10.
16 Leonard D. Baer und Bodil Ravneberg, The outside and inside in Norwegian and English prisons. In: Geografiska Annaler. Series B. Human Geography, 90.2, 2008, S. 208.
17 Foucault, Die Heterotopien, S. 12 f.

Den gleichen Gedanken formuliert Foucault an anderer Stelle etwas neutraler: »Man könnte die Gesellschaften möglicherweise nach den Heterotopien einteilen, die sie bevorzugen und die sie hervorbringen.«[18]

Auf einer abstrakteren Ebene wird auch die Veränderung, die einzelne Heterotopien hinsichtlich ihres Auftretens historisch durchlaufen, als Kommentar auf den Normalraum lesbar, in dessen Matrix sie eingebettet sind. Der Friedhof als Kontaktraum zu Tod und Unendlichkeit gilt Foucault als »der absolut andere Ort«[19] und zeichnet in seiner kulturgeschichtlichen Wandlung ein Bild auch von den Veränderungen des Normalraums. Während der Friedhof bis ins 18. Jahrhundert einer Kirche angegliedert im Zentrum der Stadt liegt, wandelt sich der zweckmäßige Ort der Entsorgung mit voranschreitender Säkularisierung zur He-terotopie. Der belanglosen Natürlichkeit des körperlichen Todes im christlichen Weltsystem stehen medizinischer Argwohn und das Recht entgegen, »den Knochen individuelle Bedeutung einzuräumen.«[20] Der Friedhof als Ort, »an dem man sich gleichsam mit dem Tod infizieren«[21] zu können glaubt, wird an den Stadtrand ausgelagert. Sowohl als Quarantäne des Todes als auch als Begegnungsstätte mit dem individuellen Tod Verwandter und Bekannter funktioniert der Friedhof von da an heterotop. Die geschichtliche Möglichkeit dieser Aufladung ist dabei als Kommentar immer schon mitkodiert. Und auch Theater und Kino, die Foucault eigentlich als Beispiel für die Zusammenlegung widersprüchlicher, unvereinbarer Räume anbringt, vollziehen als Raum erzählender Kunst auch einen Kommentar auf die Wirklichkeit des Normalraums.

Der Kommentarfunktion als Bezug zum Normalraum steht die Verschaltung des Heterogenen als innerstrukturelles Prinzip der Heterotopie zur Seite. Das bereits angebrachte Beispiel des Theaters verkörpert diese im weitesten Sinne paradoxe Figur: »So bringt das Theater auf dem Rechteck der Bühne nacheinander eine ganze Reihe von Orten zur Darstellung, die sich gänzlich fremd sind.«[22]

Daran, dass neben dem Theater auch der Garten (als das »älteste Beispiel einer Heterotopie«[23]) angeführt wird, zeigt sich, wie verschieden diese Verbindung des Widersprüchlichen realisiert werden kann. Während im klassisch-dramatischen Theater auf der Präsentationsfläche der Bühne verschiedene Räume in der Regel maßstabsgetreu abgebildet sind, weist der Garten die Komponente des Modellhaften auf. Alle Räume, die im klassisch-dramatischen Theater zusam-

---

18 Foucault, Die Heterotopien, S. 11.
19 Foucault, Die Heterotopien, S. 13.
20 Foucault, Die Heterotopien, S. 14.
21 Foucault, Die Heterotopien, S. 14.
22 Foucault, Die Heterotopien, S. 14.
23 Foucault, Die Heterotopien, S. 14 f.

mengelegt werden, tendieren zur Mimesis. Der orientalische Garten, der in seinen Bereichen die ganze Welt abbildet, verfährt symbolisch. Wenn die vier Elemente neben dem Spektrum der Pflanzenwelt »beispielhaft und vollkommen«[24] archiviert sind, wird die Reichweite des ›Fremden‹, ›Unvereinbaren‹[25] deutlich. Das Theater zeigt die sukzessive Realisierung verschiedener Räume auf derselben räumlichen Folie und bleibt dabei meist im Rahmen einer mimetischen Größenrelation. Der Garten dagegen verschaltet heterogene Räume in der Simultanität von Natur und Künstlichkeit sowie einfacher Nutzbarkeit einerseits und Symbolfunktion andererseits. So spricht Hans von Trotha ohne ausdrücklichen Bezug zu Foucault vom Garten als »utopische[m] Ort«, der »die Natur im Park als Landschaft zitiert, imitiert und interpretiert«.[26]

Diese Verschaltung des Heterogenen erweist sich als zentraler, aber an keine spezielle Dimension gebundener Aspekt. Auch der Raum, der zugleich elterliches Ehebett und wahlweise Meer, Himmel oder Wald ist, vollzieht die Verbindung von Verschiedenartigem auf unterschiedlichen Ebenen. Land und Wasser, Lokalisierbarkeit und Verschwinden im raumgreifenden diffusen Wald stellen ebensolche Verbindungen dar, wie diejenigen von An- und Abwesenheit beziehungsweise Leben und Tod auf dem Friedhof. Literarisch zeigt sich eine solche paradoxe Verschaltung beispielsweise an den Polstermöbeln in Wilhelm Heinrich Riehls *Gespensterkampf*. Die beiden Protagonistinnen Charlotte und Sophie finden zu Besuch auf einem alten Schloss das Interieur seit einem Jahrhundert unberührt. Zunächst scheint der Attraktionswert darin zu bestehen, einen Raum zu betreten, der vom Lauf der Zeit abgekoppelt ist und den Mädchen eine Reise ins Jahr 1692 ermöglicht. Sophie aber zweifelt, ihr kommt es nicht vor, »als seien die ursprünglichen Besitzer erst gestern von diesen Stühlen aufgestanden«,[27] schließlich zeigen Vergilbung und Mottenfraß deutlich das Jahrhundert an, das über die musealen Möbel hinweggegangen ist. Nur neuwertig erhaltene Stühle würde man »ein echtes Altertum nennen«[28] können. Charlotte hält dem nun den Effekt der paradoxen Durchdringung entgegen. Deren besondere Wirkung, das was Foucault später die ›Heterochronie‹ nennt, entfalten Raum und Möbel gerade weil sie zugleich ihr ursprüngliches Aussehen und die Spuren der Zeit zeigen:

---

24 Foucault, Die Heterotopien, S. 15.
25 Vgl. Foucault, Die Heterotopien, S. 14.
26 Hans von Trotha, Gartenkunst. Auf der Suche nach dem verlorenen Paradies, Berlin 2012, S. 161 und 163.
27 Wilhelm Heinrich Riehl, Gespensterkampf. In: ders.: Durch tausend Jahre. Fünfzig kulturgeschichtliche Novellen. Dritter Band, Leipzig o. J. [1937], S. 314.
28 Riehl, Gespensterkampf, S. 315.

> In diesem Widerspruche liegt die Poesie des Altertums. Die Burgruine versetzt uns mitten unter die Ritter, nicht aber das wohlerhaltene altdeutsche Schloß [...].[29]

Zugleich mit der Art des Widerspruchs wird auch sein prädestinierter Ort, die Poesie benannt. Was in der realistischen Erzählung vor allem die Poesie der Wirklichkeit meint, erscheint im außerliterarischen Blick als Text. Die erzählte Wirklichkeit, Literatur ist die Matrix, die das heterotope Paradoxon konkret in Szene setzen kann. Und obwohl das Setting frei wählbar und eben nicht an die foucaultschen Beispiele gebunden ist, bringt Charlotte zur Erläuterung der gepolsterten Heterotopie den im kulturellen Thesaurus prominenten Ort des Friedhofs an. Diesen besuche man schließlich »nicht um die Toten zu schauen, wie sie leibten und lebten, sondern um mit ihnen als Toten lebendig zu verkehren«.[30] Dieses heterotope Paradoxon des Toten als Lebendigem findet statt im Raum von Sprache und Erzählen, an Orten, die vom Text als Heterotopie entworfen werden.

Es wäre jedoch die Frage nach dem utopischen Potenzial berechtigt, das die Heterotopien in ihrer Kerndefinition als »verwirklichte Utopien«[31] ausweist, scheint doch mit dem Abenteuer auf hoher See weniger eine Utopie als vielmehr eine andere, wenn auch aufregende, Realität herangezogen zu sein. Indes liegt der Aspekt des Utopischen weniger im Motiv als vielmehr in der Art und Weise von dessen Einbettung. Das Zugleich einer Geborgenheit im Bett und der Gefahr der Seereise ist der in der Heterotopie erfahrbare, in der logischen Sprache nicht zu beschreibende utopische Zustand. Genau wie nicht die Vorstellung utopisch ist, unsichtbar zu sein, sondern die Einheit von Unsichtbarkeit und Sichtbarkeit zugleich, die Foucault als utopischen Zustand beschreibt,[32] ist es die Präsenz des Bettes und seiner Attribute im Setting der Seereise, die Durchdringung beider Räume, die das Utopische, Unmögliche ausmacht. Es geht nicht um eine Halluzination im Sinne von Eindrücken, die im subjektiven Rahmen für den Moment real erscheinen. Ein solcher Rahmen ist dahingehend singulär, dass er keinen Zweifel zulässt, das macht die Halluzination ja so echt. Für den Moment ihres Erscheinens ist die Halluzination wahr. Die Erfahrung der Heterotopie ist geprägt vom hybriden Konzept, gleichzeitig Bett und Seereise zu sein. Zu keinem Zeitpunkt ist das Bett der klinische Ort des Halluzinierenden, der im Fieberwahn von Schiff und Wellengang nicht mehr wahrnimmt, wo er sich tatsächlich befindet. Es geht im Gegenteil immer noch und immer wieder um so etwas wie die Gleichzeitigkeit

---

29 Riehl, Gespensterkampf, S. 315.
30 Riehl, Gespensterkampf, S. 315.
31 Foucault, Von anderen Räumen, S. 935.
32 Vgl. Michel Foucault, Der utopische Körper. In: ders.: Die Heterotopien. Les hétérotopies. Der utopische Körper. Le corps utopique, Frankfurt am Main 2005, S. 26.

von Sichtbarkeit und Unsichtbarkeit. Denn in der Verschaltung von Bett und Meer ist man nass und trocken zugleich. Die Seereise im Bett birgt und liefert aus, ist Rückzug und Aufbruch in die Welt. Und das Zugleich, die Abwesenheit einer Konkurrenz beider Räume hinsichtlich ihrer Echtheit macht die Heterotopie aus.

Währenddessen bringt das Bett weitere heterotope Funktionen an, denn

> das Bett ist auch der Himmel, weil man auf den Federn springen kann. Es ist der Wald, weil man sich darin versteckt. Es ist die Nacht, weil man unter den Laken zum Geist wird. Und es ist schließlich die Lust, denn wenn die Eltern zurückkommen, wird man bestraft werden.[33]

In der Möglichkeit zu fliegen zeigt sich eine Modifikation der eigenen Fähigkeiten, in der Option der Heterotopie als Versteck wird die Funktion der Auslagerung deutlich. Die Verwandlung zum Geist beschreibt eine Modifikation des Zustandes und die Lust des Verbotenen weist mit der Schuld der Übertretung auf eine Art Aufladung hin.

Über solche Modifikationen definiert sich schon Foucaults Utopiebegriff. Die Utopie als »Land der Feen«[34] ist auch derjenige Raum, wo »man von einem hohen Berg stürzen kann und dennoch heil unten ankommt«.[35] Das entsprechende Utopiekonzept lässt sich in der Taxonomie von Jürgen Mittelstraß als ›poietischer Entwurf‹ und damit als Sonderform verorten, die außerhalb der Utopie als ›praktischem (dogmatisch, historisch oder systematisch ausgerichtetem) Entwurf‹ steht. Im Rahmen dieser Systematisierung zählt das foucaultsche Konzept der Utopie sogar eindeutig zu den »Fiktionen«[36] und sei im Folgenden auch genau in dieser Lesart angebracht, die vom Politischen abgekoppelt und »nicht mehr *belehrend*, sondern nur noch *unterhaltend* sein will«.[37] Das Utopische im Sinne Foucaults findet seine Abbildung in der Heterotopie, die genau den beschriebenen unmöglichen Ausbau körperlicher Fähigkeiten über Formen der Inszenierung stattfinden lässt. Wunderheilung und Unverwundbarkeit sind wie die Option zwischen Sicht- und Unsichtbarkeit zu wählen[38] der utopische Mehrwert, dem die Heterotopie im Rahmen ihrer Funktionsweise Raum gibt. Auch die Verkehrung der Werte als Kommentar auf die Verfasstheit des Normalraums findet in der Utopie ihre szenische Vorgabe: »Wenn es ein Märchenland gibt, so ganz sicher, damit ich

---

33 Foucault, Die Heterotopien, S. 10.
34 Foucault, Der utopische Körper, S. 26.
35 Foucault, Der utopische Körper, S. 26.
36 Jürgen Mittelstraß, Neuzeit und Aufklärung. Studien zur Entstehung der neuzeitlichen Wissenschaft und Philosophie, Berlin/New York 1970, S. 373.
37 Mittelstraß, Neuzeit und Aufklärung, S. 365. [Hervorh. i. Orig.]
38 Vgl. Foucault, Der utopische Körper, S. 26.

dort der reizende Prinz sein kann und all die Schönlinge so hässlich und haarig werden wie Zottelbären.«[39]

2.1 Heterotopie und Utopie

Foucaults eigene Minimaldefinition der Heterotopien als »lokalisierte[r] Utopien«[40] bezeichnet unmittelbar den schwergewichtigen Begriff, von dem sich das Konzept der ›anderen Räume‹ abgrenzt. Dass mit dem knappen Hinweis auf die Utopie nicht nur eine Abgrenzung, sondern zugleich eine Teilhabe beschrieben wird, ist dabei genauso wichtig wie der Blick auf Foucaults eigenen Utopiebegriff. Dieser ist ausdrücklich nicht-textuell gefasst und damit nicht identisch mit dem narrativen Label ›Utopie‹. Der utopische Ort liegt »im Kopf der Menschen […] oder eigentlich im Zwischenraum zwischen ihren Worten, in den Tiefenschichten ihrer Erzählungen oder auch am ortlosen Ort ihrer Träume«.[41] Das Utopische zeichnet sich damit allem voran durch seine Nichtreferenzialisierbarkeit aus; die Utopie ist das Signifikat ohne Signifikant und in heuristischen Nischen und Ebenen verortet, die nichtsprachlich und nicht-textuell im Raum außerhalb von Bezeichenbarkeit liegen. Diesem Begriff folgend werden Utopien nicht in utopischen Erzählungen beschrieben, sondern in deren ›Tiefenschichten‹. Foucault führt sein Utopiekonzept damit so konsequent wie radikal an den Rand des Praktikablen, oder eigentlich sogar darüber hinaus, denn damit umgehen kann man nicht mehr. Das was sich im Geiste der Utopie manifestiert, nennt sich ›Heterotopie‹ und ist bei allen Ähnlichkeiten vom U-Topos durch seinen tatsächlichen, zu begehenden Ort im Raum verschieden. Die Wendung also, die Heterotopie als »verwirklichte Utopie[ ]«[42] zu fassen, verweist die Utopie rückwirkend in die Sphäre des rein Intelligiblen und legt umgekehrt definitorisch fest: Sobald vermeintlich Utopisches realisiert ist, verändert sich dessen Status, beispielsweise zur Heterotopie.[43] – Aus der Tatsache, dass alle Heterotopien realisierte Utopien sind, folgt jedoch nicht zwangsläufig, dass alle realisierten Utopien auch Heterotopien sind.

---

39 Foucault, Der utopische Körper, S. 25 f.
40 Foucault, Die Heterotopien, S. 10.
41 Foucault, Die Heterotopien, S. 9.
42 Foucault, Von anderen Räumen, S. 935.
43 Jacques Derridas Bestimmung des Nichts als Unsagbarem kommt dabei – obwohl als Foucault-Kritik entworfen – zumindest in diesem Punkt der Utopie als Ort ohne Sprache sehr nahe. Ursprünglich als Einwand formuliert, mit der Sprache der Vernunft nicht vom Wahnsinn handeln zu können, wird bei Derrida eine ähnliche Denkfigur erkennbar: Die foucaultsche Utopie und das Irrationale im Sinne Derridas sind beide abseits von Bezeichen- und Beschreibbarkeit angelegt und resultieren im Schweigen (vgl. Jacques Derrida, Cogito und die Geschichte des Wahnsinns. In: ders.: Die Schrift und die Differenz, Frankfurt am Main 1972, S. 53–101).

Dies sei nur am Rande vermerkt, weil es für die hier angestellten Überlegungen keinen Unterschied macht. Dennoch bliebe zu erwägen, ob es nicht Elemente geben könnte, die vom utopischen Status in die Realität überführt werden, ohne zu Heterotopien zu werden.

Die Utopie selbst jedenfalls schärft Foucault an deren Gegenteil: »Mein Körper ist eine gnadenlose Topie.«[44] Der Raum, den der eigene Körper einnimmt, ist der »absolute Ort«,[45] der in Vertrautheit und Automatisierung aufgeht. Bereits hier wird die Brückenfunktion der Heterotopie deutlich, denn das absolute Gegenteil des eigenen Raums wäre der Nicht-Raum, das tatsächliche Fehlen der räumlichen Dimension. Da sich das Nichts der unmittelbaren Erfahrung aber so nachhaltig entzieht, dass sich ganze philosophische Traditionen um dessen Beschreibbarkeit bemühen,[46] wird es abgebildet im Raum des Anderen. Alterität vollzieht Nichtidentität im Modus der Anschaulichkeit und hat wie die Heterotopie teil an beiden Polen. Das Andere ist wie der eigene Raum tatsächlich existent und damit sag-, erfahr- und beschreibbar. Zugleich ist das Andere aber wie die Utopie vom Raum kategorial verschieden.

Im Anderen lässt sich das Nichts abbilden, denn das Nichts und das Andere sind beide vom Betrachter gesondert und diametral von ihm verschieden. Zugleich aber teilt das Andere mit dem Betrachter die Eigenschaft, zu existieren und überführt als Mittler ein Konzept wie das Nichts in den Bereich der Abbildbarkeit (s. Abb. 2).

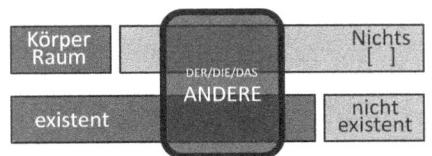

Abb. 2: Das Andere als Vermittlungskategorie

Einen ersten Hinweis auf die Textualität der Heterotopie gibt dabei die Figur des Paradoxen. Die Utopie gilt Foucault als »Ort jenseits aller Orte, [...] an dem ich einen körperlosen Körper hätte«.[47] Die materiale Paradoxie jedoch bleibt eben jenem »ortlosen Ort«[48] des Traums vorbehalten, dessen prärationale Struktur Foucault

---

44 Foucault, Der utopische Körper, S. 25; in diesem Sinne heißt es auch kurz zuvor: »Mein Körper ist das genaue Gegenteil einer Utopie« (ebd.).
45 Foucault, Der utopische Körper, S. 25.
46 Für einen begriffsgeschichtlichen Überblick vgl. Gerhard Müller, Nichts, Nichtseiendes. In: Historisches Wörterbuch der Philosophie. Band 6. Mo-O, hg. von Joachim Ritter und Karlfried Gründer, Stuttgart/Basel 1984, Sp. 805–838.
47 Foucault, Der utopische Körper, S. 26.
48 Foucault, Die Heterotopien, S. 9.

schon früh fasziniert hatte.⁴⁹ Der tatsächlich körperlose Körper ist nicht möglich, ja nicht einmal vorstellbar. Denn es geht nicht darum, sich vorzustellen, körperlos zu sein, sondern körperlos und körperlich zugleich. Die einzig mögliche Form dieses Paradoxons sind Sprache und Textualität. Über die Phrase des ›ortlosen Ortes‹ oder ›körperlosen Körpers‹ findet das Nichtbezeichenbare Eingang in die Realität. Dabei ist der Abbildungsprozess relativ einfach, besteht doch das neu geformte komplexe Zeichen schlicht aus der Kombination beider Pole: ›Körper‹ und ›körperlos‹ treffen sich im Verbindungsraum der Heterotopie als paradoxem sprachlichen Ausdruck des ›körperlosen Körpers‹. Und nur als Zeichen, als Textur ist dies möglich.⁵⁰

Zwischen Körper und in sich widersprüchlichem Körper liegt der Text-Körper, der zugleich materialiter *ein* Körper und semiotisch paradox sein kann. Zwischen dem Normalraum und der Utopie liegt die Sprache, die zugleich tatsächlich und in Textform definiert sowie in ihrer Bedeutung paradox und hermeneutisch unzugänglich sein kann.

Zwei der prominentesten kulturellen Formen solcher Utopien sind Tod und Seele.⁵¹ Die Ähnlichkeit von Tod und Nichts ist dabei unmittelbar deutlich, sind doch beide Kategorien als Negativdefinitionen entworfen und so angelegt, dass ihre gedankliche, logische und anschauliche Unbegehbarkeit beabsichtigt ist. Genauso wie der Tod verortet sich auch die Seele im anschauungsfreien Raum und kann nur im heterotopen Raum, zum Beispiel des Friedhofs, erfahren werden. Dass literarischer Raum nicht an ein solches Motiv gebunden ist und vielmehr die heterotope Funktion dieser Begegnung in beliebigen Räumen abbilden kann, zeigt sich an einer Szene aus Wilhelm Raabes *Else von der Tanne*. Vom verwüsteten Magdeburg des Dreißigjährigen Krieges heißt es da: »[D]ie Geister der erschlagenen dreißigtausend Männer, Weiber und Kinder, welche in den Ruinen umgingen, machten diese winzige, trostlose Lebendigkeit selber zu einem Spuk«.⁵²

---

49 Als Mitübersetzer von Ludwig Binswangers *Traum und Existenz* [1930; frz. Übers. 1954] beschreibt Foucault im Vorwort den Traum als epistemische Fülle vor jeder Sortierung durch die Vernunft (vgl. Michel Foucault, Einführung [in: Binswanger, L., ›Traum und Existenz‹]. In: Michel Foucault. Schriften in vier Bänden. Dits et Ecrits. Band I. 1954–1969, hg. von Daniel Defert und François Ewald, Frankfurt am Main 2001, S. 107–174).
50 Der Vollständigkeit halber sei kursorisch mit Foucault über Foucault hinausgedacht und bemerkt, dass sich für die Heterotopie auch davon sprechen ließe, das Reale dem Utopischen anzunähern und nicht nur umgekehrt. Die Denkrichtung des Bildes hin zum Realen entspricht zwar dem menschlichen Ausgangspunkt im Realen; dennoch ist der Transfer, den die Heterotopie leistet, bidirektional denkbar. Streng genommen ist die Heterotopie nicht nur eine realisierte Utopie sondern auch das in Richtung Utopie verlängerte Reale.
51 Vgl. Foucault, Der utopische Körper, S. 27 ff.
52 Wilhelm Raabe, Else von der Tanne. In: Wilhelm Raabe. Sämtliche Werke. Neunter Band. Erster Teil, hg. von Karl Hoppe, Göttingen 1974, S. 177.

Der Begegnungsraum von Toten und Lebenden bildet genau die paradoxe Verbindung unvereinbarer Zustände ab, die auch das Zugleich von sichtbar und unsichtbar beschreibt. Indem die Toten als Geister anwesend und die Lebenden selbst zum ›Spuk‹ werden, eröffnet sich ein Vermittlungsraum zwischen zwei nicht kompatiblen Sphären (s. Abb. 3). Der im Erzählen entworfene Raum bietet so die ursprünglich dem Friedhof eingeschriebene Möglichkeit, mit den Toten zu kommunizieren. Ein tatsächlicher Friedhof ist als Motiv im literarischen Text für diese Funktion gar nicht nötig.

Abb. 3: Heterotopie in Raabes *Else von der Tanne*

Einen Beitrag zur Erschließung des Heterotopiekonzepts kann der foucaultsche Entwurf der Utopie demnach dahingehend leisten, dass er beschreibt, was außerhalb des konkret Sagbaren und Begreifbaren liegt. Das Paradox dient dabei als Paradebeispiel eines Gegenstandes, der weder konsequent vorstellbar noch im Normalraum existent ist, sondern nur im Spezialraum der Heterotopie abbildbar wird. Genau wie das Leben und dessen Überschreitung im Tod bilden Ratio und Unsinn Gegensätze, deren einzige Verbindung die Heterotopie ist. Der heterotope Raum überführt die Idee zweier diametraler Gegensätze in ein Kontinuum und erlaubt deren Vermittlung. Konkret sind damit kulturelle Räume gemeint, die eine Gegenordnung verkörpern.

Die Utopie stellt einen Wirkraum dar, der den »Körper zum Verschwinden bring[t]«.[53] Räume, die dem Körper magische Fähigkeiten verleihen, tilgen den Faktor der materialen Beschränkung, für den der Körper in erster Linie steht. Der Tod und die Nichtexistenz entkörpern den Besucher der Utopie genauso wie es das Land der Feen und Zauberer tut, indem es die Bindung an körperliche Grenzen aufhebt. Dass sich der Körper dort »mit Lichtgeschwindigkeit bewegt«,[54] könnte als Bild treffender nicht sein, denn die allgemeine Relativitätstheorie geht verkürzt gesagt davon aus, dass ein Körper bei Beschleunigung auf annähernde Lichtgeschwindigkeit in Energie umgewandelt wird. Die Utopie als Ort, an dem die Gleichung von Energie zu Masse mal Lichtgeschwindigkeit zum Quadrat ($e=mc^2$) tatsächlich ausagiert wird, vollzieht die Auflösung des Körpers.

---

[53] Foucault, Der utopische Körper, S. 27.
[54] Foucault, Der utopische Körper, S. 26.

Neben der Utopie als entkörpernder, desintegrierender Macht aber beschreibt Foucault zugleich eine Form umgekehrter Kräfteverhältnisse. Der menschliche Körper kann seine Rolle als »Hauptakteur aller Utopien«[55] nicht nur passiv in der Desintegration durch den Raum erfüllen, sondern auch als Souverän über den Raum. Der »Traum von einem riesigen, überdimensionalen Körper, der den Raum verschlingt und die Welt beherrscht«,[56] bildet ein dem Wirkraum entgegengesetztes Konzept der Prägung des Raums durch die Figur ab. Die Utopie also beschreibt in jedem Fall eine Transzendierung des Körpers, deren zwei polare Formen über das Verhältnis des Körpers zum Raum organisiert sind. Der utopische Körper wird entweder vom Raum aufgelöst, oder er beherrscht ihn so umfassend, dass dieser im Sinne McLuhans zum Medium, zur ›extension of man‹ wird.

Im ersteren Fall wird der Körper transparent und verliert als Accessoire des Raums seine humane Distinktion. Im zweiten Fall eignet sich der Körper den Raum so umfassend an, dass er im Räumlichen überall vorhanden und damit zwar auf entgegengesetzte Weise aber in gleichem Maße dezentral und unsichtbar wird. Dem Aufgelöstwerden durch den Raum steht sozusagen das Auflösen im Raum entgegen, deren gemeinsamer Nenner eine Desintegration der körperlichen Einheit ausmacht.

In Foucaults Utopie-Konzept sind damit bereits die zwei grundlegenden polaren Formen von Räumlichkeit zu erkennen, von denen im Folgenden gehandelt wird und auf deren Matrix die Heterotopie aufsetzt. Romantischer Wirkraum und realistischer, geprägter Raum finden in der Utopie ihre Extremformen, deren Merkmale die Heterotopie im Normalraum abbildet.

2.2 Das paradigmatisch Andere

Wenn Judith Leiß literarische Heterotopien als »Topographien radikaler Andersheit«[57] beschreibt und Edward Relph über die Heterotopie insgesamt resümiert: »everything

---

55 Foucault, Der utopische Körper, S. 31.
56 Foucault, Der utopische Körper, S. 31.
57 Judith Leiß, Inszenierungen des Widerstreits. Die Heterotopie als postmodernistisches Subgenre der Utopie, Bielefeld 2010, S. 21. Der Ansatz, einen »Roman als Heterotopie zu lesen« (244) verlässt dabei den Bereich diegetischer Binnendifferenzierung verschiedener erzählter Räume. Während der Kontrast im Rahmen des Textes zwischen Normalraum und Gegenraum besteht, stellen Ansätze wie der von Leiß den gesamten Text dem kulturellen diskursiven Feld als Gegenraum gegenüber. Dabei geht es nicht mehr um Erzählverfahren, sondern unter dem Dispositiv der »systematischen Deduktion des Genres ›Heterotopie‹« (24) um das Verhältnis von Texten als Einheiten zu ihrem rezipierenden Umfeld. Um es mit Joan Gordon zu sagen: »Because Foucault specifies that heterotopias are ›real‹, I resist the impulse to see the novel itself as a heterotopian counter-site simultaneously mirroring our world and inverting it, though that is exactly what good fiction of any genre does. Instead, I want to

is somehow out of place«,⁵⁸ wird die Dehnbarkeit des Begriffs deutlich. Grund dafür ist das weite Feld des ›allgemein Anderen‹. In der breitesten Lesart würde dies bedeuten, dass die Nichtidentität eines Raumes mit einem anderen zur Minimalbedingung für eine Heterotopie wird. Dass erzählte Räume als Heterotopie gelten, sobald der Erzähler oder Figuren sie als irgendwie anders beschreiben, hängt auch an der pointierten Titelgebung *Von anderen Räumen*. Den Terminus schon als Kurzdefinition zu lesen, bietet sich an, läuft aber ins Leere. Und wenn ein nicht näher bezeichnetes Anderssein nicht nur als notwendige, sondern gleich als hinreichende Bedingung angesetzt wird, gibt es wenige Räume, die nicht als Heterotopie lesbar sind.⁵⁹ Das gesamte Feld der Alterität als Indikator für heterotope Abweichungen anzusetzen, scheint wenig sinnvoll. Mit Roman Jakobsons Zwei-Achsen-Modell dagegen tritt aus der kaum zu begrenzenden Semantik des allgemein Anderen eine spezielle Form von Alterität hervor, die sich gerade für Foucault als anschlussfähig erweist und das Heterotopie-Konzept fokussiert.

Denn im Grunde beschreibt auch Jakobsons Modell verschiedene Formen von Andersheit; charakteristisch sind paradigmatische und syntagmatische Elemente jeweils in ihrer Art, sich zu unterscheiden. Similarität und Kontiguität einander gegenüberzustellen⁶⁰ bedeutet zugleich, zwei Formen von Reihungen zu unterscheiden und damit auch zwei Verfahrensweisen, Elemente einer Reihe als distinkt zu entwerfen. An den Minimalpaaren Vase – Hase – Nase zeigt sich einerseits das Paradigma ‹V›, ‹H›, ‹N›, dessen Elemente in absentia und simultan gedacht sind und von denen jeweils nur eines realisiert wird. Auf der syntagmatischen Achse hingegen reihen sich Elemente zu größeren Einheiten.

---

examine how two sites described in the novel, ›real‹ in terms of the world of the fiction, fit Foucault's definition« (Joan Gordon, Hybridity, Heterotopia, and Mateship in China Miéville's ›Perdido Street Station‹. In: Science Fiction Studies, 30.3, 2003, S. 465).
58 Edward Relph, Post-Modern Geography. In: Canadian Geographer, 35.1, 1991, S. 104. Ähnlich breit angelegt ist der Heterotopie-Begriff bei Benjamin Genocchio, Discourse, discontinuity, difference: the question of ›other spaces‹. In: Postmodern Cities and Spaces, hg. von Sophie Watson und Katherine Gibson, Blackwell 1995, S. 35–46.
59 So spricht beispielsweise Susanne Ledanff in Bezug auf Fontanes Romanwerk allgemein von den »poetisch-erotischen Heterotopien der gebrochenen Idyllen in Vororten und Ausflugsorten« (Susanne Ledanff, Raumpraktiken in den Romanen Theodor Fontanes. Mit besonderem Blick auf Michel de Certeaus Raumtheorien. In: Raumlektüren. Der Spatial Turn und die Literatur der Moderne, hg. von Tim Mehigan und Alan Corkhill, Bielefeld 2013, S. 148).
60 Vgl. Roman Jakobson, Zwei Seiten der Sprache und zwei Typen aphatischer Störungen. In: ders., Aufsätze zur Linguistik und Poetik, Frankfurt am Main/Berlin/Wien 1979, S. 117–141, sowie: Roman Jakobson, Linguistik und Poetik. In: ders., Poetik. Ausgewählte Aufsätze 1921–1971, Frankfurt am Main 1979, S. 94 ff.

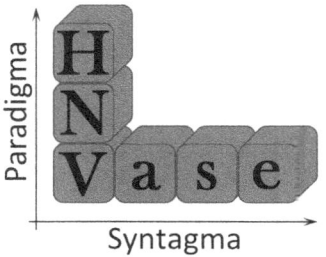

Abb. 4: Das Zwei-Achsen-Modell

Die paradigmatischen Konzepte von Selektion und Äquivalenz beschreiben damit, inwiefern ‹V›, ‹H› und ‹N› sich unterscheiden, während die Elemente ‹V›, ‹a›, ‹s› und ‹e› sich im syntagmatischen Rahmen von Kontiguität abgrenzen. – Das Feld alphabetischer Lettern aber lässt sich unter anderer Perspektive seinerseits als Ganzes selbst in ein Paradigma einbetten. Während das Alphabet mit Blick auf eine einzelne Sprache das prototypische Beispiel für ein Paradigma liefert, erscheinen dessen Elemente insgesamt selbst als Teil eines Paradigmas einer systemübergreifenden höheren Ebene. Kontrastiert man das lateinische Alphabet als System dem kyrillischen Zeichenpool, steht dieser zum lateinischen in paradigmatischer Relation. Die Sicht auf ganze Zeichensysteme führt dazu, dass die Menge der verschiedenen Zeichensysteme insgesamt wiederum ein Paradigma darstellt. Genau wie sich Phoneme oder Grapheme einzelsprachlich paradigmatisch voneinander unterscheiden, tun dies verschiedene Phonem- und Grapheminventare als gesamte. Die Elemente eines Systems verhalten sich innerhalb dieses Systems ebenso paradigmatisch zueinander wie vollständige, verschiedene Systeme als Ganze. Die Auswahl eines Kodes oder Systems impliziert somit eine zweite paradigmatische Achse P_2, die das Paradigma der verschiedenen Paradigmen abbildet (s. Abb. 5).

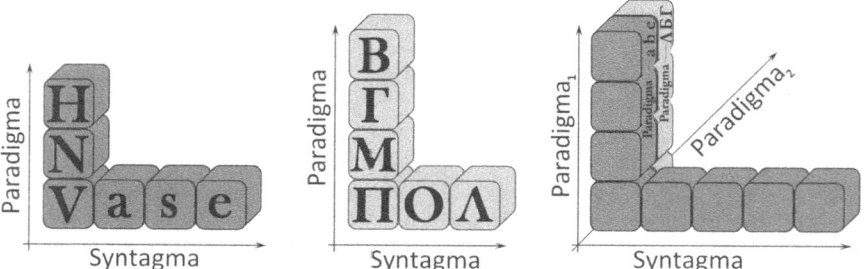

Abb. 5: Minimalpaare im Paradigma lateinischer Schrift, Minimalpaare im Paradigma kyrillischer Schrift (ВОЛ/vol: Bulle, ГОЛ/gol: Tor, МОЛ/mol: Mole, ПОЛ/pol: Boden, Geschlecht), Paradigma verschiedener Paradigmen

Die Auswahl eines Lautes beim Sprechen oder eines Graphems beim Schreiben im Rahmen einer Sprache unterscheidet sich funktional und operational nicht von der vorangehenden Auswahl eines ganzen Sprachsystems vor Beginn einer Kommunikationshandlung. Aus dem Paradigma des lateinischen Alphabets werden Zeichen ausgewählt (*Selektion*), die in syntagmatischer Reihung (*Kombination*) einen metonymischen Verbund (*Text*) bilden. Das Paradigma ›lateinisches Alphabet‹ ist dabei im Vorhinein ausgewählt und gilt als Konvention für den Text. Gleichzeitig steht das System lateinischer Buchstaben selbst in paradigmatischem Verhältnis zu anderen Buchstabensystemen als Ganzen, deren Elemente für sich genauso über eine paradigmatische Relation organisiert sind.

Und hier lässt sich der Bogen spannen zur paradigmatischen Alterität. Während ‹V›, ‹H› und ‹N› über Nichtidentität, Andersheit im Rahmen desselben Systems, nämlich auf der Ebene P1 unterschieden sind, weichen ‹H› und ‹Ц› systemisch voneinander ab und vollziehen eine Alteritätsrelation in Richtung P_2. Eine paradigmatische Abweichung sei somit als Auswahl eines oder mehrerer Elemente aus einem anderen als dem zugrundeliegenden, d.h. einem systemfremden Paradigma (P_2) gefasst (s. Abb. 6).

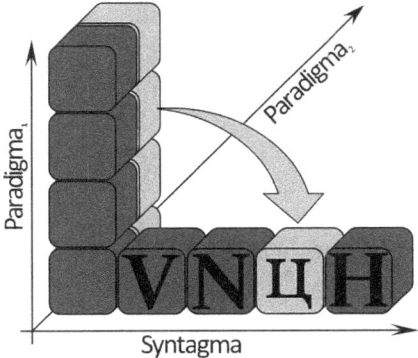

Abb. 6: Paradigmatische Abweichung

Diese Form von Alterität ist speziell für erzählende Texte entscheidend. Erzählte Welten als »sekundäre modellbildende Systeme«[61] schließlich präsentieren genau das: ein System (in Form eines als Modell erprobten Wirklichkeitsentwurfs), das als Syntagma im metonymischen Nacheinander des Textes und seiner über Kontiguität organisierten Elemente gegeben ist. Auch die je nach Text verschieden zentrale Anordnung und Relation von Räumen bildet ein zunächst syntagmatisches Tableau. Dem oben Ausgeführten entsprechend, gibt es für ein Element zwei

---

61 Jurij Lotman, Die Struktur literarischer Texte, München 1972, S. 23.

Möglichkeiten abzuweichen und ›anders‹ zu sein. Die Verschiedenheit der Elemente und Räume im Rahmen des Tableaus entspricht dabei dem Unterschied zwischen ‹V›, ‹H› und ‹N›, und das in der Regel im Sinne von P_1: Es gibt (normale) Räume und andere (normale) Räume. Diegese und mithin fiktive Topographie aber stehen als sekundäres modellbildendes System immer in paradigmatischer Relation zu anderen gesamten Systemen und kulturellen Kodes. – Der syntagmatischen Andersheit des im Syntagma abgebildeten Paradigmas$_1$ steht so eine paradigmatische$_{(2)}$ gegenüber, die ihre Elemente nicht aus demjenigen Paradigma$_1$ bezieht, das im Zuge der poetischen Funktion im Syntagma abgebildet ist. Diese Form der Abweichung beschreibt die Funktion der Heterotopie im Bezugsrahmen von Textualität. Die Heterotopie als paradigmatische Abweichung bezeichnet einen Textraum, der nicht im Rahmen des modellbildenden Systems abweicht, sondern das System auf dem Vektor des gesamtsystemischen Paradigmas in Richtung eines anderen Systems verlässt.

So wird auch der Heterotopie-Begriff des grotesken Tierkatalogs aus der *Ordnung der Dinge* erklärbar. Die »schiere Unmöglichkeit, *das* zu denken«[62] bildet genau die eben beschriebene utopische Qualität ab. Borges' chinesische Enzyklopädie ist der heterotope Textraum, in dem etwas als Text, als Bezeichnendes manifest wird, das sich ursprünglich der Erfassung durch Sprache und Ratio entzieht. Die Nebenordnung gänzlich unvereinbarer Logiken zu einem Tableau ist nur im Text möglich, genau wie das Zugleich von Sichtbarkeit und Unsichtbarkeit oder das lebendige Auftreten von Toten. Die Heterotopie aus der *Ordnung der Dinge* erscheint damit als Verfahren des paradigmatisch Anderen und wird auf den Heterotopiebegriff der ›anderen Räume‹ abbildbar. Genau wie ‹H›, ‹V› und ‹N› im Kontrast mit anderen Zeichensystemen als Ebene P_1 erscheinen, wird auch die Reihung von Milchschweinen, Hühnern und Ochsen zu einer solchen Beziehung erster Stufe, sobald im Paradigma zweiter Stufe gänzlich andere Logiken der Taxonomie angeboten werden (s. Abb. 7).

Dem inhaltlichen Paradigma$_1$ einer Taxonomie wird ein strukturelles Paradigma$_2$ verschiedener Taxonomien gegenübergestellt. Normalraum und Heterotopie stellen eben nicht »two structures of rationality«[63] vor, sondern die Heterotopie bietet ein Panorama heterogener und gleichberechtigter Logiken an. Die Beschreibung als ›zwei verschiedene Formen der Ratio‹ wendet sich genau nicht an das paradigmatisch Andere, sondern an das benachbarte, syntagmatische, das Logiken aufführt, die in P_1 gelistet sind. Die Heterotopie aber bildet nicht den Raum einer anderen Logik ab,

---

62 Foucault, Die Ordnung der Dinge, S. 17. [Hervorh. i. Orig.]
63 Miriam Kahn, Heterotopic Dissonance in the Museum Representation of Pacific Island Cultures. In: American Anthropologist. New Series, 97.2, 1995, S. 325.

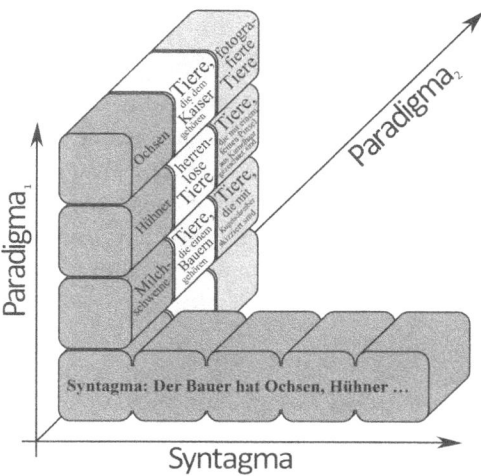

Abb. 7: Die Heterotopie der *Ordnung der Dinge* als paradigmatische Abweichung

sondern tritt als irrationale Vermischung verschiedener Logiken, Unlogiken und anderer Formen auf. Anstatt funktionale Taxonomien hervorzubringen, bildet sie immer wieder den Aspekt des Andersseins ab:

> Nicht die Fabeltiere sind unmöglich – sie werden als solche bezeichnet –, sondern der geringe Abstand, in dem sie neben den Hunden, die herrenlos sind, oder den Tieren, die von weitem wie Fliegen aussehen, angeordnet sind. Was jede Vorstellungskraft und jedes mögliche Denken überschreitet, ist einfach die alphabetische Serie (A, B, C, D), die jede dieser Kategorien mit allen anderen verbindet.[64]

Im System von Metapher und Metonymie im Sinne Jakobsons stellt die Heterotopie eine paradigmatische Abweichung dar, wobei das paradigmatisch Andere das Auftreten eines Elementes aus P_2 bedeutet. Inwiefern sich unabhängig von der Frage nach Heterotopien mit den Achsen von Similarität (*Metapher/Paradigma*) und Kontiguität (*Metonymie/Syntagma*) grundsätzlich textuelle Verfahren beschreiben lassen, sei im Folgenden gezeigt; an der Definition dieser beiden Relationen richtet sich letztlich auch die der paradigmatischen Abweichung aus.

---

64 Foucault, Die Ordnung der Dinge, S. 18.

3 Metapher und Metonymie

Der Gegensatz von Metonymie und Metapher ist nicht nur das zentrale Strukturmerkmal literarischer Texte, sondern auf einer selbstreferenziellen Ebene häufig auch deren Gegenstand. So beispielsweise in E.T.A. Hoffmanns *Der Zusammenhang der Dinge*, einer kaum beachteten Erzählung aus den *Serapionsbrüdern* und »Stiefkind der Hoffmann-Forschung«.[1] Der Text stellt Metonymie und Metapher als Konzepte der Wirklichkeitsstrukturierung dar und handelt im Kern von der Frage, ob der ›Zusammenhang der Dinge‹ auf der paradigmatischen Achse oder der syntagmatischen angesiedelt sei.

Die Gegenüberstellung der Konzepte wird in den Freunden Ludwig und Euchar figuriert, die die Erzählung mit einer Diskussion über den Zufall eröffnen. Dabei sieht Ludwig den Zusammenhang der Dinge metonymisch organisiert; »der ganze Makrokosmos gleicht einem großen künstlich zusammengefügten Uhrwerk«,[2] innerhalb dessen jedes Ereignis aus seiner metonymisch-kausalen Verkettung erklärbar wird. Die Metonymie kommt somit im Gewand eines mechanistischen Weltverständnisses daher, das weder den Zufall noch paradigmatische Metakodes zulässt. Eher mystisch als fatalistisch formuliert bedeutet das in Ludwigs Worten: »[I]n dem Heute wandelt schon das Morgen!«[3]

Euchar hingegen begreift den Zusammenhang der Dinge als Ausdruck einer metaphorischen, beinahe teleologischen Verwebung verschiedener Sinnebenen. Den »über uns, in uns waltenden höheren Geist«[4] glaubt er im Alltagsgeschehen als ›roten Faden‹ wiederzufinden und beruft sich dabei auf Goethes *Wahlverwandtschaften*. Dort heißt es:

> Wir nehmen daher Gelegenheit, von demjenigen, was Ottilie sich daraus in ihren Heften angemerkt, einiges mitzuteilen, wozu wir keinen schicklichern Übergang finden als durch ein Gleichnis, das sich uns beim Betrachten ihrer liebenswürdigen Blätter aufdringt.
>
> Wir hören von einer besondern Einrichtung bei der englischen Marine. Sämtliche Tauwerke der königlichen Flotte, vom stärksten bis zum schwächsten, sind dergestalt gesponnen, daß ein roter Faden durch das Ganze durchgeht, den man nicht herauswinden kann, ohne alles aufzulösen, und woran auch die kleinsten Stücke kenntlich sind, daß sie der Krone gehören.

---

1 Stefan Diebitz, Übersehen und verkannt: Hoffmanns serapiontische Erzählung ›Der Zusammenhang der Dinge‹. In: Mitteilungen der E.T.A. Hoffmann-Gesellschaft, 33, 1987, S. 50.
2 E.T.A. Hoffmann, Der Zusammenhang der Dinge. In: E.T.A. Hoffmann. Sämtliche Werke in sieben Bänden. Band 4. Die Serapionsbrüder, hg. von Wulf Segebrecht, Frankfurt am Main 2001, S. 1055.
3 Hoffmann, Der Zusammenhang der Dinge, S. 1069.
4 Hoffmann, Der Zusammenhang der Dinge, S. 1055.

Ebenso zieht sich durch Ottiliens Tagebuch ein Faden der Neigung und Anhänglichkeit, der alles verbindet und das Ganze bezeichnet. Dadurch werden diese Bemerkungen, Betrachtungen, ausgezogenen Sinnsprüche und was sonst vorkommen mag, der Schreibenden ganz besonders eigen und für sie von Bedeutung. Selbst jede einzelne von uns ausgewählte und mitgeteilte Stelle gibt davon das entschiedenste Zeugnis.[5]

Das Paradigmatische des ›roten Fadens‹ liegt dabei in seiner »einheitsstiftende[n] Funktion, eine disparate, potentiell endlose Menge von Elementen zu einem Ganzen zu vereinigen.«[6] Matías Martínez weist darauf hin, dass Euchars Übertragung des roten Fadens auf das menschliche Leben von der goetheschen Anwendung auf das Tagebuch Ottiliens abweicht. Und dass der rote Faden in den *Wahlverwandtschaften* »einem literarischen Gegenstand zugeschrieben«[7] wird, stimmt zwar – der Übertrag ins Poetologische gelingt aber gerade deswegen, weil eine Figur in Hoffmanns Text das Konzept auf ihre diegetische Wirklichkeit anwendet und damit aus poetologischer Sicht eben auf einen Text, nämlich Hoffmanns Erzählung *Der Zusammenhang der Dinge*. Die Feststellung »ein literarisches Ordnungsschema wird auf das Leben übertragen«[8] gilt ausschließlich für die Analyse des Textes *vor* dem Blick auf die Verfahrensebene. Dieses Fazit liegt im Horizont der Figur selbst und wäre problemlos Ludwig oder Euchar in den Mund zu legen. Auf der Ebene der Textur aber erscheint dieser Übertrag als Selbstreferenz und eröffnet eben den Disput um zwei Organisationsprinzipien, die sich aus unserer Sicht als paradigmatische respektive syntagmatische Zusammenhänge beschreiben lassen. Ähnliches gilt für Stefan Diebitz' Feststellung, der ›Zusammenhang der Dinge‹ bezeichne »formaliter wie materialiter die manieristische Verflechtung der Rahmen- mit der Binnenerzählung durch die nur historisch zu begreifende Geschichte jener drei Figuren, die sowohl im Kreis des ästhetischen Tees als auch in Spanien ihre Rolle spielen«.[9] Im Rahmen der Diegese und des Figurenhorizonts stellt sich tatsächlich vornehmlich die Frage jener Zusammenhänge und der Plot lebt von deren Entfaltung. Der Blick auf die Verfahrensebene aber weist diese Konstellation als metaphorische respektive metonymische Versuchsaufbauten aus. Der Zusammenhang von Literatur und Leben (Martínez) und derjenige zwischen Rahmen- und Binnenerzählung (Diebitz) ist zwar da und mag

---

5 Johann Wolfgang Goethe, Die Wahlverwandtschaften. In: Goethes Werke. Hamburger Ausgabe in 14 Bänden. Band VI. Romane und Novellen I, hg.v. Erich Trunz, München 1981, S. 368.
6 Matías Martínez, Das Leben als Roman. Weltanschauung, Handlungsführung und Poetik in Hoffmanns ›Der Zusammenhang der Dinge‹. In: E.T.A. Hoffmann. Text + Kritik. Zeitschrift für Literatur. Sonderband, hg. von Heinz Ludwig Arnold, München 1992, S. 77.
7 Martínez, Das Leben als Roman, S. 77.
8 Martínez, Das Leben als Roman, S. 77.
9 Diebitz, Übersehen und verkannt, S. 61.

im Titel ebenfalls mitkodiert sein. Auf der Ebene textueller Verfahren aber erweisen sich die genannten Aspekte als Figurationen der Verhandlung zwischen Metapher und Metonymie.

Dergestalt erprobt die Erzählung am allgemeinen Begriff des ›Zusammenhangs‹ dessen polare Spielarten des metaphorisch-paradigmatischen respektive des metonymisch-syntagmatischen Zusammenhangs. Die Grundvoraussetzung dafür ist zunächst einmal »die Weigerung, den Lauf der Welt als blindes Geschehen, als disparate Folge von Zufällen«[10] zu begreifen. Dass Geschehen und Ereignisfolge überhaupt durch einen Zusammenhang organisiert sind, ist bei allem Antagonismus die gemeinsame Grundüberzeugung Ludwigs und Euchars, die das Abwägen zwischen ›Uhrwerk‹ und ›rotem Faden‹ erst poetologisch lesbar macht. Die Kohäsion von Ereignissen ist der gemeinsame Nenner der beiden Konzepte. Welcher Art von Kohäsion – Ähnlichkeit oder Kontiguität – der Vorzug zu geben sei, ist eben die Detailfrage, die der Text durch seine Protagonisten austrägt.

Euchars Spott gilt in dieser Frage dem Determinismus, jedes Element der Welt und jedes Geschehen aus dessen kausalem Kontext erklären zu wollen. Die Schwierigkeit, die sich aus diesem Ansatz ergibt, ist der Fatalismus scheinbar unabwendbarer Konstellationen. Wenn Ludwig über eine Baumwurzel stolpert und Euchar kommentiert: »Das lag im Zusammenhang der Dinge; schlugst du nicht schmählich hin, so ging die Welt unter im nächsten Augenblick«,[11] dann wird die Tragweite einer solchen Perspektive deutlich: Das Aufbrechen der unabänderlichen Zusammenhänge gefährdet die Welt, die in diesem Fall Text-Welt ist. So ist Euchars Feststellung durchaus poetologisch zu lesen; in Ludwigs Konzeption von Wirklichkeit, das heißt im Rahmen einer vollständig metonymischen Diegese, ist die Überschreitung von Kontiguitätszusammenhängen eine Bedrohung für die erzählte Welt. Der Kollaps des Universums ist tatsächlich der Kollaps des Textuniversums, und zwar für den Fall, dass Ausnahmen vom allgemeinen Mechanismus auftreten.

Die Kritik des Freundes an der Metonymie also ist eine Kritik der Vorhersagbarkeit und der Transparenz, die dem romantischen Projekt einer unabschließbaren Relektüre und einem stets ungreifbar bleibenden Textsinn widerspricht. Euchar selbst ist nämlich im wahrsten Sinne des Wortes ein Kind der Metapher, und dass sein Name sich aus dem griechischen éucharis (= anmutig, wohlgeformt) herleitet, auf die christliche Eucharistie verweist und zudem in der Nymphe Eucharis eine mythologische Patin hat, lässt bereits vermuten, wessen Prinzip zuletzt die Oberhand behalten wird. Schon in früher Jugend findet man ihn in traumähnlichen Zuständen, in denen er »ganze Geschichten, die er gehört oder gelesen,

---

10 Martínez, Das Leben als Roman, S. 76.
11 Hoffmann, Der Zusammenhang der Dinge, S. 1056.

wie ein Schauspiel aufführte«.¹² Einer der Hofmeister versichert, »der Knabe sei eine poetische Natur«,¹³ und der Erzähler selbst stellt fest: »Auf Euchars Antlitz hatte die Natur die bedeutungsvolle Chiffer gedrückt, mit der sie ihre Lieblinge bezeichnet.«¹⁴ Damit hat Euchar nicht nur Teil an einem Referenzsystem (›Natur‹), aus dessen Bezügen sich weitere, über die manifeste Wirklichkeit hinausgehende Deutungen entwickeln lassen, sondern er ist an diese paradigmatisch zugeordnete metaphorische Ebene auch durch ein Zeichen gebunden, das dem metonymischen Zusammenhang wesensfremd ist. Eine Chiffre/›Chiffer‹ ist Teil eines arkanen Verweissystems und damit gerade nicht über Kontiguität organisiert, sondern steht mit dem Element, das sie geheimsprachlich kodiert, in einem Zusammenhang der Austauschbarkeit.¹⁵

Auch Smalltalk und Flirt, »die Kunst, über nichts, nichts in nichtssagenden Worten mit schönen Weibern [...] zu reden«,¹⁶ gehören nicht zu Euchars Repertoire. Die Rede von der »Tiefe des Gefühls«¹⁷ und dem »tiefste[n] Wesen«¹⁸ der Natur bedient die gleiche Bildlichkeit des Vertikalen wie Jakobsons paradigmatische Achse. Das gefällige, automatische Parlieren aber findet auf der syntagmatischen, horizontalen Achse statt. Euchars romantisch metaphorisches Denkmuster, das Wahrnehmbare in jeder Situation um paradigmatische Bedeutungsebenen zu erweitern, steht nicht nur dem Gesprächsfluss entgegen, sondern auch der Geselligkeit: »War er allein, so schien er ein ganz anderes Wesen.«¹⁹ Die Kausalität wirkt hier aber durchaus auch in der entgegengesetzten Richtung, denn das Bedürfnis nach paradigmatischer Versenkung bringt erst die Notwendigkeit mit sich, mit dem Alleinsein die dazu notwendigen Bedingungen zu schaffen.

Der Analogie von Paradigma/Syntagma und Tiefgang/Ausbreitung entspricht auch die Charakterisierung Ludwigs. Dessen interessierter, aber ruheloser Geist zeichnet sich durch breite intellektuelle Ressourcen aus; er dilettiert im Dichten und in der Malerei, spielt verschiedene Instrumente, spricht mehrere Sprachen

---

12 Hoffmann, Der Zusammenhang der Dinge, S. 1065.
13 Hoffmann, Der Zusammenhang der Dinge, S. 1066.
14 Hoffmann, Der Zusammenhang der Dinge, S. 1066.
15 Zur Konstitution von Chiffre und Hieroglyphe als »›Schrift‹ aus Bildelementen, deren Sinn in neuerer Zeit verlorengegangen oder von Anfang an als Priesterweisheit esoterisch verschlüsselt gewesen« ist, vgl. Wolfgang Harms, In Buchstabenkörpern die Chiffren der Welt lesen. Zur Inszenierung von Wörtern durch figurale oder verdinglichte Buchstaben. In: ›Aufführung‹ und ›Schrift‹ in Mittelalter und früher Neuzeit, hg. von Jan-Dirk Müller, Stuttgart/Weimar 1996, S. 575.
16 Hoffmann, Der Zusammenhang der Dinge, S. 1066.
17 Hoffmann, Der Zusammenhang der Dinge, S. 1066.
18 Hoffmann, Der Zusammenhang der Dinge, S. 1066.
19 Hoffmann, Der Zusammenhang der Dinge, S. 1065.

und »war daher ein wahrer Ausbund an Bildung.«[20] Die Bewegung nicht im Syntagma zum benachbarten Element, sondern in Richtung einer Ebene metaphorischer Verweise und als Kodes lesbarer Referenzsysteme vollzieht Ludwig nicht. »Der Eindruck, den alles Schöne, Herrliche auf ihn machte, glich dem äußern Kitzel, der die Haut berührt, ohne die innern Fiebern zu erfassen.«[21] Der Vektor ins Paradigma wird hier nicht beschritten.

Ludwig und Euchar könnten dieser Polarität entsprechend kaum verschiedener sein. Dass das Syntagma im Vergleich nicht gut wegkommt, wird bereits bei dessen Verbindung mit der Ausbreitung und der damit einhergehenden Semantik der Oberfläche deutlich. Offen pejorativ aber wird der Erzähldiskurs, wenn Ludwigs Zugriff auf mechanistische Weltkonzepte als eskapistische Rechtfertigung der eigenen Antriebslosigkeit ausgedeutet wird. Den Hang dazu, Angekündigtes nicht auszuführen, entschuldigt dieses supermetonymische System, auf das Ludwig »über ein verschollenes Buch«[22] gestoßen ist, im Rahmen einer äußerst bequemen Prämisse:

> Denn war nicht ausgeführt, was er versprochen, so trug nicht er die Schuld, sondern es hatte nur allein im Zusammenhang der Dinge gelegen, daß es nicht geschehen konnte.[23]

Beim ästhetischen Tee der Konsistorial-Präsidentin Veehs trägt ein junger Dichter ein Schicksalsdrama vor, das »langweilig und abgeschmackt genug ist, um sich ganz zu solcher Vorlesung zu eignen.«[24] Von einem heftigen Husten im Vortrag unterbrochen wird er bald »halb tot weggetragen«[25] und gibt den Kreis dafür frei, »daß irgend etwas nicht vorgelesen sondern recht lebendig erzählt werde«.[26] Daraufhin berichtet Euchar eine Begebenheit aus seinem Leben im Spanienkrieg, verschleiert aber den Namen des Protagonisten als ›Edgar‹.

Die Konstellation, in die diese Erzählung zuletzt mündet und die anzeigt, welche Form des Zusammenhangs sich als gangbar erweist, ist eine doppelte Paarung: Ludwig ist mit Viktorine, Euchar mit Emanuela verheiratet. Während Euchars Verbindung aus Kriegsverwicklungen und dem Einsatz für Emanuelas Vater entstanden ist, hat Ludwig seine Ehe selbst eingefädelt und von einer Reihe von Missgeschicken begleitet um die Hand einer Frau angehalten, die ihn nie geliebt hat. Wulf Segebrecht formuliert bezüglich der Binnenerzählung treffend:

---

20 Hoffmann, Der Zusammenhang der Dinge, S. 1067.
21 Hoffmann, Der Zusammenhang der Dinge, S. 1067.
22 Hoffmann, Der Zusammenhang der Dinge, S. 1068.
23 Hoffmann, Der Zusammenhang der Dinge, S. 1068.
24 Hoffmann, Der Zusammenhang der Dinge, S. 1076.
25 Hoffmann, Der Zusammenhang der Dinge, S. 1077.
26 Hoffmann, Der Zusammenhang der Dinge, S. 1077.

Diese Erzählung widerlegt zunächst die Lehre vom mechanistischen Zusammenhang dadurch, daß sie eine untrennbare Verbindung von persönlicher Entschlußkraft und eintreffendem Ereignis postuliert, nicht allerdings mit der Behauptung, es bestünde ein Kausalverhältnis zwischen ihnen, sondern so, daß das Erkennen wunderbarer Zusammenhänge selbst Zusammenhänge eröffnet, die über den nur verbalen Enthusiasmus weit hinausgehen.[27]

Letztlich erweist sich Euchars Verbindung in ihrer Teilhabe an narrativierbaren, metaphorischen Aspekten wie Zufall, Schicksal, Tragik und Glück als im Rahmen romantischer Textparameter authentisches Ergebnis. Das »lenkende und allgegenwärtige Schicksal in Euchars Erzählung«[28] verbürgt einen tragfähigen paradigmatischen Kode. Ludwig hingegen, der fälschlicherweise glaubt, von Viktorine geliebt zu werden, lebt eine Verbindung, deren Selbsttäuschung als Problem des Metonymischen behauptet wird. Der zwanghafte Glaube an kleinschrittige Kausalverkettungen lässt die Idee einer irrtümlichen Verbindung nicht zu. Viktorine hingegen, die eigentlich Euchar liebt, mit ihrem unerfüllten Begehren inzwischen aber Frieden geschlossen hat, zieht das Resümee zugunsten des Metaphorischen im Gespräch mit Euchar noch einmal sehr deutlich:

> Sie kennen meines Mannes System vom Zusammenhange der Dinge. Den wahren Zusammenhang unsers ganzen Seins bilden, denk ich, die Torheiten, die wir begehen, bereuen, und wieder begehen, so daß unser Leben ein toller Spuk scheint, der uns, unser eigenes Ich, rastlos verfolgt, bis er uns zu Tode neckt und hetzt![29]

Das Metaphorische, das an Phänomenen der erzählten Welt Paradigmen eröffnet und das Erzählen um Metakodes anreichert, stellt sich hier als das gelingende Strukturprinzip dar. Solche paradigmatischen Zusammenhänge machen die ursprünglich romantische Folie aus, von der sich später Texte wie Vischers »satirisch-philosophischer Gelehrtenroman«[30] *Auch Einer. Eine Reisebekanntschaft* [1878][31] mit der prekären Figur des A.E. abheben. Dabei wird die bewusste Reflexion solcher Gegenüberstellungen wie der von metonymischen und metaphorischen Verfahren vor allem an poetologischem Erzählen sichtbar, wie es sich bei

---

27 Wulf Segebrecht, Autobiographie und Dichtung. Eine Studie zum Werk E.T.A. Hoffmanns, Stuttgart 1967, S. 195 f.
28 Diebitz, Übersehen und verkannt, S. 61.
29 Hoffmann, Der Zusammenhang der Dinge, S. 1109.
30 Barbara Potthast und Alexander Reck, Einführung. In: Friedrich Theodor Vischer. Leben – Werk – Wirkung, hg. von Barbara Potthast und Alexander Reck, Heidelberg 2011, S. VII.
31 Vischers Roman ist ursprünglich auf 1879 vorausdatiert und wird daher häufig entsprechend falsch verzeichnet; vgl. dazu: Reinhold Grimm, Zur Wirkungsgeschichte von Vischers ›Auch Einer‹. In: Gestaltungsgeschichte und Gesellschaftsgeschichte, hg. von Helmut Kreuzer, Stuttgart 1969, S. 352–381.

Vischer präsentiert. Jedoch nicht in dem Sinne, in dem man dies mit gutem Grund über fast alle Erzählliteratur nach 1800 sagen kann, sondern einfach, weil es sein hauptsächliches Charakteristikum ist. Bei aller Selbstreflexivität speziell von romantischer, aber etwas subtiler auch realistischer Literatur und umso nachdrücklicher dann den Strömungen der jüngeren Moderne, weisen sich einzelne Texte über selbstreflexive Verfahren hinaus als Artikulation von Selbstreferenz an sich aus. E.T.A. Hoffmanns *Kater Murr*, Laurence Sternes *Tristram Shandy* oder Italo Calvinos *Wenn ein Reisender in einer Winternacht* sind solche Texte. Die Selbstreferenz bei Fontane hingegen hat ihren Platz, ihre Relevanz und Interessantheit, aber sie ist lediglich ein Baustein der Erzählung. Texte wie *Auch Einer* aber handeln nahezu ganz von sich, während die Selbstreferenz anderer Texte darin besteht, darauf hinzuweisen, dass oder auf welche Weise von etwas Drittem gehandelt wird.

So beginnt *Auch Einer* mit der Behauptung, als Text überflüssig zu sein. Die dem Textbeginn vorangesetzte Überschrift »Auch Einer« wird unmittelbar von der ersten Zeile des Romans als Satz weitergeführt:

> Auch Einer
> von denjenigen nämlich – – – kurz, man versteht mich.[32]

Dass Paratext und Erzählerrede ein Syntagma bilden und damit behaupten, denselben Diskurs zu führen, löst die Ordnungsstruktur des Erzählens dahingehend auf, dass nach dieser Eröffnung hinter jeder Äußerung im Text ein paratextueller Wissenshorizont annehmbar wird. Ähnlich wie Sätze vom Typ: ›Hans begann zu erzählen‹ die Binnenerzählung an den Horizont ihres Hervorbringers und damit den der Rahmenerzählung binden, verortet die Souveränität über den Paratext das erzählende Sprechen des Textes *Auch Einer* in einer oberhalb der Textgrenze angesiedelten Ebene – ob diese ›außerliterarische‹ oder analog zum impliziten Autor ›pseudo-außerliterarische‹ Wirklichkeit zu nennen wäre, ist für die Intensität des Effekts hier nicht wichtig und wäre eine Frage für sich. Wenn Günter Oesterle *Auch Einer* als »Brennglas« bezeichnet, »das bedeutende Gattungen und Formen des 19. Jahrhunderts zusammenfaßt und einschmilzt«,[33] dann ließe sich die Anschlussfrage stellen, welches Amalgam sich letzten Endes ergibt.

---

32 Friedrich Theodor Vischer, Auch Einer. Eine Reisebekanntschaft, Frankfurt am Main 1987, S. 9.
33 Günter Oesterle, Die Grablegung des Selbst im Andern und die Rettung des Selbst im Anonymen. Zum Wechselverhältnis von Biographie und Autobiographie in der zweiten Hälfte des 19. Jahrhunderts am Beispiel von Friedrich Theodor Vischers ›Auch Einer‹. In: Vom Anderen und vom Selbst. Beiträge zu Fragen der Biographie und Autobiographie, hg. von Reinhold Grimm und Jost Hermand, Königstein/Ts. 1982, S. 58.

Oesterle freilich liest *Auch Einer* autobiographisch und den Erzähler als »Beobachter eines fiktionalen Teil-Ichs«,[34] sprich: Friedrich Theodor Vischers. Dem Zugang entsprechend gelingt aber die Sicht auf *Auch Einer* als Verfahrensschau nicht und Oesterle stellt fest: »Das Gesetz dieser epochalen Stil-Melange, dieses Eklektizismus von Klassizismus und Manierismus, Romantik und Realismus, erschließt sich demnach nicht aus einer traditionellen Hermeneutik der Autobiographie«.[35] Die biographische Lesart hat dabei bezüglich Vischers *Auch Einer* durchaus Tradition und steht im Rahmen einer hauptsächlich mit der Gattungsfrage befassten Forschung.[36]

Was geschieht ist jedenfalls, dass der Text sich in all seinen Ebenen und auch vermeintlich nach außen als transparent und von einem Erzähldiskurs konstituiert behauptet, der über diese Sicht souverän verfügt. Und das Erste, was dieser Diskurs sagt, ist sinngemäß: Das Folgende kennt man ohnehin schon nur zu gut. – Warum dann erzählen? Weil es eben um das Erzählen selbst geht.

In Bezug auf das von A.E. entworfene ›System des harmonischen Weltalls‹ und dessen Wechselbezug zum Geschehen des Textes formuliert Thomas Althaus diese Selbstreflexivität in ihrer Umfassendheit: »Der Reflexionsrahmen wird dem Romangeschehen mit einer mise en abyme förmlich eingestülpt.«[37]

Durch das Objektiv dieser expliziten Poetologie liest sich der Texteinstieg zugleich als Kommentar auf das Prinzip des Paradigmatischen. Die Hauptfigur ist einer »von denjenigen«,[38] d.h. Teil eines Paradigmas, das im nächsten Zuge als bekannt behauptet wird. Es geht um einen, dessen unmittelbare ersteindrückliche Eigenschaft die Vergleichbarkeit mit einer definierbaren Reihe, also einem bestimmten Menschenschlag ist. Der lange Zeit namenlos bleibende, in Abkürzung von ›auch einer‹ schlicht ›A.E.‹ genannte Protagonist wird als Vertreter von Paradigmatizität eingeführt; und in der Tat handelt der Bericht über ihn davon, wie ihn die Ahnung von verborgenen Paradigmen umtreibt. A.E. nämlich vermutet hinter dem, was er die »Tücke des Objekts«[39] nennt, ein eigenes wirkmächtiges

---

34 Oesterle, Die Grablegung des Selbst, S. 47.
35 Oesterle, Die Grablegung des Selbst, S. 62.
36 Vgl. Ingrid Oesterle, Verübelte Geschichte. Autobiographische Selbstentblößung, komische Selbstentlastung und bedingte zynische Selbstbehauptung in Friedrich Theodor Vischers Roman ›Auch Einer‹. In: Vom Anderen und vom Selbst. Beiträge zu Fragen der Biographie und Autobiographie, hg. von Reinhold Grimm und Jost Hermand, Königstein/Ts. 1982, S. 71–93.
37 Thomas Althaus, Von den Stockwerken des Lebens und von der Tücke des Objekts. Friedrich Theodor Vischers Roman ›Auch Einer‹ und sein Held als Phraseur. In: Friedrich Theodor Vischer. Leben – Werk – Wirkung, hg. von Barbara Potthast und Alexander Reck, Heidelberg 2011, S. 177.
38 Vischer, Auch Einer, S. 9.
39 Vischer, Auch Einer, S. 24.

System intentional böswilliger Gegenstände.[40] Während Metapher und Metonymie bei Hoffmann noch durch die Fürsprache zweier tendenziell gleichberechtigter Figuren vertreten werden, wird der Wunsch nach einem metaphorischen Zusammenhang bei Vischer an die Perspektive A.E.s gebunden und vor dem Hintergrund einer zweifelsfrei realistisch-metonymischen Welt gezeigt. Das Wuchern des Paradigmatischen fasst A.E. in einer Taxonomie verschiedener Teufel und »böse[r] Geister«[41] zusammen. Das entsprechende Traktat unterteilt sich in »Hauptarten der Teufel«[42] und deren Kategorien von Gegenständen, Tieren, Menschen oder Stoffen sowie den von diesen ausgehenden »Aktionen«.[43] Die Grundlage dieses »philosophischen System[s] oder vielmehr eigentlich der Mythologie des sonderbaren Denkers«[44] erweist sich dabei als misogynes Konstrukt, das physische Missgeschicke als unausweichlich beglaubigen soll:

> Die Natur sei das Produkt eines Urwesens weiblichen Geschlechts. Dieses höchst geniale, reizvolle, höchst gütige und zugleich höchst leichtsinnige und dämonische, höchst grausame Weib habe sich mit Legionen böser Geister verbündet, die sich im Urschlamm erzeugten. Man solle zusehen, ob nicht alles Tun und Hervorbringen der Natur weib-artig sei.[45]

Diese Idee, über singuläre physikalische Zufälle Paradigmen des Übernatürlichen zu konstruieren, beschreibt A.E. direkt zu Beginn prägnant in einem Satz: »Sie geben also zu, daß die Physik eigentlich Metaphysik ist, Lehre vom Geisterreich.«[46] Wie deutlich sich hier der Diskurs am Romantischen orientiert, zeigt der Vergleich mit Achim von Arnims *Majorats-Herren*, wo es heißt: »[D]ie Physik der Geister war von je mein Lieblingsstudium.«[47] Eine solche Verbindung von übernatürlichen Phänomenen und deren – paradoxerweise – naturwissenschaftlicher Erschließung lässt sich als romantische Ironie beschreiben und damit als Denkfigur, die

---

40 Wolfgang Kayser attestiert Vischers Roman sogar, mit der Widerständigkeit des Gegenständlichen »dem Grotesken ein neues Feld erschlossen« zu haben (Wolfgang Kayser, Das Groteske. Seine Gestaltung in Malerei und Dichtung, Oldenburg/Hamburg 1957, S. 119). Ulrike Montigel wiederum spricht bezüglich A.E.s Wesen von einer »psychischen Störung« und sieht in A.E. die »pathogenen Einflüsse des Bürgertums auf die männliche Psyche« abgebildet (Ulrike Montigel, Der Körper im humoristischen Roman. Zur Verlustgeschichte des Sinnlichen. François Rabelais – Laurence Sterne – Jean Paul – Friedrich Theodor Vischer, Frankfurt am Main 1987, S. 241).
41 Vischer, Auch Einer, S. 294.
42 Vischer, Auch Einer, S. 325.
43 Vischer, Auch Einer, S. 327.
44 Vischer, Auch Einer, S. 69.
45 Vischer, Auch Einer, S. 69.
46 Vischer, Auch Einer, S. 29.
47 Achim von Arnim, Die Majorats-Herren. In: Achim von Arnim. Werke in sechs Bänden. Band 4. Sämtliche Erzählungen. 1818–1830, hg. von Renate Moering, Frankfurt am Main 1992, S. 117.

als eine Art produktiver Widerspruch angelegt ist. Die Prämissen dieser Weltsicht buchstabiert A.E. dementsprechend aus:

> [W]as Sie sicherlich bereits erkannt haben, das ist die allgemeine Tendenziosität, ja Animosität des Objekts, des sogenannten Körpers, was die bisherige Physik geistlos mit Namen wie: Gesetz der Schwere, Statik und dergleichen bezeichnet hat, während es vielmehr aus Einwohnung böser Geister herzuleiten ist.[48]

Bezüglich solcher Unbilden geht A.E. von einem »geisterhaften Kausalitätsverhältnis«[49] aus – »denn wer könnte so etwas mechanisch erklären?«[50] So wendet der Roman »Hegels anthropozentrische Idee von der Selbstverwirklichung durch den Besitz der Dinge in ihr Gegenteil«;[51] die Tücke des Objekts als System, als Äußerung eines kohärenten Willens aufzufassen, ist der Versuch, diese Entankerung wieder zu befestigen.[52]

Währenddessen zeigt sich die romantische Tradition des Paradigmatischen einmal mehr in der Belebtheit des Objekts.

> Der Krug war mir kein Krug mehr, sondern ein beseeltes, unverschämtes Wesen, ein Geisterlümmel oder Lümmelgeist [...].[53]

Nicht umsonst spricht A.E. bezüglich seiner Einsichten ins Gefüge der Wirklichkeit von einem »unseligen neuen Sinn«,[54] steht er doch auch hier in einer Reihe mit Figuren wie Theodor in E.T.A. Hoffmanns *Ödem Haus* und dessen Sinn,

---

48 Vischer, Auch Einer, S. 29.
49 Vischer, Auch Einer, S. 31.
50 Vischer, Auch Einer, S. 32.
51 Julia Bertschick, NebenSachen. Literatur als Gehäuse ›der nächsten Dinge‹ im 19. Jahrhundert. In: Magie der Geschichten. Weltverkehr, Literatur und Anthropologie in der zweiten Hälfte des 19. Jahrhunderts, hg. von Michael Neumann und Kerstin Stüssel, Konstanz 2011, S. 333.
52 Uwe Steiner sieht in diesem Metakode widerspenstiger Dinge eine Strategie der »Anthropodizee, einer Rettung oder Rechtfertigung eines in idealistischer Tradition konzipierten Humanum angesichts seiner Bedrohtheit durch die gegenständliche Welt«. A.E. betreibt so »gleichsam eine rhetorische Rettung der Zweckursachen, indem sein Paradoxon noch die Zweckwidrigkeit als systematisch intendierte kennzeichnet und sie in einem ›Bestreben‹ motiviert sein lässt« (Uwe C. Steiner, ›Alles Gartenutensil mischt sich in das Kampfgewühl‹. Vom Aufstand der Inneneinrichtung und den Krisen des Menschen bei Busch, in Vischers ›Auch Einer‹ und in Stifters ›Nachsommer‹. In: Magie der Geschichten. Weltverkehr, Literatur und Anthropologie in der zweiten Hälfte des 19. Jahrhunderts, hg. von Michael Neumann und Kerstin Stüssel, Konstanz 2011, S. 294 und 295).
53 Vischer, Auch Einer, S. 79.
54 Vischer, Auch Einer, S. 79.

an jeder Erscheinung, sei es Person, Tat oder Begebenheit, sogleich dasjenige exzentrische zu schauen, zu dem wir in unserm gewöhnlichen Leben keine Gleichung finden und es daher wunderbar nennen.[55]

A.E. ist sich sicher: »Es ist nicht anders, es muß Teufel geben.«[56] Bausinger spricht hier stark wertend von der »Störung des Erhabenen durch unerwartete und unberechenbare Banalisierungen«;[57] genauso gut könnte man von der Störung des Metonymischen durch den Installationsversuch des Metaphorischen sprechen. Dass beim Aufbau eines solchen Systems von Absichten böswilliger Gegenstände ein Paradigma entsteht, das über eine eigene Wirkmacht verfügt, ist A.E. bewusst und findet sich in seinem lakonischen Kommentar wieder, eine aus diesen Überlegungen entwickelte Mythologie müsse »eine überzeugende, sogar den eigenen Urheber überzeugende«[58] sein. Die Ironie der Bemerkung wird jedoch Ernst, sobald sich das Paradigma und dessen Wirkung verselbständigen.

In A.E.s Aufzeichnungen finden sich später romantizistische Naturbeschreibungen, die so zwar auch bei Novalis hätten stehen können, dabei aber den Gestus der Selbstreflexion bis an die Grenzen des Komischen strapazieren, wenn es heißt: »Im Gebirge redet leis, flüsternd und laut im Donnerton die Natur mit sich selbst.«[59] Und dass A.E. sein System ausdrücklich »neue Mythologie«[60] nennt, verdeutlicht einmal mehr den schon im Paradigmatischen angelegten Romantikbezug, sodass Aphorismen im Duktus Schlegels und Novalis' nicht überraschen: »Ein Dichter ist immer gescheiter als er selbst; freilich auch dümmer als er selbst.«[61] Leicht sind hier zwei Fragmente aus Friedrich Schlegels *Athenäum* sowie Novalis' Sammlung *Blüthenstaub* zu erkennen:

Ganz begreifen werden wir uns nie, aber wir werden und können uns weit mehr, als begreifen.[62]

---

55 E.T.A. Hoffmann, Das öde Haus. In: E.T.A. Hoffmann: Sämtliche Werke in sieben Bänden. Band 3. Nachtstücke. Klein Zaches. Prinzessin Brambilla. Werke 1816–1820, hg. von Hartmut Steinecke, Frankfurt am Main 1985, S. 164.
56 Vischer, Auch Einer, S. 400.
57 Hermann Bausinger, Zwischen Dilettantismus und Wissenschaft: Friedrich Theodor Vischer. In: Friedrich Theodor Vischer. Leben – Werk – Wirkung, hg. von Barbara Potthast und Alexander Reck, Heidelberg 2011, S. 8.
58 Vischer, Auch Einer, S. 400.
59 Vischer, Auch Einer, S. 388.
60 Vischer, Auch Einer, S. 438.
61 Vischer, Auch Einer, S. 496.
62 Novalis, Blüthenstaub. In: Novalis. Schriften. Die Werke Friedrich von Hardenbergs. Zweiter Band. Das philosophische Werk I, hg. von Richard Samuel, Stuttgart 1960, S. 413.

> Es ist gleich tödlich für den Geist, ein System zu haben, und keins zu haben. Er wird sich also wohl entschließen müssen, beides zu verbinden.[63]

In Dikta wie »Die Natur ist Phantasie, und zwar geregelte«[64] schließlich wird unter Beibehaltung des Imitats romantischer Textur der Bogen geschlagen zur regelhaften Systematisierung der beschriebenen selbstmächtigen Paradigmen und tückischen Objekte. Dabei fasst A.E. in seinen Aufzeichnungen die Sphären von Geisterwelt und physikalischen Objekten zunächst als durchaus getrennt zu denken:

> Der Zufall ist eine im Moment ihres Auftretens von keiner Intelligenz überwachte, rein irrationale, gesetzlose Schneidung der Linien, auf denen die Natur und die Geisteswelt ihre Tätigkeiten, jede an sich gesetzmäßig, ausüben.[65]

Hier ein Paradigma zu vermuten, bedeutet eben, den begegnenden Objekten Intentionalität zuzuschreiben. Geisterwelt und Natur in ein Paradigma von Absicht, Wille und Handlung zu stellen, ist genau die prekäre Denkfigur, die das metaphorische Sprechen vollzieht.

In *Auch Einer* also »dominiert Störung alles Tun«.[66] Dabei ist die Idee, »die zahllosen Verzettelungen, Zwischenfälle und Kleinübel durch systematische Erfassung in sich selbst zu befrieden«,[67] nur der Gang der Handlungsoberfläche. Was sich als Verfahren abgelöst vom Begehren der Figur abzeichnet, ist der Hang zum Paradigma. Die Konstruktion davon getragener mythogener Strukturen deutet sich bereits in der ersten Begegnung der Erzählerfigur mit A.E. an. Jener ereifert sich über die abfälligen Kommentare eines Mitreisenden bezüglich der schweizer Tell-Tradition so sehr, dass er mit einem Hustenanfall und unter Protest den Wagen verlässt. Dabei verfängt er sich im Trittbrett und stürzt auf die staubige Straße. Der ihm vertrauten Tücke des Objekts unterlegen, ruft er dem Wagen nach: »*Amplificatio*, Ignoranten, *amplificatio!*«[68] Kurz darauf heißt es:

> Das Wort gab mir zu denken; der nächste Sinn war unschwer zu finden, allein es schien auf einen Zusammenhang sonderbarer Art, auf eine Klassifikation, auf ein System zu deuten, gab zu raten, was für ein System das denn sein möchte, und von da weiter zu raten über den

---
63 Friedrich Schlegel, Athenäums-Fragmente. In: Kritische Friedrich-Schlegel-Ausgabe. Zweiter Band. Erste Abteilung. Charakteristiken und Kritiken 1. (1796–1801), hg. von Hans Eichner, München u. a. 1967, S. 173.
64 Vischer, Auch Einer, S. 497.
65 Vischer, Auch Einer, S. 547.
66 Althaus, Held als Phraseur, S. 176.
67 Althaus, Held als Phraseur, S. 177.
68 Vischer, Auch Einer, S. 11. [Hervorh. i. Orig.]

ganzen Mann, der mir so würdig und ernst erschienen war, den jetzt ein lächerliches Miß-
geschick ereilt, der dessen offenbar schon viel erlebt hatte und dem das Erlebte längst ein
Anreiz zu seltsamem Denken geworden sein mußte.[69]

Dass die Bedeutung von ›amplificatio‹ »unschwer zu finden« sei, dürfte heute als Understatement gelten. Denn auch wenn man grundlegende Lateinkenntnisse noch vermuten darf, geht es eben nicht um ›Verstärkung‹ im Wortsinne. Es ist vielmehr die amplificatio als rhetorische Figur, die eine erst mit Kenntnis des Folgenden zu entschlüsselnde Verbildlichung leistet.

Den entscheidenden Hinweis gibt dabei der Aspekt der Wiederholung.[70] Speziell das Synonym sowie die verwandten Amplifikationsfiguren der Tautologie und des Pleonasmus lassen deutlich werden, dass in der Wiederholung das Prinzip paradigmatischer Reihenbildung mitgedacht ist. Das Synonym als »Wiederholung allein in der Wortbedeutung«[71] bildet eine Reihe, die an der »semantischen Ähnlichkeit«[72] ihrer Elemente ausgerichtet ist. Identisch verfahren tautologische (»hinter Schloß und Riegel«[73]) und pleonastische Verbindungen (»alter Greis«[74]) und bilden damit im Kern das Prinzip der Vergleichbarkeit ab.

Noch deutlicher formuliert Heinrich Plett, wenn er die »*vertical* amplification« von der »*[h]orizontal* amplification«[75] unterscheidet, wobei die Begrifflichkeit dem vertikal Paradigmatischen beziehungsweise dem horizontal Syntagmatischen entspricht. Vor diesem Hintergrund wird der Ausruf A.E.s lesbar als Beschreibung der Mächte, die aus dem Verborgenen heraus Missgeschicke einfädeln. Das singuläre, momenthafte Ereignis wird erst ganz verstanden, wenn es in seiner Überhöhung, seiner Amplifikation ins Paradigmatische gesehen wird. Das Missgeschick, sich am Wagentritt zu verfangen und zu stürzen, wird im Sinne A.E.s verständlich, wenn dahinter Absichten eines Gegenstandes vermutet werden, der über Intention und Handlungsfähigkeit verfügt. Dabei ist nicht der kausale, über Kontiguität organisierte Aspekt des Zusammenhangs gemeint, der in der Abfolge von Eigenwille des Gegenstandes, Eingriff und A.E.s Missgeschick besteht. Das Paradigma scheint vielmehr in der simultanen Aufladung des Geschehens durch Entsprechungen anderer Bedeutungssysteme auf. Die amplificatio besteht darin, das Missgeschick im selben Moment als Anschlag des belebten Mobiliars zu be-

---

69 Vischer, Auch Einer, S. 11f.
70 Vgl. Clemens Ottmers, Rhetorik, Stuttgart/Weimar 1996, S. 159.
71 Ottmers, Rhetorik, S. 161.
72 Ottmers, Rhetorik, S. 161.
73 Ottmers, Rhetorik, S. 161.
74 Ottmers, Rhetorik, S. 161.
75 Heinrich Plett, Amplification. In: Encyclopedia of Rhetoric, hg. von Thomas O. Sloane, Oxford/New York 2001, S. 25. [Hervorh. i. Orig.]

greifen und das Geschehen um einen mythischen Metakode anzureichern. – Es darf im Rahmen der hier betrachteten Fragestellung als mindestens interessant gelten, dass das Paradigmatische sich ausgerechnet an wirkmächtigen Gegenständen der Kulisse abzeichnet, wie sie im Folgenden am romantischen Raumkonzept beobachtet werden. Auch hier erweist sich das paradigmatische Prinzip als genuin romantisches.

Die Weltsicht A.E.s zeichnet sich hier bereits ab, denn diese geht tatsächlich vollständig auf im Postulat von Zusammenhängen. Dass diese zudem von »sonderbarer Art«[76] sind, vermutet der einem realistischen Dispositiv verpflichtete Erzähler zu Recht. Denn es sind eben metaphorische, Paradigmen bildende Zusammenhänge und keine metonymischen Reihungen via Kontiguität. ›Klassifikation‹ und ›System‹ bezeichnen Elemente in absentia und doch dient dem Erzähler diese hellsichtige Vorahnung hauptsächlich dazu, seine Vermutungen in einer metonymisch organisierten Textur unterzubringen. Der Zusammenhang, der sein Interesse an A.E. den gesamten Text über bestimmt, ist einer der Kontiguität und zeigt sich im Begehren, die Grenze des Akronyms zu überwinden und Lebensumstände, Herkunft und Charakter zu kennen. Denn nach seinem Namen gefragt wehrt A.E. entschieden ab:

> Bitte, danke, lieber nicht, – verzeihen Sie, es ist nicht Maske, nicht Geheimtuerei von mir, gewiß nicht, liebe aber, auf der Reise wenigstens, alles klar, frei. Name und Stand macht Nebengedanken, führt auf Namen-Etymologie und dergleichen, wir sind eben jeder ein Ich, eine Person oder, wie Fischart sagt, seelhaftes Lebewesen, wir befinden uns besser so.[77]

In dieser Ablehnung steckt vor allem der Wunsch, metonymische Verbindungen zu meiden; so bekommt ›Nebengedanken‹ über seine unmittelbare Bedeutung hinaus auch die der Aufreihung *neben*einander im Syntagma in Opposition zu einer paradigmatischen horizontalen Reihenbildung. Im Gesamten aber verbittet sich A.E. schlicht die Einordnung seiner Person in biographische Zusammenhänge. Damit stellt sich der Protagonist direkt dem metonymischen Begehren des Erzählers und dessen erzählerischem Projekt entgegen, ihn als Figur und Charakter zu entfalten, indem A.E. im Rahmen seiner Lebensumstände und -konstellationen sichtbar wird.

Es geht also darum, den als Element des Paradigmatischen eingeführten A.E. im Kontiguitätszusammenhang seiner Existenz zu zeigen und ihn in einer Beschreibung dieser metonymischen Zusammenhänge in eine realistische Weltlogik einzubetten. Dies gelingt bezeichnenderweise nur über A.E.s Leiche. Nach dessen

---

[76] Vischer, Auch Einer, S. 11.
[77] Vischer, Auch Einer, S. 27 f.

Tod nämlich, von dem der Erzähler erst beim Besuch erfährt, beginnt das metonymische Vorhaben, dessen initiale Erkenntnis noch vom Metaphorischen geprägt ist. Der nun endlich in Erfahrung gebrachte Name A.E.s nämlich lautet Albert Einhart und steht damit im Paradigma der von vornherein gewählten Anfangsbuchstaben und A.E.s Bezeichnung als ›auch einer‹. Der akronymische Platzhalter erweist sich via Homonymie als sein eigenes Substitut und löst sich selbst ab. Der Text figuriert ein letztes Mal und in Reinform das Paradigmatische seiner Hauptfigur, bevor dessen Metonymisierung gelingt und die realistische Textur sich endgültig behauptet.

Im Rahmen seiner *Kultur- und Literaturgeschichte des Zorns* beschreibt Johannes Lehmann die Nachforschungen des Nachlassverwalters als Versuch, den Widerspruch zu erklären »zwischen den häufigen Wutanfällen A.E.s und einer Gedankenwelt, die diese Wutanfälle begründet bzw. begleitet oder auch von ihnen begründet wird.«[78] Was Lehmann als Fazit beobachtet, lässt sich unmittelbar mit der hier dargestellten Metonymisierung des Metaphorischen beschreiben: »So löst sich das anfängliche Rätsel des Skurrilen und Kauzigen in einer Pluralisierung der Perspektiven und im Tagebuch A.E.s nach und nach auf.«[79]

Nachdem A.E. infolge seines Ablebens nun naturgemäß nicht mehr zu Wort, das heißt: zu Textur kommt, bietet der Text Raum für ungehinderte metonymische Verbindungen. Dies geschieht im unmittelbaren Rückgriff auf realistische Raumkonzepte, wenn es von A.E. heißt, er habe sich ein Haus »gekauft und […] zurechtgebaut«.[80] Raumaneignung und -prägung gehen als genuine räumliche Konzepte metonymisch realistischen Erzählens mit direkten Ausdrücken der Erforschung eines kontextuellen Syntagmas für die Person des A.E. einher: »Wir wetteiferten in Vermutungen und Verknüpfungen«.[81] Gemeinsam mit A.E.s Haushälterin zieht der Erzähler auch andere Texte für dieses Vorhaben heran und erschließt sich die Persönlichkeit des inzwischen Verstorbenen durch dessen private Bibliothek und Tagebücher.

---

78 Johannes F. Lehmann, Im Abgrund der Wut. Zur Kultur- und Literaturgeschichte des Zorns, Freiburg/Berlin/Wien 2012, S. 385.
79 Lehmann, Im Abgrund der Wut, S. 385. Auch Ulrike Montigel stellt, obwohl sie weder Kontiguitätsbeziehungen noch literarische Verfahren in den Blick nimmt, Vischers *Auch Einer* als Abbildungsverfahren von Symptomen der metaphorischen Körperäußerung Jean Pauls gegenüber. Diesen Gedanken fortzuführen und im Symptom einen metonymischen Verweis zu erkennen, fällt nicht schwer. Es zeigt sich vielmehr, dass selbst Ansätze und Fragestellungen, die dem hier gewählten Zugang völlig fremd sind, die Kernaspekte von Metaphorik und Metonymik implizit wahrnehmen und deren konstitutive Polarität bestätigen (vgl. Montigel, Der Körper im humoristischen Roman, S. 254).
80 Vischer, Auch Einer, S. 312.
81 Vischer, Auch Einer, S. 318.

Im Gespräch mit A.E.s Haushälterin bringt der Erzähler später retrospektiv das Vorhaben dieser Aushandlung von Metaphorischem und Metonymischem in einer Frage auf den Punkt:

> Wie reime ich den verbohrten Phantasiekampf gegen den kleinen Zufall mit dem Willensstrom einer tätigen Natur?[82]

Diese Reflexion des metonymischen Erzählens auf das Metaphorische denkt exakt die Gefahren mit, die aus einer aus dem Ruder laufenden Ermächtigung des Paradigmatischen erwachsen. Die romantische Entfaltung der Paradigmen stellt die Gefahr des ungebändigt Poetischen dar.[83] Im Bild des Dichters als Zauberlehrling kommentiert das realistische Erzählen die gescheiterte Romantik: Das Paradigmatische ist dem »befehlenden Mann«[84] der »Widerstand der unbotmäßigen toten Dinge, denen der dichterisch vorstellende einen Willen lieh«.[85]

Jener Reiz, die Metonymie zu erschüttern, liest sich auch aus einem Plot für eine Erzählung heraus, die A.E. in seinen Aufzeichnungen skizziert. Das Motiv eines halbblinden, halbtauben Briefträgers und der aus postalischer Verwechslung entstehenden Verstrickungen illustriert die Idee metonymischer Verbindungen auf der Basis irrtümlicher Kontiguität. Es sind täuschende, nicht tragfähige Verbindungen, deren Unterhaltungswert in der sukzessiven Dekonstruktion liegt, auf die zuletzt aber doch die Metonymie folgt, und zwar die eigentlich richtige. Der Versuch die Kontiguität zu diskreditieren aber bleibt beachtenswert.

Dass dieses Experiment mit Paradigmatizität und Reihenbildung zugleich ein Verhandeln romantischer Schreibweisen ist, reflektiert der Text ebenfalls direkt zu Beginn. So heißt der erste Satz, der nach der Vorbemerkung tatsächlich diegetische Handlung beschreibt:

> Ich traf ihn auf dem Dampfboot, mit dem ich auf einer Schweizerreise über den Zuger See fuhr.[86]

Das Einsetzen im Transit stellt als romantisches Zitat[87] den Text in die Tradition literarischer Verfahren des romantisch Paradigmatischen und gibt den Vektor klar

---

[82] Vischer, Auch Einer, S. 305.
[83] Das Romantisch-Mystische hatte Vischer schon an Mörikes *Maler Nolten* kritisiert (vgl. Karl L. Stenger, Die Erzählstruktur von Friedrich Theodor Vischers Auch Einer: Wesen und Funktion, New York 1986, S. 22).
[84] Vischer, Auch Einer, S. 305.
[85] Vischer, Auch Einer, S. 305.
[86] Vischer, Auch Einer, S. 9.
[87] Vgl. hierzu die Texteröffnungen in *4. Diorama. Der romantische Raum.*

an: Es wird darum gehen, ob und welchen Raum das Metaphorische als Abbildung paradigmatischer Beziehungen im realistischen Erzählen hat.

A.E. als Experimentalfigur des metaphorischen Fremdkörpers in metonymischer Textur – oder vereinfacht: die Frage, wie sich das Paradigmatische organisiert, wenn man es sozusagen in einer realistischen Textumgebung aussetzt – lässt A.E. als Träger romantischer, weil paradigmatischer Denkmuster erkennen. Konkret zeigt sich dies an genau dem Raumdiskurs, der hier verhandelt werden soll und zwar ausgerechnet mit der Bildlichkeit des Infektiösen, einer Kardinaleigenschaft romantischer Heterotopien, wie sich herausstellen wird. In einem Gespräch über Architektur nämlich erklärt A.E. dem Erzähler seine Systematisierung verschiedener Baustile, die sich hauptsächlich daran orientiert, in welchem Grade ein Besucher der jeweiligen Räumlichkeit sich der Gefahr einer katharrischen Verkühlung aussetzt.

Interessant werden A.E.s Ausführungen spätestens, als dieser seinem Entwurf durch Übertreibung rhetorischen Nachdruck verleihen will und seinen Gegenstand in die Malerei verlegt:

> Glauben Sie mir, verehrter Herr, der Anblick solcher Räume in einem Gemälde kann allein schon gefährlich werden. Als ich in Paris zum ersten Mal die Hochzeit zu Kana von Paolo Veronese sah, als ich nur in Gedanken mit dieser glänzenden Gesellschaft in der offenen, luftdurchzogenen Halle verweilte, habe ich mir einen meiner bösesten Schnupfen geholt.[88]

Was A.E. im Rahmen seiner »Schnupfen-Mythologie«[89] formuliert, ist sowohl das Konzept infektiösen Raums, das sich als genuin romantisches erweisen wird (hier noch metonymisch geerdet, indem sich die ungesunde Wirkung aus Temperatur und Zug erklärt) als auch die Idee einer Abbildung dieser Räume, ohne deren Wirkung einzubüßen. Und auch wenn dies strukturell nicht exakt dem romantischen Konzept entspricht (denn die Infektion durch die Abbildung eines Raumes ist nicht der Punkt), handelt es sich bei A.E.s Konstruktion um ein zwar modifiziertes, aber klar als solches zu erkennendes Strukturzitat der infektiösen Räume, wie sie für die Romantik zu zeigen sein werden. Und in der Tat begegnet das Zitat kurz darauf ein weiteres Mal umso deutlicher, als der Erzähler das Infektionsprinzip diesmal selbst direkt als solches benennt. Im Angesicht eigener Missgeschicke und einer Reaktion, die eher zu A.E. gepasst hätte, realisiert der Erzähler:

> »Um Gottes willen«, rief es in mir, »der Mensch hat dich angesteckt, du wirst verrückt!«[90]

---

88 Vischer, Auch Einer, S. 16.
89 Stenger, Erzählstruktur, S. 139.
90 Vischer, Auch Einer, S. 54.

Dass an die Infektion durch das Paradigmatische der Wahnsinn gekoppelt ist, verweist einmal mehr auf die Folie der Romantik, genauso wie die dämonisch beseelte Landschaft, die eine eher unfreiwillige Kletterpartie der Protagonisten rahmt. Kurz nachdem der Infektionsdiskurs angebracht wird, aber noch bevor der Erzähler A.E. am Berg entdeckt, breitet sich ihm die Natur des Gebirges in bester Manier als Wirkmacht aus:

> Bei einer der Windungen des Weges bekam ich plötzlich einen Stoß, der mich fast zu Boden geworfen hätte. Auf Geierfittichen war jetzt der Föhn über das Joch herabgeschossen und schrie wütend auf, da er sie an den stahlharten Felswänden zerstieß. Zwischen sein Ächzen, Pfeifen, Kreischen, Heulen mischten die klagenden, grollenden Wasser ihr Weinen, ihr Schelten, ihren Donner; es war, als sei die Hölle losgelassen.[91]

So setzen sich die personifizierenden Belebungsmetaphern fort und beschreiben eine romantisch dämonische Landschaft in ihrem böswilligen Zugriff auf den Menschen. Bald darauf bemerkt der Erzähler A.E. über sich an der Felswand, vom Wind zerzaust und im energischen Gespräch mit den Elementen. Dass A.E. in dieser Haltung für den Beobachter eine frappante Ähnlichkeit mit Friedrich Hölderlin aufweist, und zwar ausgerechnet mit dessen Bild als »Titelkupfer in der Ausgabe der Gedichte von 1843«,[92] zieht noch einmal gänzlich unsubtil den Wahnsinnsdiskurs heran und verbindet ihn zugleich mit dem Genietod, denn 1843 ist auch Hölderlins Todesjahr.

Der Hinweis auf das Titelkupfer meint die Ausgabe Gustav Schwabs. Der Erzähler kommentiert:

> [D]er unglückliche Dichter ist hier im hohen Alter abgebildet; dieses hat nicht vermocht, dem fast regelmäßigen Profil seinen Adel zu nehmen, aber es hat im Bunde mit dem Wahnsinn die hohe Stirn, die feinen Züge tragisch zerfurcht; man verjünge diese Züge zu etwa fünfzig Jahren, denke sie sich überhaupt markiger, die Stirne etwas weniger steil, [...] halte aber im Ganzen das wohlgebildete Profil fest, man setze diesen Kopf auf eine muskulöse Gestalt: so kann man sich eine Vorstellung von dem seltsamen Reisefreund machen [...].[93]

Neben einer »Grundstimmung, einer Ideenrichtung [...], die dem Geiste des früh verdunkelten Dichters verwandt war«,[94] besteht jedoch ein kardinaler Unterschied, der Grund zur Hoffnung gibt: »Hölderlin war humorlos«.[95] Zorn und Witz, so hofft der Erzähler, würden A.E. vor dem Wahnsinn bewahren. Beim auf diese

---
91 Vischer, Auch Einer, S. 57.
92 Vischer, Auch Einer, S. 58.
93 Vischer, Auch Einer, S. 58.
94 Vischer, Auch Einer, S. 58.
95 Vischer, Auch Einer, S. 58.

Überlegungen folgenden Versuch, A.E. von dessen Kletterpartie abzubringen, stürzen beide ab, bleiben aber nahezu unverletzt; für diese Erstaunlichkeit lockert A.E. sogar einen Moment lang seinen Paradigmenzwang:

> – nicht immer können die Geister doch das Gute stören. Frau von Vorsehung, geborene Zufall, hat sich diesmal doch ganz ordentlich gehalten.[96]

Dass es sich hier nicht um romantizistisches oder gar romantisches Erzählen handelt, sondern um den Versuchsaufbau, romantische Denkmuster in eine realistische Matrix einzubetten und deren prekäre Suche nach Anschlussfähigkeit zu beobachten, ist jedoch mindestens so deutlich wie der Blick aufs Paradigmatische selbst. Nicht umsonst ist die Umsteigestation der Reise ausgerechnet das Dorf Immensee bei Küssnacht[97] und die erste Diskussion der Reisenden im Postomnibus befasst sich mit der »Umgestaltung des Rütli«,[98] einem zentralen Symbol schweizerischer Nationalmythologie. Die noch deutlicher bei Heinrich Seidel wiederkehrende Geste, Theodor Storm (›Immensee‹) als Gewährsmann des Realismus heranzuziehen, wird hier flankiert vom Diskurs der Raumprägung, in diesem Fall demonstrativ unbescheiden im Bereich ganzer geographischer Großformationen.

Wenn demnach im Folgenden bezüglich diegetischer Konstellationen von Metapher und Metonymie gehandelt wird, ist dieses Gegensatzpaar im Sinne Roman Jakobsons angelegt und leitet sich von den beiden basalen charakteristischen Beziehungen sprachlicher Elemente her – der Auswahl derselben aus dem sprachlichen Lexikon und deren Verkettung zu einer Äußerung. Dabei entfernt sich das Paradigmatische als Erzählverfahren oft ohnehin nicht sehr weit von diesen linguistischen Überlegungen und tritt wie in Heinrich Seidels *Rotkehlchen* als Wahn genau solcher Reihen auf, die wir als paradigmatische Grundstruktur des Metaphorischen gefasst haben. Die zentrale Figur in Seidels Erzählung über den zwanghaften Vergleich ist der wohlhabende, nicht auf Arbeit angewiesene Junggeselle Herr Dusedann. Der Einstieg mit dem realistischen Entsagungsmotiv wird direkt an dessen Grund gekoppelt: Dusedanns »Sammelleidenschaft«[99] lässt keinen Raum für eine Frau. Zudem von seiner umtriebigen Tante so umfassend

---

[96] Vischer, Auch Einer, S. 62.
[97] Vgl. Vischer, Auch Einer, S. 10.
[98] Vischer, Auch Einer, S. 14.
[99] Heinrich Seidel, Rotkehlchen. In: Heinrich Seidel. Gesammelte Werke. Neue wohlfeile Ausgabe. Band 2. Vorstadtgeschichten. Stuttgart/Berlin-Grunewald o.J. [um 1925], S. 189.

versorgt, dass »alle Unzuträglichkeiten des Junggesellenstandes für ihn wegfielen«,[100] hat sich Dusedann völlig in seiner Sammelleidenschaft eingerichtet.

Zurückgekehrt von der Universität und offenbar im Intellekt ungut verschroben sammelt Dusedann Porzellanhunde, »hundertdreiundneunzig Stück verschiedener Exemplare«.[101]

> Sie wurden auf einer pyramidenförmigen Etagere systematisch angeordnet und boten einen Anblick dar, der ebenso komisch als seltsam war.[102]

Hier wird ein Paradigma der Bildlichkeit entsprechend sogar nahezu senkrecht repräsentiert. Dabei artikuliert der Erzähldiskurs unmittelbar neben dem Amüsement den Grundverdacht: ›seltsam‹. So greift ein Paradigma deutlichst möglich diegetisch und textuell Raum – das kann realistischem Erzählen nur suspekt sein.

Die Porzellanhunde bringen Dusedann auf den Gedanken, »daß es in Porzellan noch manche andere Dinge gibt, die nicht zu verachten sind«.[103] Das sukzessive mit solchen Paradigmen »von sonderbaren Gerätschaften«[104] gefüllte Haus bedarf einer stetig wachsenden Anzahl von Unterbringungsmöbeln – in deren Stil und Form sich Dusedann wiederum kunstgeschichtliche Paradigmen eröffnen, die er seinem »Fanatismus«[105] getreu materialiter im hoffnungslos überfüllten Haus ansammelt.

Und da das Wuchern der Paradigmen keine Rücksicht auf den Raum nimmt, reihen sich unter Anderem Kupferstiche, Bücher, Münzen und »Kuriositäten aller Art«[106] in stets wachsende Sammlungen ein. Folgerichtig wird das Haus mit einem »Ostindienfahrer mit Seemuscheln«[107] verglichen. Was der Vergleich eines realistischen Hauses mit dem Schiff, der »Heterotopie *par excellence*«[108] bedeutet, ist deutlich: Die Überhand des Paradigmatischen hat den Raum so weit aufgeladen, dass ihm etwas ehemals Transitorisches anhaftet, genau wie die Muscheln als Insignien und indexikalische Zeichen der Reise. Die museale Akkumulation des Vergleichbaren, die Dusedann seinem Haus aufprägt, trägt die Signatur des Exotischen (Indien) und des vormals Entarretierten (Schiff) – ein solcher Raum überbordender Paradigmen strebt aus der metonymisch-realistischen Topographie heraus.

---

100 Seidel, Rotkehlchen, S. 190.
101 Seidel, Rotkehlchen, S. 190.
102 Seidel, Rotkehlchen, S. 190.
103 Seidel, Rotkehlchen, S. 190.
104 Seidel, Rotkehlchen, S. 190.
105 Seidel, Rotkehlchen, S. 191.
106 Seidel, Rotkehlchen, S. 191.
107 Seidel, Rotkehlchen, S. 191.
108 Foucault, Von anderen Räumen, S. 942. [Hervorh. i. Orig.]

Ihre Wendung nimmt die Erzählung, als Dusedann sich der Ornithologie zuwendet, sein Haus aufs Aufwändigste zum Biotop ausbaut und sich schließlich zur Vervollständigung seines Vogelzoos auf die Suche nach einem sprechenden Graupapagei begibt. Es fügt sich, dass der bald ausfindig gemachte Anbieter eine Tochter hat, in die sich Dusedann verliebt und um deren Hand er am Weihnachtsabend anhält. Zuletzt ist

> ein solcher Überfluss von Liebe, Glück, Dankbarkeit und anderen schönen Empfindungen an diesem Orte vorhanden, daß es ein wahres Wunder war, wie das alles in der engen Wohnung Platz fand.[109]

Die triviale Moral, dass zwischenmenschliche Werte höher zu schätzen sind als materieller Reichtum, ist dabei nur die Oberfläche dieser clôture.[110] Denn auf Verfahrensebene zeigt sich der Tausch als Überwindung einer unstillbaren Paradigmensucht. Der selbst beim Verlobungskuss für den Erzähler vornamenlos bleibende ›Herr Dusedann‹ dient als skurriles Beispiel für den vermeintlichen Irrweg, sich im Metaphorischen zu erschöpfen. Dass der Protagonist daran nicht irre wird, ist durch die realistische Textur verbürgt, in deren Rahmen der romantisch-metaphorische Wahnsinn zum harmlosen Spleen entschärft wird.

Dass romantisches Erzählen in erster Linie metaphorisch und das realistische metonymisch verfährt, heißt, wie hier direkt deutlich wird, nicht, dass die Metapher im Realismus keinen Raum hätte. Der grundlegende Unterschied ist deren diegetischer Status. Weder ist die Romantik rein metaphorisch organisiert noch wäre der Realismus metaphernfeindlich. Die Romantik aber tendiert zur Metapher in der diegetischen Wirklichkeit (Raum im Text), der Realismus zur Metapher als Sprachgeste (Text als Raum). Seidels *Rotkehlchen* zeigt dabei das Prekäre des Ausnahmezustands von Paradigmen, die eben doch diegetische Wirklichkeit erlangen, und der Text handelt als realistischer davon, wie diesem Wuchern zu steuern sei – eben mit der Metapher der Liebe, die keinen diegetischen Raum nimmt.

---

109 Seidel, Rotkehlchen, S. 207.
110 Mit ›clôture‹ sei unter Rückgriff auf Jacques Derrida die »Abgeschlossenheit (*clôture*) eines begrenzten Ganzen« verstanden; dabei sei aber weniger die dekonstruktivistische Flüchtigkeit von Sinn innerhalb des Textes, sondern vielmehr die Geste der Schließung des Textes insgesamt betont (Jacques Derrida, Die Struktur, das Zeichen und das Spiel im Diskurs der Wissenschaften vom Menschen. In: ders., Die Schrift und die Differenz. Frankfurt am Main 1972, S. 437 [Hervorh. i. Orig.]). Die clôture kann dementsprechend als abschließende Behauptung eines Metakodes, als Pointe oder schlicht als natürlicher Endpunktes im Gang der Handlung auftreten und sei damit als Gegenbegriff zum ›Fragmentarischen‹ verstanden, als erzählerisches Verfahren, das Ende eines Textes notwendig funktional mit der Entwicklung und Darstellung seines Inhalts zu behaupten.

Ein weniger glückliches Ende nimmt Paul Lindaus *Der König von Sidon*. Mit dem Archäologen Andreas Möller wird ein Protagonist vorgeführt, der sich professionell mit der stratifikatorischen Erschließung von Raum befasst. Nach der gefeierten Entdeckung einer Grabkammer findet sich oberhalb derselben ein weiterer Raum. Diese vertikale Richtung, also die Bewegung nach oben sowie entsprechend diejenige nach unten, haben eine romantische Aufladung. Man denke an erkletterte Ausblicke und die Gänge ins Innere. Der Protagonist bewegt sich damit in gefährlicher Nähe zu romantischen Topoi von Überhöhung und Tiefe, die unmittelbar mit der (dankbarerweise ebenfalls senkrecht modellierten) Achse von Paradigma und Metapher zusammenspielen. Auf den in der Kammer befindlichen schwarzen Sarg ist eine Inschrift graviert, die den Ruhestörer des Königs von Sidon verflucht. Diese mythische Kodierung wird Möller in der Folge zum fixen Gedanken, sodass er sich zuletzt selbst für den König von Sidon hält und damit endgültig in einen prekären metaphorischen Austauschprozess eintritt. Die Annahme paradigmatischer Beziehungen birgt die Gefahr, sich in Verwechslung und Ähnlichkeit zu verlieren. Das romantische Problem, welcher der Doppelgänger man selbst und welcher der Träume die Realität sei, wird dem Protagonisten zum Verhängnis. Kurz vor seinem Tod bringt er schon ganz romantisiert »wie ein Automat«[111] eine Art Einwicklung nebst eigener Inschrift zustande. Im Spiel mit der Lächerlichkeit endet die Figur als tragikomische Diskreditierung ihrer metaphorischen Überhöhung; Möller tritt auf als Figur, die nicht die Grenzen der Metapher als Sprachgeste wahrt.

Der Status der realistischen Metapher wiederum wird in Reinform in einer Szene aus Seidels *Leberecht Hühnchen* treffenderweise am Raum deutlich: Den Umstand, dass sich in den verschieden beheizbaren Zimmern des Hauses die Temperaturen stark unterscheiden, nutzt Hühnchen, um den Erzähler in diesem »Mikrokosmos [...] sämtlicher Zonen und Klimate«[112] herumzuführen. Den Rundgang begleitet Hühnchen mit der Beschreibung einer Weltreise, deren Stationen in Analogie zu den häuslichen Klimazonen stehen.

Wenn sich aber am Fenster »Polareis« findet und ein »Guckloch [...] den Nordpol bedeuten«[113] soll, bewegt sich dieser Gestus rhetorisch betrachtet näher am Vergleich als an der Metapher. Die gesamte Szene, die sich nur stellenweise tatsächlich als Metapher artikuliert (»Was du für Ritzen im Bretterfußboden hältst, sind die Breitengrade, und dieser hier, etwas stärker als die übrigen, stellt den

---

111 Paul Lindau, Der König von Sidon, Breslau 1898, S. 249.
112 Heinrich Seidel, Leberecht Hühnchen. In: Heinrich Seidel. Gesammelte Werke. Neue wohlfeile Ausgabe. Band 1. Leberecht Hühnchen. Von Berlin nach Berlin, Stuttgart/Berlin o. J. [um 1925], S. 64.
113 Seidel, Leberecht Hühnchen, S. 64.

Äquator vor«[114]), zeigt den Aufwand an Relativierungssignalen, mit dem die realistische Textur die unmittelbare Bedeutsamkeit der romantischen Metapher transzendieren will. Im Falle des hühnchenschen Hauses wäre bei ungebrochen metaphorischer Rede eine allegorische Landschaft das Resultat gewesen. Nicht umsonst weist der Text auf genau diesen Antagonismus hin, indem Hühnchen ausgerechnet durch die Distanzierung vom romantischen Erzählen den Status der realistischen Metaphorik verdeutlicht:

> [U]nd wir brauchen dazu nicht Siebenmeilenstiefel wie Peter Schlemihl, der, als ihm im Norden beim Botanisieren der Eisbär in den Weg trat, in seiner Verwirrung durch alle Klimate taumelte, bald kalt, bald heiß, wodurch er sich die monumentale Lungenentzündung zuzog.[115]

Eben dies zeichnet die realistische Metapher – und so auch die realistische Raum-Metapher – aus: dass im Vergleich zu den allegorischen Topographien der Romantik die realistische Metapher nicht tatsächlich materialiter begehbar ist. Die realistische Metapher hat bereits in der Diegese den Status der bloßen sprachlichen Geste. Romantische Metaphern betreffen unmittelbar den Status eines Objekts oder Phänomens in der Diegese, während die realistische Metapher im Modus der Uneigentlichkeit oder des Zitats steht.

Dies sei am Phänomen sprechender Vögel verdeutlicht. Eines der bekanntesten Tiere solcher Art findet sich in Ludwig Tiecks *Blondem Eckbert*. In der Erzählung über Inzest und Wahnsinn tritt ein sprechender Vogel in Erscheinung, dessen fortwährend wiederholtes Lied von der ›Waldeinsamkeit‹ eine metapoetische Funktion in der Erzählung hat.[116] Das Tier als »bloßes schillerndes Zeichen«[117] zu lesen, scheint genauso schwer wie zu behaupten: »Der Vogel ›meint‹ nichts«[118] und sich damit Emil Staigers Pauschalurteil anzuschließen: »Als Ganzes ist dieses Lied in sämtlichen Variationen nicht viel wert.«[119] Ganz im Gegenteil liefert der Vogel auf verschiedenen

---

114 Seidel, Leberecht Hühnchen, S. 65.
115 Seidel, Leberecht Hühnchen, S. 65.
116 Das Lied bildet »die zyklische Struktur und, indem es in drei Textvariationen vorgestellt wird, die Prinzipien der Metamorphose und der Wiederholung en miniature nach. Es markiert jeweils zentrale Punkte des Textes« (Detlef Kremer, Einsamkeit und Schrecken. Psychosemiotische Aspekte von Tiecks ›Phantasus‹-Märchen. In: Die Prosa Ludwig Tiecks, hg. von Detlef Kremer, Bielefeld 2005, S. 60).
117 Christian Dawidowski, Anagramm und Selbstbezüglichkeit in Tiecks ›Blondem Eckbert‹. In: Euphorion, 102, 2008, S. 96, Fußnote 19.
118 Dawidowski, Anagramm und Selbstbezüglichkeit, S. 97.
119 Emil Staiger, Ludwig Tieck und der Ursprung der deutschen Romantik [1960]. In: Ludwig Tieck, hg. von Wulf Segebrecht, Darmstadt 1976, S. 337.

Ebenen einen Kommentar zum Geschehen und verändert den Text seines Liedes, als er aus seinem gewohnten Lebensraum entführt wird.[120]

Zunächst singt der Vogel: »Waldeinsamkeit / Die mich erfreut, / So morgen wie heut / In ewger Zeit / O wie mich freut / Waldeinsamkeit.«[121] In den Versen artikuliert sich nicht in erster Linie der Vogel, sondern Bertha, das junge Mädchen, das im Wald bei einer alten Frau vor ihrem gewalttätigen Vater Schutz gefunden hat. Die von ›der Alten‹ erlernten Möglichkeiten der Versenkung ins Ich und ins Denken, vor allem das Lesen, sind kodiert in der ›Einsamkeit‹, die als Voraussetzung für Reflexion und Kontemplation dient. Der Vektor der Ewigkeit wird ebenso deutlich wie die Aufhebung zeitlicher Ordnungsmuster in der Verkehrung von ›heute‹ und ›morgen‹.[122] So beschreibt das Lied des Vogels Berthas Verfassung, ihre Geborgenheit im Schutzraum wie auch das zunächst vermeintlich angenehme solipsistische Leben in der eigenen Gedankenwelt an einem Ort, der auch zeitlich ausgelagert zu sein scheint.

Zur Kontrafaktur gerät das Lied, als Bertha beschließt, die Alte zu verlassen und sich in deren Abwesenheit mit dem Vogel auf den Weg macht: »Waldeinsamkeit / Wie liegst du weit! / O dich gereut / Einst mit der Zeit. – / Ach einzge Freud / Waldeinsamkeit!«[123]

Die Ambiguität, ob das Zurücklassen (»Wie liegst du weit!«) oder überhaupt die lange Klausur der Waldeinsamkeit selbst ›einst mit der Zeit gereut‹, spiegelt nicht nur die Unsicherheit Berthas, sondern das Textkonzept an sich, das sich typisch romantisch einer Letztbestimmbarkeit solcher Standpunkte entzieht. Das Märchen geht natürlich böse aus; Bertha stirbt, der blonde Eckbert stirbt und der

---

[120] Schon Paul Gehrhard Klussmann weist auf die lautliche Referenz des Gedichts mit den akustischen Eindrücken der Waldszenerie hin (Paul Gehrhard Klussmann, Die Zweideutigkeit des Wirklichen in Ludwig Tiecks Märchennovellen [1964]. In: Ludwig Tieck, hg. von Wulf Segebrecht, Darmstadt 1976, S. 352–385); Detlef Kremer sieht in dem Gedicht »das grundlegende Sprachspiel der Romantik, demzufolge Sprache sich selbst und die Welt generiert. ›Waldeinsamkeit‹ kann als einer der Quellcodes des romantischen Diskurses verstanden werden« (Detlef Kremer, Frühes Erzählen [Auftragsarbeiten, Kunstmärchen]. In: Ludwig Tieck. Leben – Werk – Wirkung, hg. von Claudia Stockinger und Stefan Scherer, Berlin 2011, S. 509). Wolfgang Rath rückt den Vogel mit seinem mechanisch abgespulten Lied in die Nähe des romantischen Automaten und sieht im derart roboterhaften Paradiesvogel eine Metapher für »das scheinlebende Glück, das Maschinenmenschen im Verlust ihres Leibes haben« (Wolfgang Rath, Ludwig Tieck. Das vergessene Genie. Studien zu seinem Erzählwerk, Paderborn u. a. 1996, S. 265).
[121] Ludwig Tieck, Der blonde Eckbert. In: Ludwig Tieck. Schriften in zwölf Bänden. Band 6. Phantasus, hg. von Manfred Frank, Frankfurt am Main 1985, S. 132.
[122] Hans Schuhmacher sieht in der Wiederholung des Liedes den »zyklische[n] Zeitbegriff« abgebildet, der auch die Gesamthandlung dominiert (Hans Schuhmacher, Narziß an der Quelle. Das romantische Kunstmärchen, Wiesbaden 1977, S. 49).
[123] Tieck, Der blonde Eckbert, S. 139.

Vogel sogar noch vorher. Was er aber singt, ist die kürzestmögliche Beschreibung des romantischen Dilemmas: Die soziale Welt ist ein Ort des Traumas, der Rückzug ins Ich jedoch führt in den Wahnsinn.

Was der Vogel produziert, ist ein Miniaturmodell der prekären Gesamtkonstellation, sein Lied deutet Fehlentscheidung und Reue genauso wie die Melancholie des Alleinseins (»einzge Freud«) an. Damit wird sein Kommentar zu einem Metakode, einem Referenzsystem, das auf der paradigmatischen Ebene wie eine Folie gegen den Text gelegt eine Lesart aufschlüsselt. Was der Vogel sagt, funktioniert metaphorisch im jakobsonschen Sinne, eröffnet ein Paradigma mit dem Text selbst, in den es eingebettet ist und figuriert damit ein Element der Selbstreflexivität, denn es paraphrasiert den Text im Rahmen des Textes selbst.

Der sprechende Graupapagei in Seidels *Rotkehlchen* hingegen ist nicht nur Sammelobjekt und Anlass einer Liebesbegegnung, sondern auch die realistische Kontrafaktur von Tiecks Vogel. Im Grunde tut der Papagei von Beginn an nichts anderes als diese Trivialisierung zu artikulieren. Er begrüßt den interessierten Käufer mit »Guten Morgen« und »Bitte nehmen Sie Platz«,[124] um schließlich zu singen »Kommt ein Vogel geflogen, setzt sich nieder auf mein Fuß!«[125]

Die satirische Überhöhung eines Vogels, der sich selbst ausgerechnet dieses Lied singt, setzt sich in Anspielungen fort, die den Status dieser Metapher deutlich machen. Der »Wundervogel«[126] büßt einen Teil seines Überraschungspotenzials ein, weil sein Interessent bezüglich des Tieres schon im Vorhinein exorbitante Vorstellungen hat: »Natürlich sollte es ein Genie sein«.[127] Vor diesem Hintergrund klingt die Beobachtung, dass »es ihn mit magnetischer Gewalt«[128] zu dem Vogel treibt, ironisch, humoresk. Der grundlegende Unterschied, der sich in diese Haltung nahtlos fügt, ist die fehlende Wirkmacht der Sprachfähigkeit des Vogels. Im Gegensatz zu Tiecks ›Waldeinsamkeit‹ haben die Phrasen des Graupapageis bei aller Situationskomik keinerlei Relevanz für Figuren und Handlung. Wo Tiecks Vogel die zentrale Konstellation der Figurenpsyche artikuliert und deren Wandel in einer eigenständigen Umdichtung seines Liedes kommentiert, ist Seidls Papagei eine klassische Lachnummer.

Die von der Albernheit der Szene unabhängige Selbstreflexivität eines Papageis, der ›Kommt ein Vogel geflogen‹ singt, ist selbstevident und soll natürlich nicht verschwiegen werden. Dennoch ist diese Autoreferenz zwar reizvoll, aber eben gänzlich harmlos und vom Gang der Handlung abgekoppelt.

---

124 Seidel, Rotkehlchen, S. 194.
125 Seidel, Rotkehlchen, S. 195.
126 Seidel, Rotkehlchen, S. 194.
127 Seidel, Rotkehlchen, S. 193.
128 Seidel, Rotkehlchen, S. 201.

Der Modus der vergleichbaren Vorgänge um sprechende Vögel könnte verschiedener nicht sein: Was Tiecks Vogel sagt, ist diegetisch relevant und übersteigt zugleich den Figurenhorizont, indem es die Erzählung selbst kommentiert. Der Graupapagei bei Seidel dagegen zieht seinen Reiz gerade aus der apriorischen Übereinkunft, dass seine Phrasen nicht intentional und deren Situationskomik unterhaltsamer Zufall ist. Eine Allegorese bietet sich von vornherein weder den Figuren noch dem Leser an. So präsentiert der Realismus das Metaphorische beinahe ausschließlich im Schutzrahmen von dessen theoretischer Zerlegung. Metaphorisches Sprechen wird als solches markiert, in seiner Funktion reflektiert und tritt als ein erprobendes, analysiertes Vorführen seiner eigenen Struktur auf. Die Belebtheit von Konzepten, Jahreszeiten, Natur und Landschaft, die tieckschen und hardenbergschen sprechenden Bächlein und Quellen tauchen auch in Vischers *Auch Einer* als Gedankenexperiment in eben diesem selbstreflexiven Vektor auf. Der Erzähler träumt nach missglückter Bergpartie, er sei ein Wasserfall: »[I]ch zerschellte tausendmal in einer Minute zu Staub«.[129] Vischers poetologische Textur setzt hier genau den Gestus realistischen Erzählens in Szene, der das Metaphorische ungefährlich und wirkungslos hält, und zwar als bewusste, reflektiert verwendete sprachliche Geste.

Und wenn es kurz zuvor heißt, »[m]anche Stellen nah am Wege erzählten eine grause Geschichte von Zertrümmerung der Felswelt des Hochgebirges«,[130] gibt der realistische Rahmen vor, dass es sich um keine diegetische Metapher handelt. Die Gesteinsformationen nehmen keinen magnetischen Rapport mit dem Passanten auf oder werden auf einer mystischen Ebene als wesenhafte Existenzen spürbar, sondern verweisen indexikalisch auf das Zustandekommen ihrer Form und Anordnung. Es sind eben Brocken, denen man ansieht, dass sie einmal Felsen waren. Die Metapher, diesen augenscheinlichen Zusammenhang als ›Erzählen‹ zu bezeichnen, läuft nicht Gefahr, wörtlich verstanden zu werden.

Der immense Skopus des Konzepts von metaphorischen und metonymischen Beziehungen erweist sich speziell dann als Vorteil, wenn man den Bereich des szenisch Einzelnen verlässt und sich ganzen Ordnungssystemen zuwendet, an denen sich die Textlogik insgesamt ausrichtet. Denn den literarischen Text unterscheidet vom Sachtext, dass er über das Bezeichnete hinaus Bezug nehmen kann auf Semiosphären und Diskurse. Dieser Bezugsrahmen soll im Folgenden als ›Metakode‹ bezeichnet werden.[131] ›Meta‹ in Abgrenzung zum voranalytischen

---

[129] Vischer, Auch Einer, S. 53.
[130] Vischer, Auch Einer, S. 45.
[131] Eine ähnliche Funktion vollziehen im Sinne der linkschen Kollektivsymbolik die titelgebenden Bildbereiche in Romanen Friedrich Spielhagens (*Sturmflut, Hammer und Amboß, In Reih und Glied*). Hugh Ridley konstatiert diesbezüglich: »[D]ie zentrale Metapher dient tatsächlich als Integrations-

Verständnis von Kode als etwas, das offen in Motiven, Vokabeln und Thema-Rhema-Beziehungen auftritt und von den Figuren selbst wahrgenommen und geführt werden kann. Metakodes seien hier verstanden als dem Text äußerliche, im weitesten Sinne in der kulturellen Gemengelage von Diskursen als Vergleichssystem zu lesende Erzählungen und Konstellationen, die über Isotopien und Ähnlichkeitsverhältnisse am Text Aspekte aufscheinen lassen, die sonst isoliert nicht wahrzunehmen sind. So kann beispielsweise der Figuren- und Handlungszusammenhang der Bibel und der christlichen Mythologie als Referenzkonzept anschlussfähig werden oder das allgemeine, kulturell determinierte Verständnis von Recht und Unrecht. Textraster erscheinen damit interpretierbar vor dem Hintergrund verschiedener mit dem Text abzugleichender Folien.[132] So lässt sich auch der Begriff des Trivialen fassen – als absolute Passform; im Arzt-Roman liegen Text und Schablone in völliger Entsprechung vor.

Auch bezüglich dieser Textebene zeigt sich, dass sich (paradigmatisch angebundene) Metakodes in romantischem Erzählen diegetisch manifestieren, während sie im Realismus auf einer den Figuren unzugänglichen Ebene textueller Verfahren angesiedelt sind. Wie sich dies konkret im Text gestaltet, sei veranschaulicht an E.T.A. Hoffmanns *Ödem Haus* und Otto Ludwigs *Zwischen Himmel und Erde*.

Für Hoffmanns Erzählung aus den *Nachtstücken* gilt, was sich auch über den Ersteindruck vieler Texte Tiecks, Brentanos und Novalis' sagen lässt: Romantische Texte sind eine hermeneutische Katastrophe. Oder wie Dieter Heimböckel in Bezug auf Eichendorff festhält:

> An der narrativen Polyphonie muss notwendigerweise jede auf Einsinnigkeit ausgerichtete Deutung der Erzählung scheitern. Wo sie dennoch eingefordert wird, führt sie zu interpretatorischen Schieflagen und Widersprüchen, die der Perpetuierung ihrer Aporie Vorschub leistet.[133]

---

prinzip für den ganzen Text« (Hugh Ridley, ›Der Halbbruder des Vormärz‹: Friedrich Spielhagen. Reflexionen zu den Kontinuitäten seines Werkes. In: Formen der Wirklichkeitserfassung nach 1848. Deutsche Literatur und Kultur vom Nachmärz bis zur Gründerzeit in europäischer Perspektive. Band 1, hg. von Helmut Koopmann und Michael Perraudin, Bielefeld 2003, S. 226).

132 Für Vischers *Auch Einer* besteht ein solcher Metakode in der systematischen Beseelung tückischer Objekte; dazu Uwe Steiner: »Vischer, bzw. sein romaneskes Alter Ego, betreibt gleichsam eine rhetorische Rettung der Zwecksachen, indem sein Paradoxon [i.e. widerspenstige Gebrauchsgegenstände; S.T.] noch die Zweckwidrigkeit als systematisch intendierte kennzeichnet und sie in einem ›Bestreben‹ motiviert sein lässt« (Steiner, Vom Aufstand der Inneneinrichtung, S. 295).

133 Dieter Heimböckel, Eichendorff mit Kleist. ›Das Schloß Dürande‹ als Dichtung umgestürzter Ordnung. In: Aurora, 65, 2005, S. 78.

Die von Friedrich Schlegel programmatisch beschriebene Unverständlichkeit[134] praktizieren romantische Texte über ein Instrumentarium der Ironie, der Selbstreflexivität, der Metalepse und des Grotesken. Aus diesen hochgradig poetologischen Texten, die das Spiel mit der Textur entdecken, Fragen der Autorschaft aufbringen und permanent Konstellationen des Paradoxen beschreiben, erwächst der Mehrwert, mehrfach lesbar zu sein. Jedes der Verfahren, am deutlichsten vielleicht die romantische Ironie, beschreibt die Vereinigung unvereinbarer Gegensätze in einer Figur oder einem Motiv, dessen Oszillieren es nicht endgültig fassbar macht. Romantische Texte ähneln unregelmäßigen Fraktalen, genauso auch das Spiel mit der Erzähllogik in E.T.A. Hoffmanns *Ödem Haus*. Denn der romantische Text präsentiert eben nicht nur rätselhafte Phänomene, sondern materialisiert diese so, dass eine Figur selbst sagen kann:

> Es ist [...] die tiefe Wahrheit der unerforschlichen Geheimnisse, von denen wir umgeben, welche uns mit einer Gewalt ergreift, an der wir den über uns herrschenden, uns selbst bedingenden Geist erkennen.[135]

Jene Geheimnisse haben nicht nur eine ›tiefe Wahrheit‹, sondern sie zeugen auch von einer herrschenden Macht, einem Metakode, der in der Diegese sichtbar ist. Die Kippfigur zwischen phantastischen Phänomenen und deren Erklärbarkeit findet genauso in der Diegese statt wie die Suche nach einem Ordnungsprinzip, vor dessen Hintergrund das Beobachtete erklärbar wird. So wird die tatsächliche Geschichte um die Frage, was es mit den Bewohnern eines alten Hauses auf sich hat, durch ein poetologisches Präludium eröffnet, dessen erster Satz bereits die Ambiguität möglicher Erzähllogiken vorgibt:

> Man war darüber einig, daß die wirklichen Erscheinungen im Leben oft viel wunderbarer sich gestalten, als alles, was die regste Fantasie zu erfinden trachte.[136]

Die hier beschriebene Inversionsfigur verweist auf einen möglichen epistemologischen Metakode, der sich auf den Punkt bringen lässt als: Die Ordnung der Dinge ist eine kontraintuitive. Während wunderliche Phänomene aus keiner erkennbaren Ursache zu erklären oder motiviert erscheinen, steht das Wunderbare in direktem Widerspruch zu den für sein Dasein relevanten Gesetzen. Die Sentenz von der Welt, die bei entsprechender Beobachtergabe im alltagssprachlichen Sinne Wunderbares (und

---

134 Friedrich Schlegel, Über die Unverständlichkeit. In: Kritische Friedrich-Schlegel-Ausgabe. Erste Abteilung. Zweiter Band. Charakteristiken und Kritiken I (1796–1801), hg. von Hans Eichner, München u. a. 1967, S. 363–372.
135 Hoffmann, Das öde Haus, S. 163.
136 Hoffmann, Das öde Haus, S. 163.

das heißt zunächst: Erstaunliches, Be-Wunderbares) offenbart, liest sich als Figur des Paradoxen: Das Wirkliche widerspricht oft seinen eigenen Gesetzen. So beschreibt der erste Satz bereits vollständig das Konzept der Erzählung, die Logik der erzählten Welt wird als ambig geschildert. Und sie wird auch auf ambige Weise geschildert, denn das dichotomische Bild ist noch nicht fertig:

> [G]ewiß ist es, daß das anscheinend Wunderliche aus dem Wunderbaren sproßt, und daß wir nur oft den wunderbaren Stamm nicht sehen, aus dem die wunderlichen Zweige mit Blättern und Blüten hervorsprossen.[137]

Der Text behauptet damit eine der lebensweltlichen Ratio entgegengesetzte Hierarchie; die zu erwartende Figur eines Phänomens, das sich bei Annäherung an den Ursprung aufklärt, wird als umgekehrte präsentiert, das vorübergehend Unbegreifliche, Wunderliche ist zwar eine Fehleinschätzung, führt aber bei Erforschung seines Ursprungs in die Gewissheit des Wunderbaren zurück. Einem Erkenntnisgewinn durch sukzessive Entschlüsselung steht so eine Taxonomie der Verrätselung gegenüber. Die Hauptfigur Theodor wird dabei als Figuration der im poetologischen Vorsatz ausgeführten Prinzipien vorgestellt. Durch seinen

> sechste[n] bewundrungswürdige[n] Sinn [...] kommt es, daß er oft unbekannten Menschen, die irgend etwas Verwunderliches in Gang, Kleidung, Ton, Blick haben, tagelang nachläuft, daß er über eine Begebenheit, über eine Tat, leichthin erzählt, keiner Beachtung wert und von niemanden beachtet, tiefsinnig wird, daß er antipodische Dinge zusammenstellt und Beziehungen herausfantasiert, an die niemand denkt.[138]

Sowohl das Geschehen als auch die Form von dessen Schilderung sind vom ›antipodischen‹ d. h. romantisch-ironischen Prinzip durchwirkt, das als metaphorisch, weil sprungtropisch sinnstiftend bezeichnet werden kann. Dinge zusammenstellen und Beziehungen herausfantasieren sind Operationen, die nach Jakobson die paradigmatische Achse betreffen. Diese Korrelation von Metapher und Paradigma beschreibt schon Novalis, wenn er vom »Zauberstab der Analogie«[139] spricht.

Essentiell ist aber das, was die Romantikforschung ebenfalls in Rückgriff auf Jakobson als Metonymisierung[140] beziehungsweise als ›Kipp-Phänomen‹[141] be-

---

137 Hoffmann, Das öde Haus, S. 165.
138 Hoffmann, Das öde Haus, S. 164.
139 Novalis, Die Christenheit oder Europa. Ein Fragment. In: Novalis. Schriften. Die Werke Friedrich von Hardenbergs. Dritter Band. Das philosophische Werk II, hg. von Richard Samuel, Stuttgart u. a. 1983, S. 518.
140 Vgl. Dagmar Ottmann, Angrenzende Rede. Ambivalenzbildung und Metonymisierung in Ludwig Tiecks späten Novellen, Tübingen 1990.

zeichnet: die meist wiederholte weil rückläufige Überführung scheinbar phantastischer Vorgänge in einen realweltlichen Erklärungszusammenhang. Rotbärtige Monster stellen sich als im Keller gezüchtete Truthähne heraus,[142] Geister sind verkleidete Zigeuner[143] und unheilverkündende zahme Raben sind Kopftücher.[144]

Ähnlich verhält es sich mit der Phantastik in Theodors Geschichte, deren Genealogie des Mehrdeutigen über genau diese Kippfigur organisiert ist. Durch die poetologische Begriffsklärung eingenordet bietet sich als erste Station auf dem Weg durch die Dreh- und Angelpunkte die Beschreibung des fraglichen Hauses als ›wunderlich‹[145] an. Das sowohl unbegehbare als auch blickdichte Gebäude meldet direkt bei seinem Erscheinen den Anspruch an, als markiertes Element und als Widerlager gegen die diegetische Ordnung gelesen zu werden.[146] Durch die Sensibilisierung des Textes für das Begriffspaar wunderlich/wunderbar wird dieses Begehren auf eine poetologische, verfahrenstechnische Ebene projiziert. Die Reaktion auf diesen Signifikanten der Vagheit ist der unmittelbare Versuch seiner Metonymisierung:

> [U]nd doch findet das Ding vielleicht darin seinen natürlichen einfachen Grund, daß der Besitzer auf einer lange dauernden Reise begriffen oder auf fernen Gütern hausend, dies Grundstück weder vermieten noch veräußern mag.[147]

Das Trägheitsmoment vor dem Zurückkippen reicht aber nur kurz, nämlich für drei Worte und einen Gedankenstrich: »– So dachte ich«;[148] die prompt folgende Wiederaufladung wird mit dem erneut angebrachten ›und doch‹ eingeleitet:

> [U]nd doch weiß ich selbst nicht wie es kam, daß bei dem öden Hause vorüberschreitend ich jedesmal wie festgebannt stehen bleiben und mich in ganz verwunderliche Gedanken nicht sowohl vertiefen als verstricken mußte.[149]

---

141 Vgl. Andrea Jäger, Groteske Schreibweise als Kipp-Phänomen der Romantik. In: Romantik und Ästhetizismus, hg. von Gerhard Plumpe, Würzburg 1999, S. 75–88.
142 So in Achim von Arnims *Majorats-Herren*.
143 So in Achim von Arnims *Isabella von Ägypten*.
144 So in Achim von Arnims *Majorats-Herren*.
145 Hoffmann, Das öde Haus, S. 164.
146 Heinz Brüggemann fasst das Phänomen zusammen: »Der alte Zauber der Ruine, der Spurenzauber des gelebten, abwesenden Lebens verbindet sich mit dem Rätsel der Verschlossenheit, des Einschlusses. Alle Fenster sind dicht verhüllt, das sichert ihnen ein obsessives Wahrnehmungsbegehren« (Heinz Brüggemann, Das andere Fenster: Einblicke in Häuser und Menschen. Zur Literaturgeschichte einer urbanen Wahrnehmungsform, Frankfurt am Main 1989, S. 143).
147 Hoffmann, Das öde Haus, S. 166.
148 Hoffmann, Das öde Haus, S. 166.
149 Hoffmann, Das öde Haus, S. 166f.

Das Konkurrieren und abwechselnde Überhandnehmen metaphorischer respektive metonymischer Wirklichkeitskonzepte wiederholt sich fortan permanent. Der Erzähler beschreibt sich im selben Atemzug als unglaubwürdig aber doch schlicht missverstanden; eigentlich sieht nur er die »seltsame[n] Erscheinungen«, aber »am Ende kommt die Moral, die euch zu Boden schlägt«.[150] Hier wird eine Schwebe versucht, die fragil ist und ständig nachjustiert werden muss. Und zwar mit dem Wechsel zwischen metaphorischer Überhöhung und metonymischer Erdung. So scheint Graf P. über die tatsächliche Erklärung zu verfügen, wird aber im Vorhinein als ›geistesverwandt‹ mit Theodor bezeichnet, also vielmehr diskreditiert. Selbstverständlich lächelt er ›ironisch‹ und in der histoire ist zwar »bald [...] Alles erklärt«,[151] der discours aber untergräbt mit einem Vorgriff diese Erklärung, die im Vorbeigehen noch als seltsame, der Phantasie entsprungene Geschichte aufgeladen wird.[152] Und zuletzt sind die in Frage stehenden Zimmer doch nur der Werkraum einer Zuckerbäckerei.

Es folgt eine Fensterszene mit beringtem, bebändertem Arm, der eine Kristallflasche auf die Fensterbank stellt und sogleich die Metonymisierung Theodors:

> [D]er prosaische Dämon flüsterte mir sehr vernehmlich in die Ohren, daß soeben die reiche, sonntäglich geschmückte Konditorsfrau eine geleerte Flasche feinen Rosenwassers o.s. auf die Fensterbank gestellt. – Seltner Fall![153]

Prosa und Metonymie aber beherbergen den Dämon, dem zum Trotz Theodor mit »frommer ritterlicher Treue am Wunderbaren festhält«.[154] Eine Situation herzustellen, in der Leser und Figuren der Argumentation nicht mehr folgen können, ist dabei das Ziel des Verfahrens. So widerlegt der um seine Phantasmen besorgte Theodor die penetrante Ratio mit der Realität und lässt sich dabei vom Konditor unterstützen. Dieser weiß schließlich Spuk und Schreckliches vom Nachbarhaus zu berichten, das keineswegs Teil seines Ladenlokals ist. Der Verwalter und seine

---

150 Hoffmann, Das öde Haus, S. 167.
151 Hoffmann, Das öde Haus, S. 167.
152 Die Begriffe ›discours‹ und ›histoire‹ seien im Sinne Tzvetan Todorovs und dessen Rückgriff auf Boris Tomaševskij und Émile Beneveniste verstanden; Matías Martínez und Michael Scheffel fassen dementsprechend ›discours‹ zusammen als »gesamten Bereich der literarischen Vermittlung eines Geschehens«, während die ›histoire‹ das »umfassende Kontinuum der erzählten Welt« bezeichnet (Matías Martínez und Michael Scheffel, Einführung in die Erzähltheorie, München 1999, S. 23).
153 Hoffmann, Das öde Haus, S. 169. Für den Leser übrigens auch ein seltener Fall, denn hier findet sich die romantische Ironie tatsächlich in Form der meist mit ihr verwechselten rhetorischen, umgangssprachlichen Ironie.
154 Hoffmann, Das öde Haus, S. 168.

abwesende gräfliche Herrschaft kommen als ein Erklärungsversuch daher, der wie gewohnt unterlaufen wird und zwar einerseits durch die rückwirkende Unverträglichkeit jener Bewohner mit der Metonymisierung des Arms am Fenster; der nämlich gehört angeblich der Konditorsfrau. Eine solche gibt es aber offensichtlich nicht und die zunächst überhöhte und dann geerdete Szene wird erneut mit dem Aspekt des Übernatürlichen angereichert. Der metaphorischen Textur sind wieder Tür und Tor geöffnet:

> Nun dachte ich an den Rauch, den seltsamen Geruch, an die wunderlich geformte Kristallflasche, die ich sah, und bald stand das Bild eines herrlichen, aber in verderblichen Zauberdingen befangenen Geschöpfs mir lebendig vor Augen. Der Alte wurde mir zum fatalen Hexenmeister.[155]

Um diesen Zustand zu befestigen, sichert Theodor seine Überlegungen mit einer geschickten Prophylaxe und verwirft im Vorhinein mögliche Erklärungen: Die Frau am Fenster hätte ein gelungenes Bild sein können – wenn nicht Bewegungen an Arm und Hand zu erkennen wären. Doch die Metonymisierung findet trotzdem einen Zugang. Und zwar in Form eines alten Mannes, der die Bild-Theorie rehabilitiert und die Bewegungen als optische Täuschung an die Logik einer realistischen Welt rückbindet.

Dann aber sieht Theodor das Frauenbild auf magisch-nebulöse Weise in seinem Taschenspiegel und wiederholt in Manier einer naturwissenschaftlichen Versuchsanordnung den Effekt mit überwiegendem Erfolg. Kurzweilig beglückt weil bestätigt stößt Theodor jedoch auf eine Abhandlung, mit der Johann Christian Reils *Rhapsodieen über die Anwendung der psychischen Curmethode auf Geisteszerrüttungen* [1803/1813] gemeint sind,[156] und sucht erschreckt den Arzt auf. Denn die im Vorbeigehen durch den Erzähldiskurs von Träumen zu Visionen transformierten Erscheinungen drohen psychopathologisch und damit medizinisch-naturwissenschaftlich geerdet zu werden.

Der Arzt, der in magnetischem Rapport mit Theodor für einen Moment ebenfalls Teile der Vision erfährt, verschreibt Ruhe und stellt zugleich das Ausbrechen des Textverfahrens aus dem Bereich klarer Beschreibbarkeit dar. Denn ob Magnetismus metaphorisch oder metonymisch zu lesen sei, liegt im Auge und in der historischen Zeit des Betrachters. Eine New-Historicism-gestützte Lesart würde jedenfalls einen etwas affirmativeren Magnetismus-Diskurs ansetzen müssen als es die moderne naturwissenschaftliche Skepsis vorschreibt. Das Gebiet des Magnetismus ist ›dunkel‹

---

[155] Hoffmann, Das öde Haus, S. 174.
[156] Vgl. Claudia Lieb, Das öde Haus. In: E.T.A. Hoffmann. Leben – Werk – Wirkung, hg. von Detlef Kremer, Berlin/New York 2009, S. 200.

und ›unbekannt‹, aber eben vorhanden. Die Abendgesellschaft ruft über die einschlägigen Namen zunächst den entsprechenden Diskurs auf und präsentiert dann eine Variation der umkehrfigürlichen Leitidee der Erzählung:

> [D]as Wichtigste von allem bleibt mir immer, daß der Magnetismus manches Geheimnis, das wir als gemeine schlichte Lebenserfahrung nun eben für kein Geheimnis erkennen wollen, zu erschließen scheint.[157]

Der Magnetismus leistet demnach die Erkenntnis genau des Prinzips, das sowohl die Erzählung eröffnet als auch den Kerngedanken der poetologischen Ausführungen ausmacht: Bei genauerem Hinsehen werden die Dinge nicht erklärbar, sondern wunderbar.

Und zugleich entspinnt sich eine Diskussion über eben diese Frage, nämlich die Reputation des Magnetismus als wissenschaftlich anerkanntem Gegenstand. Nicht dass das nicht interessant wäre – aber für Theodor ist zunächst nur eines entscheidend: Magnetismus ist nichts Psychisches. Nach Reil ist Mesmerismus nämlich »rein materiell«.[158] Die Reil-Lektüre kann in diesem Zusammenhang die Funktion der Metonymisierung erfüllen, denn mit dem materiellen Prinzip des Magnetismus lassen sich selbst merkwürdige Ahnungen als »Erinnerung an ein solches Traumbild«[159] erklären. Unerklärbares Wissen, Hellsichtigkeit lässt sich mit einer Strategie erden, deren Bodenhaftung einfach keine genügend lange Halbwertzeit hatte, als dass wir sie noch nachvollziehen könnten: Man kann nicht hellsehen; man hat schlicht und ergreifend mesmeristische, das heißt telepathische Kontakte, steht in Rapport mit dem Denken anderer.

Von den Erlebnisberichten des Zirkels inspiriert bricht Theodor in das öde Haus ein und findet wieder einmal endgültig des Rätsels Lösung: Der Hausverwalter hütet eine Wahnsinnige. – ›[W]ie aber der Spiegel?«[160] Der Spiegel und vor allem die abschließende Erzählung der Vorgeschichte um die gräfliche Familie leisten zuletzt eine Aufladung, der keine Metonymisierung mehr gewachsen ist. Denn selbst wenn der mesmeristische Rapport als Allerklärmittel zugelassen wäre, bliebe zuletzt der einleitende Hinweis darauf, dass die Wirklichkeit viel wunderbarer sei als die Phantasie. In diesem Sinne darf man davon ausgehen, dass die Wahrheit die Binnenerzählung von Gräfin Angelika noch übertrifft.

---

157 Hoffmann, Das öde Haus, S. 184.
158 Zit. n. Kronfeld, Einige Bemerkungen über die ersten psychotherapeutischen Veröffentlichungen, insbesondere J.C. Reil. In: Allgemeine ärztliche Zeitschrift für Psychotherapie und psychische Hygiene, 1, 1928, S. 11.
159 Hoffmann, Das öde Haus, S. 184.
160 Hoffmann, Das öde Haus, S. 190.

Was aber vor allem deutlich wird, ist das materielle Auftreten, der Realitätsstatus des Metaphorischen im romantischen Text. Metakodes wie das Wunderbare, Übernatürliche oder die Ambiguität der Wirklichkeit finden tatsächlich in der Diegese statt und bestimmen nicht nur die Epistemologie des Lesers, sondern die der Figur selbst. Im Vergleich wiederholt sich dieser Befund: Zwar bringen sowohl Ludwig Tiecks *Runenberg* als auch Otto Ludwigs *Zwischen Himmel und Erde* den Metakode ›Bibel‹/›christliche Mythologie‹ an. Im *Runenberg* aber empfängt der Protagonist von einer sich entkleidenden Frau materialiter eine Steintafel mit den Worten »Nimm dieses zu meinem Angedenken!«,[161] während der Protagonist Fritz Nettenmair in *Zwischen Himmel und Erde* sich selbst lediglich auf der Ebene der Sprichwörtlichkeit mit der biblischen Figur des Kain vergleicht.[162] Ähnliche Verbindungen zum Metakode der christlichen Mythologie bleiben schließlich ganz auf die Ebene des Erzähldiskurses beschränkt, so verfügt das Haus der Familie über einen Balkon, der »einer halben Dornenkrone nicht unähnlich«[163] ist. Während die Romantik figuriert, verweist der realistische Text. Noch deutlicher zeigen dies *Die Elixiere des Teufels*, die die Hauptfigur des Bruder Medardus in aus dessen Sicht tatsächlich materielle Doppelgänger ausdifferenzieren, während Theodor Storms Erzählung *Ein Doppelgänger* im Titel lediglich das bildliche Sprechen einer Figur zitiert. In Storms Text motiviert die Entdeckung einer zweiten, unbekannten Seite der Vaterfigur die metaphorische Bezeichnung als Doppelgänger. Dabei ist jedoch zu jedem Zeitpunkt der Hinweis präsent, dass dies Metapher sei.

So zeigt sich, dass die Romantik ihre Metakodes figuriert, integriert und kombiniert. Aussagen entstehen nicht im Raum der Differenz zu einer Folie, sondern im Ganzen einer Neukomposition, einer tatsächlichen Realisierung von Vorlagen und Konzepten. Es ist der tatsächliche Ahasver, der Klingemanns Kreuzgang begegnet (*Nachtwachen. Von Bonaventura*). Ein realistischer Text hätte hier vermutlich eine Figur geprägt, die durch Referenz mit dem Mythos des ›ewigen Juden‹ verknüpft ist, aber gerade durch die Aspekte ihrer Nichtidentität bedeutungsvoll wird.

Während der romantische Text den Metakode inkorporiert, nimmt die Literatur des Realismus auf diesen bloß Bezug, und zwar mit Elementen, die nicht im Sinne des entsprechenden Konzepts aufgehen und so eine zu interpretierende Differenz schaffen. *Zwischen Himmel und Erde* stellt einerseits mit Nachdruck den Mythos des

---

[161] Ludwig Tieck, Der Runenberg. In: Ludwig Tieck. Schriften in zwölf Bänden. Band 6. Phantasus, hg. von Manfred Frank, Frankfurt am Main 1985, S. 192.
[162] So heißt es: »Fritz Nettenmair muß endlich antworten. Er denkt an den Ruf: ›Kain, wo bist du?‹ ›Hier, Vater‹, entgegnet er und hämmert fort« (Otto Ludwig, Zwischen Himmel und Erde, Stuttgart 1954, S. 172).
[163] Ludwig, Zwischen Himmel und Erde, S. 4.

Brudermordes als Bedeutungsschlüssel vor, zuletzt stirbt aber der Falsche. Die Sphäre des Aberglaubens wird über den »Fronweißblick«[164] und das Geräusch eines reißenden Seiles eingeführt, letztendlich aber wie der Geist des Hauses, dem zum tatsächlich vollwertigen Gespenst die Erscheinung vor einer der Figuren versagt bleibt, als nicht funktionsfähig vorgeführt, denn der Blick sagt den Tod des Falschen voraus, das reißende Seil ist nicht drei-, sondern nur einmal zu hören.

Der psychologisch und erzähltechnisch erstaunlich moderne Roman[165] beschreibt die Konkurrenz zweier Brüder um dieselbe Frau. Der eine ist zwar durch Intrige erfolgreich, wird aber später erkannt und zur Rede gestellt. Als er existenziell gebrochen zuletzt tödlich verunglückt, ist der Weg für das eigentliche Paar zwar frei, eine Verbindung aber kommt dennoch nicht zustande. Die Frage, die sich als zentral erweist und mit der Leser nach Beendigung der Lektüre zurückgelassen wird, ist dabei, warum der verbliebene Bruder Apollonius und die lang umworbene Christiane nicht heiraten. Die Antwort liegt im Faktor der Verklärung, dem Mehrwert realistischen Erzählens. Der realistische Text gibt sich zumindest scheinbar affirmativ, was die Möglichkeit betrifft, von einer einheitlichen Verfasstheit und Lesbarkeit der Welt zu handeln. Er behauptet die Möglichkeit, geschlossen zu sein, und obwohl seine Metakodes ins Leere laufen, gelingt das Erzählen als Zusammenhang.

Romantische Texte wie Hoffmanns *Sandmann* oder Fouqués *Undine* enden vielfach in einer durch die Erzählinstanz vermittelten Ungewissheit. So heißt es abschließend bei Hoffmann: »Nach mehreren Jahren will man in einer entfernten Gegend Clara gesehen haben [...]. Es wäre daraus zu schließen [...].«[166] Und Fouqués *Undine* schließt mit der Bemerkung: »Noch in späten Zeiten sollen die Bewohner des Dorfes die Quelle gezeigt und fest die Meinung gehegt haben [...]«.[167] Vom Hörensagen und der Vermittlung über Dritte markiert, erscheint die clôture vage bezüglich des weiteren Geschehens. Das realistische Erzählen präsentiert sich gegensätzlich; einer der letzten Sätze in Gottfried Kellers *Kleider machen Leute* stellt so trocken wie präzise fest: »[E]r wurde von Jahr zu Jahr geschäftserfahrener und gewandter«[168] und auch Fontanes *Frau Jenny Treibel* endet mit dem Hinweis auf die Beständigkeit sicherer

---

164 Ludwig, Zwischen Himmel und Erde, S. 127.
165 Zur Avanciertheit der Erzählverfahren (erlebte Rede, Tempuswechsel) vgl. Andrea Fischbacher-Bosshardt, Otto Ludwig: Zwischen Himmel und Erde. In: Erzählkunst der Vormoderne, hg. von Rolf Tarot, Bern u. a. 1996, S. 219–225.
166 E.T.A. Hoffmann, Der Sandmann. In: E.T.A. Hoffmann. Sämtliche Werke in sieben Bänden. Nachtstücke. Klein Zaches. Prinzessin Brambilla. Werke 1816–1820, hg. von Hartmut Steinecke, Frankfurt am Main 1985, S. 49.
167 Friedrich de la Motte Fouqué, Undine. Eine Erzählung [1811], Stuttgart 2001, S. 99.
168 Gottfried Keller, Kleider machen Leute In: Gottfried Keller. Sämtliche Werke in sieben Bänden. Band 4. Die Leute von Seldwyla, hg. von Thomas Böning, Frankfurt am Main 1989, S. 332.

Werte und das Zuhause als höchstes Gut und damit eben das, was in der Romantik noch die Keimzelle des Horrors ist.

So ergibt sich eine Gegenüberstellung, die die jeweils essentielle Strategie von Romantik und Realismus benennt: Romantisches Erzählen bedeutet Digression. Um den trivialisierten Begriff der ›Entgrenzung‹ zu vermeiden, ließe sich sagen, Romantisieren bedeutet ambivalent machen. Diese Mehrdeutigkeit der Elemente von Welt gilt der Frühromantik als Reichtum und Wiedererschließung des verlorenen Einen, während die Spätromantik von der Ambivalenz der Dinge auch das Ich betroffen sieht und den Text einer Willkürlichkeit annähert, die vermeintlich ständig zwischen verschiedenen Bedeutungsbereichen changierenden ›Wirklichkeit‹ annähert.

Aus dieser Vorgeschichte erklärt sich die realistische Position der Affirmation und der Verklärung. Der realistische Text als Sammlung nicht funktionierender Metakodes zeigt in seiner Mitte stets eine Figur oder ein Geschehen, das davon unberührt gelingt und eben verklärt wird. Gustav Freytags *Soll und Haben* zeigt in Herrn Schröter eine Figur, die zugleich alleiniger Kommandant (der Warenhandlung) und geringfügiger Untergebener (Bürger des Staates) ist, dies aber in Balance vereint.[169]

Auch Anton Wohlfahrt, dessen subtile Namensgebung bereits auf seinen Werdegang hindeutet, findet sich zwischen enttäuschter Liebe, standesungemäßen Ambitionen und vergeblicher Unterstützung des Adels zuletzt als ein Charakter, der zwischen allen in Spannung zueinander gesetzten Metakodes gelingt. Und sowohl Corinna Schmidt als auch andeutungsweise Leopold Treibel finden nach Totalverirrungen, die Stoff für einen eigenen Roman bieten, wie selbstverständlich ihr Glück; die Schmolke kommentiert dies: »Manchen gibt es der liebe Gott im Schlaf«.[170]

Die Frage, warum *Zwischen Himmel und Erde* bis zuletzt Apollonius und Christiane nicht als glücklich verheiratetes Paar zeigt, steht vor dem Hintergrund unstimmiger Metakodes, Missverständnisse, Schuld und Verwirrung. Eine Verklärung der Protagonisten im Glück scheint auf den ersten Blick der Hochzeit zu entsprechen. Dass der Leser die Dorfbewohner in dieser Frage auf seiner Seite weiß, hilft wenig. Christiane und Apollonius sind entgegen allen Zweifeln das verklärte Element, das seinen vollendeten Weg findet. Apollonius, dessen »Ge-

---

169 Vgl. Fontanes Anmerkungen zu *Soll und Haben* (Theodor Fontane, Gustav Freytag: ›Soll und Haben‹ [1855]. In: Theorie des bürgerlichen Realismus, hg. von Gerhard Plumpe, Stuttgart 1985, S. 231 f.).
170 Theodor Fontane, Frau Jenny Treibel. In: Theodor Fontane. Werke, Schriften und Briefe. Abteilung I. Sämtliche Romane, Erzählungen, Gedichte, Nachgelassenes. Vierter Band, hg. von Walter Keitel und Helmuth Nürnberger, München 1974, S. 469.

wissenhaftigkeit bis zum Eigensinn« in Christiane »stille[ ] Verehrung« und »Andacht«[171] weckt, wird als Klon des alten Herrn Nettenmair konstruiert. Neben den optischen und charakterlichen Accessoires – beide sind »Federchensucher«[172] – ist es vor allem der Eingriff in Fritzens Liebesleben, der den neurotisch überhöhten Apollonius zur Postfiguration des alten Nettenmair macht. Weil dieser einst die Liebe zwischen Fritz und Beate verunmöglichte, handelt der Betroffene ausgleichend an der metonymisch für den Vater stehenden Figur. Erst im Zuge von Apollonius' begeisterter Schilderung erwärmt sich Fritz für Christiane. Über den erblindeten Nettenmair Senior erfährt man, wie sehr es ihn freut, Fritz unter Apollonius' Triumph seinerseits nicht mehr handlungsfähig zu wissen. Auch hier wird Apollonius zum Instrument des allgegenwärtigen Konzepts von Rache und Schuld. Nicht umsonst heißt es bezüglich Fritz' Hass auf seinen Bruder: »[E]r wäre an dem Vater gerächt, der ihn von Beaten riß, von seinem guten Engel«.[173]

Der Grund der beiden Hauptfiguren, einander Bruder und Schwester zu bleiben, reicht über Fritz' Tod hinaus, denn das Motiv liegt in den keusch Liebenden selbst. Christiane verehrt Apollonius für dessen Aufrichtigkeit und Integrität. In Anlehnung an die Oster-Szene im *Faust* schöpft sie aus dem Glockenklang neuen Mut und sieht in Apollonius einen Engel:

> Über dem Gedanken, so fort sollte Apollonius ihr Leitstern sein, und wenn sie handelte, wie er, blieb sie rein und bewahrt, schlief sie ein und lächelte im Schlummer wie ein sorgloses Kind.[174]

> [D]enn all der Zauber, der ihren Wünschen wehrte, sündhaft zu werden, floß ja aus seinen ehrlichen Augen auf sie nieder.[175]

Wiederholt erfährt der Leser, dass Christiane und Apollonius voneinander als Engel und damit als ungeschlechtliche Wesen denken. In Christiane ist sogar ein Element der gewollten Stigmatisierung zu erkennen. Sie schwört ihrer toten Mutter, sie wolle kämpfen und leiden um ihre Ehrlichkeit und begreift das Leid ihrer unerfüllten Liebe als die Quelle ihrer Kraft. Fortwährend verweist der Text auf diese »Opferlust« und den Willen, »eine gleich schwere Last«[175] zu tragen. Apollonius hingegen begreift seine

---

171 Ludwig, Zwischen Himmel und Erde, S. 7.
172 Ludwig, Zwischen Himmel und Erde, S. 14. Marianne Wünsch spricht von »zwangsneurotischen Ordnungsfetischisten« (Marianne Wünsch, Konzeptionen der ›Person‹ und ihrer ›Psyche‹ in der Literatur der ›Goethezeit‹ bis zum ›frühen Realismus‹. In: dies., Realismus [1850–1890]. Zugänge zu einer literarischen Epoche, Kiel 2007, S. 148).
173 Ludwig, Zwischen Himmel und Erde, S. 204.
174 Ludwig, Zwischen Himmel und Erde, S. 104.
175 Ludwig, Zwischen Himmel und Erde, S. 107.
176 Ludwig, Zwischen Himmel und Erde, S. 116 f.

Zuneigung zu Christiane als »Verbrechen«.[177] Seine Buße beginnt erst mit Fritz' Tod, da sie erst von da an freiwillig ist. Dass Apollonius' Gefühle zuvor Unrecht waren, wirft »seinen Schatten herüber auf das vorwurfsfreie Jetzt. Seine Liebe, ihr Besitz schien ihm wie beschmutzt«.[178] Christiane wiederum ist

> glücklich, etwas um ihn zu leiden, der alles um sie litt. In diesen Nächten bezwang die heilige Liebe die irdische in ihr; aus dem Schmerz der getäuschten süßen Wünsche, die ihn besitzen wollten, stieg sein Bild wieder in die unnahbare Glorie hinauf, in der sie ihn sonst gesehen hatte.[179]

Christiane und Apollonius gelingen insofern, als sie beide eindringliche Vorstellungen von Ehre und gottesfürchtigem Leben haben. Diesen Vorstellungen voneinander und vor sich selbst unabhängig vom Tod Fritz Nettenmairs gerecht zu bleiben, ist ihr Gelingen im umgebenden Scheitern, das zentrale funktionierende Konzept, die Verklärung.

Wenn Marianne Wünsch in Apollonius eine Person sieht, »die in sich geschlossen ist«,[180] ist die Verbindung von Metakode und clôture damit direkt beschrieben. Die Möglichkeit, Apollonius als »Repräsentanten eines sozialen und ideologischen Systems«[181] zu lesen, lässt einen gelingenden Metakode hervortreten und verklärt die Hauptfigur so weit, dass dem Text die Schließung möglich wird.

Die Orientierung an solchen Metakodes des Anstandes und der Moral sowie an den parallelgeführten Mythen von Brudermord und Ehebruch aber steht deren Figuration im romantischen Text diametral gegenüber. Das realistische Erzählen hält wie in *Zwischen Himmel und Erde* einen Abstand zur Ebene von Metakodes, der diese durchgehend als Richtwert und als externen Abgleich erkennbar bleiben lässt. Der romantischen Materialisierung des Metaphorischen in der Diegese vor den Augen der Figur steht der realistische Blick auf das Metaphorische als Rede- und Denkform gegenüber, die zum Abgleich zu vergegenwärtigende Verhaltens- und Ereignisstrukturen kodiert.[182] Während die romantische Metapher Figur wird, bedient sich die realistische Figur der Metapher.

---

177 Ludwig, Zwischen Himmel und Erde, S. 137.
178 Ludwig, Zwischen Himmel und Erde, S. 227.
179 Ludwig, Zwischen Himmel und Erde, S. 257.
180 Wünsch, Psyche, S. 148.
181 Wünsch, Psyche, S. 149.
182 Dieses Konzept erklärt auch Beobachtungen wie die Kaspar Heinrich Spinners, der den motivischen Wandel des Mondes von Romantik zu Realismus nachzeichnet und hinsichtlich Ludwig Tiecks von der realistischen Tendenz des Dresdner Spätwerks gezeichneter Novelle *Der Mondsüchtige* bemerkt, diese sei »typisch für das Schicksal der Mondmotivik im 19. Jahrhundert. Die romantische

Jurij Lotmans Überlegung, dass »die Struktur des Raumes eines Textes zum Modell der Struktur des Raumes der ganzen Welt, und die interne Syntagmatik der Elemente innerhalb des Textes – zur Sprache der räumlichen Modellierung«[183] wird, entspricht Foucaults Diktum vom Raum als ›bedrängendster Metapher‹. Dass romantische und realistische Figuren mit Metaphern verschieden umgehen, manifestiert sich daher besonders in der räumlichen Erzählwelt. Der Polarität von Metapher und Metonymie entspricht die grundlegende Verschiedenheit romantischer respektive realistischer Konstruktion von Räumlichkeit. So ist die Heterotopie als literarisches Verfahren nicht nur an paradoxe Verbindungen und Formen des paradigmatisch Anderen gebunden, sondern sie ist auch unmittelbar davon abhängig, auf welcher erzählerischen Matrix sie aufsetzt. Mit welchen Elementen Paradoxon und Alterität figuriert werden, resultiert aus dem Fundus von Elementen, die überhaupt zur Verfügung stehen. Die Raumlogik einer erzählten Welt bildet die Folie, vor der sich Heterotopien abheben; im Vergleich von Realismus und Romantik ist zu fragen, wie sich das Konzept in den beiden polaren Schreibweisen konkret ausbildet. So seien im Folgenden die entsprechenden Verfahrensweisen dargestellt, deren sich romantische und realistische Entwürfe von Räumlichkeit bedienen.

Verzauberung wird zum interessanten psychologischen Phänomen« (Kaspar Heinrich Spinner, Der Mond in der deutschen Dichtung von der Aufklärung bis zur Spätromantik, Bonn 1969, S. 85).
183 Lotman, Die Struktur literarischer Texte, S. 312.

4 Diorama. Der romantische Raum

Der romantische Raum ist organisiert wie ein Diorama. Dabei soll unter dem kunstgeschichtlich weit gefassten Begriff die schaukastenähnliche Präsentation einer plastischen, bewegten Szene verstanden sein.[1] Das in den 1830er Jahren populäre Diorama daguerrescher Prägung, das durch »komplizierte Mal- und Beleuchtungstechnik eine Illusion von Bewegung und Verwandlung erzeugte«,[2] hat seine Vorläufer in den Transparenten Franz Niklaus Königs[3] und den Ende des 18. Jahrhunderts entwickelten Mondscheinbildern Philipp Hackerts. Dabei werden Raum und Natur hier bereits als Aktanten deutlich. Die von anderen Künstlern wie beispielsweise Andreas Nesselthaler adaptierte Technik zeigt in der Regel Landschaftsszenen, die vom Mond erhellt sind und von den Figuren beobachtet werden. Diese sind meist nur als Silhouette zu erkennen und wirken am äußeren Bildrand wie ein Teil der Rahmung. Der einzige Handelnde, so könnte man sagen, ist der Mond, der die Szene beleuchtet und darbietet.

Nicht umsonst heißt Johann Samuel Halles 1784 erschienenes Kompendium über Effekttechnik (so auch über den Bau von erleuchteten Guckkästen und Transparenten) *Magie, oder die Zauberkräfte der Natur*. Auch wenn mit den ›Zauberkräften‹ vorrangig der physikalische Effekt der Aufbauten gemeint ist, tritt zugleich ein Diskurs räumlicher Wirkmacht auf den Plan. Denn auch in den dargestellten Szenen zeigt sich an Miniaturhorizonten und mikroskopischen Wolken der Raum als Protagonist und die ›Zauberkraft der Natur‹ als Faszinosum. Die beschriebenen Präsentationen sind zwar nicht unbevölkert; genausowenig aber gelten sie ausschließlich den Figuren. Gegeben ist immer eine Szene, in der der Raum mit seinem Interessantheitsgrad mindestens auf Höhe der Figuren rangiert.

Philippe Jacques de Loutherbourgs 1781 in London vorgestelltes Eidophysikon verwendet dementsprechend nicht nur bewegliche Figuren, sondern auch eben-

---

[1] Vgl. Heinz Buddemeier, Panorama, Diorama, Photographie. Entstehung und Wirkung neuer Medien im 19. Jahrhundert, München 1970, S. 25. Schon um die Mitte des 15. Jahrhunderts lassen sich bei Leo Battista Alberti Dioramen mit mechanisch beweglichen Elementen vermuten. Spätestens aber für die Mitte des 18. Jahrhunderts sind bewegliche Dioramen nachgewiesen (vgl. Alfred Auerbach, Panorama und Diorama. Ein Abriß über Geschichte und Wesen volkstümlicher Wirklichkeitskunst. 1. Teil: Das Panorama in den Anfängen und der ersten Blütezeit – das Diorama bis auf Dagueree und Gropius, Grimmen 1942, S. 20 ff.).
[2] Birgit Verwiebe, Lichtspiele. Vom Mondscheintransparent zum Diorama, Stuttgart 1997, S. 8. Die nachfolgenden Ausführungen stützen sich auf das umfangreich von Verwiebe zusammengetragene Material.
[3] Vgl. Helmut und Alison Gernsheim, L.J.M. Daguerre. The History of the Diorama and the Daguerrotype, New York ²1968, S. 14 ff.

Abb. 8: Andreas Nesselthaler: Seelandschaft mit aufgehendem Mond [1785] und Hafenlandschaft mit Mond [1785], © Kupferstichkabinett, Staatliche Museen zu Berlin

solches räumliches Inventar. Stürme und Mondaufgänge stellen den Raum als Handlungsträger vor. Daguerres Diorama *Der Bergrutsch im Tal zu Goldau* [1835–39] vollendet diesen Effekt, indem die aufwändige Schau einer Naturkatastrophe von Musik, Geräuschen oder Kommentaren ergänzt wird und so einen besonderen Stellenwert innerhalb der Mediengeschichte innehat:

> Bei den Transparenten handelt es sich um einen Versuch, mit den Mitteln der Malerei die Gattung Malerei zu verlassen und dabei letztendlich – vor der Entstehung des Films – dem ›Traum vom Kino‹ nahezukommen. So wurde der Film gewissermaßen vorweggenommen, ohne ihn tatsächlich entwicklungsgeschichtlich vorzubereiten.[4]

Die äußerst spärliche Literatur zur Theorie des Dioramas weist dabei vor allem auf dessen ausdrückliche Rahmung und eine illusionszerstörende Tendenz hin.[5] Das Diorama, das in kunsthistorischen Überblicken meist mit dem Panorama (einem beleuchteten Rundbild) verglichen wird, betont diese Rahmenfunktion und damit auch die Artifizialität des Dargestellten:

> Man kann das Wesen dieser beiden Darstellungsarten auf die Formel bringen, daß das Panorama den Beschauer mitten in die Natur hineinstellt, das Diorama ihn dagegen wie durch ein Fenster in sie hineinsehen läßt.[6]

---

4 Gernsheim, The History of the Diorama, S. 8.
5 Vgl. Buddemeier, Panorama, S. 27 ff.
6 Auerbach, Panorama und Diorama, S. 7.

Die Ausstellung der eigenen Verfahren als solcher verhält sich damit analog zur selbstreflexiven Tendenz romantischer Texte.[7] Vor diesem Hintergrund ist interessant, dass es gerade gegen Ende des 18. Jahrhunderts mit dem Aufkommen romantischer Denkmuster in Berliner Konditoreien üblich wird, die Schaufenster in der Weihnachtszeit zu beweglichen Dioramen umzubauen und damit die vitrinenähnliche Funktion des Schaufensters zu Gunsten »›kinetischer Kunst mit [...] beweglichen kleinplastischen Schaustücken‹«[8] zu modifizieren. Wie das Diorama innerhalb bühnenhafter Begrenzung und deutlicher Rahmung einen allegorisch abgeschlossenen Raum aufspannt, so verfahren auch romantische Texte, indem sie ›absolute Allegorien‹, das heißt aus sich selbst deutbare, von einem emblematischen Regelkatalog gelöste Sinnbilder projektieren. Der allegorisch aufgeladene romantische Raum entspricht umso mehr der Idee des Dioramas, als in beiden Formen der Raum als Teil des Figurenensembles auftritt. Raumstrukturen und Orte stehen in aktiver Wechselwirkung mit den Figuren und prägen den Lauf der Handlung, indem sie auf die Protagonisten wirken und an ihnen handeln wie Personen. Gärten, Wälder und geheime Kammern agieren am romantischen Helden Wirkungen aus, die sich als Phantasmen, Meinungsänderungen oder plötzliche Erkenntnis manifestieren. Eichendorffs Landschaften werden nicht aufgesucht, sondern durchwandert, und sie teilen sich mit.[9] Die Verschränkung vom Text als Raum und dem erzählten Raum als Textgebilde reflektiert *par excellence* Tiecks *Runenberg*, der wörtlich »ein Berg aus Runen, ein Gebirge aus Schriftzeichen«[10] und damit lesbare Topographie darstellt.

Eine kanonische Position der Romantikforschung liest dabei die romantische Topographie als Extension der Figurenpsyche[11] oder wie Cornelia Zumbusch mit

---

7 Detlef Kremer fasst diese (Über-)Kodierung des Raums für Tiecks *Runenberg* zusammen, dessen Topographie »nicht Abbildung oder Nachahmung von Wirklichkeit [bedeutet], sondern die allegorische Zurichtung eines Spielfeldes« (Kremer, Frühes Erzählen, S. 511); ähnlich dazu Norbert Mecklenburg: »Die Sinnbildung des Textes erfolgt auf der Basis seiner Raumstruktur, seiner symbolischen Topographie« (Norbert Mecklenburg, ›Die Gesellschaft der verwilderten Steine‹. Interpretationsprobleme von Ludwig Tiecks Erzählung ›Der Runenberg‹. In: Der Deutschunterricht, 34.6, 1982, S. 64f.).
8 Auerbach, Panorama und Diorama, S. 22.
9 Vgl. hierzu die kanonischen Studien Richard Alewyns und Oskar Seidlins (Richard Alewyn, Eine Landschaft Eichendorffs, S. 19–43 sowie Oskar Seidlin, Eichendorffs symbolische Landschaft, S. 218–241, beide in: Eichendorff heute. Stimmen der Forschung mit einer Bibliographie, hg. von Paul Stöcklein, Darmstadt 1966).
10 Detlef Kremer, Romantische Metamorphosen. E.T.A. Hoffmanns Erzählungen, Stuttgart/Weimar 1993, S. 56f.
11 Vgl. exemplarisch Carsten Lange, Architekturen der Psyche. Raumdarstellung in der Literatur der Romantik, Würzburg 2007. Des Weiteren Hartmut Böhme, Geheime Macht im Schoß der Erde. Das Symbolfeld des Bergbaus zwischen Sozialgeschichte und Psychohistorie. In: ders., Natur und

Blick auf Joseph von Eichendorff pointiert formuliert: »Der Landschaftsraum [...] ist nichts anderes als das umgestülpte Innen von Figuren«.[12] Diese Facette sei hier implizit mitgedacht, aber um das entscheidende Moment räumlichen Eigenlebens erweitert. Der Unterschied zum Realismus, der ebenfalls die Korrespondenz zwischen Innen und Außen kennt und in der Landschaft die Figur ihre Stimmung abgebildet finden lässt,[13] besteht in der Wirkmacht des Raumes. Der romantische Raum ist nicht nur Abbildung der Figurenpsyche im allegorischen Sinne, sondern er handelt souverän. Darin wiederum die Wendung paranoider Störungen oder Traumata gegen die Psyche der Figur selbst zu lesen, bleibt für psychoanalytische Ansätze unbenommen. Der entscheidende Aspekt hier aber ist, dass der romantische Raum nicht nur die Figurenpsyche spiegelt, sondern als Aktant souveräner psychischer Vorgänge auftritt und damit selbstbestimmt und potenziell gefährlich ist. Raum und Figur hängen zusammen in einem »doppelläufige[n] Vorgang, der im selben Moment die Extrapolation des Subjekts in die Natur, wie auch eine Projektion von Naturvorgängen in die eigene Kognition bedeutet«.[14] Im romantischen Raum bildet sich damit auch die Sorge ab, durch diese wechselwirksame Beziehung der individuellen Souveränität beraubt zu werden – oder wie es For-

---

Subjekt, Frankfurt am Main 1988, S. 67–144 sowie zum »Verlust der Unterscheidungsfähigkeit zwischen Innen und Außen«: Gertrud Lehnert, Verlorene Räume. Zum Wandel eines Wahrnehmungsparadigmas in der Romantik. In: Deutsche Vierteljahrsschrift für Literaturwissenschaft und Geistesgeschichte, 69, 1995, S. 723.
12 Cornelia Zumbusch, Der Raum der Seele. Topographien des Unbewussten in Joseph von Eichendorffs ›Eine Meerfahrt‹. In: Räume der Romantik, hg. von Inka Mülder-Bach und Gerhard Neumann, Würzburg 2007, S. 200.
13 Dass auch Fontanes Landschaften häufig zum Spiegel der Figurenpsyche werden, liegt vor allem an der Wahrnehmung ihrer Passanten. Die Fontane-Forschung hat die Subjektivität der Raumeindrücke und die Verschiedenheit teils denselben Ort betreffender Figurenwahrnehmung mehrfach herausgestellt (vgl. exemplarisch Katharina Grätz, Landpartie und Sommerfrische. Der Ausflugsort in Fontanes literarischer Topographie. In: Magie der Geschichten. Weltverkehr, Literatur und Anthropologie in der zweiten Hälfte des 19. Jahrhunderts, hg. von Michael Neumann und Kerstin Stüssel, Konstanz 2011, S. 81: »Grundsätzlich gilt, dass Fontanes Texte den Handlungsraum häufig aus Figurenperspektive vermitteln, ihn also nicht als objektive Gegebenheit präsentieren, sondern als subjektiv wahrgenommen, anthropologischen Raum, in dem sich die Befindlichkeiten der Figuren spiegeln«). Der Ausdruck der eigenen seelischen Verfasstheit erscheint damit auch bei Fontane eher als von der Figur an den Raum herangetragener Art.
14 Philipp Weber, Weltraum und Subjektraum. Zum Konzept des inneren Universums bei Novalis. In: Raumlektüren. Der Spatial Turn und die Literatur der Moderne, hg. von Tim Mehigan und Alan Corkhill, Bielefeld 2013, S. 56. Oder wie schon Max Diez festhält: »[D]es Menschen Seele und die von ihm erlebte Natur stehen im Austausch. Er beseelt und dämonisiert sie, sie versteint, verwildert, verfelst und verschüttet ihn bis zum Wahnsinn: ein wechselseitiges Herüber und Hinüber« (Max Diez, Metapher und Märchengestalt. In: Publications of the Modern Language Association of America, 48, 1933, S. 886).

tunat in Eichendorffs *Dichter und ihre Gesellen* ausdrückt: »Träume ich denn, oder träumt diese phantastische Nacht von mir?«[15] Den romantischen Raum als Extension der Figurenpsyche zu betrachten, ist zugleich richtig und verkürzt. Denn bei der Projektion bleibt es eben in der Regel nicht: »Novalis zufolge lässt sich nur erkennen, womit der Erkennende substanzielle Ähnlichkeit besitzt«.[16] Aus diesem Grund erkennt die romantische Figur in der Natur nicht nur sich selbst und den eigenen Willen, sondern auch *einen* eigenen Willen. Die berechtigten Zweifel, ob das Sprechen in Flüssen und die Schrift auf Bergen nur man selbst sei, rührt daher, den Gedanken der Ähnlichkeit konsequent zu Ende zu führen. Der romantische Raum ist nicht nur die Figur, sondern er ist auch wie die Figur und mithin eben selbst eine eigene und eigenständige Figur. In der vielzitierten Einsamkeit dennoch nicht mit sich allein zu sein, ist der Schrecken der Romantiker.

Die Dynamik der Raumdurchquerung ist dabei an eine Figur der Unabschließbarkeit gebunden. Georg Philipp Schmidts Gedicht *Des Fremdlings Abendlied*, das in der Vertonung Schuberts als *Der Wanderer* bekannt geworden ist, lässt das schweifende Ich von der romantischen Sehnsucht ergriffen nach dem Land der Hoffnung und des Traums, dem »Land, das meine Sprache spricht«[17] suchen. Über eine trivialromantische Melancholie hinaus wird aber ein interessantes Raum-Bild transportiert. Die letzte Strophe beschließt der Vers: »Da, wo du nicht bist, ist das Glück«.[18] Diese Worte ertönen als Echo auf das geseufzte »wo?«[19] des Wanderers und verweisen das unerfüllte Begehren an einen aporetischen Ort. Der Raum funktioniert nicht absolut, sondern relativ; das Glück ist an einem Ort, der erst durch den Betrachter und dessen Blick existiert, der Ort des Glücks ist immer das Woanders.[20] Das Land des schmidtschen Wanderers ist nicht umsonst »gesucht, geahnt und nie gekannt«,[21] dort kann er nie gewesen sein und wird es auch nie. Es ist das raumgewordene Land des eigenen Nichtvorhandenseins. Das Glück ausgerechnet dort zu verorten, ist für den Wanderer strategisch unklug, poetologisch aber die Kernaussage. Der ewig fremde

---

15 Joseph von Eichendorff, Dichter und ihre Gesellen. In: Joseph von Eichendorff. Werke in sechs Bänden. Band 3. Dichter und ihre Gesellen. Erzählungen II, hg. von Brigitte Schillbach und Hartwig Schulz, Frankfurt am Main 1993, S. 339.
16 Eichendorff, Dichter und ihre Gesellen, S. 339.
17 Georg Philipp Schmidt, Des Fremdlings Abendlied. In: ders., Lieder, Altona ³1847, S. 77.
18 Schmidt, Des Fremdlings Abendlied, S. 77.
19 Schmidt, Des Fremdlings Abendlied, S. 76.
20 Lothar Pikulik sieht in diesem Phänomen des Immerfernen eine »konstante und stabile, obwohl keineswegs statische Alternative« zum gewohnten Raum, denn »im Unterschied zur Fremde [...] zeichnet sich die Ferne per definitionem durch Unerreichbarkeit aus« (Lothar Pikulik, Romantik als Ungenügen an der Normalität. Am Beispiel Tiecks, Hoffmanns, Eichendorffs, Frankfurt am Main 1979, S. 362 und S. 262 f.).
21 Schmidt, Des Fremdlings Abendlied, S. 77.

Raum verhindert jede Sesshaftigkeit, ist grundlegend transitorisch und an einem Gegenpol ausgerichtet, der unerreichbar bleibt.

Und in der Tat verwenden romantische Texte in der Regel ein solches dynamisches Raumkonzept;[22] dabei ist das negative Vorzeichen des rastlosen Fernwehs durch euphorische Reiselust austauschbar, ohne dem Raumcharakter Abbruch zu tun. Zentral für die Dynamik romantischen Raums ist Richard Alewyns auf Eichendorffs *Viel Lärmen um Nichts* bezogenes Diktum von der »Entwertung des Subjekts durch das Verbum«.[23] Gemeint sind dabei Klischierung und Formelhaftigkeit der Aktanten und Gegenstände sowie deren daraus folgende Substanzlosigkeit – zugunsten der im Prädikat kodierten Handlung. Romantische Texte handeln dementsprechend vom reisenden Durchqueren eines allegorischen Raums, dessen Orte im Bezug aufeinander lesbar werden und dessen Protagonisten ihren Sollzustand in der Regel in der Bewegung sehen. Überdurchschnittlich oft setzen romantische Erzähltexte mit einem aus dem Transit fallenden Helden ein, den das Verweilen an einem Ort in Selbstbegegnungen und metaleptische Phantasmen verstrickt. *Das Marmorbild*, *Ahnung und Gegenwart* und der *Taugenichts*, die *Nachtwachen* und *Der Goldene Topf* beginnen wie viele andere direkt mit dem Helden in Bewegung:

> Die Sonne war eben prächtig aufgegangen, da fuhr ein Schiff zwischen den grünen Bergen und Wäldern auf der Donau herunter. (Eichendorff; *Ahnung und Gegenwart*[24])

---

[22] In diesem Sinne sprechen auch Inka Mülder-Bach und Gerhard Neumann von einer »Dynamisierung des Raums« (Inka Mülder-Bach und Gerhard Neumann, Einleitung. In: Räume der Romantik, hg. von Inka Mülder-Bach und Gerhard Neumann, Würzburg 2007, S. 8). Claudia Lieb beschreibt diese Justierung sogar direkt als Quelle narrativierbarer Stoffe, wenn sie für Theodor, die Hauptfigur in E.T.A. Hoffmanns *Öden Haus* feststellt, dass gerade dessen »ständiges Unterwegssein in der Stadt, zufällige Begegnungen und die Ästhetik der Epiphanie [...] Anlass für zahllose Geschichten und Phantasien« geben (Lieb, Das öde Haus, S. 199). Zum Transit als romantischem Wunschzustand vgl. Sabina Becker, Urbanität als romantische Kategorie. Stadt-Bilder Ludwig Tiecks. In: »lasst uns, da es uns vergönnt ist, vernünftig seyn! –«. Ludwig Tieck (1773–1853), hg. vom Institut für deutsche Literatur der Humboldt-Universität zu Berlin, Frankfurt am Main u. a. 2004, S. 179–197. Becker weist zu Recht auf die Vorarbeiten Marianne Thalmanns hin, insbesondere deren Studie *Romantiker entdecken die Stadt* (München 1965).
[23] Alewyn, Eine Landschaft Eichendorffs, S. 31.
[24] Joseph von Eichendorff, Ahnung und Gegenwart. In: Joseph von Eichendorff. Werke in sechs Bänden. Band 2. Ahnung und Gegenwart. Erzählungen I, hg. von Wolfgang Frühwald und Brigitte Schillbach, Frankfurt am Main 1985, S. 57.

Es war ein schöner Sommerabend, als Florio, ein junger Edelmann, langsam auf die Tore von Lucca zuritt. (Eichendorff; *Das Marmorbild*[25])

Der Abend funkelte über die Felder, eine Reisekutsche fuhr rasch die glänzende Straße entlang. (Eichendorff; *Die Glücksritter*[26])

Ritter Ubaldo war an einem heiteren Herbstabend auf der Jagd weit von den Seinigen abgekommen und ritt eben zwischen einsamen Waldbergen hin. (Eichendorff; *Die Zauberei im Herbste*[27])

Es war im Jahre 1540, als das valenzische Schiff »Fortuna« die Linie passierte und nun in den Atlantischen Ozean hinausstach. (Eichendorf; *Eine Meerfahrt*[28])

Die Nachtstunde schlug; ich hüllte mich in meine abenteuerliche Vermummung, nahm die Pike und das Horn zur Hand, ging in die Finsterniß hinaus und rief die Stunde ab. (Klingemann; *Nachtwachen. Von Bonaventura*[29])

Der Bürgermeister von Waiblingen, Herr Steller, und der Vogt des Grafen von Wirtemberg, Herr Brix, führten einander in der Neujahrsnacht mit ungewissen Schritten durch die glatten Gassen. (Arnim; *Die Kronenwächter*[30])

Die Gräfin Angelika aus Genua durchreiste mit ihrer schönen Nichte Marianina einen großen Teil von Deutschland in verschiedenen Richtungen, ohne daß ihre Bekannten den eigentlichen Grund dieser Reise erfuhren. (Arnim; *Angelika, die Genueserin und Cosmus, der Seilspringer*[31])

---

25 Joseph von Eichendorff, Das Marmorbild. In: Joseph von Eichendorff. Werke in sechs Bänden. Band 2. Ahnung und Gegenwart. Erzählungen I, hg. von Wolfgang Frühwald und Brigitte Schillbach, Frankfurt am Main 1985, S. 385.
26 Joseph von Eichendorff, Die Glücksritter. In: Joseph von Eichendorf. Werke in sechs Bänden. Band 3. Dichter und ihre Gesellen. Erzählungen II, hg. von Brigitte Schillbach und Hartwig Schulz, Frankfurt am Main 1993, S. 511.
27 Joseph von Eichendorff, Die Zauberei im Herbste. In: Joseph von Eichendorff. Werke in sechs Bänden. Band 2. Ahnung und Gegenwart. Erzählungen I, hg. von Wolfgang Frühwald und Brigitte Schillbach, Frankfurt am Main 1985, S. 11.
28 Joseph von Eichendorff, Eine Meerfahrt. In: Joseph von Eichendorf. Werke in sechs Bänden. Band 3. Dichter und ihre Gesellen. Erzählungen II, hg. von Brigitte Schillbach und Hartwig Schulz, Frankfurt am Main 1993, S. 357.
29 Ernst August Friedrich Klingemann, Nachtwachen. Von Bonaventura, hg. von Wolfgang Paulsen, Stuttgart 2003, S. 5.
30 Achim von Arnim, Die Kronenwächter. In: Achim von Arnim. Werke in sechs Bänden. Band 2. Die Kronenwächter, hg. von Paul Michael Lützeler, Frankfurt am Main 1989, S. 19.
31 Achim von Arnim, Angelika, die Genueserin und Cosmus, der Seilspringer. In: Ludwig Achim von Arnim. Sämmtliche Werke. Neue Ausgabe (1857). Band 1. Novellen I, Hildesheim u. a. 1982, S. 325.

80 —— 4 Diorama. Der romantische Raum

Zwei Freunde stiegen vor der Stadt vom Wagen, um zu Fuß durch die Gassen zu wandeln und den Fragen am Tor auszuweichen. (Tieck; *Musikalische Leiden und Freuden*[32])

Es war ein schöner Frühlingsmorgen, als Ludwig Wandel ausging, um auf einem Dorfe, das einige Meilen entfernt war, einen kranken Freund zu besuchen. (Tieck; *Die Freunde*[33])

Gerade am zwanzigsten November des Jahres 1815 befand sich Albert von B., Obristleutnant in preußischen Diensten, auf dem Wege von Lüttich nach Aachen. (Hoffmann; *Der Elementargeist*[34])

Am Himmelfahrtstage, nachmittags um drei Uhr, rannte ein junger Mensch in Dresden durchs Schwarze Tor, und geradezu in einen Korb mit Äpfeln und Kuchen hinein, die ein altes häßliches Weib feilbot. (Hoffmann; *Der goldene Topf*[35])

Endlich war es doch so weit gekommen, daß Erasmus Spikher den Wunsch, den er sein Leben lang im Herzen genährt, erfüllen konnte. Mit frohem Herzen und wohlgefülltem Beutel setzte er sich in den Wagen, um die nördliche Heimat zu verlassen und nach dem schönen warmen Welschland zu reisen. (Hoffmann; *Die Geschichte vom verlornen Spiegelbilde*[36])

In eine elende Postchaise gepackt, die die Motten, wie die Ratten Prosperos Fahrzeug, aus Instinkt verlassen hatten, hielt ich endlich, nach halsbrechender Fahrt, halbgerädert, vor dem Wirtshause auf dem Markte in G. (Hoffmann; *Die Jesuiterkirche in G.*[37])

Am Michaelistage, eben als bei den Karmelitern die Abendhora eingeläutet wurde, fuhr ein mit vier Postpferden bespannter stattlicher Reisewagen, donnernd und rasselnd durch die Gassen des kleinen polnischen Grenzstädtchens L. (Hoffmann; *Das Gelübde*[38])

Ein preußischer Edelmann, dessen Güter dicht an der sächsischen Gränze lagen, hatte sein junges Weib und seine zwey Knaben verlassen, um als Freywilliger mit mehreren Männern

---

32 Ludwig Tieck, Musikalische Leiden und Freuden. In: Ludwig Tieck. Werke in vier Bänden. Band III. Novellen, hg. von Marianne Thalmann, Darmstadt 1965, S. 77.
33 Ludwig Tieck, Die Freunde. In: Ludwig Tieck. Werke in vier Bänden. Band I. Frühe Erzählungen und Romane, hg. von Marianne Thalmann, Darmstadt 1963, S. 61.
34 E.T.A. Hoffmann, Der Elementargeist. In: E.T.A. Hoffmann. Sämtliche Werke in sieben Bänden. Band 5. Lebens-Ansichten des Katers Murr. Werke 1820–1821, hg. von Hartmut Steinecke, Frankfurt am Main 1992. S. 659.
35 E.T.A. Hoffmann, Der goldene Topf. In: E.T.A. Hoffmann. Sämtliche Werke in sieben Bänden. Band 2/1. Fantasiestücke in Callot's Manier. Werke 1814, hg. von Hartmut Steinecke, Frankfurt am Main 1993, S. 229.
36 E.T.A. Hoffmann, Die Geschichte vom verlorenen Spiegelbilde. In: E.T.A. Hoffmann. Sämtliche Werke in sieben Bänden. Band 2/1. Fantasiestücke in Callot's Manier. Werke 1814, hg. von Hartmut Steinecke, Frankfurt am Main 1993, S. 342.
37 E.T.A. Hoffmann, Die Jesuiterkirche in G. In: E.T.A. Hoffmann. Sämtliche Werke in sieben Bänden. Band 3. Nachtstücke. Klein Zaches. Prinzessin Brambilla. Werke 1816–1820, hg. von Hartmut Steinecke, Frankfurt am Main 1985, S. 110.
38 E.T.A. Hoffmann, Das Gelübde. In: E.T.A. Hoffmann. Sämtliche Werke in sieben Bänden. Band 3. Nachtstücke. Klein Zaches. Prinzessin Brambilla. Werke 1816–1820, hg. von Hartmut Steinecke, Frankfurt am Main 1985, S. 285.

und Jünglingen seiner Herrschaft, den Fahnen des Fürsten Blücher v. Wahlstadt zu folgen. (Brentano; *Die Schachtel mit der Friedenspuppe*[39])

Es war an einem der ersten schönen Frühlingsmorgen. [...] Mutig trabte ein Reisender den Hügel herauf. (Dorothea Schlegel; *Florentin*[40])

Und nicht zuletzt programmatisch der Beginn von Novalis' *Lehrlingen zu Sais:* »Mannigfache Wege gehen die Menschen«.[41]

Das Gros romantischer Texte handelt insgesamt vom räumlichen Durchlaufen verschiedener Stationen. Dies, die Bewegung, die die Handlung bestimmt und meist auch direkt den Text eröffnet, scheint die Klammer zu sein, die Früh- und Spätromantik – und damit so heterogene Romane wie *Heinrich von Ofterdingen*, *Die Elixiere des Teufels* und *Godwi* – in ein Großparadigma subsumiert und sich damit als allgemeines Merkmal romantischen Erzählens anbietet. Kurz gesagt, der unmarkierte Zustand des romantischen Protagonisten ist die Bewegung, und zwar eine irrende oder schweifende; beiden Formen ist konstitutiv, dass kein Ziel definiert oder erkennbar ist. Dementsprechend beginnt Tiecks *Der Psycholog* [1796]:

Zwei Freunde reisten miteinander; der eine bloß um zu reisen, der andere um Bemerkungen, statistische und philosophische, besonders aber psychologische, einzusammeln.[42]

---

39 Clemens Brentano, Die Schachtel mit der Friedenspuppe. In: Clemens Brentano. Sämtliche Werke und Briefe. Band 19. Prosa IV, hg. von Jürgen Behrens u. a., Stuttgart u. a. 1987, S. 315.
40 Dorothea Schlegel, Florentin, hg. von Liliane Weissberg, Frankfurt am Main/Berlin 1987, S. 11.
41 Novalis, Die Lehrlinge zu Sais. In: Novalis. Schriften. Die Werke Friedrich von Hardenbergs. Erster Band. Das dichterische Werk, hg. von Paul Kluckhohn und Richard Samuel, Darmstadt 1977, S. 79.
42 Ludwig Tieck, Der Psycholog. In: Ludwig Tieck's Schriften. Funfzehnter Band. Erzählungen, Berlin 1829, S. 247.

5 Wirkraum

In seiner *Geschichte des Dramas* geht Joseph von Eichendorff auf den für die Romantik zentralen Begriff der Allegorie ein. Entscheidend sei, dass »die Allegorie lebendig wird, die poetischen Gestalten nicht bloß *bedeuten*, sondern wirkliche, individuelle, leibhaftige Personen sind.«[1] Gemeint ist hier weit mehr als die Abkehr von regelpoetischer Drögheit. Eichendorffs Forderung lässt sich vielmehr für die romantische Diegese wörtlich nehmen. Eingedenk des romantischen Verfahrens, metaphorische Konzepte in der Erzählwelt manifest werden zu lassen, erscheint eine Personifikation auch der Allegorie nur konsequent. Es ist daher durchaus als konkrete Anweisung zur Textproduktion zu verstehen, wenn Eichendorff Erzählungen fordert, in denen

> die ganze Natur, gottestrunken in Stern und Baum und Blumen mitredend, zum Symbol des Uebersinnlichen wird, spielt das Ganze in einer Höhe, wo das Diesseits und Jenseits wunderbar ineinanderklingen und Zeit und Raum und alle Gegensätze in dem Geheimniß der ewigen Liebe verschwinden.[2]

Was hier beschrieben wird, ist die Einreihung von Raum und Kulisse ins Figurenensemble. Am Scheitelpunkt von Früh- und Spätromantik beschreibt Ludwig Tieck diesen für sämtliche Spielarten romantischen Erzählens gültigen Aspekt in seiner Satire *Das Jüngste Gericht. Eine Vision* [1800]. Der Protagonist, ein erklärter Phantast, wehrt sich gegen die Verschwendung wertvoller Zeit durch den täglichen Schlaf. Da sein »Wachen schon ein Träumen und Phantasieren ist«, fällt es ihm nicht schwer, um der zeitlichen Ökonomie Willen die beiden Zustände gänzlich »in einander zu ziehen«.[3] Es entsteht das für die Romantik typische Motiv des Wachschlafs, das regelmäßig als Somnambulismus, magnetischer Rapport oder schlicht Zwischenzustand von Wachen und Träumen auftritt. Auch Tiecks Protagonist lebt fortan in dieser Mischform und stellt als Effekt fest, dass sich die Welt um ihn herum belebt und »zu einem fröhlichen Bewußtseyn entzünde.«[4] Bald darauf setzt eine umfassende Beschleunigung ein, die Jahreszeiten wechseln rasant und zuletzt tritt das Jüngste Gericht ein. Dieses besteht in einer Rezensi-

---

[1] Joseph von Eichendorff, Zur Geschichte des Dramas. In: Joseph von Eichendorff. Werke in sechs Bänden. Band 6. Geschichte der Poesie. Schriften zur Literaturgeschichte, hg. von Hartwig Schultz, Frankfurt am Main 1990, S. 678. [Hervorh. i. Orig.]
[2] Eichendorff, Zur Geschichte des Dramas, S. 678.
[3] Ludwig Tieck, Das jüngste Gericht. In: Ludwig Tieck's Schriften. Neunter Band. Arabesken. Berlin 1828, S. 341.
[4] Tieck, Das jüngste Gericht, S. 344.

onsschau schriftstellerischer Kollegen, die sich fortsetzt, bis der Protagonist selbst an der Reihe ist und erwacht.

Entscheidend ist aber vielmehr, dass mit dem Wachtraum ein Zustand, der für romantische Figuren als nahezu normal bezeichnet werden kann, den umgebenden Raum als vollständig belebten beschreibbar macht. Eichendorffs Forderung, dass die Allegorie als ›individuelle Person‹ auftreten und die Elemente der räumlichen Umgebung belebt agieren sollen, findet sich satirisch überhöht, aber präzise umgesetzt. Die Vision vom literarkritischen Jüngsten Gericht figuriert damit ein zentrales Charakteristikum romantischer Erzählwelten – den Raum als Handlungsträger.[5] In Verbindung mit der Manifestation des Metaphorischen zeigt sich, dass das sprachliche Bild, vor allem das von der belebten Natur, simultan auch tendenziell wörtlich zu nehmen ist. In Eichendorffs *Schloß Dürande* beispielsweise heißt es: »Einzelne verspätete Wandervögel zogen noch über den Berg und schwatzten vom Glanz der Ferne, was die glücklichen Schwestern nicht verstanden.«[6] Der erste Teil der Wendung ließe sich als Topos verstehen, wenn nicht der Nachsatz über das fehlende Verstehen das Bild an eine wörtliche Lesart verwiese. Durch die Feststellung, dass der Gesang der Vögel unverständlich bleibt, wird dieser zugleich als prinzipiell dechiffrierbares Zeichensystem beschrieben. Was als unverständliche Sprache auftritt, könnte mit der richtigen Kenntnis ver-

---

[5] Zum entgegengesetzten Schluss gelangt David Wellbery, der für die Romantik konstatiert: »Der Raum kommt als prägende Instanz und Träger menschlicher Verhältnisse nicht zum Tragen« (David E. Wellbery, Sinnraum und Raumsinn. Eine Anmerkung zur Erzählkunst von Brentano und Eichendorff. In: Räume der Romantik, hg. von Inka Mülder-Bach und Gerhard Neumann, Würzburg 2007, S. 104). Im Anschluss aber zeigt Wellbery an Texten Joseph von Eichendorffs den Raum als signifikanten Parameter. Das Interesse des Lesers liege »nicht bei der Intrige, sondern bei den Raumqualitäten des jeweiligen Aufenthaltes der wandernden Figuren« (115). Dieses »Verfallensein an den Raum« (115) rangiert in deutlicher Nähe zum infektiösen Wirkraum und erschwert es, den romantischen Raum gerade nicht als Protagonisten zu lesen. Wellberys These, romantische Texte erzeugten »raumarme Welten«, das heißt »Erzählwelten, die fast nur aus Aktionen bestehen« (103), erscheint missverständlich und gründet sich implizit auf das Vorverständnis, der Raum realistischer Textur sei ein ›echter‹ Raum, das, was man »den pragmatischen Raum nennen« (104) könne. Dass sich unter dieser Prämisse der romantische Raum in seiner Funktion als Projektionsfläche von Bewusstseinsmetaphern und als nichtkartographischer Sinnesraum dem Konzept physikalischen Container-Raums entzieht, ist zwar nachvollziehbar; vor dem Hintergrund der Studien Alewyns sowie den hier vorgestellten Beobachtungen aber ist der Schluss »die Dominanz des Raumes gegenüber der Handlung« sei »den Erzähltexten der deutschen Romantiker fremd« (104) zumindest irreführend.
[6] Joseph von Eichendorff, Das Schloß Dürande. In: Joseph von Eichendorf. Werke in sechs Bänden. Band 3. Dichter und ihre Gesellen. Erzählungen II, hg. von Brigitte Schillbach und Hartwig Schulz, Frankfurt am Main 1993, S. 435.

stehbar sein. Auch hier also kann nicht die Rede von sprechenden Vögeln sein, ohne wirkliche Sprache anzudeuten.

Dieser Zusammenhang ist für romantische Protagonisten so selbstverständlich, dass er teilweise kaum noch erstaunt. Als der Graf Dürande vor der Zimmertür Schritte hört, vermutet er die »spukhafte Zeit« als »unsichtbares Kriegsgespenst«[7] zu Besuch. Und selbst wenn man der adeligen Figur unterstellt, hier bewusst ironisierend bildlich zu sprechen, um tatsächlich einen Attentäter oder sonstigen Aufständischen zu meinen, bleibt doch das Verfahren dasselbe. Zeitgeist und Kriegslust begreift Dürande unmittelbar figürlich, »als wenn die Gedanken aufstünden überall und schlaftrunken nach den Schwertern tappten«.[8] In einem Geräusch eine personifizierte Geisteshaltung zu vermuten und die Rede vom umgehenden Kriegsgespenst wörtlich zu nehmen, bedient unabhängig vom humoristischen Status der Äußerung dasselbe Muster wie der Frühling, der als Spielmann tatsächlich durchs Land geht. Als es beim Grafen allerdings tatsächlich an der Tür klopft, ist dieser verwundert; letztlich tritt aber kein Geist ein, sondern Renald, die Hauptfigur der Erzählung.

Friedrich de la Motte Fouqués *Undine* bildet dieses Wirklichkeitskonzept sogar gänzlich ohne ironische Brechung ab, denn im Grunde geht es um die problematische Verheiratung von Mensch und Raum. Als der Ritter Huldbrand Undine zur Frau nimmt, begegnen sich dementsprechend Protagonist und Raum auf Augenhöhe. Die Pflegetochter eines Fischerehepaares nämlich stammt von Flusswesen ab und wird bei all ihrem Tun von ihrem Oheim Kühleborn beschützt. Letzterer tritt abwechselnd als Fluss, Wasserfall oder weißgekleideter Mann auf und greift mehrfach mit der Befürchtung ins Geschehen ein, Undines Ehe könne scheitern. Dies wäre fatal, denn der Zweck der außergewöhnlichen Verbindung ist der Aufstieg Undines zum beseelten Wesen und damit erzähltechnisch zur vollwertigen Figur. Da die Ausstattung mit einer Seele nur demjenigen Naturgeist vergönnt ist, der von einem Menschen geliebt wird, ist Kühleborn bemüht, Undines Leben entsprechend zu lenken. Nachdem er sie menschlichen Pflegeeltern zugeführt hat, zwingt er durch Überflutung des Umraums – indem er also selbst über die Ufer tritt – den Ritter Huldbrand zur Einkehr bei der Kleinfamilie. Im Moment der erhofften Verliebtheit schließlich spült er einen Priester an Land, der die Verbindung befestigt.

Auch als sich das gemeinsame Leben in Huldbrands Heimat angesichts einer Konkurrentin schwierig gestaltet, greift Kühleborn ein. Zuletzt aber opfert sich Undine für ihren untreuen Mann. Von diesem und der Nebenbuhlerin nur noch

---

[7] Eichendorff, Das Schloß Dürande, S. 441.
[8] Eichendorff, Das Schloß Dürande, S. 441.

geduldet, warnt sie den abspenstigen Gatten, sie in der Nähe des heimischen Elements nicht grob zu behandeln, da sonst die anderen Wassergeister eingreifen und sie verteidigen würden. Huldbrand jedoch kann sich nur anfänglich zurückhalten, und als er Undine bei einer Schifffahrt beschimpft, geht diese über Bord, um ihre Artgenossen zurückzuhalten. Später aber heiratet der so Gerettete die erfolgreiche Konkurrentin, woraufhin Undine ein letztes Mal als Geist zurückkehrt, um Huldbrand zu töten.

Zwar sind belebte oder von Figuren gelenkte Naturelemente nichts Neues (man denke an die Protagonisten griechisch-römischer Mythen), hier aber treten sie darüber hinaus dezidiert räumlich auf. Schon wenn zu Beginn die Form von Landzunge und See als die Umarmung zweier Liebender beschrieben wird, zeigt sich, worum es gehen wird. Die Geschichte von Undine ist die Schilderung fortwährender Transformationen vom Raum zur Figur und umgekehrt. Kühleborn formt die Topographie, um Figuren einander zuzuführen, und der Wald ist die Spielwiese von Monstern und Kobolden. Undine, die aus »seeblauen Augenhimmeln«[9] schaut und als »schönste Rose«[10] erscheint, hat Teil an allen natürlichen Sphären (Wasser, Luft, Land) und vervollständigt diese Skala mit dem Übertritt zum menschlichen Dasein. Die Fabel des personifizierten Naturwesens, das eine Seele entwickelt und durch eine menschliche Verbindung zur Person wird, illustriert damit treffend die romantische Raumlogik.[11]

---

9 Fouqué, Undine, S. 17.
10 Fouqué, Undine, S. 38.
11 Dieter Arendt bezeichnet das Sujet als »von romantischer Sehnsucht infizierte[s] Insel-Glück«; der isolierte Spezial-Raum sowie das im Folgenden beschriebene Verfahren der Infektionsheterotopie sind hier implizit anschlussfähig (Dieter Arendt, Friedrich de la Motte Fouqué: ›Undine‹ – oder: ›Du aber siehst jetzt wirklich eine Undine, lieber Freund‹. In: »Von Mythen und Mären« – Mittelalterliche Kulturgeschichte im Spiegel einer Wissenschaftler-Biographie. Festschrift für Otfrid Ehrismann zum 65. Geburtstag, hg. von Gudrun Marci-Boehncke und Jörg Riecke, Zürich u. a. 2006, S. 212).

6 Romantische Infektionsheterotopie

Die Heterotopie als Raum des paradigmatisch Anderen tritt in der Romantik als Infektionsheterotopie auf.¹ In einer räumlichen Matrix, die als Diorama konzipiert ist und den Raum als handelnde Figur auftreten lässt, entstehen Heterotopien der Ansteckung; die Folge sind in der Regel der Wahnsinn und das prekäre Wuchern der romantischen Metapher.

So beispielsweise in Ludwig Tiecks *Der blonde Eckbert*. Das 1797 erstmals erschienene Kunstmärchen, das schon Emil Staiger als eines »der seltsamsten Vorkommnisse der Literatur«² gilt und das Detlef Kremer als »ein zentrales Archiv der romantischen Literatur«³ bezeichnet, breitet das Pathogramm eines inzestuösen Geschwisterpaares aus. Als eines Tages Eckberts Frau Bertha einem gemeinsamen Freund die Geschichte ihrer Kindheit und der Flucht aus dem Elternhaus erzählt, gibt sich der Freund als die vermeintlich übernatürliche Alte zu erkennen, bei der Bertha als Kind Schutz gefunden hatte. Die Offenbarung, dass es sich bei jedem der spärlichen sozialen Kontakte Eckberts um jene Alte in veränderter Gestalt handelte und dass drüber hinaus Bertha und Eckbert Geschwister sind, richtet beide in rascher Folge zu Grunde. Im Wahnsinn tauchen Eckbert zuletzt Erinnerungen Berthas auf, sodass die kardinalen Motive von Verschmelzung und Wahnsinn in der Abblende noch einmal enggeführt werden.

Das Spiel mit der Uneindeutigkeit ist dabei romantisches Programm. Der Text beginnt von einem Einzelnen zu erzählen: »In einer Gegend des Harzes wohnte ein Ritter«.⁴ Der Ritter heißt Eckbert, ist körperlich unscheinbar und trägt »Verschlossenheit« und »stille zurückhaltende Melancholie« in seinem »blassen eingefallenen Gesichte«.⁵ Gegeben ist damit ein depressiver Solitär, an dessen Erscheinungsbild bereits die charakterliche Verfassung ablesbar wird.

Umso erstaunlicher, dass jene Gestalt, von der man als erstes erfährt, sie lebe »sehr ruhig für sich«,⁶ sich bald als ganz und gar nicht allein herausstellt. Kaum ist der Topos vom kränklich Betrübten etabliert, heißt es unvermittelt: »Sein Weib liebte die

---

1 Das Prinzip einer diskursiven Ansteckung findet sich auch im außerliterarischen Sprachgebrauch um 1800, so zum Beispiel bei Herder, der im Zuge seiner Kant-Kritik von einer »Transzendentalinfluenza« spricht (Johann Gottfried Herder, Kalligone. In: Johann Gottfried Herder. Werke in zehn Bänden. Schriften zur Literatur und Philosophie 1792–1800, hg. von Hans Dietrich Irmscher, Frankfurt am Main 1998, S. 650).
2 Staiger, Ludwig Tieck und der Ursprung der deutschen Romantik, S. 334.
3 Kremer, Einsamkeit und Schrecken, S. 53.
4 Tieck, Der blonde Eckbert, S. 126.
5 Tieck, Der blonde Eckbert, S. 126.
6 Tieck, Der blonde Eckbert, S. 126.

Einsamkeit eben so sehr«.⁷ Des Weiteren erfährt man von seltenem, aber regelmäßigem Besuch, zu dessen Bewirtung und Versorgung Knechte in Erscheinung treten, die das Ensemble der Burg in seiner Anzahl noch einmal nach oben korrigieren.

Die Beziehung Eckberts und Berthas ist ebenfalls von Beginn an mit einer Vagheit durchmischt, die ihre Bestätigung in der abschließenden Katastrophe von Inzest und Tod findet, von der Eckbert gesteht, er habe »diesen schrecklichen Gedanken immer geahndet«.⁸ »[B]eide *schienen* sich von Herzen zu lieben«⁹ heißt es direkt zu Beginn und reiht das vermeintlich partnerschaftliche Verhältnis von Eckbert und Bertha in das Verfahren des Textes ein, die eigenen Fixpunkte (Figuren, zentrale Motive, Räume) grundsätzlich mehrdeutig zu entwerfen. Die Verweigerung jeder eindeutigen Hermeneutik wird an Emil Staigers Lektüre des Textes beispielhaft. Dessen Frage, was »der Dichter denn überhaupt sagen«¹⁰ will, kann durch einen romantischen Text nur frustriert werden. Im Zuge dessen wendet sich Staiger von der Uneindeutigkeit des Verfahrens ab und attestiert, dass es sich nicht lohne, »nach der Prägnanz der Handlung zu fragen«.¹¹ Tieck sei vielmehr »der gedanklichen Konzentration überhaupt nicht fähig«,¹² was zuletzt doch die Frage aufwirft, warum sich Staiger so ausführlich mit dem *Eckbert* befasst. Staigers konsequent fehlerhafte Schreibung der Namen der Protagonisten jedenfalls (›Berta‹, ›Walter‹) indiziert genau die Ebene textueller Spiele mit Zeichenhaftigkeit, die sein Zugang vollständig ignoriert. Bildet das rekurrente ›h‹ (Ber*h*ta, Stro*h*mian, *H*ugo, Wal*h*ter) doch als Referenz auf die kabbalistische Buchstabenmystik ein Element, das »in phonetischer Hinsicht differenzlos ist und ein phantasmatisches Eigenleben beginnt«.¹³ Das ›h‹, das eng mit dem Namen Gottes verknüpft ist, und das für den Hauchlaut der Belebung steht, kehrt im Text immer wieder – aber eben nicht bei Staiger. Dabei wäre gerade in diesem mystischen Metakode die vermisste ›Prägnanz‹ zu finden. Die Korrespondenz zwischen Textur und Handlungsebene wird auch in der finalen Wendung deutlich. Die Wahrheit des Inzests wird Eckberts »illusionär verstellten Autismus«¹⁴ durchbrechen, denn Bertha wird sich als Eckberts Schwester herausstellen. Dabei weist die pho-

---

7 Tieck, Der blonde Eckbert, S. 126.
8 Tieck, Der blonde Eckbert, S. 146.
9 Tieck, Der blonde Eckbert, S. 126. [Hervorh. S.T.]
10 Staiger, Ludwig Tieck und der Ursprung der deutschen Romantik, S. 334.
11 Staiger, Ludwig Tieck und der Ursprung der deutschen Romantik, S. 338.
12 Staiger, Ludwig Tieck und der Ursprung der deutschen Romantik, S. 338.
13 Kremer, Frühes Erzählen, S. 506.
14 Kremer, Frühes Erzählen, S. 508.

netische Nähe ihrer Namen im Sinne der Möglichkeit, ineinander überzugehen (*Eckbertha*) eben auf eine inzestuöse, weil auf Verwandtschaft gegründete Liebe hin.[15]

Ausgangspunkt von Berthas prekärer häuslicher Situation ist ein hochmodernes psychologisches Portrait kindlicher Überforderung. Bertha nimmt nicht nur die Armut der Eltern, sondern vielmehr die daraus resultierende Instabilität von deren Partnerschaft wahr: »Was mich aber noch weit mehr jammerte, war, daß mein Vater und meine Mutter sich oft über ihre Armut entzweiten«.[16] Dass der Liebesentzug und die Misshandlungen, in denen die Eltern ihre Frustration kompensieren, bezüglich des Leidensdrucks im gleichen Register rangiert wie Berthas Anteilnahme an der Verzweiflung der Eltern, darf als mindestens erstaunliche psychologische Beobachtung gelten. Schließlich verlässt Bertha das Elternhaus mit dem ambivalenten Wunsch, sich nicht nur der Gewalt zu entziehen, sondern vielmehr Reichtum für die Hilfe der Eltern zu erwerben. So wird nebenbei das avancierte Bild eines die kindliche Entwicklung schädigenden Rollentauschs gezeichnet, indem das Kind unter Zuweisung einer Eigenschuld aus der Fürsorgerolle ausbricht und sich für das Gelingen der familiären Harmonie verantwortlich glaubt. Den Kern des Textes aber bildet die darauffolgende Begegnung Berthas mit einer als ›Waldeinsamkeit‹ bezeichneten Heterotopie. Aus dieser trägt die Protagonistin einen Infekt mit sich und infiziert mit Eckbert eine Figur, die sich über ein starkes Ordnungsbestreben und die Orientierung an einem einzelnen Paradigma definiert.[17] Wenn die Zurückgezogenheit des introvertierten Ritters in der Hauptsache als pathologisches Indiz zu lesen ist, dient sie doch zugleich auch praktisch der Herstellung von Überschaubarkeit. – Eckbert lebt allein mit seiner Frau und empfängt nur den einen Gast, in dessen Gesellschaft er

---

[15] Auch Gerhard Neumann sieht das Paar in »linguistischem Inzest befangen«, geht aber in seiner Notation (»Eck/Berth/a«) nicht auf den im ›h‹ kodierten mystischen Überschuss ein. Gerade darin ist aber noch vor einer Lesart als protodekonstruktivistischer Différance die Verselbständigung der Schrift als lebensweltliche Wirkmacht bezeichnet – und damit der entscheidende (nämlich in den Wahnsinn der materialisierten Metapher führende) Emergenz-Effekt (Gerhard Neumann, Kindheit und Erinnerung. Anfangsphantasien in drei romantischen Novellen: Ludwig Tieck ›Der blonde Eckbert‹. Friedrich de la Motte Fouqué ›Undine‹. E.T.A. Hoffmann ›Der Magnetiseur‹. In: Jugend – ein romantisches Konzept?, hg. von Günter Oesterle, Würzburg 1997, S. 85). Wolfgang Rath hebt ebenfalls den Lautwert der Namen hervor: »Eckbert ist die (eckige) Zuspitzung von Bertha und geistig inzestuös mit ihr vereinigt« (Rath, Ludwig Tieck, S. 268).
[16] Tieck, Der blonde Eckbert, S. 127 f.
[17] Für den späteren Besuch auf dessen Rittergut wird »fast nichts in dem gewöhnlichen Gange des Lebens geändert« und der fatale Freund Walther, in dem Eckbert »dieselbe Art zu denken« findet, botanisiert und bringt seine Funde »in Ordnung« (Tieck, Der blonde Eckbert, S. 126).

»heiter und aufgeräumt«[18] ist, kurz: Er lebt in scheinbarer Sicherheit. Und es ist eine Modifikation ins Unsichere, die sich ereignen wird.

Berthas Weg zur Heterotopie aber führt zunächst durch einen Raum mit Schwellencharakter, der das »System der Öffnung und Abschließung«,[19] das Foucault für den Übertritt in ›andere Räume‹ beschreibt, zumindest tendenziell vollzieht. Im »benachbarten Gebirge« und später in einer Gegend, deren Klippen »eine andere, weit seltsamere Gestalt«[20] aufweisen, wird Bertha auf die Begegnung mit dem Anderen vorbereitet. Dabei trägt bereits die sprachliche Benennung, das Signifikat dieses sonderbaren Raumes eine unheilvolle Kodierung, an der das Kind lange vor seinem Beschluss, das Elternhaus zu verlassen, einen entbergenden Vektor heraushört: »[D]as bloße Wort Gebirge, wenn ich davon hatte reden hören, war meinem kindischen Ohr ein fürchterlicher Ton gewesen.«[21] Dass hier von ›Ton‹ die Rede ist, deutet bereits auf das paradigmatisch Andere hin. Nicht gemeint ist das Paradigma von Erzählungen oder Schauergeschichten, die das Kind mit der Vokabel ›Gebirge‹ verbindet. Sondern es geht um das ganz andere Paradigma einer Semantik des Klangs. Damit rückt der Argwohn gegenüber dem phonetischen ›Gebirge‹ in die Nähe nichtreferenzieller Bedeutungssysteme wie dem der Musik (s. Abb. 9).

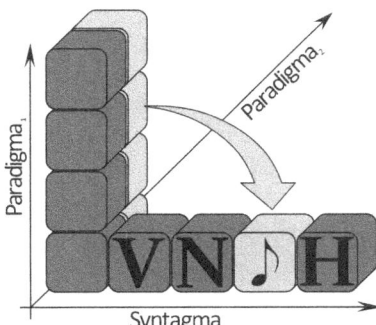

Abb. 9: Semantik des Klangs als paradigmatische Abweichung

Klar ist jedenfalls, dass sich hier eine Dimension von Zeichenhaftigkeit ankündigt, die nicht auf der metonymischen Achse einer Übersetzbarkeit angesiedelt ist, sondern vom Gemeinsamen all dieser Sprachen insgesamt abweicht.[22] My-

---

18 Tieck, Der blonde Eckbert, S. 126.
19 Foucault, Von anderen Räumen, S. 940.
20 Tieck, Der blonde Eckbert, S. 129.
21 Tieck, Der blonde Eckbert, S. 129.
22 So lässt sich auch Achim Hölters Kritik an Kenneth J. Northcotts Ansatz erweitern, die Erzählwelt des *Blonden Eckbert* in fünf Realitätsebenen zu unterscheiden. Neben (A) der Welt, in der auch die

then, Erinnerungen oder Vermutungen, die sich an das Wort ›Gebirge‹ geknüpft hätten, wären alle Teil derselben Erzähllogik und desselben Paradigmas gewesen, aus dem sich die erzählte Welt speist. Ein Wort als ›fürchterlichen Ton‹ zu lesen, verlässt dieses Paradigma in Richtung eines gänzlich anderen. Oder um es an Foucaults Beispiel der chinesischen Enzyklopädie anzukoppeln: Anstatt der Geschichten, also der erzählbaren Konnotationen des Gebirges, den Klang von dessen Signifikant zu betrachten, ist wie Milchschweinen solche Tiere zur Seite zu stellen, die mit einem feinen Pinsel gezeichnet sind. Eine Sprache, deren Elemente über Klang Bedeutung transportieren, ist nicht eine andere im Sinne von einer weiteren neben anderen Sprachen, sondern es ist im Vergleich zum Gesamt dieser Sprachen, eine Sprache, die anders, d.h. paradigmatisch anders ist.

Die Transformation der eigenen Stimme unmittelbar bei Annäherung an und Eintritt in die Heterotopie fügt sich ebenfalls in die Beobachtung einer Art Passagenritus:

> Ich war ganz trostlos, ich weinte und schrie, und in den Felsentälern hallte meine Stimme auf eine schreckliche Art zurück.[23]

Berthas eigene Sprache wird modifiziert und vom Raum verfremdet. Die Wirkmacht des romantischen Raumes wird deutlich und bedient mit der Ausrichtung auf das Zeichensystem die heterotope Kommentarfunktion. Die modifizierte Wiedergabe der Stimme Berthas vollzieht die Funktion der Heterotopie, Gegenstände »auslöschen, ersetzen, neutralisieren oder reinigen«[24] zu können, und ist eingebettet in das Szenario eines entbehrungsreichen Gewaltmarsches, der die Protagonistin auch körperlich an ihre Grenzen bringt: »[A]m Ende war ich mir meiner kaum noch bewusst«.[25]

Stadt der Rahmenerzählung liegt, teilt Northcott das Tableau der Handlung in (B) Eckberts Schloss, (C) die Stadt der Binnenerzählung und Berthas Kindheit sowie (D) die ›Waldeinsamkeit‹ und (E) die ›transzendente Ebene von Schicksal und Dämonie‹ ein. Dass Hölter dieser Ansatz »von faktischen Fehlschlüssen abgesehen, als untauglicher Versuch« erscheint, lässt sich auch mit dem Konzept anderer Räume erklären. Die Nebenordnung der Räume (A) bis (D) wird durch »das E-Level (der Dämonie, des Fatums)« gesprengt (Achim Hölter, Über Weichen geschickt und im Kreis gejagt. Wie Tiecks ›Blonder Eckbert‹ den modernen Leser kreiert. In: Die Prosa Ludwig Tiecks, hg. von Detlef Kremer, Bielefeld 2005, S. 77). Dem metonymischen Nebeneinander von Stadt, Schloss und Waldeinsamkeit wird die paradigmatische Abweichung eines Metakodes von Schicksal und Wahnsinn beigefügt. Hier steht unvermittelt nebeneinander, was im Text über den Vorgang der Infektion Raum greift. Ebene (E) als Vektor des paradigmatisch Anderen findet in (D), der Waldeinsamkeit statt und verbreitet sich durch Ansteckung Berthas und Eckberts in die übrigen Räume.
23 Tieck, Der blonde Eckbert, S. 130.
24 Foucault, Die Heterotopien, S. 10.
25 Tieck, Der blonde Eckbert, S. 130.

Der Raum ist dabei typisch romantisch organisiert, d. h. er agiert als Figur und hat Wirkmacht. Dass die Romantik mit Perspektivierungen und Blickkonstellationen spielt, haben vor allem Peter von Matt und Detlef Kremer gezeigt.[26] Im *Blonden Eckbert* geht die Verkehrung der Perspektive mit der Figurenhaftigkeit des räumlichen Inventars eine Verbindung ein, die den Raum als Personal und die Umkehrung von Blickrichtungen in einem Bild verbindet. Wenn es heißt »die Nacht sah schwarz zu den Fenstern herein«,[27] dann wird auf eine Weise personifiziert, die sich für romantisches Erzählen nicht mehr bloß als rhetorischer Gestus verbuchen lässt. Vielmehr erweist sich die Personalisierung von Natur und Raum als Isotopiekette, die über das gesamte Erzählen den romantischen Raum als Diorama und seine Einzelheiten als Aktanten entwirft.

So steht, als Bertha dem Hausfreund Walther jene Geschichte ihrer Jugend erzählt, nicht nur ihre Flucht vor der elterlichen Gewalt im Mittelpunkt, sondern Bertha erreicht den heterotopen Schutzraum der Hütte im Wald unter dem permanent aktualisierten Vorzeichen, durch die Topographie gesteuert zu werden. »[F]ast ohne daß ich es wußte«[28] macht sich das misshandelte Kind am frühen Morgen auf den Weg und gerät nach einigen Tagen auf einen Fußweg, »der mich von der großen Stadt immer mehr entfernte.«[29] In einer Diegese, in der Geisteszustände so plakativ an Raum und Ort gebunden sind wie im *Blonden Eckbert*, beansprucht das Inventar des romantischen Schauraums höchste Aufmerksamkeit. »[D]ie Bäume draußen schüttelten sich vor nasser Kälte«[30] heißt es, während Bertha erzählt. Und dass der kindlichen Bertha der Binnenerzählung »der Tag graute«,[31] ist nur für drei Zeilen lang eine verblasste Personifikation. Der Phraseologismus wird sozusagen wiederbelebt und in seiner Bildlichkeit wieder bewusst, wenn jener Tag im folgenden Satz wieder agiert, indem er in den Wald »fast noch nicht hinein blickte«.[32] So ist auch die Rede vom herabsehenden Mond für sich genauso unbedeutend wie es im Einzelnen die Formulierung eines den Wanderer von der Straße entfernenden Fußweges ist. Im Verbund aber und in der betonten Rekurrenz wird der isotopische Komplex vom intentionalen, handelnden Raum bedeutsam.

---

26 Peter von Matt, Die Augen der Automaten. E. T. A. Hoffmanns Imaginationslehre als Prinzip seiner Erzählkunst, Tübingen 1971; Detlef Kremer, Prosa der Romantik, Stuttgart 1997, S. 117 f.
27 Tieck, Der blonde Eckbert, S. 127.
28 Tieck, Der blonde Eckbert, S. 129.
29 Tieck, Der blonde Eckbert, S. 129.
30 Tieck, Der blonde Eckbert, S. 127.
31 Tieck, Der blonde Eckbert, S. 129.
32 Tieck, Der blonde Eckbert, S. 129.

Die Form dieses figuralen Raums, der Bertha durch allegorische Topographien zur Hütte der Alten schleust und Eckbert ›im Kreis‹[33] jagt, ist das Diorama. Noch bevor die funktionalen und strukturalen Merkmale des dioramatischen Inventars als aktivem Bedeutungsträger auftreten, markiert sich der Raum in selbstevidenter Bildlichkeit als Schauraum. Die unmittelbar mit der Szenerie verbundene Geste nämlich ist die des Hinein-Schauens. Neben Mond, Nacht und Tag schaut auch Bertha »in ein grünes Tal voller Birken hinein«[34] und bedient den Topos des romantischen Schaukastens. Bertha lässt damit beim Eintritt in die Heterotopie nicht nur ihre vertraute Sprache zurück, sondern auch ihr Bewusstsein. Und kaum sind diese Vorkehrungen getroffen, wird »die Gegend umher etwas freundlicher« und es ist Bertha, als sei sie »aus der Hölle in ein Paradies getreten«.[35]

Jener so euphorisch bezeichnete Raum besteht aus einem birkenbewachsenen Tal, in dessen Mitte eine kleine Hütte steht. Die Bewohnerin dieser Heterotopie sind jene bereits erwähnte Alte sowie deren Haustiere, der sprechende Vogel und der Hund Strohmian. Dabei ist auch hier das erste, was Bertha von den Bewohnern der Heterotopie wahrnimmt, die Schräglage einer abweichenden Zeichenhaftigkeit. Der Laut, durch den sie auf die Alte aufmerksam wird, ist ein Husten und damit ein unartikuliertes, indexikalisches Zeichen. Kurz darauf singt »sie mit kreischendem Ton ein geistliches Lied«[36] und gibt damit auch konventionell verständliche Sprachzeichen nur kontaminiert von sich und zwar mit jenem Attribut, das wir bereits vom Gebirge kennen, einer unbehaglichen Lautsemantik. Dass ein zentrales Merkmal der Heterotopie die Verschaltung des Gegensätzlichen ist, kommt romantischem Erzähler insofern entgegen, als die romantische Ironie genau dieses Prinzip in den Mittelpunkt stellt. Das vereinfacht als produktiver Widerspruch beschreibbare Verfahren intendiert die von Friedrich Schlegel geforderte ›zyklische Lesbarkeit‹[37] des Textes, indem Figuren oder Sachverhalte insgesamt nachvollziehbar, im Speziellen jedoch tendenziell unverständlich bleiben und sich einer Letztbestimmbarkeit entziehen. Das daraus generierte Spannungsverhältnis ist nicht auf Neutralisation ausgelegt und speist sich aus der Ambivalenz zwischen dem romantischen Universalitätsanspruch und dem Credo der Unabschließbarkeit. Als ästhetische Umsetzung der romantischen ›Progressiven Universalpoesie‹ steht die romantische Ironie in der Tradition des sokrati-

---

33 Vgl. Hölter, Über Weichen geschickt und im Kreis gejagt.
34 Tieck, Der blonde Eckbert, S. 132.
35 Tieck, Der blonde Eckbert, S. 131.
36 Tieck, Der blonde Eckbert, S. 131.
37 Vgl. Friedrich Schlegel, Zur Philologie. II. In: Kritische Friedrich-Schlegel-Ausgabe. Sechzehnter Band. Fragmente zur Poesie und Literatur. Erster Teil, hg. von Hans Eichner, Paderborn u. a. 1981, 66 ff.

schen Dialogs und dessen Dialektik.[38] In dieser »Form des Paradoxen«[39] findet sich ein Schwebezustand zwischen unvereinbaren Gegensätzen abgebildet. Das Erbe der sokratischen Ironie ist dabei insofern erkennbar, als auch diese sich als offensichtliche Verstellung, als bewusste Täuschung versteht.

Die Ironie als »latente Sprachhaltung des Endlichen, das vom Unendlichen reden will«,[40] beschreibt das Projekt, universelle Vollständigkeit im fragmentarisch Begrenzten anzusiedeln. Mit der Vermittlung von Gegensätzen ohne deren Auflösung zugunsten eines trennscharfen Dritten ist die romantische Ironie der Garant einer bis ins Unendliche fortführbaren Lektüre-Bewegung.

Was als Denkmodell plausibel wird, scheint zwar in seiner Abstraktheit zunächst einen beträchtlichen Abstand zu tatsächlichen erzählerischen Formen zu wahren, lässt sich aber am Text konkretisieren. So findet sich beispielsweise in E.T.A. Hoffmanns *Der Magnetiseur* eine Figur, deren Erscheinung eine widersprüchliche Synthese vollzieht. Der hagere fünfzigjährige Major hat nicht nur »die Kraft und die Gewandtheit eines Jünglings«, sondern im »höchsten Grade jähzornig«[41] wie auch »[g]utmütig und weich«[42] bleibt sein wahrer Charakter ebenso hinter seinen Launen verborgen wie seine Herkunft hinter verschiedenen Gerüchten. Diese Figur, die »sich selbst nicht ähnlich«[43] ist, tritt durch eine Beschreibung auf, die sich ihrem Gegenstand zwar kontinuierlich zu nähern scheint, diesen aber im Unbestimmten lässt und sich damit als tendenziell unendliche Bewegung präsentiert.

Genau so ist auch die Alte im *Blonden Eckbert* angelegt. Nicht nur, dass sie trotz Gehhilfe »ziemlich behende«[44] ist; vor allem ist ihr Gesicht »in einer ewigen Bewegung [...], so daß ich durchaus nicht wissen konnte, wie ihr eigentliches Aussehen beschaffen war.«[45] Bezeichnender Weise bedient sich der Text damit eines Bildes, das Foucault zweihundert Jahre später nahezu identisch zur Beschreibung des utopischen Körpers formuliert. Jener Körper nämlich sei »in

---

38 Vgl. Kremer, Prosa der Romantik, S. 14.
39 Friedrich Schlegel, Lyceumsfragmente. In: Kritische Friedrich-Schlegel-Ausgabe. Erste Abteilung. Zweiter Band. Charakteristiken und Kritiken I (1796–1801), hg. von Hans Eichner, München u. a. 1967, S. 153.
40 Heinz Gockel, Friedrich Schlegels Theorie des Fragments. In: Romantik. Ein literaturwissenschaftliches Studienbuch, hg. von Ernst Ribbat, Königshausen/Ts. 1979, S. 28.
41 E.T.A. Hoffmann, Der Magnetiseur. In: E.T.A. Hoffmann. Sämtliche Werke in sieben Bänden. Band 2/1. Fantasiestücke in Callot's Manier. Werke 1814, hg. von Hartmut Steinecke, Frankfurt am Main 1993, S. 181.
42 Hoffmann, Der Magnetiseur, S. 182.
43 Hoffmann, Der Magnetiseur, S. 182.
44 Tieck, Der blonde Eckbert, S. 131.
45 Tieck, Der blonde Eckbert, S. 133.

ständiger Umwandlung begriffen«[46] und erweist sich damit als strukturanalog zur Alten im *Blonden Eckbert*, die als Figuration dieser permanenten Bewegung das realisierte Utopische darstellt. Die Hütte in der Waldeinsamkeit hat damit einen Bewohner, der in beinahe postmoderner Manier in einer Art optischer Différance unerkennbar und einer nicht erschließbaren Logik verpflichtet ist. Wenn Paul Gerhard Klussmann daher von »häßlichen Gesichtsverzerrungen«[47] spricht, verfehlt diese Deutung den Punkt. Klussmann füllt im Sinne der ›Geburt des Lesers‹ nach Roland Barthes die Leerstelle der unerkennbaren Physiognomie mit dem Stereotyp der garstigen Hexe. Und auch Ernst Ribbat attestiert jener Figur eine Lesbarkeit: »Die ständig ihren Ausdruck verändernde alte Frau figuriert das Lebensschicksal«.[48] An Indizien dafür fehlt es aber, denn das ›Protheische‹[49] stellt vielmehr sich selbst aus. Das Entscheidende ist, dass dem Gesicht der Alten weder hässliche Verzerrungen noch sonstige Ausdrücke abzulesen sind. An der Stelle, wo sich in der Regel das Gesicht als Charakter-Zeichen schlechthin befindet, trifft Bertha auf Formlosigkeit. Die Alte verkörpert die Überzeichnung des postmodernen Dilemmas: Das Bezeichnende (Gesicht) und in der Folge auch das Bezeichnete (Charakter, Gemüt) sind nicht greifbar. Was bleibt, ist die Ausstellung reiner Zeichenhaftigkeit.[50]

Dass die Hütte aus dem Normalraum ausgelagert ist, zeigt sich deutlich an deren Abkopplung von Wetter und Wildwechsel in völliger Abgeschiedenheit:

---

46 Michel Foucault, Der utopische Körper. In: ders., Die Heterotopien. Der utopische Körper. Zwei Radiovorträge, Frankfurt am Main 2005, S. 26.
47 Klussmann, Zweideutigkeit, S. 368.
48 Ernst Ribbat, Ludwig Tieck. Studien zur Konzeption und Praxis romantischer Poesie, Kronberg/Ts. 1978, S. 142.
49 Vgl. Hölter, Über Weichen geschickt und im Kreis gejagt, S. 78.
50 Wolfgang Rath, der den *Eckbert* als Psychogramm verdrängter Ängste liest, sieht in der Physiognomie der Alten »das Panische in seiner Flüchtigkeit beeindruckend ins Bild [ge]setzt« (Rath, Ludwig Tieck, S. 264). Die Waldeinsamkeit funktioniere letztlich nicht als Fluchtraum, weil Bertha die Angst der häuslichen Gewalt nicht zurücklasse: »Der äußerste Fluchtpunkt in der Verzweiflung ist ein körperloser Zustand [. .]. Das Bewußtsein wird darüber so rasend, wie es Tieck im Gesicht der Märchenalten vorführt« (264). Dass das somit »unsichtbare Antlitz der Alten« auf Verfahrensebene eine »defizitäre Selbstreferenz« (264) abbildet, bringt Rath zwar an, liest den Text aber als psychoanalytische Allegorie und glättet damit tendenziell dessen Brüche. So zum Beispiel wenn er Berthas Tod auf die Erinnerung an den Hundenamen zurückführt und nicht auf die erschreckende Tatsache, dass Walther diesen überhaupt kennt. Den Namen ›Strohmian‹ als Symbol für Verdrängtes zu lesen, verdeckt hier den Schrecken über einen irrationalen Wissenshorizont und den Blick auf Walther selbst als Aufhebung der vermeintlichen Textlogik (vgl. 267; ähnlich Wolfgang Rath, Die Novelle, Göttingen 2000, S. 122).

[D]abei war alles so still in der Gegend umher, daß ich mich in der ganzen Zeit keines Sturmwindes, keines Gewitters erinnere. Kein Mensch verirrte sich dorthin, kein Wild kam unserer Behausung nahe.[51]

Hütte und Umraum erweisen sich als Heterotopie in allen kardinalen Punkten, allen voran als Kommentarraum. Kaum hat Bertha den heterotopen Raum betreten, verändert sich ihre Erfahrung des zurückgelassenen Normalraums: »Meine junge Seele bekam jetzt zuerst eine Ahndung von der Welt und ihren Begebenheiten.«[52] Dabei wird die Verfasstheit von Wirklichkeit in heterotoper Hütte und Umraum durch eine mise-en-abyme-Struktur mehrfach verschachtelt und betont als vertikal, paradigmatisch abweichend beschrieben. Denn die Geräusche in der Nacht ergeben »ein so wunderbares Gemisch, daß es mir immer nicht war, als sei ich erwacht, sondern als fiele ich nur in einen andern noch seltsamern Traum.«[53] Die Heterotopie als Ort der Gegenordnung bietet den Rahmen für ein Erwachen ›in die andere Richtung‹, ein umgekehrtes Erwachen als Verlassen des Schlafs, aber nicht um in den Wachzustand zurückzukehren, sondern um in ein anderes Traumstadium voranzuschreiten. Detlef Kremer spricht bezüglich der Prosa Ludwig Tiecks von »zwei Unbestimmtheiten, die in der Romantik Karriere machen werden: die Ununterscheidbarkeit von Traum und Wirklichkeit und die Verwirrung von Figurenidentität. Beide unterstehen einer Logik der Ambivalenz, derzufolge ein Ereignis zugleich Traum und (fiktive) Realität und eine Figur gleichzeitig sie selbst und eine andere sein kann«.[54] Damit ist genau das unmögliche Zugleich benannt, um das es hier geht. Traum und Wirklichkeit, Identität und Nicht-Identität in einem Zustand zu vereinen, beschreibt die heterotope Funktion, sowohl sichtbar als auch unsichtbar, sowohl auf See als auch behütet im Bett zu sein. Und der Raum, in dem dies möglich wird, ist der literarische und damit der Text.

In diesem aus der zweiwertigen Logik von Schlafen oder Wachen ausgelagerten Kommentarraum gerät Bertha bald an das zumal in der Romantik bedeutsamste Medium der Kommentierung – Literatur und Schrift. Dass die Alte Bertha Lesen lehrt, eröffnet der Protagonistin erst die gesamte Dimension der heterotopen Bezugnahme auf den Außenraum. Das Prinzip, dass die Heterotopie ihre Zeichen aus dem Inventar des Matrixraumes zusammensetzt, bleibt dabei gewahrt, wenn es heißt:

Aus dem wenigen, was ich las, bildete ich mir ganz wunderliche Vorstellungen von der Welt und den Menschen, alles war von mir und meiner Gesellschaft hergenommen: wenn von lustigen Leuten die Rede war, konnte ich sie mir nicht anders vorstellen, wie den kleinen

---

51 Tieck, Der blonde Eckbert, S. 134 f.
52 Tieck, Der blonde Eckbert, S. 132.
53 Tieck, Der blonde Eckbert, S. 133.
54 Detlef Kremer, Vorwort. In: Die Prosa Ludwig Tiecks, hg. von Detlef Kremer, Bielefeld 2005, S. 7.

> Spitz, prächtige Damen sahen immer wie der Vogel aus, alle alte Frauen wie meine wunderliche Alte.[55]

So zeigt sich, dass die Heterotopie der Hütte in der Waldeinsamkeit grundsätzlich aus den Bausteinen ihrer normalräumlichen Matrix zusammengesetzt ist. Hund, Vogel und Alte repräsentieren den Kern eines Figuren- und Zeicheninventars, das materialiter nicht vom Außenraum abweicht. Die Heterotopie als ›realisierte Utopie‹ bezeichnet genau diesen Hybridstatus, ein Dasein an der Schnittstelle zwischen Imaginärem und Realem, indem sich das Imaginäre (»wunderliche Vorstellungen«) mit Elementen des Realen darstellt (»prächtige Damen sahen immer wie der Vogel aus«).

Die Hütte der Alten zeigt so den Status der Heterotopie als sekundärem Raum. In ihrer Abbildung und Materialisierung der Utopie und des Phantasmas ist sie grundsätzlich auf das materiale Inventar des Normalraums angewiesen. Hütte und Waldeinsamkeit sind keine Heterotopie an sich, sondern lagern im und speisen sich aus dem Normalraum. Diese Brücke einer Artikulation des ganz Anderen mit sozusagen vertrauten Vokabeln macht den Mehrwert der Heterotopie aus und wird deutlich, wenn Bertha mit der Waldeinsamkeit einen Raum erfährt, der sich mit einem Minimalset konventioneller Zeichen durch deren heterotope Anordnung aus dem Normalraum herausschreibt. Die Kommentarfunktion der Heterotopie wird im gleichen Zuge realisiert, wenn es sich nicht nur um »wunderliche Vorstellungen« handelt, sondern um solche »von der Welt und den Menschen«.

Der heterotope Projektionsraum bleibt dabei geschlossen, denn über das heterotopieinterne Zeichensystem hinaus reichen weder das Erkenntnisinteresse noch die tatsächlichen Antworten; »der Vogel antwortete mir mit seinem Liede auf alle meine Fragen«[56] berichtet Bertha und beschreibt damit den Raum ihres kindlichen Aufenthaltes als diskursiv und semiotisch abgeschlossen. Denn nicht nur die Phantasmen ihrer vom Lesen geweckten Imagination, sondern auch ihr Begehren nach Wissen und Erfahrung findet seine Antwort im vorhandenen Minimalinventar von Zeichen. Ausgerechnet das minimalistische Gedicht des Vogels über die Waldeinsamkeit wird als universaler Fluchtpunkt von Frage, Antwort und Generierung von Wissen angebracht. Nicht umsonst ist es ausgerechnet dieses allegorisch-selbstreflexive Zeichen, bei dem alles Suchen nach Erkenntnis zuletzt angelangt.

Dass die Heterotopie in den Normalraum eingebettet ist, bringt genau wie die Indienstnahme von dessen Strukturen und Zeichen eine Vorprägung der spezifischen Formen heterotopen Raumes mit sich. Die Frage danach, ob eine Hetero-

---

55 Tieck, Der blonde Eckbert, S. 135.
56 Tieck, Der blonde Eckbert, S. 135.

topie im romantisch oder im realistisch texturierten Raum gegeben ist, ist zugleich die Frage nach ihren Möglichkeitsbedingungen. Die grundsätzlichen Unterschiede zwischen dioramatischem Wirkraum und dem realistischen Raum, der sich als geprägter erweisen wird, zeichnen sich unmittelbar in den jeweiligen Heterotopien ab, die sich darin einschreiben. So wird der romantische Wirkraum in der Heterotopie zum Raum der Infektion und zeigt text- und autorübergreifend die Funktion, ihre Passanten mit in der Regel fatalen Folgen in der Bildlichkeit des Viralen aufzuladen. Figuren, die eine romantische Heterotopie durchquert haben, tragen einen Infekt mit sich, der auch außerhalb der Heterotopie weitergegeben werden und andere Figuren in Mitleidenschaft ziehen kann. So beispielsweise den blonden Eckbert, der mit Bertha eine heterotop Infizierte zur Lebensgefährtin hat und zuletzt an einem Wahnsinn zugrunde geht, der ursprünglich derjenige Berthas war. Diese nämlich erfährt in der Heterotopie eine Verselbständigung ihrer Phantasmen, die unmittelbar an ihr Lesenlernen und die damit verbundene Imagination gekoppelt ist. Die Literalität als »Quelle von unendlichem Vergnügen«[57] bedeutet der Protagonistin zunächst einen harmonischen Schutzraum: »und so fühlte ich im Grunde nie einen Wunsch nach Veränderung.«[58]

Mit den Jahren aber wächst der Wunsch, »die sogenannte Welt aufzusuchen.«[59] Nicht umsonst ist diese eine ›sogenannte‹. Gemeint ist nämlich ganz im Sinne der bereits erwähnten mise-en-abyme-Struktur nicht die Rückkehr in die tatsächliche Realität, sondern ähnlich dem paradoxen Erwachen aus einem Traum in einen anderen Traumzustand hinein die Reise in diejenigen Phantasmen, von denen bezüglich ihrer Lektüreerfahrung die Rede war. Bertha will keine Rückkehr ins Leben, sozusagen ins Eigentliche, sondern ihre Hoffnung ist es, »den überaus schönen Ritter anzutreffen, der mir immer noch im Gedächtnisse lag.«[60] Aus dem Aufenthalt in der Heterotopie erwächst der Protagonistin nicht nur die in der Forschung umfangreich thematisierte Schuldfrage[61] um den Diebstahl des Juwelen legenden Vogels. Jene unrechtmäßige Bereicherung ist vielmehr Mittel zum Zweck, die Heterotopie in eine Richtung zu verlassen, die ähnlich dem Traumzustand noch tiefer in das Phantasma führt. Wenn die Heterotopie an der Schnittstelle zwischen Realität und Utopie liegt und einen Berührungsraum der beiden Formen bildet, besteht Berthas Infektion darin, die Heterotopie nicht in Richtung Realität verlassen zu wollen, sondern in

---

57 Tieck, Der blonde Eckbert, S. 134.
58 Tieck, Der blonde Eckbert, S. 135.
59 Tieck, Der blonde Eckbert, S. 137.
60 Tieck, Der blonde Eckbert, S. 136.
61 So nennt Johannes Kern den *Eckbert* gar ein »Sündenfallmärchen« (Johannes P. Kern, Ludwig Tieck. Dichter einer Krise, Heidelberg 1977, S. 89).

Richtung Utopie; das Ziel ist »die Vorstellung einer neuen Welt, mit allen ihren wunderbaren Mannigfaltigkeiten.«[62]

Dementsprechend geht Bertha ausdrücklich nicht den Weg »nach den wilden Felsen«, der sie Jahre zuvor hergeführt hat, sondern »nach der entgegengesetzten Seite«,[63] eben weiter voran. Das Vorhaben aber bleibt unerfüllt, die Differenz spürbar. In einer »angenehmen Stadt« bezieht Bertha ein Haus mit Garten und stellt fest: »So wunderbar, als ich es vermutet hatte, kam mir die Welt nicht vor«.[64] Das Vorleben mit der Alten in deren Waldeinsamkeit versucht Bertha zwar genauso zu vergessen wie den schuldhaften Ausbruch und den Diebstahl, aber das mitgeführte Accessoire, der Vogel, singt plötzlich eine der Situation entsprechend aktualisierte Version seines Liedes und kommentiert Berthas Zustand: »Waldeinsamkeit / Wie liegst du weit! / O dich gereut / Einst mit der Zeit. – / Ach einzge Freud / Waldeinsamkeit!«[65] Bertha steigert daraufhin ihre Verdrängungsanstrengungen und tötet den Vogel. Damit tilgt sie zwar den selbstreflexiven Diskurs in Form seines Trägers, eine Desinfektion bewirkt dies aber nicht. Mit auffallender Hast strebt Berthas Erzählung im Anschluss dem Ende zu. Die rettende clôture soll in einem Atemzug erreicht und damit die vermeintliche Löschung des Heterotopen in einer Art Happy End fixiert werden. Eben noch begräbt Bertha den Vogel im Garten und beginnt eine Paranoia gegen ihre Aufwärterin und deren eventuelle Mordabsichten zu hegen, da heißt es in einem Gestus, der keinen Widerspruch duldet, unvermittelt:

> Schon lange kannt' ich einen jungen Ritter, der mir überaus gefiel, ich gab ihm meine Hand, – und hiermit, Herr Walther, ist meine Geschichte geendigt.[66]

Mit der Erzählung der zeitlich und räumlich näheren Gegenwart löst Eckbert seine Frau ab und beschreibt seine Verzückung: »Sie kam mir vor wie ein Wunder«.[67] Dabei ist zweierlei bemerkenswert; zum einen erklärt der einsame Ritter Berthas Anziehungskraft explizit aus ihrer heterotopen Prägung (»welch einen unbegreiflichen Reiz ihr ihre einsame Erziehung gegeben hatte«[68]), zum anderen spricht Eckbert rhetorisch im Modus des Vergleichs, ›wie ein Wunder‹. Dies wäre an sich nichts Besonderes, wenn nicht Vergleichskonstruktionen wie ›als ob‹, ›wie‹ und ›es war, als wenn‹ massiv einen Text prägten, der bis zum Betreten der Heterotopie keinen einzigen Vergleich angebracht hat. Aber mit dem Vergleich als

---

62 Tieck, Der blonde Eckbert, S. 137.
63 Tieck, Der blonde Eckbert, S. 137.
64 Tieck, Der blonde Eckbert, S. 139.
65 Tieck, Der blonde Eckbert, S. 139.
66 Tieck, Der blonde Eckbert, S. 140.
67 Tieck, Der blonde Eckbert, S. 140.
68 Tieck, Der blonde Eckbert, S. 140.

textuellem Infektionsmarker und Indiz geht eine Störung der Ordnung in der Rahmenerzählung einher. Die von Bertha transportierte heterotope Aufladung wird freigesetzt und überträgt jene Paranoia, mit der Bertha ihren Bericht schließt, ungebrochen auf Eckbert. Als der einzige Freund und regelmäßige Gast Walther den kleinen Hund aus Berthas Erzählung beim Namen nennt, ohne dass Bertha diesen preisgegeben hätte, offenbart sich dem Paar eine epistemische Schräglage und das Misstrauen gegenüber dem vermeintlichen Freund bringt Bertha bald zerrüttet aufs Sterbebett.

Eckbert hingegen lebt Berthas Argwohn weiter und erkennt in der Folge wiederholt in Walther und anderen Figuren die Alte aus der Waldeinsamkeit. Als er zuletzt umherirrend tatsächlich in die Nähe der Hütte gelangt, hört er zwischen den Bäumen »mit wunderlichen Tönen ein Lied singen: Waldeinsamkeit / mich wieder freut / Mir geschieht kein Leid / Hier wohnt kein Neid, / Von neuem mich freut / Waldeinsamkeit.«[69]

Berthas Infekt hat einen vollständigen Übertrag geleistet, Eckbert teilt kurz darauf im Wahnsinn sterbend nicht nur ihre Erinnerung (»verworren hörte er die Alte sprechen, den Hund bellen, und den Vogel sein Lied wiederholen«[70]), sondern das tragische Ende wird eingeleitet über den bereits von Bertha bekannten Bewusstseinszustand eines Dritten jenseits Realität-Phantasma und Wirklichkeit-Traum. Wenn es heißt, Eckbert »konnte sich nicht aus dem Rätsel herausfinden, ob er jetzt träume, oder ehemals von einem Weibe Bertha geträumt habe«,[71] dann ist es Berthas Geisteszustand, der in der Heterotopie angenommen und über deren Grenzen hinausgetragen schließlich in Eckbert weiterwirkt und ihn genauso wie seine Frau im Wahnsinn enden lässt. Denn an Bertha ist die Textur der Heterotopie haften geblieben, sie transportiert das ›wie‹ in die Normalwelt und infiziert Eckbert.[72] Vor diesem Hintergrund wird die Formulierung ›wie ein Wunder‹ auch in ihrer rhetorischen Form bedeutsam, sodass sich eine Isotopiekette abzeichnet, wenn Eckbert

---

69 Tieck, Der blonde Eckbert, S. 145.
70 Tieck, Der blonde Eckbert, S. 146.
71 Tieck, Der blonde Eckbert, S. 145.
72 Diese Infektion liest Burkhard Meyer-Sickendiek als zwanghaftes Erinnern des Unerledigten im Sinne des Zeigarnik-Effekts (die umstrittene, 1927 von der russischen Psychologin Bljuma Wulfowna Seigarnik beschriebene Disposition meint die rekursive Vergegenwärtigung abgebrochener und nicht beendeter Aufgaben und Vorhaben). Diese psychoanalytische Deutung der Geschichte Eckberts und Berthas, die »durch unerledigte Schuld paralysiert« einer »geradezu zwanghaften Erinnerung ausgesetzt sind«, deutet zwar in eine andere Richtung als die hier angestellten Überlegungen, ist aber auf einer übergeordneten Ebene durchaus anschlussfähig. Denn das Infektionspotenzial der Heterotopie an die Schuld- und Reue-Thematik der Erzählung zu binden, würde sich als stimmig erweisen (Burkhard Meyer-Sickendiek, Tiefe. Über die Faszination des Grübelns, München 2010, S. 144).

»sein Leben in manchen Augenblicken mehr *wie* ein seltsames Märchen, als *wie* ein wirklicher Lebenslauf erschien.«[73] Zuletzt ist Eckbert »*wie* ein unruhiger Geist«, die Sprungtropik zieht ihn in ihren Bann, und das mit fatalem Ergebnis:

> Jetzt war es um das Bewußtsein, um die Sinne Eckberts geschehn; [...] das Wunderbarste vermischte sich mit dem Gewöhnlichsten, die Welt um ihn her war verzaubert [...].[74]

In kurzem Abstand erliegen daher Bertha und Eckbert der heterotopen Metaphorisierung. Die mögliche Kehrseite der Forderung, dass die Welt romantisiert werden müsse, stellt sich hier als Verlust metonymischer Zusammenhänge dar. Alles wird über ein vergleichendes ›wie‹ mit phantastischen Mythologemen vermengt, deren Quelle ein Kommentarraum umgekehrter Ordnungen, ein die Figuren genau wie die Erzählverfahren infizierender Textraum, eine romantische Heterotopie ist.

Tiecks *Der Runenberg* bietet eine ähnliche Exposition, indem der Text ebenfalls mit der Beschreibung der Hauptfigur als einsamem Melancholiker beginnt. Christian, ein junger Jäger, sitzt in Gedanken versunken im Gebirge. Das topische Verlassen des Elternhauses liegt bereits hinter dem Protagonisten, der nun seine Motive und die aktuelle Situation reflektiert. Die Eintönigkeit »der wiederkehrenden Gewöhnlichkeit«[75] hatte ihn veranlasst, Elternhaus und Freunde zu verlassen, »um eine fremde Umgebung zu suchen«.[76] Damit ist von Beginn an klargestellt, dass die Räume seiner Reise sich an ihrem Alteritätspotenzial werden messen lassen. Der Motor für Christians Eintritt in den romantischen Transit wird direkt als die Suche nach dem Anderen, dem Unbekannten benannt. Dabei ist der Gebirgsraum über die Ebene der Sprache durchaus als fremd lesbar, denn die Umgebung spricht »in unverständlichen Worten tausend Dinge«[77] und gewährt Christian keine Teilnahme an Sprache und Kommunikation. Immer weiter »in sich versunken«[78] sehnt sich der Enttäuschte nicht nur nach menschlichem Umgang, sondern vor allem nach den Büchern des Vaters, und dies, obwohl er sie nie hatte lesen wollen. Der Vater nämlich, und stellvertretend für dessen Denkmuster und Wahrnehmung dessen Handbibliothek, hat zu jener arkanen Natursprache einen Zugang, der über eine realistische Metaphorik geerdet ist. Denn auch von ihm wird zwar bezüglich der Pflanzen behauptet, »er könne fast mit ihnen sprechen«[79] – die

---

73 Tieck, Der blonde Eckbert, S. 143. [Hervorh. S.T.]
74 Tieck, Der blonde Eckbert, S. 145.
75 Tieck, Runenberg, S. 184.
76 Tieck, Runenberg, S. 184.
77 Tieck, Runenberg, S. 184.
78 Tieck, Runenberg, S. 186.
79 Tieck, Runenberg, S. 187.

Wendung aber wird nicht nur durch die Gradpartikel ›fast‹ relativiert, sondern als Sprachgeste erkennbar, wenn die Sphäre des Vaters sich als die Botanik erweist. Als »Gärtner im Schloß«[80] berichtet jener, »er lerne von ihrem Wachstum und Gedeihen, so wie von der verschiedenen Gestalt und Farbe ihrer Blätter.«[81] Der Zugang des Vaters ist somit ein fachlicher, das Sprechen mit den Pflanzen eine Umschreibung des Prozesses, aus jahrelanger Beobachtung Wissen zu generieren. Das Verhältnis von Christians Vater zum Gegenstand seiner Tätigkeit ist schlicht das ausgiebiger Berufserfahrung in Verbindung mit botanischem Fachwissen. Nicht umsonst wird die Botanik später im realistischen Erzählen ausdrücklich zum Projekt des Raumprägens. Dass sich die botanische Sicht auf den Raum gegen eine romantische Raumlogik und den darin verankerten Wirkraum sperrt, deutet diese Entwicklung bereits an. Wenn Reinhard und Elisabeth später in Theodor Storms *Immensee* gemeinsam botanisieren, wird die Natur »einem Prozess der Bearbeitung unterworfen«, der die Hierarchie von Figur und Raum klar abbildet.[82]

Während der Aufblende um Christian im Gebirge ist diese gänzlich unromantische Option noch präsent, und der Protagonist ahnt in ihr den kognitiven Halt eines ungefährlichen Umgangs mit und Verständnisses von der Natur. Seinen Aufenthalt organisiert Christian zunächst auch durchaus im Schutz dieses wissenschaftlich systematischen Zugangs und geht bei einem Förster in die Lehre. Der an diese Entscheidung gekoppelte Hinweis, von der Gegend »wie von einem Königreiche Besitz«[83] zu nehmen, weist mit der den Raum beherrschenden Figur auf eine realistische Topologie voraus und bestätigt den Zugang der Forstwissenschaft als den ungefährlichen. Und dennoch begibt sich Christian nach drei Monaten für mehrere Tage allein in den Wald, wird depressiv und findet sich in der oben beschriebenen Lage. Der Gegenentwurf aber ist zumindest für einen Moment als Kontrast präsent. Doch kaum lässt Christian die Sehnsucht nach dem väterlichen Realismus hinter sich, steuert die Erzählung auf die fatale romantische Verquickung von Figur und Topographie hin. »Gedankenlos« zieht Christian eine Wurzel aus der Erde und löst »ein dumpfes Winseln im Boden [aus], das sich unterirdisch in klagenden Tönen fortzog, und erst in der Ferne wehmütig verscholl.«[84] Die Alraune, die der Protagonist hier unabsichtlich entwurzelt und »deren Wurzelwerk an die ausgestreckten Glieder eines menschlichen Torso erinnert«,[85] initiiert eine Wechselwirkung zwischen Raum und Figur, die an der Reichweite der Aktion

---

80 Tieck, Runenberg, S. 187.
81 Tieck, Runenberg, S. 187.
82 Wünsch, Psyche, S. 137.
83 Tieck, Runenberg, S. 189.
84 Tieck, Runenberg, S. 186.
85 Meyer-Sickendiek, Tiefe, S. 175.

sichtbar wird. Die örtliche Entwurzelung strahlt über die gesamte Landschaft, die damit als einheitliches Wesen erscheint; Christian ist, »als wenn er unvermutet die Wunde berührt habe, an der der sterbende Leichnam der Natur in Schmerzen verscheiden wolle.«[86] Christian aber kennt die Zusammenhänge. Ohne Zugriff auf das ersehnte botanische Register des Vaters sind es Mythologie und Phantasma, die als romantische Metapher Wirklichkeit werden. Der Protagonist kennt die Sage um die Alraune, deren Klagelaute den Menschen in den Wahnsinn treiben. Die selbständige Erläuterung dieses mythologischen Metakodes durch die Figur zeigt zugleich, wie offensichtlich und unentrinnbar diese romantische Materialisation der metaphorischen Überhöhung angelegt ist. Ein letzter intuitiver Versuch, dem Lauf der Dinge zu entkommen, wird durch das deutlichst mögliche Stadium des als Figur agierenden Raumes unterbunden, denn »[i]ndem er fortgehen wollte, stand ein fremder Mann hinter ihm«.[87] Und jener Fremde wird sich als figurale Extension des Runenbergs erweisen, in dessen Wirksphäre Christian bald darauf gerät.[88] Die Bezeichnung als ›Fremder‹ weist die Figur dabei als das Element aus, auf das Christians reisende Suche gerichtet war. Nachdem Christian die Gesellschaft des Fremden in der Einsamkeit ohnehin zum Teil willkommen ist, offenbart er diesem seine Geschichte. Seinen Geisteszustand beim Verlassen des Elternhauses beschreibt er dabei analog zu demjenigen Berthas im *Blonden Eckbert*. So findet sich deren Eindruck des Halbwachen und der Fremdsteuerung exakt bei Christian wieder, den es »wie mit fremder Gewalt« von zu Hause »hinweg genommen«[89] hat. Die Behauptung »wie ein Vogel, der in einem Netz gefangen ist und sich vergeblich sträubt, so verstrickt war meine Seele in seltsamen Vorstellungen und Wünschen«,[90] ist dabei denkbar optimistisch, indem sie jene Verstrickung überwunden glaubt und zurückdatiert. Tatsächlich aber befindet sich Christian mit dem Raum des Runenberges im Einzugsbereich einer romantischen Heterotopie, deren reflexives und vor allem infektiöses Potenzial sich an eben

---

[86] Tieck, Runenberg, S. 186.
[87] Tieck, Runenberg, S. 186.
[88] Als besonderen Aspekt der Novelle stellt Meyer-Sickendiek heraus, dass es keine verführenden, »agitatorisch oder irgendwie manipulativ« auftretenden Gestalten gibt (Meyer-Sickendiek, Tiefe, S. 187). In der daran anschließenden Beobachtung, dass alle Figuren in ihr eigenes Grübeln versunken sind, liegt – aus Sicht des hier vorgeschlagenen Heterotopie-Konzepts – die Lösung. Dass die Verlockung nämlich tatsächlich nicht als Figur auftritt, gibt den Blick frei auf ihre diskursive Form. Das Metaphorische des in sich versunkenen Denkens, das gedankliche Stiften von Verbindungen, die Suche nach erhellenden Ähnlichkeiten ist genau die Tendenz, an die der gefährliche Diskurs der Metapher und der Umrechenbarkeit der Sphären anschlussfähig ist. Die ansteckende Metapher bedarf keiner Figuren, sondern findet in deren Sprechen statt.
[89] Tieck, Runenberg, S. 187.
[90] Tieck, Runenberg, S. 187.

jenen »seltsamen Vorstellungen und Wünschen« abarbeiten wird.[91] Der an den Raum gebundene Wechsel der Logik kündigt sich dabei bereits im ersten Hinweis des Fremden an, in der bald hereinbrechenden Nacht werde das Licht des Mondes auch Christians »Seele lichter machen.«[92] Die Bindung des heterotopen Phantasmas an die Nacht als andere Tageszeit wird hier über ein in der Romantik prominentes Konzept beschrieben, das auch die Figuration des paradigmatisch Anderen anbringt. In G.H. Schuberts *Ansichten von der Nachtseite der Naturwissenschaft* wird das »andere Licht«[93] beschrieben »als ein der Natur eigenthümliches Licht [...], nur da sichtbar, wo sich das mehr oder minder hell scheinende Gestirn des Tages seines Lichtes begiebt.«[94] Diese bei Schubert als wissenschaftliches Dispositiv beschriebene erweiterte Wahrnehmung kehrt im romantischen Erzählen topisch wieder. Auch in Eichendorffs *Schloß Dürande* wundert man sich, »wie draußen Alles anders aussieht im Mondschein«.[95] Nacht und Traum werden in der Erzählung um die Französische Revolution und das Aufbegehren gegen den Adel ausdrücklich als Zustand begriffen, der Kommunikation über weite Entfernungen sowie zwischen Mensch und Natur ermöglicht. Und auch Tiecks Protagonisten zeigt sich im »Licht des Mondes«[96] der Runenberg, dessen infektiöser Wirkung Christian erliegt. Das ›andere Licht‹ als paradigmatisch Anderes tritt damit in einem Syntagma auf, das seine Elemente bisher geschlossen aus P_1 bezogen hat (s. Abb. 10).

Das Paradigma mythischer Überhöhung wurde zwar anzitiert, aber erst mit der Entwurzelung der Alraune nach und nach materialiter in die Textwirklichkeit überführt. Dieser paradigmatische Vektor wird auch deutlich, wenn Klaus Gille betont, dass der Protagonist Sinnlichkeit und »anthropologische Totalität«[97] nicht wie noch Goethes Faust oder Schillers Programm der *Ästhetischen Briefe* innerhalb des kulturellen Systems sucht – sondern außerhalb. Die Strategie, anstatt alternative Kulturen zu erproben, den Kulturraum insgesamt zu verlassen, funktioniert

---

91 In den meisten Interpretationen wird ein »Dualismus der Räume und Wertesysteme« beschrieben und als Gegenüberstellung von Natur und Gesellschaft respektive Land und Stadt durchgespielt (Mecklenburg, Gesellschaft der verwilderten Steine, S. 67; vgl. auch Harry Vredeveld, Ludwig Tieck's ›Der Runenberg‹: An Archetypal Interpretation. In: The Germanic Review, 69, 1974, S. 200–214).
92 Tieck, Runenberg, S. 186.
93 Gotthilf Heinrich Schubert, Ansichten von der Nachtseite der Naturwissenschaft. Neubearbeitete und wohlfeilere Ausgabe, Dresden 1818, S. 5.
94 Schubert, Ansichten von der Nachtseite der Naturwissenschaft, S. 5.
95 Eichendorff, Das Schloß Dürande, S. 430.
96 Tieck, Runenberg, S. 189.
97 Klaus F. Gille, Der Berg und die Seele. Überlegungen zu Tiecks ›Runenberg‹. In: Neophilologus, 77, 1993, S. 616.

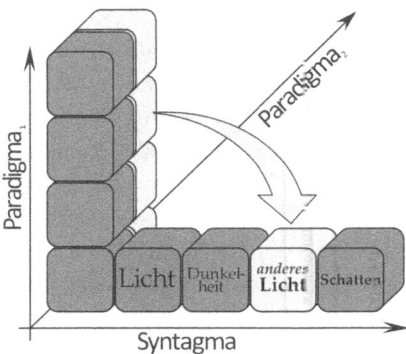

Abb. 10: Das ›andere Licht‹ als paradigmatische Abweichung

analog zur paradigmatischen Abweichung der Musik von menschlicher Sprache insgesamt. Der Runenberg bildet den Extrempunkt dieses Prozesses. Als Textraum, der Elemente aus P_2, also aus anderen Paradigmen integriert, zeigt sich am Runenberg ein Katalog heterotoper Funktionen.

Das Gebirge, in dem der Runenberg liegt, ist auch der Wohnraum des merkwürdigen Begleiters. Kaum dort angelangt, verabschiedet sich dieser mit der Erklärung:

> [I]ch gehe in diese Tiefe hinunter, dort, bei jenem alten Schacht ist meine Wohnung: die Erze sind meine Nachbarn, die Berggewässer erzählen mir Wunderdinge in der Nacht, dahin kannst du mir doch nicht folgen.[98]

Der Protagonist bleibt jedoch nur so lange von der Sphäre der Tiefe und des Innern ausgeschlossen, bis er durch das infektiöse Potenzial der Heterotopie eingeführt wird. Dabei wird in der Rückschau sichtbar, wie im Motiv der Verlockung ein Diskurs präsent ist, der sich von Beginn an als Alternative zur realistisch gesicherten Naturwissenschaft stellt. Ausgerechnet der Vater und später analog dazu der Förster sind es, die im Zuge dessen als hybride Figuren nicht nur die Botanik, sondern auch den mythischen Reiz der Bergwelt vermitteln. Erst auf die Erzählung des Vaters hin von dessen jugendlichen Reisen durch das Gebirge erwacht in Christian »der bestimmteste Trieb«[99] und eine Sehnsucht, die ihn zuletzt glauben macht, mit dem Gebirge »die Gegend zu betreten, die ich für meine Heimat ansah«.[100] In der dann folgenden Beschreibung von Trunkenheit und Rausch ist der bereits von Bertha bekannte bewusstseins- und willensschwache Zustand kodiert,

---

98 Tieck, Runenberg, S. 189.
99 Tieck, Runenberg, S. 187.
100 Tieck, Runenberg, S. 188.

der als Vorstufe zur heterotopen Infektion auftritt. Über verschiedene Stadien also hat der heterotope Runenberg seine Attraktionskraft auf Christian ausgewirkt, dessen »Herz recht innerlich hingezogen wird«[101] zum Ort seines Begehrens. Von den Erzählungen des Vaters inspiriert, wendet sich Christian vom durch dieselbe Figur repräsentierten naturwissenschaftlichen Dispositiv ab und gibt seinen Phantasmen Raum. Ruhelos und bis in die Träume von der Gebirgslandschaft verfolgt, tritt er seine Reise an, die ihn nun zuletzt über den Fremden tatsächlich zur Heterotopie des Runenbergs führt.

Als dessen unmittelbare Nähe und der Diskurs um dessen mythische Sphäre ihre Wirkung zeigen, überlässt der Fremde Christian sich selbst. Raum und natürliches Inventar lenken den Protagonisten eigenmächtig und sind auf keine anthropomorphe Figuration mehr angewiesen. Indem Mond, Bäche und Wald Christian Mut zusprechen, versteht dieser deren Sprache und sieht sich bald als Adressat der ganzen Umgebung; »die kahlen Wände riefen ihn wie mit zürnender Stimme an«.[102] Mit der Kulisse verständlich sprechender Pflanzen ist ein heterotoper Raum des metaphorisch Anderen erreicht. Der Protagonist lässt die zu Beginn noch mitgeführte Logik eines botanischen Systems räumlich zurück zugunsten des romantisch tatsächlich materialisierten Metakodes der Allbelebtheit. Und auch eine Grenzstruktur wird erkennbar, wenn Christian einen Fußweg »hart an einem Abgrunde«[103] wählen muss, um den Runenberg begehen zu können. Der Pfad schließlich mündet in eine Dioramen-Konstellation, indem sich Christian am Ende des Fußweges vor einem Fenster findet, durch das er »in einen alten geräumigen Saal blicken konnte«.[104] Der Saal selbst ist »wunderlich verziert«[105] und scheint durch flackerndes Licht in ständiger Bewegung, ein bereits aus dem *Blonden Eckbert* bekanntes Motiv hermeneutischer Verweigerung, das sich auch in Kants *Kritik der Urteilskraft* findet. Im »Anblick der veränderlichen Gestalten eines Kaminfeuers oder eines rieselnden Baches, welche beide keine Schönheiten sind, aber doch für die Einbildungskraft einen Reiz bei sich führen, weil sie ihr freies Spiel unterhalten«,[106] findet sich genau der auch im *Eckbert* und im *Runenberg* angebrachte Topos, durch die Unkenntlichkeit von Gegenständen in Bewegung ästhetisch – und bei Tieck sogar phantasmatisch – inspiriert zu werden.

---

101 Tieck, Runenberg, S. 190.
102 Tieck, Runenberg, S. 190.
103 Tieck, Runenberg, S. 190.
104 Tieck, Runenberg, S. 191.
105 Tieck, Runenberg, S. 191.
106 Immanuel Kant, Kritik der Urteilskraft. In: Immanuel Kant. Werke in sechs Bänden. Band V, hg. von Wilhelm Weischedel, Wiesbaden 1957, S. 328 (Orig.Pag. A 73/B 74).

Der Runenberg also als Raum der metaphorischen Gegenlogik präsentiert nach vollzogener Übergangshandlung einen Schauraum, der den romantischen Normalraum des Außen ›auslöscht, ersetzt, neutralisiert und reinigt‹.[107] Indem er dessen allegorische Struktur im Konzept des Dioramas kommentiert, nimmt der alte Saal im Kern des Berges Bezug auf die Verfasstheit des diegetischen Raums überhaupt. Der romantische Raum funktioniert *wie* ein Diorama; auf der Projektionsfläche des Runenbergs *ist* der Raum ein Diorama und findet sich als materialisierte romantische Metapher in der Heterotopie abgebildet.

Im Saal geht eine Frau umher, deren Schönheit Christian bannt.[108] Sie trägt das Licht, dessen Schein die Wandverzierungen in Bewegung setzt und singt ein Lied über die Rückkehr alter Geister. Nach und nach entkleidet sich die Frau, dabei wird bewusst von der Nacktheit als alleinigem Ziel abgelenkt und der Vorgang als eine Art Striptease betont. Akkurat wird sukzessive das Ablegen der einzelnen Kleidungsstücke beschrieben und Christian »wagte kaum zu atmen, als sie nach und nach alle Hüllen löste«.[109] Schließlich nimmt die nackte Schönheit eine Tafel aus einem goldenen Schrank, tritt ans Fenster und übergibt sie Christian mit den Worten: »Nimm dieses zu meinem Angedenken!«[110] Die Anlehnung an den zentralen Satz der christlichen Eucharistie figuriert verbunden mit der expliziten Erotik seiner Überbringerin die heterotope Kombination des Widersprüchlichen. Indem sich Profanes und Sakrales überschneiden, werden auf der Ebene des Textraums zwei unvereinbare Räume zusammengelegt. Die Heterotopie zeigt sich als Möglichkeitsraum einer gelingenden Paradoxie. Die Tafel selbst kodiert dabei den Topos der Unverständlichkeit über das Verfahren der romantischen Ironie.[111] Abwechselnd »schmerzhaft und geblendet« und dann wieder vom Schein »be-

---

107 Vgl. Foucault, Die Heterotopien, S. 10.
108 Schon Max Diez weist auf die Korrelation der Frau mit der Landschaft des Runenbergs hin und stellt deren Spiegelung der »Gebirgs- und Felsenlandschaft [heraus], die der Träumende in dieser romantischen Nacht durchwandert hat« (Diez, Metapher und Märchengestalt, S. 880). Dass die Nacktheit der Frau mit den nackten Felsen, die Edelsteine mit den Sternen und der Schleier mit dem Sonnenuntergang verbunden sind, bildet das metaphorische Verfahren der Analogiebildung ab, das bei Eichendorff als Umrechenbarkeit der Sphären ineinander auftritt. Diez jedoch verkennt die Manifestation des Metaphorischen und liest Christians Erlebnisse als »Traum- und Wahngebilde« (882).
109 Tieck, Runenberg, S. 192.
110 Tieck, Runenberg, S. 192. Detlef Kremer sieht in der Übergabe der Tafel durch die Frau deren »Metamorphose in Schrift« sozusagen als »›Marmor‹-Bild« und mithin eine direkte Verbindung zu Eichendorff (Kremer, Prosa der Romantik, S. 60).
111 Hans Schuhmacher weist auf den Zusammenhang mit einem Text von Hermes Tresmegistos hin, der den Zusammenhang von Mikro- und Makrokosmos erklärt; dessen Titel wird im *Runenberg* gegenständlich: »Die Tabula smaragdina, ein alter Text hermetischer Art, ist hier zum Bild geworden« (Schuhmacher, Narziß an der Quelle, S. 54).

sänftigt[ ]«[112] kulminiert in Betrachtung der Tafel Christians eigener Zustand als Spiel der Widersprüche. »[D]ie Gegenstände mit seinen Blicken verschlingend, und zugleich tief in sich selbst versunken«[113] findet sich Christian zwischen Schmerz, Hoffnung, Zuversicht und Wehmut, um sich schließlich selbst fremd und Teil der Sphäre des Anderen zu werden: »Er kannte sich nicht wieder«.[114]

In dem Moment schließlich, da er die Tafel in Händen hält, geschieht die heterotope Infektion, ein Vorgang, der schon bei Klussmann – allerdings ins Positive gewendet – als »magische Weihe«[115] erscheint: »Er faßte die Tafel und fühlte die Figur, die unsichtbar sogleich in sein Inneres überging, und das Licht und die mächtige Schönheit und der seltsame Saal waren verschwunden.«[116] Mit der Verinnerlichung der heterotopen Szene verschwindet diese aus der Sichtbarkeit und findet von da an in Christian selbst statt. Das romantische Faible für Selbstreferenzialität kommt dabei ganz zu sich, indem der Protagonist mit dem unverständlichen Zeichen zugleich einen prototypisch romantischen Text inkorporiert.[117] Dass die Folge der Wahnsinn sein wird, lässt sich erahnen, wenn es Christian unmittelbar wie »eine dunkle Nacht mit Wolkenvorhängen«[118] überfällt. Die Indizien für den transzendentalen, paradigmatisch anderen Zustand des Dritten, der immer wieder als Traum im Traum oder Wachschlaf begegnet, sind direkt präsent; Christian stürzt »halb schlafend«[119] den Hang des Runenbergs hinab und erwacht am folgenden Morgen erstaunt in weiter Entfernung und ohne die Tafel. Aus der Nacht in der Heterotopie resultiert dabei zweierlei; zum einen wird der Infekt daran deutlich, dass Christian den Verlust von Kategorien und Ordnungssystemen bemerkt: »[S]ein Gedächtnis war wie mit einem wüsten Nebel angefüllt, in welchem sich formlose Gestalten wild und unkenntlich durch einander bewegten.«[120] Der heterotope Raum hat mit seiner Verknüpfung des eigentlich Unvereinbaren eine ebensolche Wirkung bei Christian hinterlassen, dem

---

112 Tieck, Runenberg, S. 192.
113 Tieck, Runenberg, S. 192.
114 Tieck, Runenberg, S. 192.
115 Klussmann, Zweideutigkeit, S. 378.
116 Tieck, Runenberg, S. 192.
117 Dass diese Infektion durch den Runenberg an die heterotope Kommentarfunktion gekoppelt ist, scheint auch in Klaus Gilles Beobachtung auf, dass die Episode auf dem Berg in Christian eine problematisierende Reflexionshaltung auf den Normalraum, das heißt die Lebenswelt auslöst: »Christian wird sich von nun an selbst problematisch und wird im Zwiespalt von archaischer Wildheit und Domestizierung die Probleme der Moderne durchspielen« (Gille, Der Berg und die Seele, S. 616).
118 Tieck, Runenberg, S. 192.
119 Tieck, Runenberg, S. 193.
120 Tieck, Runenberg, S. 193.

»das Seltsamste und das Gewöhnliche [...] so ineinander vermischt [ist], daß er es unmöglich sondern konnte.«[121] Der Infektion durch das heterotope Amalgam aus Widersprüchen steht zum anderen der Versuch gegenüber, das Erlebte nachträglich in ein naturwissenschaftliches System rückzuführen. So redet sich der Protagonist zwar ein, »ein Traum oder ein plötzlicher Wahnsinn habe ihn in dieser Nacht befallen«,[122] die scheinbar im Schlaf zurückgelegte Strecke vom Runenberg aber kann sich Christian auch auf diese Weise nicht erklären. Dennoch gelingt vor allem durch die räumliche Entfernung zunächst der Versuch, sich der Heterotopie zu entziehen. Im jenseitigen Tal stößt Christian im klassischen Dreischritt von goldenem Zeitalter, Entfremdung und Heimkehr auf ein idyllisches Dorf. Gemäß der beschriebenen Trias glaubt Christian zuerst tatsächlich, er sei »in seine Heimat«[123] gelangt. Das friedliche wohlgedeiende Dorf rührt Christian mit Kirche und Orgelklang zu Tränen, die Wünsche und Erlebnisse der vergangenen Nacht erscheinen ihm verwerflich und er tritt »mit diesen Empfindungen in die menschenerfüllte Kirche.«[124]

Der bereits über seinen Namen an den christlichen Glauben gebundene Protagonist findet in der in diesem Moment gehaltenen Predigt neben dem naturwissenschaftlichen ein weiteres System, das sich als Gegengewicht zum heterotopen Dispositiv in Stellung bringen lässt. Der Priester spricht nicht nur in Worten, deren vertrauter Diskurs über ein festgelegtes Symbolinventar organisiert und damit tatsächlich verständlich ist, sondern liefert auch Erklärungsmuster für die Wirkmacht des Raumes. Trotz aller Idyllik ist es nämlich dieser Aspekt, der Christian beim Anblick der Kornfelder präsent wird. Die »Abhängigkeit vom freundlichen Erdboden« und »dessen Milde«[125] bewegen sich zwar in einer gemäßigten und nicht mehr heterotop aufgeladenen, aber dennoch romantisch wirkmächtigen Raumlogik. Nicht umsonst nämlich beginnt der Priester seine Predigt mit der Beschreibung der Landwirtschaft als Wohltat Gottes. Die Wirkmacht des Raumes wird als Medium und die handelnde Kulisse als Ausdruck des Willens Gottes erklärt. Gerade vor dem Hintergrund dieses Ordnungsangebotes wird die vorangehende Rede vom »freundlichen Erdboden«[126] als durchaus materiale Metapher lesbar. Die Anziehungskraft der dörflichen Religiosität liegt für Christian in der Auflösung der metaphorischen Wirkmacht in einen Erklärungszusammenhang. Dementsprechend kehrt auch das Motiv der Eucharistie im un-

---

121 Tieck, Runenberg, S. 193.
122 Tieck, Runenberg, S. 193.
123 Tieck, Runenberg, S. 193.
124 Tieck, Runenberg, S. 194.
125 Tieck, Runenberg, S. 194.
126 Tieck, Runenberg, S. 194.

gefährlichen Rahmen des christlichen Ordnungssystems wieder. Der Priester nämlich fährt damit fort, wie »die Liebe Gottes sich unaufhörlich im Brote mitteile und der andächtige Christ so ein unvergängliches Abendmahl gerührt feiern könne.«[127] Im dörflichen Normalraum unter der Ägide eines transparenten überindividuellen Wissenssystems sind es keine Steintafel und arkane Zeichen, sondern Brot, das inkorporiert wird. Und dass sich in solcher Gesellschaft auch unmittelbares Liebesglück auftut, erstaunt ebenso wenig wie die Attribute, die das Mädchen ausmachen, in das sich Christian direkt beim Eintritt in die Kirche verliebt: »[I]hr Antlitz war wie durchsichtig und in den zartesten Farben blühend.«[128] Dabei fällt neben der Sanftheit als Gegenprogramm zur heterotopen Drastik vor allem die Verbindung von Gesicht und Transparenz auf. Nicht nur im Abgleich mit der Alten im *Blonden Eckbert* und deren unlesbarem, weil permanent bewegten Gesicht, kann ein Gesicht, das auf die dahinterstehende Person ›durchsichtig‹ ist, als Zeichen der Sicherheit gelten. Auch von jeder Anspielung auf Zeichentheorie gelöst artikuliert diese Oberfläche, die den Blick auf das Dahinter freigibt, einen gelingenden Verstehensprozess. Die Hermeneutik des – zumal liebenden – Gegenübers ist nach der Begegnung mit dem kryptischen Personal des Runenbergs nicht zu überschätzen. Der Protagonist scheint in diesem Raum, dessen Bewohnern und deren religiösem Ordnungssystem einen Halt gefunden zu haben. Christian »beruhigt« sich und fühlt sich »bei den heiligen Worten wie von einer unsichtbaren Gewalt durchdrungen und das Schattenbild der Nacht in die tiefste Entfernung wie ein Gespenst hinab gerückt.«[129] Die Gegenbewegung zur Heterotopie darin zu suchen, sich einem anderen System mindestens ebenso haltlos auszuliefern, scheint zwar bedenklich, zeitigt aber die gewünschte Wirkung. Und ähnlich dem naturwissenschaftlichen Zugang verweist auch die Religiosität Christians Erlebnisse ins Reich des Irrationalen und des Phantasmas. Als der Protagonist dann schließlich wie der Vater als Gärtner bei den wohlhabenden Eltern seiner Verehrten in Dienst tritt und bald als Elisabeths Gatte auch Teil der Familie wird, sind naturwissenschaftlich-rationales und religiös-moralisches System im Verbund installiert und der Eindruck der Heterotopie scheint nachhaltig verdrängt.

Dass aber die Wirkung der Heterotopie über den bloßen Eindruck hinausgeht, liegt in der Sache des Infektionsprinzips. Bereits am Hochzeitsabend macht der glücklich Entkommene seiner Braut ein zweifelhaftes Kompliment; Elisabeth sei zwar nicht jene Frau, die er »niemals ganz vergessen«[130] könne, aber er sei doch

---

[127] Tieck, Runenberg, S. 194.
[128] Tieck, Runenberg, S. 194.
[129] Tieck, Runenberg, S. 194.
[130] Tieck, Runenberg, S. 196.

glücklich mit ihr. Zwischen Begehren und Wirklichkeit bleibt eine Differenz, das Andere bleibt anders und geht nicht im erfüllten Realen auf. Elisabeths Reaktion bleibt dem Leser zwar verborgen, dafür aber wird die prosperierende Kleinfamilie beschrieben. Bald wird Tochter Leonora geboren, deren Wirkung von der in die Erinnerung zurückdrängenden Heterotopie abzulenken jedoch nur noch verzögernd wirkt. Der Familienvater wird ernster und denkt an die eigenen Eltern, mit denen er das neugefundene Glück teilen will. Im Bewusstsein der Gefahr verlässt Christian die Familie und begibt sich auf den Weg zurück, der ihn durch den Raum auf dem Runenberg führt. Vor dem Kontrast der »fremden Gegenstände« und »feindseligen Einsamkeit«[131] erscheint ihm zwar seine neue Heimat umso kostbarer, allein die Eltern will er noch einmal sehen und von seinem »neue[n] Leben«[132] berichten. Und tatsächlich bleibt Christian im Angesicht des Runenbergs standhaft und drängt dessen Einfluss zurück, indem er diesen in einer Art Verbindung aus rationalem und religiösem Diskurs als das Negative ausschließt: »Ich kenne dich Wahnsinn wohl, rief er aus, und dein gefährliches Locken, aber ich will dir männlich widerstehn!«[133]

Das Irrationale und die Verlockung werden als Negativfolie zu Verstand und Frömmigkeit behauptet, um im selbstversichernden Sprechakt den Schutz vor dem heterotopen Einfluss aufrecht zu erhalten. Ein Schild gegen die Heterotopie aber verfehlt seine Wirkung, weil der Infekt bereits auf Christian übertragen und das Problem keines der Infektion mehr ist, sondern eines des Wiederausbruchs. Dass die Sphären von Naturwissenschaft und Religiosität weder zu heilen noch zu desinfizieren vermögen und der beobachtete Effekt lediglich eine verzögerte Inkubation ist, zeigt sich auch an Christians Vater. Diesem nämlich begegnet er auf halbem Wege. Und auch wenn die Figur des Gärtners mit der Botanik ein System anbietet, das die metaphorische Aufladung der Natur weitest möglich neutralisieren kann, ist es wie bereits gesehen der Vater selbst, der eine erste diskursive Ansteckung mit dem Phantasma eingeleitet hatte. Erst auf die Erzählung des Vaters hin erwächst in Christian die Sehnsucht nach der Fremdheit des Gebirges. In der Wiederbegegnung wird dementsprechend deutlich, dass die Geschichte des Vaters bereits von Beginn an analog ist. Auch er scheint im Rationalen Zuflucht vor dem Heterotopen gesucht zu haben, denn als er am Runenberg auf seinen Sohn trifft, beginnt harmlos aber deutlich der mythische Zugang zum Raum und dessen Inventar von ihm Besitz zu ergreifen – und aus den Erzählungen in Christians Kindheit zu schließen nicht zum ersten Mal. Eine Blume habe ihm geweissagt, er werde seinen Sohn hier treffen. Zwar

---

131 Tieck, Runenberg, S. 196.
132 Tieck, Runenberg, S. 195.
133 Tieck, Runenberg, S. 197.

lässt sich auch hier noch eine bewusste Metaphorik herauslesen, indem die Blume einer seltenen Art angehört, die der Vater schon immer einmal selbst sehen wollte. Als er nun auf der Wanderschaft ausgerechnet diese Pflanze findet, liest er sie als Zeichen, genauso dem lang vermissten Sohn zu begegnen. Auch ohne tatsächlich sprechende Blume lässt diese Bildlichkeit den Bereich der szientifischen Ratio hinter sich, und zwar in Richtung Schicksalsglaube. Darüber hinaus aber werden bereits im nächsten Satz alle Zweifel beseitigt und der Vater teilt im Übergang von der botanischen zu einer Logik der Naturmystik jenes Dispositiv, das Christian zu Beginn seiner Reise den Übertritt in die heterotope Sphäre angezeigt hat: »[M]ir ist immer noch weh ums Herz von den steilen wilden Gestalten, von dem gräßlichen Geklüft, von den schluchzenden Wasserbächen; laß uns das gute, fromme, ebene Land besuchen.«[134]

Die evasive Strategie von Vater und Sohn ist identisch, der »gute, fromme, ebene« Raum soll vor dem heterotopen Einfluss Schutz bieten. Zunächst gelingt dies auch, der Vater wird in die Familie aufgenommen und bringt ein kleines Vermögen mit in den Haushalt. Christians Wirtschaft gedeiht zu einer der wohlhabendsten im Ort und der kleinen Leonora folgen weitere Geschwister.

Als nach fünf Jahren ein Fremder ins Dorf kommt und bei Christian einkehrt, lässt sich das gefährliche Potenzial des Besuchs entgegen allen positiven Vorzeichen erahnen. Zwar ist der Mann freundlich, freigiebig und versteht sich mit den Kindern; dass er aber »vieles von seinen Reisen erzählt[]«,[135] erscheint im bisherigen Kontext unmittelbar markiert. Aus der Durchreise entwickelt sich ein dauerhafter Aufenthalt, der niemanden verwundert, da man den Fremden bald zur Familie zählt. Diese Aufnahme des Fremden ins absolut Vertraute entspricht dem Prinzip von Inkorporation und daran anschließender Infektion. Christian nämlich wird erneut nachdenklich und meint den Reisenden zu kennen. Dass sich dieser als weitere figurale Extension des heterotopen Berges erweisen wird, ist aus der isotopischen Struktur des Handlungsverlaufs bereits abzusehen. Was sich aber an der Szene dennoch verdeutlicht, ist die Filterwirkung des Normalraums und seiner dominanten Ordnungssysteme. Solange diese funktionieren, wird im Rahmen von deren Dispositiv der Fremde als das Andere schlicht nicht erkennbar. Ein Effekt der Bekanntheit würde immer zugleich auf eine wenn auch schleichende Kontamination hinweisen. Noch aber kann Christian das Andere im Rahmen der neugewonnenen Gegensphäre weder erkennen noch als solches benennen und scheint zunächst sogar immun gegen dessen deutlichst mögliches Bekenntnis: »[E]in wunderbares Schicksal und seltsame Erwartungen treiben mich in das nächste Gebirge hinein, ein zaubervolles Bild, dem ich nicht wider-

---

134 Tieck, Runenberg, S. 198.
135 Tieck, Runenberg, S. 199.

stehen kann, lockt mich«.[136] Unter diesem Vorzeichen macht sich der Fremde auf den Weg und überlässt Christian eine Summe Geld zur Verwahrung, die in dessen Besitz übergehen soll, falls der Gast nicht im Laufe eines Jahres zurückkehrt.

Während sich der Vater wie schon ehemals besser in der sichernden Sphäre der harmlosen Häuslichkeit befestigt hat, löst das Geld in Christian jene fixen Ideen aus, die die Erzählungen des Fremden noch nicht wecken konnten. Regelmäßig zählt der heterotop Infizierte das Geld und weckt des nachts die Bediensteten zur Arbeit und profitablem Zugewinn. Dem besorgten Vater ist das »verfluchte Metall« als Träger des Infekts klar; er warnt davor, dass »der böse Feind Blut und Leben verzehren«[137] werde. Christian aber hat bereits Teil am Anderen in einer heterotop paradoxen Form der Selbstentfremdung: »Ja, sagte Christian, ich verstehe mich selber nicht mehr«.[138] Auch der direkte Hinweis des Vaters, »du mußt dich wieder zum Worte Gottes wenden«,[139] erreicht Christian nicht mehr. In voller Ausbreitung des Infektionsdiskurses spricht dieser von der Injektion des »rote[n] Glanz[es] tief in mein Herz«, vom »güldene[n] Blut«[140] und der Intensität der Berührung.

Auf das eindringliche Bitten des Vaters hin dämmt Christian zwar ein letztes Mal den Drang ein – der Infektion aber ist nicht mehr zu steuern. Als nach Ablauf der Jahresfrist die Rückkehr des Fremden ausbleibt, legt Christian das Geld in Ländereien an und speist die Infektion direkt ins räumliche System ein. Die Lesart einer sattelzeitlichen Ökonomiekritik[141] ist dabei zwar stimmig, aber im Zusammenhang mit der Heterotopie nicht erschöpfend. In der Anbindung an den heterotopen Raum wird das Geld über seine direkte Kritik am Kapitalismus hinaus zum Zeichenträger der Infektion, dessen Funktion nicht mehr primär an eine entmenschlichte Geldwirtschaft, sondern an dessen Verbindung mit dem Raum des Anderen gekoppelt ist.

Dieser Verbindung erliegt Christian schließlich endgültig. Bei dessen Vater beklagt sich Elisabeth, dass sie »ihren Mann nicht mehr verstehe, er spreche so irre, vorzüglich des Nachts, er träume schwer, gehe oft im Schlafe lange in der Stube herum, ohne es zu wissen, und erzähle wunderbare Dinge, vor denen sie oft

---

136 Tieck, Runenberg, S. 199.
137 Tieck, Runenberg, S. 200.
138 Tieck, Runenberg, S. 200.
139 Tieck, Runenberg, S. 200.
140 Tieck, Runenberg, S. 200.
141 Vgl. Manfred Frank, Steinherz und Geldseele. Ein Motiv im Kontext. In: Das kalte Herz. Texte der Romantik, hg. von Manfred Frank, Frankfurt am Main 1978, S. 253–387; Mecklenburg, Gesellschaft der verwilderten Steine.

schaudern müsse.«[142] Die Verselbständigung des Phantasmas und der Übertritt in eine unverständliche, nicht kommunizierbare Gegenordnung bestimmen den Protagonisten bald vollständig. Über die Attribute »wild«, »frech«, »irre« und »fremd«[143] artikuliert sich die neuerliche Teilhabe am Heterotopen und dessen Personal, das Christian nunmehr wieder allgegenwärtig vor Augen steht. Mit der Einsicht, der »fremde Mann sei eigentlich ein wunderschönes Weib«,[144] spricht Christian direkt die Personalunion dieser nur vermeintlich verschiedenen Charaktere an und zeigt mindestens eine Ahnung von deren Herkunft. Die Arbeit auf dem Feld wird ihm unerträglich, weil jedes Herausziehen einer Wurzel den Initiationsmoment mit der Alraune neu vergegenwärtigt. Der Raum hat für Christian das Höchstmaß an Personifikation bei gleichzeitiger mythischer Überhöhung erreicht und reagiert buchstäblich auf jede Berührung, sodass sich Christian »vor allen Pflanzen und Kräutern wie vor Gespenstern«[145] entsetzt.

Die Vergeblichkeit zu fliehen, während Christian die Infektion selbst in sich und mit sich trägt, wird im Gespräch mit dem Vater deutlich: »[I]ch kann auf lange Zeit, auf Jahre, die wahre Gestalt meines Innern vergessen, und gleichsam ein fremdes Leben mit Leichtigkeit führen«.[146] Fremd erscheint das Leben im zuvor stabilen Normalraum des Dorfes erst aus der Perspektive der Heterotopie. Deren Prägung als ›wahre Gestalt‹ von Christians Innerem ist inzwischen unleugbar geworden. Dementsprechend ist es auch Christian selbst, der mit der schon zu Beginn angebrachten schubertschen Bildlichkeit eines anderen nächtlichen Lichtes eng verknüpft ist. Denn »wie ein neuer Mond [geht] das regierende Gestirn, welches ich selber bin, in meinem Herzen auf, und besiegt die fremde Macht.«[147] Durch das paradigmatisch Andere vereinnahmt zu werden, beschreibt Christians endgültige Assimilation in die romantische Heterotopie. Auch das Prinzip der Infektion ist dem so Einverleibten klar bewusst: »[E]inmal, in einer seltsamen Nacht, ist mir durch die Hand ein geheimnisvolles Zeichen tief in mein Gemüt hinein geprägt; oft schläft und ruht die magische Figur, ich meine sie ist vergangen, aber dann quillt sie wie ein Gift plötzlich wieder hervor, und wegt sich in allen Linien.«[148] Sowohl die Übertragung durch Berührung als auch das Eindringen in den Körper, um dort als Infekt zu zirkulieren und sich auszubreiten, werden vom Protagonisten klar benannt. Die Figur trägt das Dispositiv des

---

142 Tieck, Runenberg, S. 201.
143 Tieck, Runenberg, S. 201.
144 Tieck, Runenberg, S. 201.
145 Tieck, Runenberg, S. 201.
146 Tieck, Runenberg, S. 201.
147 Tieck, Runenberg, S. 201.
148 Tieck, Runenberg, S. 201 f.

Kommentarraums durch Infektion mit sich und vollzieht die Funktion, den Normalraum »auslöschen, ersetzen, neutralisieren oder reinigen«[149] zu können am Normalraum selbst, sozusagen als heterotope Sonde. Unter der heterotopen Prägung ist »alles umher [...] verwandelt, oder vielmehr von dieser Gestaltung verschlungen worden«.[150] So zieht Christian ein Fazit, das an den *Blonden Eckbert* erinnert, und klagt: »Wie habe ich mein Leben in einem Traume verloren!«[151] Im heterotopen Blick erscheint das dörfliche Familienleben in seiner Vergänglichkeit als uneigentlich. Christian zieht es zurück in den Wald, wo ihm eine Frau begegnet und damit das Ensemble tieckscher Parallelfiguren komplettiert. Als die Alte nach kurzer Zwiesprache verschwindet, erscheint sie Christian im Folgenden wie die schöne Frau im Runenberg und tatsächlich findet er im selben Moment die damals verlorene Steintafel. Der Vater spricht zwar angesichts der Zeichen eine letzte vergebliche Warnung aus, aber Christian verlässt das Dorf, um zum Runenberg zurückzukehren und dieses Mal dessen Inneres zu erkunden und den Fremden zu finden, der ihn zu Beginn seiner Reise geführt hat.

Bald nach Christians Verschwinden stirbt der Vater, nach zwei weiteren Jahren heiratet Elisabeth erneut. Haus und Hof jedoch befinden sich im Niedergang, der neue Gatte wird zum Trinker, die dörfliche Gesellschaft zieht sich von der Familie zurück.

In der abschließenden Szene findet sich Elisabeth mit ihrem jüngsten Kind und Leonore beim Hüten des spärlichen verbliebenen Viehs, als Christian unkenntlich und verwildert aus dem Wald an sie herantritt. Weder Kind noch Mutter erkennen den Totgeglaubten, der sein Gepäck öffnet und den Entsetzten rohe Steine offenbart. Diese seien noch zu Juwelen zu schleifen, erklärt der Fremde, der sich schließlich als der vermisste Familienvater zu erkennen gibt. Daraufhin küsst er die »im Erschrecken und tiefsten Mitleiden«[152] überwältigte Elisabeth und kehrt endgültig in den Wald zurück.

Was sich am *Blonden Eckbert* und dem *Runenberg* herausstellt, ist auch für die übrigen Texte aus Ludwig Tiecks *Phantasus* beobachtbar.[153] So stellen auch *Der getreue Eckart und der Tannhäuser* sowie *Die Elfen* die Geschichte einer Infektion am

---

149 Foucault, Die Heterotopien, S. 10.
150 Tieck, Runenberg, S. 202.
151 Tieck, Runenberg, S. 203.
152 Tieck, Runenberg, S. 208.
153 Eine Verwandtschaft zwischen *Eckbert*, *Runenberg* und den *Elfen* erkennt schon Wilhelm Dilthey, wenn er der gesamten dichterischen Generation Tiecks bescheinigt, »nichts Vollenderes hervorgebracht« zu haben als diese drei Texte (Wilhelm Dilthey, Das Leben Schleiermachers. Bd. 1, Berlin ²1922, S. 311).

heterotopen Raum dar. *Die Elfen* verbinden dabei die Konstruktion einer typisch romantischen Heterotopie mit einem Aspekt, der erst im realistischen Erzählen zum wiederkehrenden Merkmal wird, der Entladung der Heterotopie zurück zum Normalraum. Diese Wendung beschließt die Erzählung; zunächst aber begegnet die wie im *Blonden Eckbert* kindliche Protagonistin einem heterotopen Wirkraum typisch romantischer Prägung. Die kleine Marie lebt mit ihren Eltern in einem beschaulichen prosperierenden Dorf, dabei ist die Gegend der Ansiedlung von besonderer Qualität. Den Eltern »dünkt, die Wälder hier sind schöner und der Himmel blauer«,[154] und insgesamt ist »die Gegend hier so ganz anders [...] als diejenige, in der wir sonst wohnten.«[155] Es wird bald deutlich, dass der landschaftliche Reichtum der unmittelbare Effekt eines Raumes ist, der im Zuge einer strukturellen Analyse als Heterotopie beschreibbar wird. Mitten in »der ganzen heitern Umgebung« nämlich liegt ein dunkler Fleck. Das Waldstück liegt »schwarz und traurig« an einem »schwermüthig vorüber fließende[n] Bach« und bietet von außen den trostlosen Anblick verfallener Hütten und chaotischer »wüst[er]«[156] Gärten. Diese Insel im Normalraum bildet einen wenig einladenden Gegenort der Instabilität und Unordnung ab, über dessen Bewohner man im Dorf nichts Gutes mutmaßt. Der Verdacht rangiert zwischen Kriminalität und Armut, sodass sich auch in der Attitude der Dorfbewohner die Abschluss- und Auslagerungsmechanismen realisieren, die das verfallene Waldstück als heterotopen Kandidaten qualifizieren.[157] Der Schritt zur mythischen Überhöhung geschieht dabei wie selbstverständlich:

> Weiß der liebe Gott, fuhr Martin fort, indem sie weiter gingen, was sie treiben mögen, kommt doch auch kein Mensch zu ihnen, denn der Ort wo sie wohnen ist ja wie verbannt und verhext [...].[158]

Neben den Befund des Übernatürlichen und damit der Auslösung aus den Zusammenhängen des Normalraums findet in dieser Feststellung auch eine Eigenschaft Ausdruck, die bei näherer Betrachtung zentral wird: Die mutmaßlichen

---

154 Ludwig Tieck, Die Elfen. In: Ludwig Tieck. Schriften in zwölf Bänden. Band 6. Phantasus, hg. von Manfred Frank, Frankfurt am Main 1985, S. 307.
155 Tieck, Die Elfen, S. 306.
156 Tieck, Die Elfen, S. 307.
157 Dieser trostlose Waldabschnitt scheint in der Forschung einen gewissen Hang zur Drastik zu wecken, so spricht Peter Wesollek von einem »Schandfleck« (Peter Wesollek, Ludwig Tieck oder der Weltumsegler seines Innern. Anmerkungen zur Thematik des Wunderbaren in Tiecks Erzählwerk, Wiesbaden 1984, S. 142); Ingrid Kreuzer nennt die Enklave sogar ein »entstellendes Geschwür« (Ingrid Kreuzer, Märchenform und individuelle Geschichte. Zu Text- und Handlungsstrukturen in Werken Ludwig Tiecks zwischen 1790 und 1811, Göttingen 1983, S. 120).
158 Tieck, Die Elfen, S. 307.

Vorgänge im Innern des Waldstücks bleiben dem äußerlichen Betrachter verborgen. Diese an das heterotope »System der Öffnung und Abschließung«[159] gekoppelte Differenz zwischen Innen und Außen liefert den Kern der Handlung. Als nämlich Marie bei einem Wettlauf mit dem Nachbarsjungen eine Abkürzung durch besagten Raum wagt, betritt sie einen im Sinne Foucaults von »Heterochronien«[160] geprägten Ort. Von einem an den Blonden Eckbert erinnernden Hündchen ermutigt, überschreitet Marie den Steg des liminalen Baches, »und rund umher verdeckten die schwarzen Tannen die Aussicht nach ihrem elterlichen Hause und der übrigen Landschaft.«[161] Jene Grenze wird von Wächtern gesichert, die in Marie gemischte Gefühle wecken: ›Ich möchte lachen und mir graut«.[162] Die Hybridität der Heterotopie und ihre Verschaltung des Heterogenen wird so schon an der Grenze spürbar. Mit der Überschreitung jener Grenze schließlich vollzieht sich ein epistemischer Wechsel;[163] genauso wie die Heterotopie von außen entzieht sich ihrerseits die Gegend des Normalraums von innerhalb der Heterotopie einer klaren Wahrnehmung. Von außen bleiben die spärlich beobachtbaren menschlichen Aktivitäten vage; »in Abendstunden ging wohl ein ungeheurer Mann, den Niemand kannte, über den Steg des Baches und verlor sich in die Hütte hinein; dann sah man in der Finsterniß sich verschiedene Gestalten, wie Schatten um ein ländliches Feuer bewegen.«[164]

Dieselbe Wirkung hat das Waldstück, das »den sonderbarsten Abstich«[165] gegen den Normalraum macht, von innen, jedoch in umgekehrter Richtung. Dieser Effekt der Umkehrung entspricht der von Foucault beschriebenen Funktion, sich dem Normalraum zu »widersetzen«.[166] Hier werden tatsächlich über den visuellen Kanal der Blickrichtung die Verhältnisse auf eine Weise verkehrt, die ausschließlich im Rahmen der Heterotopie sichtbar ist. Der Innensicht nämlich präsentiert sich die Heterotopie als blühender Garten in den »herrlichsten Farben«.[167] Hier begegnet die Heterotopie wieder als Verbindung widersprüchlicher Räume, denn das Waldstück ist sowohl verfallen und verlassen als auch belebt

---

159 Foucault, Von anderen Räumen, S. 940.
160 Foucault, Von anderen Räumen, S. 939.
161 Tieck, Die Elfen, S. 309.
162 Tieck, Die Elfen, S. 315.
163 Ingrid Kreuzer merkt zwar als Abweichung vom Volksmärchen an, dass »die elfische Mitte sofort in ihrer wahren Gestalt« sichtbar wird, »ohne daß Marie vorher Prüfungen oder Vertrauensproben [...] zu bestehen hätte« (Kreuzer, Märchenform, S. 129). Eine topographische Schwellenstruktur im Sinne der Heterotopie liegt mit Fluss und Wächtern aber dennoch vor.
164 Tieck, Die Elfen, S. 309.
165 Tieck, Die Elfen, S. 308.
166 Foucault, Die Heterotopien, S. 10.
167 Tieck, Die Elfen, S. 309.

und blühend hergerichtet. Die Heterotopie bildet den Begegnungsraum dieser Gegensätze. Die Szenerie bewegt sich dabei stark in Richtung der Überzeichnung und hebt den Kontrast zur Außenwahrnehmung intensiv hervor:

> [I]n Käfigen aus glänzendem Drath hingen an den Spalieren vielfarbige Vögel, die herzliche Lieder sangen, und Kinder in weißen kurzen Röckchen, mit gelockten gelben Haaren und hellen Augen, sprangen umher, einige spielten mit kleinen Lämmern, andere fütterten die Vögel, oder sie sammelten Blumen und schenkten sie einander, andere wieder aßen Kirschen, Weintrauben und rötliche Aprikosen.[168]

Die von außen beobachteten Hütten erweisen sich aus der Nähe als »großes schönes Haus«,[169] dessen Inneres von Bildern ausgeschmückt ist. Zunächst erstaunt überwindet Marie bald ihre Scheu und spricht die zierlichen Bewohner an. Man ist ihr wohlgesonnen und schnell stellt sie fest, dass das Angebot an Spielzeug und süßen Früchten dasjenige ihrer Heimat übersteigt: »[D]raußen ist es nicht so herrlich.«[170]

Als schließlich eine erwachsene Frau hinzukommt und nach kurzem Tadel dafür, Marie so kurzentschlossen hereingelassen zu haben, deren Verbleib zustimmt, beschließt die Protagonistin, für immer bei ihren neuen Spielkameraden zu bleiben. Diese quittieren das Vorhaben amüsiert, hatte sich doch bereits angedeutet, dass die Dimension der Zeit in jenem heterotopen Raum anderen Gesetzen folgt. Maries Sorge, durch den Aufenthalt den Wettlauf zu verlieren, wird zerstreut; »[z]u ihm kommst du noch früh genug zurück.«[171] Und die kindliche Gastgeberin wird von der Frau ermahnt, dass Marie nur ein kurzer Besuch erlaubt sei. Der Verdacht, die Zeit könne innerhalb dieses Gegenraumes anders verlaufen, bestätigt sich unmittelbar, als Marie an den Spielen ihrer neuen Freunde teilnimmt. Diese nämlich bestehen darin, wundersame Körner einzugraben und sich von den wie im Zeitraffer emporschießenden Bäumen in die Luft tragen zu lassen. Auf den Gesang spezieller Töne hin versinken die Pflanzen wieder im Boden.[172] Und analog zur Chronologie sind Töne und Musik an diesem Ort auch in der Lage, mit Zeichenhaftigkeit und Texturen zu korrespondieren respektive diese zu verändern. Die bereits aus dem *Blonden Eckbert* sowie dem *Runenberg* bekannte Aufladung als Ort der Zeichenhaftigkeit findet auch hier statt. Ähnlich der

---
168 Tieck, Die Elfen, S. 309.
169 Tieck, Die Elfen, S. 309.
170 Tieck, Die Elfen, S. 310.
171 Tieck, Die Elfen, S. 310.
172 Interessant vor dem Hintergrund dieser Erstaunlichkeiten ist, dass Ingrid Kreuzer mehrfach darauf hinweist, das Elfenreich sei »von statischer Langeweile erfüllt« (Kreuzer, Märchenform, S. 121; ähnlich S. 123).

Waldeinsamkeit als Raum der Literarität oder der Ruine auf dem Runenberg als Schauplatz der Zeichen-Übergabe präsentiert auch das Waldstück in den *Elfen* einen Ort, an dem dezidiert Zeichen ausgestellt werden. Der von fern als Hütte erscheinende Palast im Zentrum der Heterotopie nämlich ist im Innern mit Deckengemälden verziert, die sich als Reaktion auf Musik verändern und »in den brennendsten Farben«[173] glühen. Der Bezug zu Außenwelt und Normalraum findet nicht umsonst von hier aus seinen tatsächlich materiellen Ausgangspunkt. Durch einen Kellergang nämlich gelangt man in eine unterirdische Landschaft, deren zahlreiche Flussläufe sich in alle Richtungen erstrecken und die darüberliegende Topographie speisen. Die landschaftliche Reichhaltigkeit des Normalraums erweist sich so als direkter Einfluss der Heterotopie und führt den romantischen Vektor des Wirkraums in sich selbst zurück.[174] Der heterotope Raum ist zugleich ein heterotoper Textraum, indem das Szenario verborgener Flüsse und die Wirkung von deren Versorgungsleistung das romantische Raumkonzept selbstreflexiv kommentiert; hier wirkt der Raum selbst auf Raum.

Genau wie die Logik der Zeit weicht auch die rein quantitative Organisation des Raums vom Außerhalb ab – die Heterotopie ist von innen deutlich geräumiger als von außen.

> Wie kommt es nur, fragte Marie, daß wir hier innerhalb so weit zu gehn haben, da doch draußen der Umkreis nur so klein ist? Ich weiß nicht, antwortete die Freundin, wie es zugeht, aber es ist so.[175]

Dass dieser Umstand sich der Erklärbarkeit entzieht, scheint konsequent vor dem Hintergrund der Heterotopie als ›Zerstörung der Syntax‹.[176] Im heterotopen Raum herrscht nicht nur das paradigmatisch Andere, es entzieht sich auch in seiner textuellen Darstellung jeder Abbildbarkeit. Genau wie das Gesicht der Alten im

---

173 Tieck, Die Elfen, S. 312.
174 Der These Marja Rauchs, dass »die vernunftbestimmte, bürgerliche Alltagswelt und die wunderbare Elfenwelt unverbunden nebeneinander existieren«, wäre somit zu widersprechen, da gerade die subkutane Verbindung auf ein entscheidendes Wechselverhältnis der beiden Sphären hinweist (Marja Rauch, Die Schule der Einbildungskraft. Zur Geschichte des Literaturunterrichts in der Romantik, Frankfurt am Main 2011, S. 95).
175 Tieck, Die Elfen, S. 315.
176 Vgl. Foucault, Die Ordnung der Dinge, S. 20: »Die *Heterotopien* beunruhigen, wahrscheinlich weil sie heimlich die Sprache unterminieren, weil sie verhindern, daß dies und das benannt wird, weil sie die gemeinsamen Namen zerbrechen oder sie verzahnen, weil sie im voraus die ›Syntax‹ zerstören, und nicht nur die, die die Sätze konstruiert, sondern die weniger manifeste, die die Wörter und Sachen (die einen vor und neben den anderen) ›zusammenhalten‹ läßt«. [Hervorh. i. Orig.]

Blonden Eckbert unerkennbar und damit unidentifizierbar bleibt, lässt sich auch über die heterotopen Effekte in den *Elfen* nicht sagen, ›wie es zugeht‹.

Als schließlich der König der Elfen sich ankündigt, um in zwanzigjährigem Aufenthalt noch größere Prosperität über den Normalraum zu bringen, wird Marie gebeten, die Heterotopie zu verlassen, nicht jedoch ohne eine in diesem Fall positiv konnotierte Ansteckung zu erhalten:

> Nimm diesen Ring und gedenke unser, doch hüte dich, irgend wem von uns zu erzählen, sonst müssen wir diese Gegend fliehen, und alle umher so wie du selbst entbehren dann das Glück und die Segnung unsrer Nähe: noch einmal küsse deine Gespielin und lebe wohl.[177]

Abgesehen vom isotopischen Motiv des Kusses fällt vor allem das Verbot einer Mitteilung auf. Zwar betrifft ein möglicher Verrat zunächst die Elfen und deren weitere Wohltaten; in direkter Folge aber hängt davon das Glück Maries und ihrer Familie im Normalraum ab. Ähnlich dem *Blonden Eckbert* wird Marie in eine Gegenordnung eingeführt, deren Zeichen sie mit in die Außenwelt zurückträgt und deren Verkündung das Unheil einleitet.

Und genau so kommt es schließlich. Marie überquert den Bach, sieht zurückblickend den dunklen Wald mit »verfallenen Hütten«[178] und wähnt sich ähnlich Bertha »im Traum«[179] als sie ihr Elternhaus verändert und ihre Eltern stark gealtert findet. Diese hingegen erkennen ihre Tochter sofort und bescheinigen mit dem Verstreichen von sieben Jahren der Heterotopie der Elfen noch einmal mit Nachdruck eine heterochrone Wirkung.

Während Marie ihr Schweigeversprechen hält, legen sich Eltern und Bekannte eine Entführungsgeschichte zurecht, an die bald alle zufrieden glauben. Mit dem kommenden Frühling hängt »ein schwellender duftender Segen«[180] über dem Land und vor dem Hintergrund, dies der Heterotopie zu verdanken, verwundert es nicht, den an Marie und Bertha beobachtbaren Effekt auch bei den übrigen Dorfbewohnern wiederzufinden. »[D]ie Einwohner des Ortes staunten sich an, und waren wie in einem süßen Traum befangen.«[181] Als Marie schließlich den inzwischen erwachsenen Nachbarsjungen zum Mann nimmt, beginnt die Infektion zu wirken, denn »[s]o schön auch alles war, was sie umgab, so kannte sie doch etwas noch Schöneres, wodurch eine leise Trauer ihr Wesen zu einer sanften

---

177 Tieck, Die Elfen, S. 317.
178 Tieck, Die Elfen, S. 317.
179 Tieck, Die Elfen, S. 318.
180 Tieck, Die Elfen, S. 320.
181 Tieck, Die Elfen, S. 320.

Schwermuth stimmte.«[182] Das Wissen um die Heterotopie belegt Marie mit einer Melancholie, die sich auch in der Benennung ihres Kindes ausdrückt. Eingedenk der Elfen nennt sie ihre Tochter Elfriede und bemerkt, wie ähnlich diese ihren früheren Spielgefährten ist.

Als Textelement ist Elfriede das Zeichen der Infektion und der Unfähigkeit, sich vom heterotopen Raum der Elfen zu lösen. Im Hang des Kindes, zu grübeln, allein zu sein und »tief in sich versunken«[183] Selbstgespräche zu führen, wiederholen sich die pathogenen Strukturen Berthas aus dem *Blonden Eckbert* und artikulieren an Maries Stelle das infektiöse Potenzial der Heterotopie. Die Prophezeiung der Großmutter, Elfriede werde »sich auf Erden nicht zurecht finden können«,[184] benennt noch einmal die eigene unaussprechliche Ordnung der Heterotopie. Eine vom paradigmatisch Anderen geprägte Figur sucht im Normalraum vergeblich nach Orientierung.

Die tragische Wendung nimmt ihren Lauf, als Marie ihre Tochter mit Zerina, der Gespielin ihres Aufenthalts in der Heterotopie, beobachtet. Entgegen den Regeln wagt sich diese in den Normalraum und bringt wie Marie den Ring und schließlich ihre heterotop geprägte Tochter mit. Zerina spielt in der Folge gemeinsam mit Elfriede mit den bereits bekannten Wundersamen samt schnell wachsender und schrumpfender Pflanzen.[185] Genauso trägt die Elfe die heterotope Modifikation der Fähigkeiten in den Normalraum, wenn sie Elfriede den Wunsch erfüllt, fliegen zu können.

Marie ihrerseits erzählt nun ihrem Mann wie bereits Bertha im *Blonden Eckbert* »die Geschichte ihrer Jugend«[186] und lässt ihn in der Folge das Zusammentreffen ihrer Tochter mit der Elfe beobachten. Die verständliche Sprachlosigkeit des Mannes steht über den reinen emotionalen Affekt hinaus in einer Reihe mit den anderen Demonstrationen der Unsagbarkeit des Heterotopen. Die Elfe aber bemerkt, dass sie beobachtet wird und nimmt Abschied. Über Nacht verlassen daraufhin die Bewohner die Heterotopie und legen diese still; die vormals blühende Gegend verfällt und steht im Herbst »verödet, nackt und kahl«.[187] Elfriede

---

182 Tieck, Die Elfen, S. 320.
183 Tieck, Die Elfen, S. 321.
184 Tieck, Die Elfen, S. 321.
185 Ähnlich wie für den *Blonden Eckbert* wird naheliegenderweise auch für *Die Elfen* häufig von Übertretung und Schuld gesprochen; so auch Ingrid Kreuzer, die im Resümee dem Infektionsdiskurs nahekommt: »Das psychologische Fazit des Texts ist hoffnungslos: Kontakt mit einem überirdischen Glück macht für die Erfahrung aller folgenden irdischen Werte untauglich« (Kreuzer, Märchenform, S. 128; vgl. auch Rauch, Einbildungskraft, S. 101 f.).
186 Tieck, Die Elfen, S. 324.
187 Tieck, Die Elfen, S. 327.

stirbt bald über dem Verlust ihrer Vertrauten und Marie »verzehrt sich, wie ihr Kind, und folgt ihm in einigen Jahren.«[188]

Neben der eher untypischen Dekonstruktion der Heterotopie fallen vor allem die Parallelen zum *Blonden Eckbert* sowie das Prinzip der Infektion auf. Die romantische Heterotopie erweist sich als Infektionsraum, der seine Passanten irreparabel prägt und den Spätfolgen erliegen lässt.

Eine besonders deutliche Infektionsanalogie beschreibt wiederum Tiecks *Der getreue Eckart und der Tannhäuser*. Während im ersten Abschnitt die Vorgeschichte um den getreuen Eckart und dessen Berufung zum Schutzgeist geschildert wird, führt der zweite Teil der Erzählung eine dem *Runenberg* direkt vergleichbare Infektion vor.

Der junge Tannhäuser, Sohn eines Ritters und auch selbst in hohem gesellschaftlichen Ansehen, ist eines Tages verschwunden. Seine Freunde, allen voran Friedrich von Wolfsburg, sorgen sich um den Vermissten, denn »[s]eit der Zeit des getreuen Eckart gab es vom Venusberge eine Sage im Lande, und manche sprachen, daß er dorthin gewandert und also auf ewig verloren sey.«[189] Dabei steht die Figur des Eckart nicht für das Anheimfallen, sondern für den Widerstand gegen die topographische Sogwirkung des Berges. Nach tragischem Zerwürfnis um Treue, Ehre und Mord der Söhne, verteidigt Eckart seine Ziehsöhne gegen die Zwergenarmee des Venusberges und bricht anschließend tot zusammen, um in der Folge als warnender Geist jedem Wanderer zu erscheinen, der sich dem Berg nähert. Die erstmalige Berührung Eckarts zu dessen Lebzeiten mit dem Mythos vom Venusberg verläuft dabei entsprechend dem bekannten Schema. Im Zustand melancholischer Einsamkeit trifft der Ritter auf einen ›Alten‹, der ihm vom Berg sowie von einem Spielmann erzählt. Dessen Musik löse das zwingende Verlangen aus, den Berg der Venus zu suchen; von »unerklärlicher Gewalt erfaßt« werde das Opfer »in die Wildnis getrieben«.[190] Ohne den Weg noch wahrzunehmen, nehmen dessen Kräfte mit der Eile noch zu und »keine Macht kann ihn aufhalten, so rennt er rasend in den Berg hinein«.[191] Lange vor der nihilistischen Romantikkritik E.A.F. Klingemanns in den *Nachtwachen* und ähnlichen spätromantischen Reflexionen auf die Aporien romantischer Denkmuster findet sich hier eine pessimistische Überzeichnung des romantischen Transitzustands. Die Überbeschleunigung

---

188 Tieck, Die Elfen, S. 327.
189 Ludwig Tieck, Der getreue Eckart und der Tannhäuser. In: Ludwig Tieck. Schriften in zwölf Bänden. Band 6. Phantasus, hg. von Manfred Frank, Frankfurt am Main 1985, S. 171.
190 Tieck, Der getreue Eckart, S. 157.
191 Tieck, Der getreue Eckart, S. 157.

entankert zugleich aus jedem Lebenszusammenhang und führt in den Selbstverlust: »[D]ie Welt ist ihnen zu enge, und sie suchen in der Hölle Raum.«[192]

Eckart aber widersteht und stirbt zuletzt im Kampf gegen die Mächte des Venusberges. Der junge Tannhäuser jedoch wird vierhundert Jahre später die Warnungen des Bewährten ignorieren und dem Begehren nachgeben, das die Sage vom Spielmann in ihm auslöst. Dabei ist es auch hier der bloße Diskurs, der eine Sogwirkung entfaltet und sich dem Betroffenen in jede Wahrnehmungsebene einschreibt: »[S]o erinnerte mich die ganze Natur, jedweder Klang, jedwede Blume an die Sage von diesen herzergreifenden Tönen.«[193] Auch die bekannte Inversionsfigur des Erwachens in eine andere Form von Traum kehrt wieder (»Ich erwachte aus meiner Betäubung, um mich einer höheren Trunkenheit hinzugeben.«[194]), bis der junge Ritter tatsächlich nachts den Venusberg besteigt. Was er dort vorfindet, ist stark heterotop geprägt; »hier gab es keine Zeit«, heißt es heterochronisch, »und keine Unterschiede«.[195] Auf dem Venusberg sind sämtliche Ordnungssysteme samt ihrer Parameter von Identität und Differenz getilgt, weder Zeit noch Verschiedenheit existieren. Das Resultat ist die später bei Eichendorff wiederkehrende prekäre Umrechenbarkeit der Sphären von Mensch und Natur ineinander: »[I]n den Blumen brannte der Mädchen und der Lüste Reiz, in den Körpern der Weiber blühte der Zauber der Blumen, die Farben führten hier eine andere Sprache, die Töne sagten neue Worte«.[196] Die synästhetische Verknüpfung alles mit allem verbindet im Sinne der Heterotopie verschiedene Logiken, indem normalräumliche Elemente rekombiniert werden.[197] Zeichenhaftigkeit und Allzusammenhang bilden einen Raum der Gegenordnung in Form des paradigmatisch Anderen. Die Abweichung ist keine syntagmatische, nebenordnende, aus demselben Paradigma$_1$ gespeiste, sondern eine, die das paradigmatische$_1$ Kontinuum in Richtung eines anderen Paradigmas$_2$ verlässt. Auf dem Venusberg verläuft die Zeit nicht anders, sondern gar nicht. Und die Ordnungssysteme bilden ihre Kategorien nicht auf der Basis anderer Unterscheidungen, sondern sind überhaupt nicht auf dem Prinzip der bedeutungskonstituierenden Differenz aufgebaut.

---

192 Tieck, Der getreue Eckart, S. 157.
193 Tieck, Der getreue Eckart, S. 173.
194 Tieck, Der getreue Eckart, S. 175.
195 Tieck, Der getreue Eckart, S. 180.
196 Tieck, Der getreue Eckart, S. 180 f.
197 Detlef Kremer stellt dies für den romantischen Bezug zur Kabbala insgesamt fest: »Disparate Bereiche der Natur oder des gesamten Universums geben ihre Äquivalenzen über eine sprachliche Signatur preis, die alles mit allem vergleichbar erscheinen lässt« (Detlef Kremer, Kabbalistische Signaturen. Sprachmagie als Brennpunkt romantischer Imagination bei E.T.A. Hoffmann und Achim von Arnim. In: Kabbala und die Literatur der Romantik. Zwischen Magie und Trope, hg. von Eveline Goodman-Thau, Gert Mattenklott und Christoph Schulte, Tübingen 1999, S. 197–221).

Dass diese heterotope Logik keine bloße Schau ist, sondern ein irreversibler Eingriff in die Denkmuster ihres Besuchers, entspricht dem romantischen Wirkraum an sich und der infektiösen romantischen Heterotopie im Besonderen. So bedeutet der Kontakt mit der Heterotopie eine Assimilation und dementsprechend für den jungen Tannhäuser in der Innensicht eine sukzessive Klärung des Blicks: »[J]e tiefer ich ging, je mehr fiel es wie ein Schleier vor meinem Angesichte hinweg.«[198] Im prominenten Isis-Topos formuliert sich die mentale Modifikation des Betrachters, der die Heterotopie des Venusberges auch als Kommentarraum erlebt. In dessen Dunstkreis nämlich glaubt der Tannhäuser ein Eifersuchtsdrama um die geliebte Emma zu erleben, das für seinen Konkurrenten tödlich endet. Vom Venusberg zurückgekehrt findet er die beiden zwar verheiratet aber durchaus lebendig. Die Wirklichkeitssysteme aber bleiben unvereinbar; während der fürsorgliche Freund den Tannhäuser für wahnsinnig hält, glaubt dieser im Wiedersehen einer Täuschung der Hölle aufzusitzen, um von seinem Vorhaben abgelenkt zu werden, den Venusberg zu verlassen.

Dass der Tannhäuser kurz darauf besagte Emma tötet, wird vor diesem Hintergrund als Strategie lesbar, die vorgefundene Wirklichkeit der von der Heterotopie als wahr vorgegebenen anzugleichen. Zentral bleibt bei alledem das Infektionsmotiv. Bevor der heterotop Infizierte Emma ermordet, küsst er Friedrich auf den Mund. Dieser wird, als er seine Frau tot auffindet, wahnsinnig. Was im ersten Moment stimmig als traumatische Beschädigung erscheint, wird vielmehr von der Figur im nächsten Zuge als heterotope Infektion bezeichnet. Denn als man Friedrich davon abhalten will, in die Wälder zu laufen, um den Tannhäuser und den Venusberg zu finden, entgegnet dieser wie der »Kuß ihn brenne«,[199] und die clôture des Textes befestigt diese Diagnose, indem das Infektionsprinzip sich als allgemeines Volkswissen zeigt: »Die Leute sagten, wer einen Kuß von einem aus dem Berge bekommen, der könne der Lockung nicht widerstehn, die ihn auch mit Zauber-Gewalt in die unterirdischen Klüfte reiße. –«[200]

6.1 Eichendorff und die Metapher

Infektiöse Räume dieser Provenienz, vor allem aber das paradigmatisch Andere in Form der Metapher finden sich auch bei Joseph von Eichendorff. In dessen prominenter Novelle *Das Marmorbild* werden nicht nur die Verlockungen heidnischer

---
198 Tieck, Der getreue Eckart, S. 179 f.
199 Tieck, Der getreue Eckart, S. 182.
200 Tieck, Der getreue Eckart, S. 182 f.

Erotik sowie die Rettung durch christliche Frömmigkeit beschrieben, sondern in erster Linie die verhängnisvolle Vermischung der Sphären von Figur und landschaftlichem Raum. So fungiert die verlebendigte Venusstatue nicht nur als Symbol der Verführung, sondern kodiert auch die assimilatorische Fähigkeit wirkmächtigen Raums, Grenzen zu verwischen und sich die Figur einzuverleiben.

Im romantischen Transit findet man die Hauptfigur Florio auf dem Weg nach Lucca, wo der Reisende einkehren und Rast machen will. Zu ihm gesellt sich der berühmte fahrende Sänger Fortunato, der direkt eine wichtige Warnung ausspricht. Als Florio sein Fernweh und den Grund, sich auf Reisen zu begeben, in die Metapher vom Frühling als »zauberische[m] Spielmann«[201] kleidet, weist Fortunato auf die Gefährlichkeit dieses Bildes hin. Jene mythische Figur locke mit ihrer Musik »die Jugend in einen Zauberberg hinein«,[202] gibt der Sänger zu bedenken und vollzieht das, was im Vorangehenden als romantische Metapher beschrieben worden ist. Die eigene Aufbruchsstimmung angesichts der erblühenden Landschaft als Zauberwirkung eines Spielmannes zu beschreiben, kann im romantischen Erzählen nicht sprachliche Geste bleiben, wie es der Realismus vorführt. So verständigen sich die beiden Figuren direkt zu Beginn über genau die Verfahren romantischen Erzählens, deren Sogwirkung mit der marmornen Venus im Mittelpunkt der Erzählung steht. Eigentlich geht es insgesamt um die Frage, an welchen Parametern die erzählte Wirklichkeit ausgerichtet ist und welchen Status das Metaphorische darin einnimmt. Ernst Ribbat weist diesen Mechanismus, dass »das ›Wunderbare‹ einer transempirischen Welt in der Realität wirksam wird, weil von ihm erzählt wird«[203] schon für den *Blonden Eckbert* nach. Und auch in Fouqués *Undine* kehrt der Hinweis wieder, man solle die Erscheinungen des Waldes nicht benennen.[204] Die Gefahr, die es bedeutet, ein Phantasma zu diskursivieren, ist dem Protagonisten bekannt. Die Warnung kommt zwar zu spät, aber das Prinzip ist richtig erkannt; was nicht diskursiviert wird, steht auch nicht für den nächsten Schritt bereit. In einer Erzählung, das heißt einer Wirklichkeit, die aus Text besteht, liegen mythische Diskurse und mythische Begegnungen naturgemäß nah beieinander. Vom Gefährlichen nicht zu reden, verspricht eine erfolgreiche Strategie zu sein. Andreas Möller schließlich, die Hauptfigur in Paul Lindaus *Der König von Sidon*, kann diesen verbalen Verzicht nicht leisten und beschreibt seine Be-

---

201 Eichendorff, Das Marmorbild, S. 386.
202 Eichendorff, Das Marmorbild, S. 386.
203 Ribbat, Tieck, S. 140.
204 »Wir wollen nicht allzu viel davon reden« heißt es, und auf erneutes Nachfragen: »[A]m wenigsten […] passe sich das Reden davon jetzt in der einbrechenden Nacht« (Fouqué, Undine, S. 9 und 10).

geisterung für das Metaphorische und das Übernatürliche direkt als »Fieber«.²⁰⁵ Das Verfahren, ein sprachliches Bild oder eine Binnenerzählung im Moment ihrer Äußerung materiell zu manifestieren, begegnet auch in verschiedenen anderen romantischen Texten. Eichendorff selbst greift in *Das Schloß Dürande* darauf zurück, als die Protagonistin Gabriele ein Märchen erzählt, das auf die beschriebene Weise mit der Rahmenhandlung korrespondiert. Als im Märchen ein Ritter auftritt, der im Mondschein einen Fluss hinabfährt, bemerkt man allgemein, dass die geschilderte Szene genau der eigenen Umgebung entspricht, einschließlich des Schiffsreisenden: »Das ist ja grade wie jetzt hier draußen, unterbrach sie Renate, da fährt auch noch einer im Kahn dicht unter unserm Garten«.²⁰⁶

Die Dynamik solcher Wechselwirkungen wird auch bei Eichendorff am Raum sichtbar, wenn Florio und sein Begleiter im Gespräch über die Metapher vom Weg abkommen und anstatt durch das Tor zu reiten, auf einen mit Zelten bebauten Platz in bunte Gesellschaft geraten. Tanz und Gesang bilden hier eine Festlichkeit, die mit »ewigwechselnden Bildern«²⁰⁷ den Effekt vorführt, der sich als prekär erweisen wird und der auch in der Warnung vor dem Spielmann als Metapher enthalten ist. Die Vermengung der Sphären und deren über das Metaphorische organisierte Umrechenbarkeit ineinander erweist sich als zentrales Erzählverfahren. In der feiernden Zeltstadt wiegen sich Frauen »wie ein Blumenbeet«,²⁰⁸ während Federbälle »wie Schmetterlinge«²⁰⁹ durch die Luft fliegen.²¹⁰ Die gegenseitige Durchdringung der Gegenstandsbereiche aber ist fatal im Rahmen einer Textlogik, die dazu tendiert, Metaphern, also genau solche Vermengungen materialiter auszugestalten. Die Übertragungsleistung der Metapher, ein Paradigma zu projizieren und den Vergleich zu erlauben, wird in romantischen Erzählverfahren sozusagen wörtlich verstanden, insofern als die rhetorische Operation sich

---

205 Lindau, Der König von Sidon, S. 178.
206 Eichendorff, Das Schloß Dürande, S. 432.
207 Eichendorff, Das Marmorbild, S. 387.
208 Eichendorff, Das Marmorbild, S. 386.
209 Eichendorff, Das Marmorbild, S. 388.
210 In E.T.A. Hoffmanns *Geschichte vom verlornen Spiegelbilde* heißt es ähnlich: »[D]ie Frauen waren in bunten leuchtenden Gewändern jede auf andere Art ganz fantastisch gekleidet, so daß sie erschienen wie liebliche wandelnde Blumen« (E.T.A. Hoffmann, Die Geschichte vom verlornen Spiegelbilde. In: E.T.A. Hoffmann. Sämtliche Werke in sieben Bänden. Band 2/1. Fantasiestücke in Callot's Manier. Werke 1814, hg. von Hartmut Steinecke, Frankfurt am Main 1993, S. 342). Christian Begemann spricht bezüglich Tiecks *Getreuem Eckart* von diesem romantischen Verfahren als »wechselweise[r] Assimilation« und fasst den Vorgang zusammen: »Die Welt legt ihren Objekt- und der Mensch seinen Subjektstatus ab« (Christian Begemann, Eros und Gewissen. Literarische Psychologie in Ludwig Tiecks Erzählung ›Der getreue Eckart und der Tannenhäuser‹. In: Internationales Archiv für Sozialgeschichte der deutschen Literatur, 15.2, 1990, S. 93).

an den Gegenständen der Diegese manifestiert.[211] Dieser Effekt ist es, vor dem Fortunato warnt und dessen Verkörperung als Venusstatue den Fluchtpunkt der Erzählung bildet. Die Gefahr der Verlebendigung bildlicher und mythischer Strukturen wird dabei in einer Art Dreischritt präsentiert, der sich mehrfach wiederholt. Florios Rede vom Frühling als ›zauberischem Spielmann‹ wird zunächst von Fortunato diskursiv in den Mythos vom Seelenfänger übertragen, um anschließend als Geschehen und damit im wörtlichen Sinne Ver-Führung manifest zu werden. Im Gespräch darüber, welchen Wirklichkeitsstatus die Rede vom Spielmann hat, findet man sich »unvermerkt dem Zuge der Spaziergänger folgend«[212] an den Ort gelockt, der die romantische Metapher ausbuchstabiert. Die Beschreibung der Verlockung wird über den mythischen Diskurs zum Geschehen. Und genauso wiederholt sich der Dreischritt als beim abendlichen Wein der Gesang »fröhlich den Kranz heiterer Bilder um die Tafel«[213] bewegt.

Fortunato verdichtet daraufhin jene Bilder zum Mythos, indem er vom stillen, bekränzten Jüngling singt[214] und eine konkrete Szene in Liedform liefert. Deren Protagonist tritt im Anschluss an den Gesang tatsächlich ins Zelt und schließt die Überführung der Metapher über den Mythos ins Geschehen ab:

> Da trat ein hoher schlanker Ritter in reichem Geschmeide, das grünlichgoldene Scheine zwischen die im Winde flackernden Lichter warf, in das Zelt herein. Sein Blick aus tiefen Augenhöhlen war irre flammend, das Gesicht schön aber blaß und wüst. Alle dachten bei seinem plötzlichen Erscheinen unwillkürlich schaudernd an den stillen Gast in Fortunato's Liede.[215]

Dass es sich hier auch schlicht um Zufall handeln könnte, bleibt damit zwar rational gesehen möglich, die Figur der Manifestation bildlicher Sprechweisen aber ist trotzdem deutlich markiert und wird in ihrer häufigen Wiederholung bestätigt. Zuletzt nämlich führt das Prinzip den Protagonisten direkt zum lebendigen Marmorbild und damit ins Zentrum des Verfahrens. Als Florio von verführerischen Sirenen träumt, die einem Mädchen aus der Zeltgesellschaft namens Bianka ähneln, vollzieht sich erneut der beschriebene Dreischritt. Auf das Traumbild folgt die Verdichtung zur mythischen Erzählung, denn Florio besingt den Traum im Lied

---

211 Diese Tendenz der romantischen Metapher, bisweilen materiell zu werden, attestiert Norbert Mecklenburg auch Tiecks *Runenberg*, der »Außenwelt und Innenwelt ständig parallelisiert oder sogar metaphorisch vermischt« (Mecklenburg, Gesellschaft der verwilderten Steine, S. 66). Dass Mecklenburg im Folgenden den Text über Tiecks Autorintention erschließt, ist wiederum nicht mehr anschlussfähig an das hier vorgetragene Verständnis von Textanalyse.
212 Eichendorff, Das Marmorbild, S. 386.
213 Eichendorff, Das Marmorbild, S. 386.
214 Vgl. Eichendorff, Das Marmorbild, S. 391 f.
215 Eichendorff, Das Marmorbild, S. 392.

vom »Mädchen, jenseits über'm Fluß«.[216] Aber die Flirtpartnerin vom Vorabend ist es »lange nicht mehr, die er eigentlich meinte«,[217] sondern die Venus, die er bald darauf in Gestalt des Marmorbildes an einem Weiher findet.

Der Übergang vom bildlichen Sprechen über den Mythos hin zum materialen Geschehen führt damit in beinahe didaktischem Stufenmodell die Wirklichkeit der romantischen Metapher vor (s. Abb. 11).

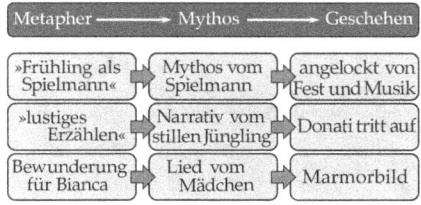

Abb. 11: Die materialisierte Metapher

Den Kulminationspunkt der Erzählung bildet der Besuch Florios im Venustempel. Über das Geschehen dort wird noch zu handeln sein. In Betracht des beschriebenen Dreischritts fällt zunächst etwas anderes auf, und zwar der Versuch, diesen während des erfolgreichen Widerstands gegen die Venus umzukehren. Der romantische Raum funktioniert auch bei Eichendorff durch die materialisierte Metapher als Wirkmacht; diesem Umstand haben Figuren wie Florio nichts entgegenzusetzen. Eines aber gelingt ihnen doch, sie gehen dem romantischen Wirkraum aus dem Weg. Der eichendorffsche Katholizismus und die Rettung der Protagonisten in tiefe Frömmigkeit oder ins Kloster beschreibt diese Ausweichstrategie. Der heterotope Raum lebendiger Venusstatuen steht in einer Reihe mit Tiecks Heterotopien und lässt dem Helden keinerlei Handlungsfreiheit, außer eben, sich der Wirkung zu entziehen. Diese Option immerhin ist erstaunlich und resultiert aus der eichendorffschen Strategie, dem Nihilismus der Spätromantik den christlichen Glauben als Gegenmittel zu applizieren. Der Wirkmacht der Heterotopie vermögen auch Eichendorffs Figuren nicht zu begegnen und umgehen gefährliche Räume der Erfahrung entsprechend weiträumig. Die Überführung der Metapher in Geschehen wird dabei diskursiv umgekehrt. Als Florio die Erlebnisse der Venus-Episode überstanden hat und sich durch einen Ritt im Morgen erfrischt, besingt der Gärtner genau diese Situation als Vierzeiler. Und zuletzt dichtet Fortunato ein Lied über die zyklisch erwachende und betörende Venus, das die phantastischen Erlebnisse im Venustempel in einem mythischen Erklärungszusammenhang darstellt und zuletzt als Metapher beschreibt, wie es zu

---

216 Eichendorff, Das Marmorbild, S. 396.
217 Eichendorff, Das Marmorbild, S. 396.

Beginn der Protagonist mit dem Frühling als Spielmann getan hatte. Nachdem Florio der Heterotopie entkommen ist, streben die Figuren eine diskursive Wiederherstellung des Ausgangszustandes an. Das aus der Metapher erwachsene Geschehen wird wieder in Bildlichkeit rücküberführt und aus sicherem Abstand wieder als Metapher und Mythos behauptet (s. Abb. 12).

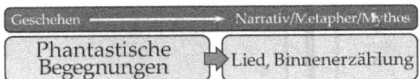

Abb. 12: Rücküberführung des Geschehens in Erzählen/Metapher/Mythos

Dass die Figuren sich mit der eichendorffschen Frömmigkeit in die clôture retten, täuscht jedoch nicht über die infektiöse, wirkmächtige Heterotopie im Zentrum der Novelle hinweg. Der Raum, der Florio an der erzählerischen Systemstelle der Peripetie begegnet, bedient ebenso den heterotopen Eigenschaftskatalog wie der Runenberg oder die Waldeinsamkeit.

Diesem paradoxen Raum des Venusgartens begegnet Florio zum ersten Mal direkt in der Nacht nach dem Zeltfest. Zunächst kehrt der junge Reisende zwar in einer Herberge ein, legt sich aber in Tageskleidung ins Bett, um anschließend ruhelos zu träumen: Eine nächtliche Schifffahrt endet im Untergang; »Sirenen tauchten aus dem Wasser, die alle aussahen wie das schöne Mädchen mit dem Blumenkranze vom vorigen Abend.«[218] – Dass in dieser Szene die Vermischung der Sphären mit der materialisierten Metapher verbunden wird, stellt sich wenig später als Prolepse heraus. Das als Sirenenmythos auftretende Mädchen geht in seiner Vervielfältigung eine Verbindung mit dem Wasser ein, aus dem es auftaucht.[219] Als entindividualisiertes Medium handeln die Sirenen als und für das Wasser, um zugleich die fatale Fähigkeit romantischer Wirklichkeit zu demonstrieren, bildliches Sprechen in Realität zu überführen. Von dem Mädchen nämlich heißt es: »Sie sang so wunderbar, traurig und ohne Ende, als müsse er vor Wehmut untergehen.«[220] Genau das geschieht dann auch und buchstabiert die Wirkmacht des Wortes aus, um konkret eine Metapher in die Materialität zu überführen. Vor Wehmut unterzugehen, sozusagen in Trauer zu versinken, bleibt nicht Metapher, schon gar nicht im Traum.

---

218 Eichendorff, Das Marmorbild, S. 395.
219 Volker Klotz spricht diesbezüglich von einem »Verknüpfungswirrwar« und zeigt auch die syntaktischen Vertauschungen von Wellen, Sirenen und Bianka, die zuletzt als »Mundstück von Florios wehmütigem Untergang« dessen Gedanken artikuliert (Volker Klotz, Auferlebte Frauenstatuen: Variationen eines Novellen-Sujets. Eichendorffs ›Das Marmorbild‹ und Mérimées ›La Vénus d'Ille‹. In: Romanistische Zeitschrift für Literaturgeschichte, 20.3/4, 1996, S. 318).
220 Eichendorff, Das Marmorbild, S. 395.

Erschrocken erwacht Florio und tritt ans Fenster. Die bei Eichendorff formelhafte Szene beschreibt so oder als Blick von einem Hügel oder einem Baum den Versuch der Figur, das Tableau der Handlung zu überblicken und sich Orientierung zu verschaffen.[221] Was sich aber Florio präsentiert, ist eine Landschaft, die prekäre Ähnlichkeit mit dem vorangegangenen Traum hat. Indem es scheint, »als sänge die ganze Gegend leise, gleich den Sirenen, die er im Schlummer gehört«,[222] wird eine Kontinuität angedeutet, die sich verdichtet, als Florio zu einem Spaziergang das Haus verlässt. Denn das Bild, das sich dem nächtlichen Wanderer bietet, setzt diesen Bezug konsequent fort: »[V]iele weißglänzende Schlösser hin und wieder zerstreut, ruhten wie eingeschlafene Schwäne unten in dem Meer von Stille.«[223] Dass die Umrechenbarkeit der Sphären zugleich die Belebtheit von Architektur und räumlicher Umgebung (Schlösser – Schwäne) miteinschließt, greift der Protagonist umgehend auf und singt ein Lied vom Wald als »hohe[m] Buchensaal«,[224] der vom Flüstern der Bäume erfüllt und von Bächen überblickt wird. Auch der Mond schreitet durch jenen Saal und bleibt auch außerhalb von Florios Lied ein entscheidender Faktor. Denn der Weiher, an den der Protagonist gerät, wird vom Mond beschienen und gibt unter diesem Einfluss arkane Qualitäten im schubertschen Sinne preis. Eine marmorne Venusstatue scheint zu lebendigen Blicken fähig und die Bäume sprechen und greifen nach Florio, der entsetzt zurück in die Herberge flieht.[225] Der Protagonist aber behält einen Infekt zurück: »Ein tiefes, unbestimmtes Verlangen war von den Erscheinungen der Nacht in seiner Seele zurück geblieben.«[226] Und neben der Ansteckungsmetaphorik wird auch der Topos der Fremdsteuerung wieder angebracht. Florio erkennt seinen eigenen Willen nicht mehr und gleicht einem Nachtwandler.[227] Unter

---

221 Vgl. Kremer, Prosa der Romantik, S. 50.
222 Eichendorff, Das Marmorbild, S. 395.
223 Eichendorff, Das Marmorbild, S. 395.
224 Eichendorff, Das Marmorbild, S. 396.
225 Dass die Heterotopie, in diesem Fall der Garten der Venus, auf die Folie des Normalraums angewiesen ist, scheint auch schon in Volker Klotz' Bemerkung auf, die Belebung der Statue ereigne sich »ja gerade nicht – märchenhaft – in einer entrückten Zone, wo Wunder an der Tagesordnung sind«, sondern in einer »geschichtlich und geographisch vermessenen Alltagswelt«. Zwar ist der romantische Raum in seiner allegorischen Verfasstheit weit entfernt von der hier beschriebenen Kartierung; gemeint ist aber etwas anderes, nämlich dass selbst im Vergleich zum romantischen Diorama-Raum der Erzählung insgesamt der Tempel der Venus sich als stark überhöht erweist. Erst dadurch, dass die Diegese insgesamt sich eigentlich nicht als ›märchenhafte, entrückte Zone‹ präsentiert, fällt die Verfassung des Tempels als paradigmatische Abweichung auf (Klotz, Frauenstatuen, S. 317).
226 Eichendorff, Das Marmorbild, S. 399.
227 Vgl. Eichendorff, Das Marmorbild, S. 399.

diesem Bann beschließt er, den Weiher nochmals aufzusuchen und gelangt dabei in jenen Garten der Venus, der als eigentliche Heterotopie im Textzentrum steht. Die ersten Eindrücke beschreiben direkt die »unbegrenzte, unaufhörliche Synästhesie«[228] als prekäre Umrechenbarkeit der Sphären; wenn »goldene Vögel wie abgewehte Blüten«[229] umherfliegen und eine Nachtigall ›schluchzt‹,[230] sind die Wirklichkeitsparameter grundlegend verändert und die folgende Begegnung mit der lebendigen Statue erstaunt nicht mehr allzu sehr. Die Heterotopie und ihr Satellit am Weiher geben dem metaphorisch Anderen Raum, indem sie die romantische Textstrategie ausagieren, bildliche Rede in materiales Geschehen zu überführen. Garten und vor allem Tempel werden zum Kommentarraum auf romantische Textverfahren und präsentieren eine Logik, die dem Umraum nicht nebengeordnet ist, sondern eine Metaebene bedient. Wenn Florio sich an jenem Ort bei Tage fragt, was vormals so furchteinflößend gewesen sei, wird deutlich, dass die Heterotopie von außen nicht zu erfassen ist. »Er konnte gar nicht begreifen«[231] heißt es bezüglich Florios Verwunderung und nicht umsonst ist von Heterotopien sowohl bei Tieck als auch noch in der Gegenwartsliteratur beispielsweise bei Zoë Jenny[232] als von Räumen die Rede, die von außen schwer oder nicht einsehbar sind. Die blühende Heimat der Elfen bei Tieck erscheint von außen entvölkert und verfallen gerade weil das paradigmatisch Andere nur von innen heraus in einem Zustand der Assimilation zu erkennen ist. Erst wenn sich die Heterotopie die Figur aneignet, wird der andere Raum greifbar. Und dies ist ein Vorgang, der sich im Innern vollzieht, sodass eben von außerhalb das ganz Andere und dessen Wirkung nicht zu ›begreifen‹ ist.

Florio aber beginnt zu begreifen und sich an Personen zu erinnern, denen er nie begegnet ist, so vor allem die »hohe schlanke Dame von wundersamer Schönheit«,[233] die er singend im Garten umherspazieren sieht. Die Sängerin, in der er die Venusstatue vom Weiher wiederzuerkennen glaubt, richtet ein Lied an den Frühling und verstrickt den Protagonisten noch tiefer in die metaphorische Umwandlung der Sphären ineinander. Dieses Konzept begegnet auch als Umkehrung, wenn Florio im Garten den Ritter Donati findet, dieser aber wie eine tote Statue erscheint. Als er den Sänger weckt, murmelt dieser »zwischen Schlaf und Wachen

---

228 Klotz, Frauenstatuen, S. 326.
229 Eichendorff, Das Marmorbild, S. 400.
230 Vgl. Eichendorff, Das Marmorbild, S. 401.
231 Eichendorff, Das Marmorbild, S. 400.
232 Vgl. Stefan Tetzlaff, Zoë Jenny. Kindheitsraum als versuchte Heterotopie. In: Topographien der Kindheit. Literarische, mediale und interdisziplinäre Perspektiven auf Orts- und Raumkonstruktionen, hg. von Caroline Roeder, Bielefeld 2014, S. 329–346.
233 Eichendorff, Das Marmorbild, S. 401.

einige dunkele Worte, die Florio nicht verstand.«[234] Erneut wird über das Nicht-Verstehen das metaphorisch Andere markiert. Bereits innerhalb der Heterotopie und ihres Einflusses ist Florio trotz allem noch nicht gänzlich assimiliert. Der über den romantischen Zwischenzustand von Schlafen und Wachen an ein esoterisches Wirklichkeitskonzept verwiesene Diskurs Donatis bleibt Florio zunächst unverständlich. Die heterotope Sogwirkung aber ist intakt, noch im Aufbruch äußert Florio den Wunsch, wiederzukehren und die Dame persönlich kennenzulernen. Donati verspricht, eine Zusammenkunft zu vermitteln und Florios Vorfreude breitet sich erneut in einem Bild aus, das die Metaphorik belebten Raums mit der Vermischung der Sphären engführt. Der Weiher ist zur »unermeßlichen Landschaft«[235] verwandelt und stellt im Wortsinne einen unendlichen Raum auf endlicher Fläche vor. Das heterotope Paradox einer solchen Verschränkung von begrenzter Fläche und räumlicher Unendlichkeit korrespondiert mit der bekannten Vermengung der Sphären, denn die Sterne scheinen Blumen zu sein und »der ganze Frühling ein Bild der Schönen.«[236]

Die Wartezeit bis zur zweiten Begegnung ist dabei vom heterotopen Infekt gekennzeichnet; »wie ein Fieberkranker«[237] liegt Florio wach. Und wenn er wie alle eichendorffschen Helden ans Fenster tritt, liegt der Raum vor ihm »wie eine wunderbar verschränkte Hieroglyphe im zauberischen Mondschein.«[238] Ähnlich den Worten, die Donati im Zwischenzustand von Schlafen und Wachen äußert, bleibt auch die Landschaft unverständliche Chiffre. Der Einfluss der Heterotopie zeigt sich zwar darin, jene Zeichenhaftigkeit überhaupt wahrzunehmen; die Entschlüsselung kann aber erst bei gänzlicher Assimilation gelingen. Florio verbleibt vielmehr in einem Inkubationszustand, der ihn den Einfluss des heterotopen Infekts spüren lässt, einen vollständigen Übergang in die Heterotopie aber noch nicht vollzieht. So wundert sich Florio beim folgenden Besuch des Venusgartens erneut, dass er nicht in der Lage war, den Weg dorthin alleine wiederzufinden. Diese Verwunderung ähnelt derjenigen am Tage, als der Weiher ohne Mondlicht als Normalraum erscheint und der Protagonist nicht mehr versteht, wie es ihn in der vergangenen Nacht grauen konnte. Florio hat den endgültigen Übertritt noch nicht vollzogen und ist von außerhalb weder in der Lage, die Eindrücke aus dem Innern der Heterotopie nachzuvollziehen, noch überhaupt den Weg in jenes Innere zu finden.

---

234 Eichendorff, Das Marmorbild, S. 402.
235 Eichendorff, Das Marmorbild, S. 404.
236 Eichendorff, Das Marmorbild, S. 404.
237 Eichendorff, Das Marmorbild, S. 414.
238 Eichendorff, Das Marmorbild, S. 414.

Mit Donatis Hilfe aber gelingt dies schließlich und Florio wird von der Herrin des Gartens empfangen und in deren Schloss geführt. Dessen Inneres erweist sich als Kern der Heterotopie, indem über verschiedene Formen von Zeichenhaftigkeit sowohl die Gastgeberin als auch das Textverfahren der romantischen Metapher kommentiert werden. So sind die Wände mit Bildern und Schriftzeichen bedeckt, die verschiedene Erzählungen vorstellen. Und in diesen Szenen erkennt der Protagonist nicht nur durchgehend die geheimnisvolle Dame wieder, sondern seine eigene Erinnerung offenbart ihm, schon als Kind von ihr, dem Schloss und ihren darin abgebildeten Abenteuern gehört zu haben.[239] Das Schloss vollzieht so verschiedene kardinale Mechanismen heterotopen Raums. Neben der umgitterten Gartenanlage findet sich auch ein abstraktes »System der Öffnung und Abschließung«,[240] indem das Anwesen kartographisch nicht zu verorten ist und nicht nach Belieben aufgesucht werden kann. Die Bedingung für den Eintritt ist eine Art schicksalhafter Zufall oder die Führung durch Donati. Den Garten absichtlich und auf eigene Faust wiederzufinden, versucht Florio zwischenzeitlich vergeblich. Die paradoxe Verbindung endlichen und unendlichen Raums erweitert den Katalog heterotoper Funktionen genau wie die Umrechenbarkeit verschiedener Sphären ineinander. Die Kommentarfunktion des Venusschlosses nimmt dabei Bezug auf mehrere Ebenen. Während das Innere in Schrift und Bild die Hausherrin darstellt, kommentiert das Geschehen die metaphorische Ausrichtung romantischer Erzählverfahren an sich. Ein letztes Mal nämlich materialisiert sich zum Entsetzen der Hauptfigur in aller Deutlichkeit das bildliche Sprechen. Dabei weist Florio selbst auf den Effekt hin, wenn er bezüglich seiner kindlichen Phantasien bemerkt: »– da dachte ich nicht, daß das alles einmal lebendig werden würde um mich herum.«[241] Dass es sich hierbei um genuin romantische Verfahren handelt, zeigt ein Vergleich mit der Vorlage *Das feindselige Todten-Gerippe*.[242] Donati bringt den hier Alessandro geheißenen Helden in ein Haus mit einer ähnlich geheimnisvollen Dame. Diese führt ihm allerlei Merkwürdigkeiten vor wie bei-

---

239 Katharina Weisrock erklärt dieses Phänomen damit, dass die Bilder ausdrücklich nur »halb kenntlich« (Eichendorff, Das Marmorbild, S. 402) sind und es daher zulassen, von erinnerten anderen Bildern überlagert zu werden. Die textuelle Stiftung einer Äquivalenzrelation aber bleibt genauso bestehen wie die auch im Rahmen der erzählten Welt erstaunliche Ähnlichkeit der erinnerten Bilder mit dem erlebten Geschehen (vgl. Katharina Weisrock, Grenzüberschreitung im Phantastischen. Zur Struktur der ästhetischen Wahrnehmung in Joseph von Eichendorffs ›Das Marmorbild‹ [1818]. In: Das literarische Antlitz des Grenzlandes, hg. von Krzysztof Antoni Kuczyński und Thomas Schneider, Frankfurt am Main u. a. 1991, S. 213).
240 Foucault, Von anderen Räumen, S. 940.
241 Eichendorff, Das Marmorbild, S. 413.
242 Zur Quellenlage vgl. Karl Konrad Polheim, Eichendorffs ›Marmorbild‹. Quelle – Text – Edition. In: editio, 11, 1997, S. 86–96.

spielsweise einen Raum, in dessen jeder Ecke ein Cembalo steht. Als ein Diener auf einem der Instrumente spielt, musizieren automatisch auch die anderen, um kurz darauf sogar den Klang eines Orchesters hervorzubringen. Nach der Präsentation von kostbaren Kleidern und Schmuck folgt zuletzt ein Raum, in dem Alessandro von Skeletten überfallen wird, sodass er ins Freie flieht. Zuletzt wird zwar die Geschichte eines verurteilten Mörders nachgereicht, dessen Haus, bevor es abgerissen wurde, an besagter Stelle stand. An diesem Ort führen Geister »Vorbeygehende in einen dem Auge fürgestellten / aber erdichteten / herzlichen Pallast«;[243] aber auch wenn die Dame sich selbst als Geist herausstellt, fehlt doch die synästhetische Verwandlung. Denn die Dame wird nicht zum Skelett, sondern scheucht ihrerseits die Skelette auf Alessandro. Und auch die Bilder sind – sogar ausdrücklich – nicht synästhetisch: »Allen und jeden Bildern mangelte nichts / als die Sprache und das Hören / sonsten waren sie so natürlich getroffen / daß man geschworen hätte / sie lebten«.[244] Die Belebung von Totem findet damit zwar auch im barocken Prätext statt, Umrechenbarkeit der Sphären und gefährliche Metaphern aber sind Eichendorffs Beigabe und mithin romantische Textverfahren. Diese konstituieren im Marmorbild eine romantische Infektionsheterotopie.

Wie schon im *Runenberg* ist es auch hier die Figur des Vaters, die dem Kind den infektiösen Diskurs vermittelt. Wenn der Vater dem jungen Florio bei aufgeschlagenem Bilderbuch von seinen Abenteuern in »der und jener von den abgemalten Städten«[245] erzählt, wird genau die Textfigur angestoßen, die sich im romantischen Erzählen verselbständigt. Die Materialisierung des Bildlichen und im weitesten Sinne ›Mythischen‹ als ›Erzählen von Abenteuern‹ findet sich in der Heterotopie des Venustempels auf verschiedenen Ebenen aufgegriffen und kommentiert. Das Verfahren der Metapher wird dabei heterotop erweitert, um zuletzt einen Raum zu konstituieren, der die Elemente des Normalraums so wendet, dass sie eine kommentierende Gegenordnung bilden. Sowohl die Bilder als auch die im Saal verteilten Plastiken nämlich werden lebendig; »bald erhoben sich alle die Bilder mit furchtbarem Schweigen von ihrem Gestelle.«[246] Und während jede Form von Abbildung und Narration zum Leben erwacht, verwandeln sich auch die Blumen in »buntgefleckte bäumende Schlangen«,[247] sodass das

---

[243] Grössseste Denkwürdigkeiten der Welt oder so genannte Relationes Curiosae. Worinnen fürgestellet / und auß dem Grund der gesunden Vernunfft examiniert werden / allerhand Antiquitäten / Curiositäten / Historische / Physikalische / Mathematische / Künstliche und andere Merckwürdige Seltzahmkeiten [...]. Band III, Hamburg 1687, S. 515.
[244] Grössseste Denkwürdigkeiten der Welt, S. 512.
[245] Eichendorff, Das Marmorbild, S. 418.
[246] Eichendorff, Das Marmorbild, S. 420.
[247] Eichendorff, Das Marmorbild, S. 420.

Prekäre einer konsequenten, ins Materiale überführten Metaphorik in ganzer Breite vorgeführt wird. Im Flackern der Blitze dringen die Gestalten auf Florio ein und dieser verlässt Schloss und Garten mit Grausen. Was folgt, sind die beschriebenen Strategien zur Rückführung des Spektakels in bildliches Sprechen und den mythischen Diskurs. Anstelle der Herberge findet Florio nur eine Hütte, und als er einen Gärtner nach Donati fragt, hält dieser ihn für wahnsinnig. Der Infekt also ist gegeben und von außen diagnostizierbar. Dennoch bietet Eichendorff in der Kombination von Frömmigkeit und den genannten Eindämmungsmaßnahmen eine Gegenwehr, die scheinbar erfolgreich ist. Jener Gärtner nämlich, der Florios Rede vom heterotopen Raum und dessen Figuren als Wahnsinn als das ganz Andere erkennt, beginnt bereits das Gegenmittel anzubringen, indem er Florios Begegnung narrativiert und in Verbindung mit der Wendung zur Frömmigkeit in Verse fasst: »Vergangen ist die finstre Nacht, / Des Bösen Trug und Zaubermacht, / Zur Arbeit weckt der lichte Tag; / Frisch auf, wer Gott noch loben mag!«[248] Dies scheint eine gewinnbringende Strategie zu sein, denn auch Fortunato wird bei einem späteren Vorbeiritt am Schloss dessen angebliche übernatürliche Verfasstheit als »wunderliche Gerüchte«[249] bezeichnen und anschließend ausführlich die Geschichte der Venus erzählend besingen.[250]

Bei Eichendorff also gibt es ein Entkommen, eine Art Dämpfung des geschehenen Infekts, indem der Einflussbereich der Heterotopie in Richtung Frömmigkeit verlassen und die Wirkmacht der Metapher zumindest diskursiv in die Schranken bildlichen Erzählens zurückverwiesen wird. So beschließen zuletzt Florio, Fortunato und zwei weitere Begleiter, »mit einander das schöne Italien zu durchschweifen«.[251] Der Eintritt in den ziellosen Transit mit seinen »geweiteten und beschleunigten Bewegungslandschaften«[252] beschreibt die Rückkehr zur

---

248 Eichendorff, Das Marmorbild, S. 421.
249 Eichendorff, Das Marmorbild, S. 423.
250 Dass sich »dieser geheimnisvolle Bereich freilich unzweifelhaft als mythengesättigte Ruine eines antiken Venus-Tempels heraus[stellt], der in seiner bloßen Materialität die ganze Zaubermacht verloren hat«, begründen Heide Hollmer und Albert Meier mit Florios christkatholischer Abwendung von der Sphäre der Sünde (Heide Hollmer und Albert Meier, ›So oft der Lenz erwacht‹. Zu einigen Motivzusammenhängen in Joseph von Eichendorffs ›Das Marmorbild‹. In: Schnittpunkt Romantik. Text- und Quellenstudien zur Literatur des 19. Jahrhunderts, hg. von Wolfgang Bunzel, Konrad Feilchenfeldt und Walter Schmitz, Tübingen 1997, S. 70). Im Rahmen der hier beschriebenen Verfahren ließe sich sagen, dass der heterotope Venustempel von dem Moment an den Vektor des paradigmatisch Anderen nicht mehr zeigt, an dem Florio sich der Pan-Metaphorisierung entzieht.
251 Eichendorff, Das Marmorbild, S. 422.
252 Inka Mülder-Bach, Tiefe. Zur Dimension der Romantik. In: Räume der Romantik, hg. von Inka Mülder-Bach und Gerhard Neumann, Würzburg 2007, S. 101.

natürlichen Tätigkeit romantischer Figuren und setzt Florio in seinen ursprünglichen Zustand zu Beginn der Erzählung zurück. In einem der Begleiter erkennt der Protagonist schließlich Bianka, die junge Frau vom Zeltfest, die sich als Mann verkleidet hat. Im Kummer, nicht gegen das Wahnbild der Venus bestehen zu können, hatte sie die Stadt verlassen wollen.[253] Nun aber fügt sich auch diese Konstellation in ein glückliches Ende und der Text führt letztlich eine vollgültige romantische Heterotopie sowie eine erfolgreiche textuelle Fluchtstrategie vor.

6.2 Sonderfall Hoffmann

E.T.A. Hoffmanns *Fragment aus dem Leben dreier Freunde* beschreibt eine ähnliche heterotope Ansteckung. Es handelt sich um die geerbte Wohnung einer verstorbenen Tante, in die der Protagonist Alexander einzieht und sich prompt genauso infiziert wie die bereits seit Jahren ansässige Haushälterin Anne. Diese keucht und hüstelt »wie das Bettelweib von Lokarno«[254] und begegnet regelmäßig der Verblichenen, was sie wiederum der von der Tante übernommenen Geisterangst zuschreibt. Die jungferliche Haushälterin ist eine beinahe karikaturistisch überzeichnete geisterhafte Postfigur der Tante und wird bildlich als ebenso tot beschrieben wie ihre Vorlage.

Mit dem Weiterleben charakteristischer Züge der Tante in Anne wird deren Geisterbegegnung um drei Ecken auch zur Ich-Begegnung. Alexander trägt nun als Neuinfizierter den Gespensterdiskurs in die eigentlich realistische Rahmengeschichte; in Menschengruppen sieht er die Tante, empfindet sich als verhext und benennt ähnlich der Kuss-Versinnbildlichung in Tiecks *Tannhäuser* selbst recht deutlich das Prinzip einer Ansteckung:

> [W]ißt ihr wohl, daß es mir scheint, als wäre die Luft in meiner Wohnung so von dem Geist und Wesen der alten Jungfer imprägniert, daß man nur ein paar mal vier und zwanzig Stunden drin gewesen sein darf, um selbst etwas davon wegzubekommen?[255]

---

[253] Michiel Sauter fasst diese Konkurrenzkonstellation als »dualistisches Frauenbild« und bemerkt, dass dieses zu Lasten einer »›femme totale‹«, einer Frau mit verschiedenen Charakterzügen geht – eine solche »kommt in der Novelle nicht vor« (Michiel Sauter, Marmorbilder und Masochismus. Die Venusfiguren in Eichendorffs ›Das Marmorbild‹ und in Sacher-Masochs ›Venus im Pelz‹. In: Neophilologus, 75, 1991, S. 119 und 120).
[254] E.T.A. Hoffmann, Ein Fragment aus dem Leben dreier Freunde. In: E.T.A. Hoffmann. Sämtliche Werke in sieben Bänden. Band 4. Die Serapionsbrüder, hg. von Wulf Segebrecht, Frankfurt am Main 2001, S. 129.
[255] Hoffmann, Ein Fragment aus dem Leben dreier Freunde, S. 132.

Konsequent übernimmt Alexander genau wie Anne die Wesenszüge der Tante und wird gespenstergläubig, interessiert sich für Silberbestecke, Stoffe, Porzellan und Haushalt und entdeckt an sich das seiner »Art und Weise ganz fremde Talent des Kaffee-Einschenkens«.[256]

Im Hauptzimmer ist die Tante als Gemälde präsent und zwar als junge Frau im Brautschmuck; die Statik des Bildmediums verweist auf die Stillstellung als Gesamtthema der Erzählung, bleibt doch kraft Testament nach dem Ableben der Tante alles in unverändertem Zustand. Der zeitlebens unerfüllte Heiratswunsch der Verstorbenen muss erfüllt werden, damit die vom Tod an stillgestellte Zeit wieder voranschreitet und der heterotope Status des Raumes aufgehoben wird, denn die Wohnung ist eine Art Warteschleife, ein zeitlos ausgelagerter Iterationsraum des unerfüllten Begehrens. Die Lösung steuert der Schwiegervater in spe bei, der seine Strategie, den heterotopen Raum zum Normalraum zu entladen, auch gleich in einen geistesgeschichtlichen Epochenzusammenhang stellt, der das romantische Selbstverständnis artikuliert:

> In alter Zeit hatten wir einen frommen schlichten Glauben, wir erkannten das Jenseits, aber auch die Blödigkeit unserer Sinne, dann kam die Aufklärung, die Alles so klar machte, daß man vor lauter Klarheit nichts sah, und sich am nächsten Baume im Walde die Nase stieß, jetzt soll das Jenseits erfaßt werden, mit hinübergestreckten Armen von Fleisch und Bein.[257]

Die Romantik als Fortführung der Aufklärung erweitert ihren Gegenstandsbereich auf genau das Metaphysische, von dem die kantische Aufklärung nur pragmatisch schweigen konnte, weil ihr Blick dessen Existenz gar nicht erst zuließ. Die romantische Wissenschaft ist ebenso positivistisch über Versuche und tabellarische Protokolle organisiert wie die Sektion eines Frosches – aber sie tritt mit dem Anspruch an, Maßband und Skalpell an Wiedergänger und Irrlichter anzulegen und diese genauso transparent zu erklären wie Nervenreize und das Wachstum einer Pflanze. Dementsprechend erkennt der Schwiegervater im Spuk eine Kausalbeziehung zum unerfüllten Heiratsbegehren der Tante und schafft das Mittel herbei, ihren Wunsch stellvertretend auszuagieren, ihr über die Unerfülltheit stillgestelltes Narrativ zu Ende zu führen und den heterotopen Raum damit von seiner spirituellen Überkodierung genauso zu entladen wie der daraus resultierenden infektiösen Wirkung als romantischer Heterotopie. Alexander heiratet am unerfüllten Hochzeitstag der Tante in deren Zimmer in Originaldekoration, als »ein leiser sanfttönender Hauch durchs Zimmer« geht und alle Besucher »nach einstimmiger Aussage in demselben Augenblick ein unbeschreibliches Wohl-

---

256 Hoffmann, Ein Fragment aus dem Leben dreier Freunde, S. 133.
257 Hoffmann, Ein Fragment aus dem Leben dreier Freunde, S. 175.

sein«²⁵⁸ fühlen. Die Heterotopie ist erfolgreich desinfiziert, ihr prägendes Potenzial ist entladen. Ähnliches lässt sich für *Das öde Haus*, *Der Artushof* und viele weitere Erzählungen aus den *Serapionsbrüdern*, den *Nachtstücken* und den *Phantasiestücken* zeigen.

Das *Fragment aus dem Leben dreier Freunde* führt damit die absichtliche Entladung des heterotopen Raums vor und deutet auf ein Verfahren voraus, das sich für realistisches Erzählen als zentral erweist: die Prägung des Raums durch die Figuren. Obwohl Hoffmanns Texte nahezu prototypische Ausformulierungen einer romantischen Poetik des Paradoxen sind, stellen gerade seine raumprägenden Figuren einen Vorgriff auf realistisches Erzählen dar. So auch der Rat Krespel in der gleichnamigen Erzählung der *Serapionsbrüder*. Der wunderliche Jurist wird dem Leser als Hausbauer ganz eigener Art vorgestellt. Nachdem er Grundstück und Baumaterial zurechtgelegt hat, engagiert er einen Maurermeister nebst Handlangern, denen er keinen Bauplan vorlegt, sondern stattdessen sukzessive im Bau anleitet. Denn mit »irgend einem Baumeister hatte er nicht gesprochen, an irgend einen Riß nicht gedacht«²⁵⁹ und lässt dementsprechend zunächst einen öffnungslosen Quader errichten, in den er im Nachhinein Fenster und Türen einschlagen lässt. Besonders letzteres brachiale Spektakel findet unter dem Jubel der Schaulustigen statt. Und auch beim restlichen Ausbau des Hauses verfährt Krespel auf diese Weise und lässt »alles an Ort und Stelle nach seiner augenblicklichen Angabe verfertigen«.²⁶⁰ Dabei zeigt Krespel diese Fähigkeit *en miniature* auch selbst, wenn er in der Mittagsgesellschaft bei Professor M*** aus den Knochen des Hasenbratens »allerlei winzig kleine Döschen und Büchschen und Kügelchen«²⁶¹ drechselt. Zu diesem Zweck führt der Rat eine winzige Taschendrehbank mit sich, die er zur Freude der Kinder in beschriebener Weise einsetzt. Krespel also tut etwas, das romantische Figuren in der Regel nicht wagen – er prägt Raum und richtet diesen ein.

Schon die Exposition der Figur weist den Rat als jemanden aus, der souverän mit der Topographie umgeht. Das eigene Haus nämlich ist ein Geschenk aus Dankbarkeit eines nicht näher genannten Fürsten. Für diesen hatte der renommierte Jurist den Rechtsanspruch auf ein umstrittenes Stück Land schriftlich ausgearbeitet und erfolgreich am Kaiserhof vorgelegt. Die Kompetenz, den Raum zu verwalten und dessen Sortierung in ein schriftliches Ordnungssystem zu übertragen, hebt Krespel vom Gros romantischer Figuren ab. Die Helden weder Eichendorffs noch Tiecks eignen sich

---

258 Hoffmann, Ein Fragment aus dem Leben dreier Freunde, S. 175.
259 E.T.A. Hoffmann, Rat Krespel. In: E.T.A. Hoffmann. Sämtliche Werke in sieben Bänden. Band 4. Die Serapionsbrüder, hg. von Wulf Segebrecht, Frankfurt am Main 2001, S. 40.
260 Hoffmann, Rat Krespel, S. 41.
261 Hoffmann, Rat Krespel, S. 44.

Raum an und bauen Häuser, deren »innere Einrichtung aber eine ganz eigene Wohlbehaglichkeit erregte«,[262] wie dasjenige Krespels.

Noch ausführlicher betreibt dieses Geschäft Hoffmanns Hofrat Reutlinger in *Das steinerne Herz*. Die Erzählung aus den *Nachtstücken* beginnt bereits mit dem romantischen Transit, der zugleich jedoch ins Uneigentliche gewendet wird, indem er keiner der Figuren, sondern einem hypothetischen Passanten des Handlungsraums zugedacht wird. Reisenden, so heißt es, falle »ein stattliches Landhaus in die Augen, welches mit seinen wunderlichen bunten Zinnen aus finsterm Gebüsch blickend, emporsteigt.«[263] Die Verbindung von geprägtem und handelndem Raum wird direkt angebracht. Das Anwesen des Hofrates, von dessen illustrer Anlage die Erzählung handelt, bewahrt sich mit dem Blick aus dem Gebüsch heraus eine Restpersonifikation, während Haus und Garten über das Konzept realistischen Raumprägens beschrieben werden. Allein die Exposition mit der Anrede eines hypothetischen Touristen stellt bereits vollständig das im folgenden Kapitel beschriebene realistische Vitrinenkonzept dar. Hoffmanns formelhafter »vielgeliebter Leser«[264] wird angehalten, das Gut zu besichtigen und sich vom Gärtner gegen einen kleinen Obolus auch den Garten zeigen zu lassen. Der Hinweis auf die Bekanntschaft mit dem längst verstorbenen Hofrat entspreche schließlich nach der Lektüre der vorliegenden Geschichte durchaus der Wahrheit. Der Raum im Text und der Text als Raum werden so direkt miteinander verschaltet, indem die Besichtigung beider als Facette der gleichen Gesamthandlung gefasst wird. Die Erkundung des Textraumes und diejenige des Raums in der Diegese korrelieren miteinander. Das Erzählte zu erkunden wird zum Komplementärvorhaben neben der Besichtigung des musealen Landhauses.

Das Landhaus selbst wird in einer Mischung aus realistisch geprägtem und zugleich eine Restwirkung ausstrahlendem Raum beschrieben. Einerseits »auf altertümliche groteske Weise mit bunten gemalten Zieraten verschmückt«[265] und durch die »Geschmacklosigkeit dieser zum Teil widersinnigen Wandgemälde«[266] geprägt, verfügt dieser gänzlich von der Figur konzipierte Raum doch über eine wenn auch harmlose Restkraft. Ein »wunderbarer Geist«[267] nämlich weht den Betrachter aus dieser Raumkomposition an, sodass der Schauer beim Betreten der Vorhalle auf die

---

262 Hoffmann, Rat Krespel, S. 42.
263 E.T.A. Hoffmann, Das steinerne Herz. In: E.T.A. Hoffmann. Sämtliche Werke in sieben Bänden. Band 3. Nachtstücke. Klein Zaches. Prinzessin Brambilla. Werke 1816–1820, hg. von Hartmut Steinecke, Frankfurt am Main 1985, S. 318.
264 Hoffmann, Das steinerne Herz, S. 318.
265 Hoffmann, Das steinerne Herz, S. 318.
266 Hoffmann, Das steinerne Herz, S. 318.
267 Hoffmann, Das steinerne Herz, S. 318.

Teilhabe auch am romantischen Raumkonzept hinweist. Reutlingers Landhaus als Hybrid aus Wirkraum und geprägtem Raum erfüllt eine hochgradig selbstreflexive Funktion, denn er bedient eine Metaebene, die das Abbilden abbildet. Der Vorgriff auf die Fähigkeit realistischer Figuren, den Raum zu prägen, kann im Rahmen einer Textur wie derjenigen E.T.A. Hoffmanns nur als Experiment angebracht werden. Die Beobachterrolle nimmt dabei der Erzähldiskurs ein, der das Verfahren erfasst und reflektiert. So wird das Landhaus zum poetologischen Schauraum und reflektiert in seiner Einrichtung das Konzept romantischen Raums. Die Umrechenbarkeit der Sphären, wie sie bei Eichendorff begegnet, wird in »Arabesken, die in den wunderlichsten Verschlingungen, Menschen- und Tiergestalten, Blumen, Früchte, Gesteine darstellen«,[268] anschaulich. Im von der Figur geprägten und installierten Medium wird so ein zentrales Prinzip romantischer Topologik verhandelt und das Diorama zum realistischen Raum, der später als Vitrine beschrieben werden soll. Wenn im Anschluss an die Wandgemälde im Saal mit Statuen »alles das plastisch ausgeführt [scheint], was erst durch Gemälde angedeutet wurde«,[269] erweisen sich die Ausstellungsstücke dieser Vitrine als Elemente im wechselseitigen Erklärungsverhältnis. Manierismus, »regellose Willkür«[270] und bildliche Überfülle bestimmen einen Raum, dessen Exponate transmedial Bezug aufeinander nehmen, indem Inschriften, Plastiken und Gemälde einander kommentieren und erklären.

Der daran anschließende französische Garten wird dem romantischen englischen gegenübergestellt und zwar im Vorzug seiner geordneten Anlage als Kunst. Ein romantischer Text, zumal aus der Feder Hoffmanns, dessen Erzähldiskurs dem englischen Garten »alberne[ ] Kleinigkeitskrämerei«[271] vorwirft, darf erstaunen. Es wäre höchstens zur Abmilderung anzubringen, dass *Das steinerne Herz* als abschließender Text im Spannungsbogen der gesamten *Nachtstücke* als »satirisch-heitere[r] Schlussakkord«[272] angebracht ist. Das Lob des Erzähldiskurses auf den Realismus also ließe sich *cum grano salis* lesen. Dennoch und in welchem Modus auch immer – was hier angebracht wird, ist eine realistische Raumpoetik und erhebt einige der Texte E.T.A. Hoffmanns zu epochentechnischen Übergangsphänomenen.

Ein solcher Übergang zeichnet sich auch an der Gelenkstelle der Erzählung, einem Herzen aus Stein ab. Dieses liegt in eine mise-en-abyme-Struktur eingebettet in einem herzförmigen Pavillon, der sich wiederum in einem herzförmig angelegten Waldstück am Ende des Gartens befindet. Auf dem Sockel, der das

---

268 Hoffmann, Das steinerne Herz, S. 318.
269 Hoffmann, Das steinerne Herz, S. 319.
270 Hoffmann, Das steinerne Herz, S. 319.
271 Hoffmann, Das steinerne Herz, S. 319.
272 Thomas Weitin, Nachtstücke (1816/17). In: E.T.A. Hoffmann. Leben – Werk – Wirkung, hg. von Detlef Kremer, Berlin/New York ²2010, S. 167.

Herz aus dunkelrotem Marmor trägt, stehen die Worte: »Es ruht!«,[273] deren Bedeutung die Erzählung erklärt. Der Pavillon ist die im Vorhinein errichtete Grabstätte des Hofrates, das Herz das Symbol seiner unerfüllten Liebe zur geheimen Rätin Julie Foerd. Reutlingers von diesem Liebeskummer bestimmtes Leben ist dabei mehrfach abgebildet, sodass das Symbol zur Allegorie erweitert wird. Das Ausbleiben der Verbindung mit Julie nämlich war nicht auf mangelnde Gegenliebe der Angebeteten zurückzuführen, sondern auf den von Unheilsvisionen geplagten, defätistischen Charakter Reutlingers. So steht das verhinderte Paar in Freundschaft gealtert im Pavillon und hält Retrospektive. Auf die Liebesbezeugung der alten Dame folgt der Hinderungsgrund dieser Liebe: »Ihre ewige Selbstqual, peinigte sie mich nicht bis zur Todesermattung?«[274] Reutlinger entgegnet bestätigend und erweitert damit die Bedeutung des Steinherzens: »O Sie haben Recht, Frau Geheime Rätin, ich muß allein stehen, kein menschliches Herz darf sich mir anschmiegen, alles was Freundschaft, was Liebe vermag, prallt wirkungslos ab von diesem steinernen Herzen.«[275] Das Herz im herzförmigen Pavillon und herzförmiger Waldanlage ist damit vielschichtig wie die konzentrischen Rahmungen, die die Form mehrfach wiederholen. Die rote Nachbildung aus Marmor fungiert als ikonisches Zeichen und Verweis auf das zukünftig darunterliegende biologische Herz. Darüber hinaus verweist es auf dessen Kälte und Härte sowie im Spannungsverhältnis dazu auf dessen zentrale Bedeutung für das gescheiterte Lebensglück des Protagonisten.

Dass der Text den romantischen Horizont hypertropher Symbolik sprengt, zeigt auch die Haltung der Hauptfigur und deren Umgang mit der Herzsymbolik. So ist es die augenfällige Überinterpretation des Marmorherzens, die den Hofrat unangemessen reagieren und familiäre Konflikte konstruieren lässt. Als während der Bauarbeiten am Pavillon der Neffe Max mit dem Stein hantiert, verstößt ihn Reutlinger mit den Worten: »Du spielst mit meinem Herzen, wie dein Vater!«[276] Einst vom Bruder betrogen überträgt der Hofrat nun über das Relais einer allegorischen Lesart seine Gefühle auf den Neffen und demonstriert unfreiwillig den Wunsch, die Welt symbolisch zu lesen, als strategische Fehlleistung. Sowohl der allgemeine Glaube an Vorzeichen als auch der in der konkreten Szene veranschaulichte Hang, das Geschehen unbedingt metaphorisch zu lesen, werden für eine romantische Figur erstaunlich realistisch als problematischer Spleen dargestellt. Auch dass sich der Hofrat seinen allegorischen Raum erst schaffen muss,

---

273 Hoffmann, Das steinerne Herz, S. 320.
274 Hoffmann, Das steinerne Herz, S. 321.
275 Hoffmann, Das steinerne Herz, S. 321.
276 Hoffmann, Das steinerne Herz, S. 323.

ist bezeichnend, sollte die romantische Erzählwelt doch eigentlich grundsätzlich aus symbolischer Landschaft bestehen.

Und es bleibt auch nicht dabei, dass Reutlinger seinen eigenen allegorischen Raum prägt. Die Vorschau auf eine realistische Topologik wird durch die Nutzung des Pavillons als theatralem Bühnenraum vervollständigt. Mit der Inszenierung wird ein weiteres Verfahren angebracht, das sich später als zentral für die Konstruktion realistischer Wirklichkeit erweisen wird. Der Text zeigt sich damit einmal mehr als romantisch-realistische Mischform. Im Turnus von drei Jahren nämlich richtet Reutlinger am Tage Mariä Geburt (8. Sept.) das ›Fest der alten Zeit‹ aus. Das Kostümfest, das über authentische Kleidung immer wieder das Jahr 1760 aufführt, bietet »das allermerkwürdigste Schauspiel«[277] und dient dem Hofrat zum Wiedererleben der verlorenen Jugend, oder wie es einer der Beteiligten fasst: »Er will nun einmal sich selbst mystifizieren«,[278] das heißt zum erzählten Gegenstand und zu Narration werden. Die Gäste sind dabei Komparsen, die »wie in einen Rahmen eingefaßt«[279] zum Inventar der Szene, zum durch Rahmung als Kunst ausgewiesenen Objekt werden.

Durch theatrale Inszenierung einen Pseudowirkraum zu schaffen, der über seine Kommentarfunktion häufig heterotop aufgeladen ist, wird sich im Folgenden als genuin realistische Strategie der Raumkonstitution erweisen und findet sich im Gartenfest des Hofrats mit dem steinernen Herzen bereits vorweggenommen. Und nicht nur die Gesellschaft fühlt sich »wie durch einen Zauberschlag in eine längst verflossene Zeit zurückversetzt«,[280] sondern die entsprechende Wirkung trifft vor allem den Regisseur der Szene mit verstärkter Kraft. Im Pavillon nämlich beobachtet Reutlinger seinen Neffen mit der Tochter Julies und glaubt ob der Ähnlichkeit der Gestalten, sich selbst und damit die Vergangenheit zu sehen. Der daraus resultierende Ohnmachtsanfall lässt sich über eine Vermittlungsstrategie dem Raum zuschreiben, die erst im Realismus regelmäßig begegnet. Es handelt nicht eigentlich der Raum, sondern was eine Wirkung entfaltet, ist die im Raum als Vitrine ausgestellte Konstellation. Der Raum wird zur Bühne, deren Aufbauten von der Figur hergestellt und deren Vorgänge von den Protagonisten selbst inszeniert sind. Die Wirkung des Raumes im *Steinernen Herz* ist damit gänzlich verschieden vom mythisch wirkmächtigen Raum im *Runenberg* oder Hoffmanns eigenen genuin romantischen Texten. Was hier wirkt, ist nicht eigentlich der Raum, sondern die Inszenierung im Raum. So mag man dem Hofrat nicht vorbehaltlos glauben,

---

[277] Hoffmann, Das steinerne Herz, S. 323.
[278] Hoffmann, Das steinerne Herz, S. 324.
[279] Hoffmann, Das steinerne Herz, S. 325.
[280] Hoffmann, Das steinerne Herz, S. 323.

wenn er sich – »selbst weiß ich nicht wodurch«[281] – getrieben fühlt, den Pavillon aufzusuchen, in dem er dann die eindrucksvolle Szene erlebt. Motivisch zwar in einer Reihe mit Tiecks Bertha und Christian ist die Figur Reutlingers jedoch bereits als Phantast und Sonderling markiert und das im Rahmen einer Diegese, die metonymisch funktioniert und keinerlei Überhöhung zugesteht. Die Behauptung »unwillkürlich lenkten sich meine Schritte nach dem Wäldchen«[282] erscheint vor dem Projekt, die eigene Existenz zu narrativieren und die Vergangenheit zur Szene zu formen, eher als Narrativierungsstrategie, denn als Erfahrungsbericht. Durch den Zusatz erhält auch die erklärliche Ohnmacht genau wie die Begegnungsszene den Anschein des Übernatürlichen.

Wieder bei Bewusstsein klärt man den Hofrat über das Missverständnis auf und steuert so einem mehrfachen Happy End entgegen. Mit dem für eine Vision gehaltenen Neffen nämlich lag Reutlinger im Streit und verzeiht diesem im Anschluss an die Szene. Dadurch, dass jener schließlich Julie Jr. heiratet, wird Reutlinger durch die Ersatzhandlung seiner Postfigur mit seinem Schicksal ausgesöhnt, sodass der Neffe nach Reutlingers Ableben die erwähnte Inschrift »Es ruht!«[283] hinzusetzt. Dabei figuriert die Ruhe auch räumlich einen Gegenpol zur romantisch unendlichen Raumdurchquerung, denn Reutlinger vergleicht sich selbst ausdrücklich mit dem ewigen Juden. Er sieht sich durch die vermeintliche seherische Gabe auch dem Tod entrissen und eben unfähig, Ruhe zu finden. Dementsprechend markiert auch die clôture des Textes, dessen letzte Worte in eben dieser Inschrift bestehen, die Abwendung vom romantischen hin zu einem realistischen Raumkonzept.

Ähnlich dem *Fragment aus dem Leben dreier Freunde* begegnet auch hier ein Iterationsraum unerfüllten Begehrens. Im hybrid angelegten Raum setzt sich dabei zuletzt das realistische Konzept durch. Die theatrale Aufführung der Vergangenheit stattet den Pavillon durch das Zutun der Figuren mit einer Wirkmacht aus, die ihr Ziel erreicht, die Vergangenheit intensivst möglich zu vergegenwärtigen und den Raum zuletzt als musealen Erinnerungsort zurückzulassen.

---

[281] Hoffmann, Das steinerne Herz, S. 333.
[282] Hoffmann, Das steinerne Herz, S. 333.
[283] Hoffmann, Das steinerne Herz, S. 345.

7 Vitrine. Der realistische Raum

Auf den ersten Blick scheint es ganz vereinzelt solche Wirkräume auch im Realismus noch zu geben. Die Bedingung dafür, dass ein realistischer Text von diesen sprechen kann, ist aber die Quarantäne der Binnenerzählung.[1] Die Diegese zweiter Ordnung hat unabhängig vom Grad ihrer Glaubwürdigkeit immer die Möglichkeit, ihre Bürgepflicht an die Vermittlungsinstanz abzutreten. Was die Möglichkeiten der Erzählwelt übersteigt, kann im Protestfall dem Binnenerzähler zur Last gelegt und damit einem Diskursproduzenten vorgeworfen werden, der selbst fiktiv ist. Ein erzähltes Ereignis, das nicht mit den Parametern der Textwirklichkeit kompatibel ist, in eine Binnenerzählung einzubetten, hat den Vorteil, dass die Rahmenerzählung nicht von dessen Unglaubwürdigkeit betroffen ist. Wenn ein Erzähler den Bericht eines Freundes wiedergibt, in dem dieser eine Geisterbegegnung beschreibt, zweifelt der Rationalist weniger an der Integrität dieses Rahmenerzählers als vielmehr an der des visionären Freundes. Eine ungebrochene metaphorische Überhöhung zu behaupten, lässt sich so an den Binnenerzähler delegieren. So wird in hierarchischer Stufung zwar, aber dennoch unvermischt die Koexistenz von realistischem und romantischem Erzählen möglich. Der realistische Rahmen präsentiert eine romantische Erzählung und schaltet als Sicherung einen erfundenen Erzähler zwischen. Übertritt die romantische Binnenerzählung die Gesetze der realistischen Rahmenwirklichkeit, springt diese Sicherung sozusagen heraus, indem der Binnenerzähler unglaubwürdig oder zumindest zu phantasiebegabt erscheint. Der Erzählrahmen erleidet keine Beschädigung seiner Glaubwürdigkeit.

Dementsprechend sind es in Theodor Storms *Am Kamin* tatsächlich romantische Geschichten vom Raum, die erzählt werden. Nur erzählt sie eben nicht der realistische Rahmentext selbst, sondern eine Figur als Wiedergabe von Erlebnissen Dritter. Von der Stadt T. beispielsweise wird berichtet, sie sei »ein wahres Gespensternest und noch voll von Heidenglauben«.[2] Ein hiesiger Wirt schildert, zehn Jahre zuvor mit einem jungen Kaufmann den Hof von dessen Vater besucht zu haben. Auf dem Heimweg an einem Rapsfeld fühlt sich der Freund merkwürdig. Als er acht Tage darauf ausreitet, kehrt er nicht zurück und wird an derselben Stelle tot gefunden. Mindestens genauso überhöht erweist sich der Raum, von dem

---

[1] Klaus-Michael Ort spricht gerade in Bezug auf die poetologische Dimension solcher Rahmungen davon, dass »sich die ›realistische‹ Literatur sehr weitgehend als metasemiotisch erweist und Zeichenhaftigkeit, d. h. Zeichen und das Verhältnis zu ihren Referenten selbst ›mise-en-abyme‹ und rekurrent thematisiert« (Claus-Michael Ort, Zeichen und Zeit. Probleme des literarischen Realismus, Tübingen 1998, S. 1).
[2] Theodor Storm, Am Kamin. In: Theodor Storm. Sämtliche Werke in vier Bänden. Band 4. Märchen. Kleine Prosa, hg. von Dieter Lohmeier, Frankfurt am Main 1988, S. 54.

der Barbier des Erzählers berichtet. Dessen Vater war als junger Mann auf Gesellenwanderung gewesen und schließlich bei einem Meister in Arbeit getreten. In der ersten Nacht hört er in seinem Zimmer bei Vollmond Kehrgeräusche, ohne jedoch jemanden sehen zu können. Der Meister kennt das Phänomen bereits und weist auf dessen monatliche Wiederkehr bei Vollmond hin. Als der Geselle schließlich im dritten Monat bei Vollmond erst spät heimkehrt, sieht er vom Garten aus am Fenster seiner Kammer ein »Ding, ungestaltig und molkig«,[3] woraufhin er unmittelbar seinen Abschied nimmt.

Es begegnet also ein Raum, der einer Figur deren Tod ankündigt und schließlich vollstreckt, sowie ein Raum, der übernatürliche Phänomene an perspektivische Umkehrungen koppelt und im Mondschein[4] zyklisch Geistererscheinungen hervorbringt. Derartige Räume aber werden im Realismus vorzugsweise mehrfach eingebettet, vermittelt und relativiert. Es sind Berichte von Berichten, die nicht selten an schon im Vorhinein unglaubwürdigen Orten spielen und darüber hinaus mit dem Auftrag erzählt werden, wohligen Grusel zu verbreiten. Der Rückgriff auf dichterische Freiheit ist dabei von vornherein legitimiert. Dennoch treten diese Räume auf und geben über ihren umfangreichen Quarantänemechanismus einen Hinweis auf das grundlegende Charakteristikum realistischen Raums, nämlich dessen Konzeption als Vitrine. Damit soll im Folgenden ein Raum gemeint sein, der erstens als Plattform hinter den gezeigten Inhalt zurücktritt, um »ein Objekt auf möglichst klare, unzweideutige Weise zu präsentieren.«[5] und zweitens wie ein Schaufenster oder eine Bühne beliebig zu dekorieren ist.[6]

---

3 Storm, Am Kamin, S. 59.
4 Das Licht des Vollmondes transportiert über die volksmythische Motivik des Werwolfs und ähnlicher Geistererscheinungen hinaus auch die bereits beschriebene pseudowissenschaftliche Semantik. Ein solches romantisches Raumzitat, wie es die Geisteranekdoten in Storms *Am Kamin* anbringen, führt auch solche in der zitierten Zeit prominenten Wissenskonzepte mit wie dasjenige einer Offenbarung verborgener Erkenntnisse im passiven Schein der nächtlichen Welt (vgl. Schuberts *Ansichten von der Nachtseite der Naturwissenschaft* sowie die entsprechenden Ausführungen zum *Runenberg*, S. 106).
5 Renate Müller-Fromme, Anforderungen an Vitrinen im Museums- und Ausstellungsbereich. Technischer und konservatorischer Kriterienkatalog aus der Praxis. In: Der Ausstellungsraum im Ausstellungsraum. Moderne Vitrinentechnik für Museen, hg. von der Bildungsstätte für Museumspersonal, Köln 1994, S. 10.
6 Michael Neumann weist darauf hin, dass das Raumverständnis des 19. Jahrhunderts ein grundlegend anderes ist. Neben seiner geschichtlichen Aufladung lässt »die Semantik einen Raum als Ressource seiner zukünftigen Gestaltung erscheinen« (Michael Neumann, Wandern und Sammeln. Zur realistischen Verortung von Zeichenpraktiken. In: Magie der Geschichten. Weltverkehr, Literatur und Anthropologie in der zweiten Hälfte des 19. Jahrhunderts, hg. von Michael Neumann und Kerstin Stüssel, Konstanz 2011, S. 135).

Dieses Prinzip der Vitrine wird als genuin realistische Textur deutlich in Theodor Storms *Carsten Curator*. Der Scherenschnitt, der die promenierende Familie darstellt, lässt die »Spaziergänger nur umso schärfer hervortreten«,[7] während die Landschaft für die hindurchwandernden Figuren bloß Behältnis bleibt. In Betrachtung des Jüngsten auf seinem Steckenpferd hat man »keinen Blick für die Anmut der Abendlandschaft übrig«.[8] Der realistische Raum erweist sich so als Vitrine, als Objektträger, der größtmögliche Transparenz für das Präsentierte aufweist. Im realistischen Raum wird Geschehen diskursiv inszeniert, die Figuren prägen den Raum und nicht umgekehrt.

7.1 Adressenlogik

Im Gegensatz zum romantisch allegorischen Raum ist der Raum des Realismus ein absoluter, nicht relativer. Dieser Unterschied zeigt sich beispielsweise an der Umwertung des romantischen Bergwerkmotivs bei Julius Mosen. In dessen Novellensammlung *Bilder im Moose* heißt es einleitend:

> Wollen unsere Nachkommen einst ihre Zeit begreifen lernen, so werden sie es wie wir machen und sich in die geheimsten Gemüthszustände der nächsten Vergangenheit, wie in eine Bergmannsgrube, versenken müssen, um aus den wundersam durch- und übereinander geschobenen Schichten in der Tiefe die Bildung der Oberfläche sich zum Verständnisse zu bringen.
> Wenn dann auch dieses Büchlein unter dem Gerülle liegt, welches der erzsuchende Bergmann in die Ecke geworfen hat, und nur ein neugieriger Reisender im Vorübergehen es aufschlägt, möchten dann die Abdrücke der seltenen Moose der Zeit, welcher es angehört, im weichen Novellenschiefer, recht bestimmt und eigen ihm in die Augen fallen.[9]
> [...]
> Da die Erzählungen aus dem traumreichen Weinkelche der Mitternacht hervorwuchsen, so wurden diese von selbst frühe Sonntagskinder. Ich darf sie daher unter den Namen ihrer Sonntage wiedererzählen.[10]

Das romantische Motiv der Bergbegehung als Innenschau, wie es noch in *Heinrich von Ofterdingen*, den *Bergwerken zu Falun* oder dem *Runenberg* auftritt, wird aus seinem solipsistischen Zirkel gelöst und wandelt sich vom Ausloten der eigenen Psyche zur geschichtlichen Erschließung vergangener, gemeingesellschaftlicher Einstellungen

---

[7] Theodor Storm, Carsten Curator. In: Theodor Storm. Sämtliche Werke in vier Bänden. Band 2. Novellen 1867–1880, hg. von Karl Ernst Laage, Frankfurt am Main 1987, S. 470.
[8] Storm, Carsten Curator, S. 470.
[9] Julius Mosen, Sämmtliche Werke von Julius Mosen. Siebenter Band. Bilder im Moose, Oldenburg 1863, S. 1.
[10] Mosen, Bilder im Moose, S. 3.

via Stratifikation. *Avant la lettre* taucht das Bild von Kultur als Abdruck, Druckzeichen und mithin als Text auf. Der Blick in die Erde ist keine psychoanalytische Selbstbetrachtung mehr, sondern der Blick ins kulturelle Archiv. Im Berg findet sich nicht mehr das Jetzt des Selbst, sondern die Geschichte der Gemeinschaft. Der realistische Raum wird sich zuletzt als ein von den Figuren geprägter erweisen, sodass es nicht verwundert, wenn in Kellers *Frau Regel Amrain und ihr Jüngster* das Bergwerk als ökonomische Wirkstätte erscheint, deren Nutzbarkeit ausdrücklich von ihrer Einrichtung und Bewirtschaftung durch den Besitzer abhängt. Julius Moosens Erzählungen, die in der Nacht wurzeln und in den Morgen wachsen, sind noch hybride Texturen des Übergangs an der Schwelle zu einer Logik realistisch erzählten Raums.[11]

Dessen Kartographie richtet sich nicht nach Verhältnissen seiner Abschnitte zueinander, sondern nach Orts- und Straßennamen. Geradezu topisch wird dieses Bild im Werk Theodor Fontanes,[12] dessen Romane fast alle mit der Beschreibung einer Adresse beginnen:

In dem Salon der in der Behrenstraße wohnenden Frau von Carayon [...].[13]
(*Schach von Wuthenow*)

Vor dem in dem großen und reichen Oderbruchdorfe Tschechin um Michaeli 1820 eröffneten Gasthaus [...].[14]
(*Unterm Birnbaum*)

---

[11] So beschreiben Sabina Becker und Katharina Grätz auch den Ordnungsfanatismus Adalbert Stifters als räumliche Praxis, die als »intensive Aneignung des Raums« auftritt (Sabina Becker und Katharina Grätz, Einleitung. In: Ordnung – Raum – Ritual. Adalbert Stifters artifizieller Realismus, hg. von Sabina Becker und Katharina Grätz, Heidelberg 2007, S. 12). Ähnlich liest Günter Saße im *Nachsommer* den »Garten des Asperhofes als die von Risach disziplinierte und arrangierte Natur« (Günter Saße, Familie als Traum und Träume. Adalbert Stifters ›Nachsommer‹. In: Ordnung – Raum – Ritual. Adalbert Stifters artifizieller Realismus, hg. von Sabina Becker und Katharina Grätz, Heidelberg 2007, S. 312).
[12] Klaus Scherpe spricht bezüglich Fontanes Topographien prägnant von der »symbolische[n] Haftung der Örtlichkeit« (164) und beschreibt die gesellschaftspolitischen Implikationen dieser Adressenlogik als Bindung an den Ort der eigenen Identität. Das, was hier als geprägter Raum beschrieben wird, gilt Scherpe als Orientierungspunkt des eigenen Selbstentwurfs. So finde sich bei Fontane meist »ein gewisser Reiz der paar Schritte vom Wege. Aber nicht zu heftig und nicht zu weit, so daß der eigene Ort immer noch in Sichtweite bleibt.« (Scherpe, Ort oder Raum?, S. 168).
[13] Theodor Fontane, Schach von Wuthenow. In: Theodor Fontane. Werke, Schriften und Briefe. Abteilung I. Sämtliche Romane, Erzählungen, Gedichte, Nachgelassenes. Erster Band, hg. von Walter Keitel und Helmuth Nürnberger, München 1970, S. 555.
[14] Theodor Fontane, Unterm Birnbaum. In: Theodor Fontane. Werke, Schriften und Briefe. Abteilung I. Sämtliche Romane, Erzählungen, Gedichte, Nachgelassenes. Erster Band, hg. von Walter Keitel und Helmuth Nürnberger, München 1970, S. 453.

Möhrings wohnten Georgenstraße 19 dicht an der Friedrichsstraße.[15]
(*Mathilde Möhring*)

Im Norden der Grafschaft Ruppin, hart an der mecklenburgischen Grenze, zieht sich von dem Städtchen Gransee bis nach Rheinsberg hin (und noch darüber hinaus) eine mehrere Meilen lange Seekette [...].[16]
(*Der Stechlin*)

Eine Meile südlich von Glücksburg, auf einer dicht an die See herantretenden Düne, lag das von der gräflich Holkschen Familie bewohnte Schloß Holkenäs [...].[17]
(*Unwiederbringlich*)

Die Poggenpuhls [...] wohnten seit ihrer vor sieben Jahren erfolgten Übersiedelung von Pommersch-Stargard nach Berlin in einem gerade um jene Zeit fertig gewordenen, also noch ziemlich mauerfeuchten Neubau der Großgörschenstraße [...].[18]
(*Die Poggenpuhls*)

An einem der letzten Maitage [...] bog ein zurückgeschlagener Landauer vom Spittelmarkt her in die Kur- und dann in die Adlerstraße ein und hielt gleich danach vor einem, trotz seiner Front von nur fünf Fenstern, ziemlich ansehnlichen, im Übrigen aber altmodischen Hause [...].[19]
(*Frau Jenny Treibel*)

In Front des schon seit Kurfürst Georg Wilhelm von der Familie von Briest bewohnten Herrenhauses zu Hohen-Cremmen fiel heller Sonnenschein auf die mittagsstille Dorfstraße [...].[20]
(*Effi Briest*)

---

15 Theodor Fontane, Mathilde Möhring. In: Theodor Fontane. Werke, Schriften und Briefe. Abteilung I. Sämtliche Romane, Erzählungen, Gedichte, Nachgelassenes. Vierter Band, hg. von Walter Keitel und Helmuth Nürnberger, München 1974, S. 577.
16 Theodor Fontane, Der Stechlin. In: Theodor Fontane. Werke, Schriften und Briefe. Abteilung I. Sämtliche Romane, Erzählungen, Gedichte, Nachgelassenes. Fünfter Band, hg. von Walter Keitel und Helmuth Nürnberger, München 1980, S. 7.
17 Theodor Fontane, Unwiederbringlich. In: Theodor Fontane. Werke, Schriften und Briefe. Abteilung I. Sämtliche Romane, Erzählungen, Gedichte, Nachgelassenes. Zweiter Band, hg. von Walter Keitel und Helmuth Nürnberger, München 1971, S. 567.
18 Theodor Fontane, Die Poggenpuhls. In: Theodor Fontane. Werke, Schriften und Briefe. Abteilung I. Sämtliche Romane, Erzählungen, Gedichte, Nachgelassenes. Vierter Band, hg. von Walter Keitel und Helmuth Nürnberger, München 1974, S. 479.
19 Theodor Fontane, Frau Jenny Treibel. In: Theodor Fontane. Werke, Schriften und Briefe. Abteilung I. Sämtliche Romane, Erzählungen, Gedichte, Nachgelassenes. Vierter Band, hg. von Walter Keitel und Helmuth Nürnberger, München 1974, S. 297.
20 Theodor Fontane, Effi Briest. In: Theodor Fontane. Werke, Schriften und Briefe. Abteilung I. Sämtliche Romane, Erzählungen, Gedichte, Nachgelassenes. Vierter Band, hg. von Walter Keitel und Helmuth Nürnberger, München 1974, S. 7.

> An dem Schnittpunkte von Kurfürstendamm und Kurfürstenstraße, schräg gegenüber dem »Zoologischen«, befand sich in der Mitte der siebziger Jahre noch eine große, feldeinwärts sich erstreckende Gärtnerei [...].²¹(*Irrungen, Wirrungen*)
>
> In der Invalidenstraße sah es aus wie gewöhnlich [...], und wer durchaus was Merkwürdiges hätte finden wollen, hätte nichts anderes auskundschaften können, als daß in Nummer 98e die Fenster der ersten Etage [...] mit einer Art Bravour geputzt wurden.²²
> (*Stine*)

Und wenn Effi Briest nach Berlin zieht, erfährt der Leser nicht nur den akkuraten Anfahrtsweg durch den Berliner Stadtplan – »erst die Linden und dann die Tiergartenstraße hinunter flog die Droschke« –, sondern auch Adresse und Hausnummer der neuen Wohnung: »Keithstraße 1c«.²³ Es soll dabei nicht verschwiegen werden, dass die Szene der auf einem Grabstein vor der Kirche sitzenden Frau Menz und ihres Sohnes in *Quitt* sowie das Gespräch der Kinder Grete und Valtin von Garten zu Garten durch eine Hecke in *Grete Minde* den Topos genauso nur mittelbar bedienen wie der Anfangssatz von *L'Adultera*: »Der Kommerzienrat van der Straaten, Große Petristraße 4, war einer der vollgiltigsten Finanziers der Hauptstadt«. Und *Cécile* beginnt gar in einem abfahrenden Zug und qualifiziert sich damit scheinbar eher für eine romantische Dynamik. Die Beschreibung des realistischen Textes als statischem Raum impliziert nicht, dass ausnahmslos alle Texte des poetischen Realismus im dargestellten Gestus anfangen. Es geht vielmehr um die Konstruktion von Raum im gesamten Text. – Die Tendenz, diese Statik bereits in der Texteröffnung zu illustrieren, ist aber auffallend. Letztlich handelt es sich beim ersten (wie auch beim letzten) Satz einer Erzählung oder eines Romans um exponierte Stellen, die quasi eine angeborene, natürliche Betonung tragen.²⁴ Dass neben Otto Ludwigs *Aus dem Regen in die*

---

21 Theodor Fontane, Irrungen, Wirrungen. In: Theodor Fontane. Werke, Schriften und Briefe. Abteilung I. Sämtliche Romane, Erzählungen, Gedichte, Nachgelassenes. Zweiter Band, hg. von Walter Keitel und Helmuth Nürnberger, München 1971, S. 319.
22 Theodor Fontane, Stine. In: Theodor Fontane. Werke, Schriften und Briefe. Abteilung I. Sämtliche Romane, Erzählungen, Gedichte, Nachgelassenes. Zweiter Band, hg. von Walter Keitel und Helmuth Nürnberger, München 1971, S. 477.
23 Fontane, Effi Briest, S. 202.
24 Auf diesen Aspekt weist auch Fontane selbst verschiedentlich hin: »[D]as erste Kapitel ist immer die Hauptsache und in dem ersten Kapitel die erste Seite, beinah die erste Zeile. Die kleinen Pensionsmädchen haben gar so unrecht nicht, wenn sie bei Briefen oder Aufsätzen alle Heiligen anrufen: ›wenn ich nur erst den Anfang hätte.‹ Bei richtigem Aufbau muß in der erste [!] Seite der Keim des Ganzen stecken« (Brief an Gustav Karpeles vom 18.08.1880. In: Theodor Fontane. Werke, Schriften und Briefe. Abteilung IV. Briefe. Dritter Band 1879–1889, hg. von Walter Keitel und Helmuth Nürnberger, München 1980, S. 101). Ähnlich die vielzitierte Bemerkung zu *Schach von Wuthenow*: »Der Anfang ist immer das entscheidende; hat mans darin gut getroffen, so muß

Traufe und *Zwischen Himmel und Erde* auch Gustav Freytags *Soll und Haben* sowie der Großteil der Novellen Theodor Storms und Paul Heyses mit der Beschreibung eines Ortes einsetzen, soll weniger diesen Gestus der Texteröffnung verallgemeinern, sondern vielmehr als auffällig häufige Illustration eines zentralen Charakteristikums realistischen Erzählens begriffen sein.[25] Wie die Dorfgeschichten Gottfried Kellers, Leopold Komperts, Joseph Ranks oder Berthold Auerbachs neigt realistisches Erzählen zu überschaubaren Raumkonstruktionen, deren Orte nicht allegorisch bedeutsam werden durch ihren Bezug zur Umgebung, sondern deren Eigenschaften absolut gesetzt beziehungsweise als reine Koordinate zur Orientierung gegeben werden. Das Gustav Freytags *Soll und Haben*, dem erfolgreichsten Roman des Realismus, vorangestellte Motto Julian Schmidts, man solle »das deutsche Volk da suchen, wo es in seiner Tüchtigkeit zu finden ist, nämlich bei der Arbeit«,[26] verweist neben der Bekräftigung des programmatischen ökonomischen Diskurses auf eine entscheidende Veränderung seit der Romantik; es wird nämlich nicht nur beschrieben, wo, sondern auch dass der Deutsche überhaupt irgendwo aufzufinden ist. Der Romantiker ist mit Vorliebe auf Wanderschaft und die häufigste Art einander zu begegnen ist auf Reisen durch eine Art allegorisch aufgeladenen Zufall. Im Realismus schweift man nicht, und wenn man doch einmal reist, dann im rekurrenten Rahmen bekannter Nahgeographien,[27] die zudem im Modus der Reise angeeignet und verfügbar gemacht werden.[28] Die realistische Figur orientiert sich am Koordinatensystem exakter Adressen.[29]

---

der Rest mit einer Art von innerer Nothwendigkeit gelingen« (Brief an Mathilde von Rohr vom 03.06.1879. In: Theodor Fontane. Werke, Schriften und Briefe. Abteilung IV. Briefe. Dritter Band 1879–1889, hg. von Walter Keitel und Helmuth Nürnberger, München 1980, S. 23). Dass einem adressenlogischen ersten Satz eine Raumlogik des geprägten Raums und des Nutzraums folgt, lässt sich mit einer ähnlichen ›inneren Notwendigkeit‹ schließen.

25 Wilhelm Heinrich Riehls *Burg Neideck* [1876] beispielsweise verlagert die Adresse nicht nur direkt in den Titel, sondern nutzt den ersten Satz der Erzählung, um jede mögliche Ambiguität der realistischen Ortsangabe auszuräumen und die beschriebene Adressenlogik damit explizit zu betonen; die Erzählung setzt ein: »Es gibt in Deutschland mehrere Burgen dieses Namens, aber die schönste unter ihren Namensschwestern ist ohne Zweifel jenes Neideck im ehemaligen Reichsfürstentum Westerau« (Wilhelm Heinrich Riehl, Burg Neideck. In: Wilhelm Heinrich Riehl, Durch tausend Jahre. Fünfzig kulturgeschichtliche Novellen. Dritter Band, Leipzig o. J. [1937], S. 165).

26 Gustav Freytag, Soll und Haben, München 1977, S. 6.

27 Katharina Grätz fasst zusammen: »Während Fontane immer Berlin und die Mark Brandenburg in den Blick nimmt, zeigt sich Keller auf Zürich fixiert, Stifter auf die Landschaft des Böhmerwaldes und Raabe auf das Weserland« (Grätz, Landpartie und Sommerfrische, S. 78, Fußnote 7).

28 Vgl. hierzu Fritz Martini bezüglich Adalbert Stifter: »Das typische Motiv der Wanderschaft, der Reise und der Heimkehr in Stifters Erzählen stellt dem romantischen Typus entgegengesetzt, ein sich vertiefendes, umschreitendes und zurückkehrendes Sich-Einleben in das Räumliche, ein ›In-

7.2 Inszenierung

Der realistischen Adressenlogik ist auch Fontanes *Schach von Wuthenow* verpflichtet.[30] Über den obligatorischen Einstieg mit der genauen Ortsbezeichnung hinaus ist auch der Paratext konsequent an kartographischer Nachverfolgbarkeit orientiert, da auch die Kapitelüberschriften häufig dem Formular »4. In Tempelhof«, »6. Bei Prinz Louis« oder »14. In Wuthenow am See« entsprechen.

Dramaturgisch im Mittelpunkt steht dabei mit dem »Die Schlittenfahrt« überschriebenen elften Kapitel jedoch ein weiterer zentraler Aspekt realistischer Wirklichkeitserzeugung – die Inszenierung.[31] Das Transitorische im Titel deutet bereits den Kontrast zum übrigen realistischen Geschehen an festen Adressen an, sodass es

---

der-Zeit-Sein‹ innerhalb des Bestehenden her« (Fritz Martini, Deutsche Literatur im bürgerlichen Realismus 1848–1898, Stuttgart 1962, S. 531 f.).

29 Die kartographische Festschreibung tritt auch als ausdrückliche Wendung gegen das romantische Schweifen auf; man »fährt [..] ab und kommt an; die Reisen fallen, wie auf der Komödienbühne, in die Pausen« – so Peter Demetz über den ›Roman der guten Gesellschaft‹, wie ihn Jane Austen und Theodor Fontane prägen, und der »eine ausgeprägte Antipathie gegen Ortswechsel, Szenenänderung [und] ungewisses Reisen« hat (Peter Demetz, Formen des Realismus: Theodor Fontane. Kritische Untersuchungen, München 1964, S. 188).

30 Zur freien Bearbeitung und Umdatierung des authentischen Stoffes als Symbol für den Niedergang eines rigiden, verschrobenen Preußens vgl. grundlegend: Pierre-Paul Sagave, ›Schach von Wuthenow‹ als politischer Roman. In: Fontanes Realismus. Wissenschaftliche Konferenz zum 150. Geburtstag Theodor Fontanes in Potsdam, hg. von Hans-Erich Teitge und Joachim Schobeß, Berlin 1972, S. 87–94 sowie Walter Müller-Seidel, Theodor Fontane. Soziale Romankunst in Deutschland, Stuttgart ²1980, S. 133 ff. Auch Peter Demetz liest die Inszenierung der im Mittelpunkt stehenden Schlittenfahrt als Verweis auf die »innere Entleerung des preußischen militärischen Systems, wie sie von Bülow betonte, und das Formbewußtsein Schachs bestätigt« (Demetz, Formen, S. 158).

31 Auch in der Forschung spiegelt sich der Text insofern als Panorama von Inszenierungsverfahren als *Schach von Wuthenow* in großem Maße Selbstinterpretation betreibt. Die »eingeschlossenen Reflexionen und Diskussionen deuten die Handlungen und Charaktere der zentralen Figuren« (Klaus Dieckhoff, Romanfiguren Theodor Fontanes in andragogischer Sicht. Untersuchungen zur Geschichte des Erwachsenseins, Frankfurt am Main u. a. 1994, S. 82). Meist alternieren Handlungskapitel und Interpretationskapitel (zentral hier jüngst: Peter James Bowman, ›Schach von Wuthenow‹. Interpreters and Interpretants. In: Theodor Fontane and the European Context. Literature, Culture and Society in Prussia and Europe, hg. von Patricia Howe und Helen Chambers, Amsterdam/Atlanta 2001, S. 43–62). Vgl. auch John Osborne, der *Schach von Wuthenow* ein »sehr theatralisches Werk nennt (John Osborne, Schach von Wuthenow. ›Das rein Äußerliche bedeutet immer viel …‹. In: Fontanes Novellen und Romane, hg. von Christian Grawe, Stuttgart 1991, S. 93) sowie zum »Inszenierungs-Status der staatstragenden Mythen« wie beispielsweise des Luthertums: Gabriele Brandstetter und Gerhard Neumann, ›Le laid c'est le beau.‹ Liebesdiskurs und Geschlechterrolle in Fontanes Roman Schach von Wuthenow. In: Deutsche Vierteljahrsschrift für Literaturwissenschaft und Geistesgeschichte, 72.2, 1998, S. 252.

sich passend fügt, wenn auch inhaltlich Romantisches verhandelt wird. Der Gegenstand der Schlittenfahrt ist nämlich Zacharias Werners Lutherdrama *Die Weihe der Kraft*. Denn zeitlich um 1806 angesiedelt bewegen sich die Figuren von Fontanes Erzählung in der Romantik und bieten dem Narrativ die Gelegenheit, sich zu deren Gegenständen zu verhalten. Zacharias Werner, bekannt für seinen Einakter *Der fünfundzwanzigste Februar* und die damit begründete Gattung des Schicksalsdramas, dient als Folie sowohl der Kommentierung romantischer Denkmuster als auch der realistischen Tendenz zur Inszenierung.[32] Die Schlittenfahrt, einer »jener tollen Streiche«[33] des Regiments Gendarmes, besteht in einem parodistischen Maskenumzug. Die Attitude des wernerschen Dramas wird in satirischer Travestie vorgeführt und der Plan, »einen Aufzug zu bewerkstelligen, von dem die spätesten Geschlechter noch melden sollen«,[34] erwächst aus dem allgemeinen Unmut der romantischen Darstellung Luthers gegenüber. Die Form des Dramas bietet den realistischen Figuren um den Protagonisten Schach von Wuthenow eine Angriffsfläche ihres ästhetischen Missfallens. Beim Vortrag einiger in der *Weihe der Kraft* enthaltener Lieder im privaten Kreis bringt es der Verleger Daniel Sander auf den Punkt: »Ich versteh es nicht.«[35] Man lobt zwar den Vortrag, bezüglich des Textes aber »bekannte sich alles zu Sanders ketzerischen Absichten.«[36] Der Erzähldiskurs bekräftigt den Standpunkt, wenn es über den Publizisten Bülow heißt: »Wider Wissen und Willen war er ein Kind seiner Zeit und romantisierte.«[37] Die versonnene Wiederholung des letzten Verses der vorgetragenen Strophe hat für dieses Urteil genügt, das sich wie die bedauernde Feststellung eines Gendefekts liest. *Die Weihe der Kraft* jedenfalls gibt den jungen Offizieren vom Regiment Gendarmes Anlass zu einem »Mummenschanz«,[38] der den Bereich des guten Geschmacks verlässt und die Beobachterin Victoire von Carayon emotional tief aufwühlt. Diese nämlich trägt sich mit einem bedrückenden Geheimnis, denn sie hat ein Verhältnis mit dem Rittmeister von Schach, das aus mehreren Gründen prekär ist. Zunächst steht Schach als Verehrer der Mutter Victoires seit Langem unter der öffentlichen Erwartung, diese zu heiraten. Deren Makel als Witwe aber wird durch die Tochter Victoire selbst er-

---

32 Schon Ingrid Mittenzwei spricht bezüglich der Romanhandlung sowie der darin eingebetteten Schlittenfahrt von »zwei Komödien«, deren letztere nicht von der lebensweltlichen »Maskerade der farblosen und leeren Worte, die Schach selbst inszeniert« ablenkt (Ingrid Mittenzwei, Die Sprache als Thema. Untersuchungen zu Fontanes Gesellschaftsromanen, Berlin/Zürich 1970, S. 58).
33 Fontane, Schach von Wuthenow, S. 627.
34 Fontane, Schach von Wuthenow, S. 623.
35 Fontane, Schach von Wuthenow, S. 566.
36 Fontane, Schach von Wuthenow, S. 566.
37 Fontane, Schach von Wuthenow, S. 566.
38 Fontane, Schach von Wuthenow, S. 526.

weitert, denn diese ist seit der Kindheit von Blatternarben entstellt. Der Widerstreit von Zuneigung, Eitelkeit und Scham ist dabei in den Diskurs von Theatralität und Inszenierung eingebettet. Eine entsprechende Lesart erschließt die Erzählung als Verhandlung realistischer Inszenierungspraktiken.

Zwar ist es ausgerechnet Victoire, die die romantischen Lieder zu Gehör bringt, und Schach begegnet ihren Bedenken hinsichtlich fehlender Übung mit einem Lob auf das Natürliche: »Alle Salonvirtuosität ist mir verhaßt. Aber, was ich in der Kunst liebe, das ist ein solches poetisches Suchen und Tappen.«[39] Das Bekenntnis zum Echten aber büßt im Verlauf an Glaubwürdigkeit ein, denn es ist eben diese gewandte Handhabung der gesellschaftlichen Rolle, die ›Salonvirtuosität‹, die für den überzeugten Junggesellen an erster Stelle steht. Michael Scheffel sieht genau darin das Problem. Schach ist so sehr originär gesellschaftlicher Charakter, dass bei ihm Maske und Gesicht in eins fallen. Der Rittmeister verkörpert die Parameter öffentlicher Meinung so genuin, »daß er ohne individuelle Natur und damit frei von allem Natürlichen jenseits der sozialen Ordnung ist.«[40] Victoire hingegen, deren Freiheit, auf eine Maske verzichten zu dürfen, gerade in völliger Individualität besteht, stellt für Schach einen Prüfstein dar, an dem er letztendlich scheitert.[41] Authentizität und in sich selbst aufgehende Inszenierung sind nicht zu vereinen.

Dieser Konflikt Schachs, sich zu einer Liebschaft bekennen zu müssen, die jene Virtuosität als defizitär markiert und beschädigt, wird in das Wechselverhältnis von Schein und Sein eingebettet. Bereits der Bericht vom persönlichen Besuch Zacharias Werners im Salon der Frau von Carayon steht unter keinem guten Vorzeichen. Der Tenor ist der einer Enttäuschung, anstelle des Gottes findet man den Sterblichen, der nicht von »seiner geheimsten Zwiesprach mit den Göttern« berichtet, sondern von profanen Alltagsdingen oder »seinem letzten Orden«.[42] Die Selbstinszenierung als Täuschung tritt hier ohne jede Verklausulierung direkt als Drama auf. Den Dichter der wernerschen Werke hatte man sich anders vorgestellt als Zacharias Werner. Und dessen Darstellung Luthers in je-

---

39 Fontane, Schach von Wuthenow, S. 555.
40 Michael Scheffel, ›Der Weg ins Freie‹ – Figuren der Moderne bei Theodor Fontane und Arthur Schnitzler. In: Theodor Fontane. Am Ende des Jahrhunderts. Band III, hg. von Hanna Delf von Wolzogen, Würzburg 2000, S. 257. Hiltrud Bontrup bemerkt diesbezüglich treffend, dass Schach ohne »Vornamen und […] somit ohne individuelle Identität und Persönlichkeit« auftritt (Hiltrud Bontrup, ›… auch nur ein Bild‹. Krankheit und Tod in ausgewählten Texten Theodor Fontanes, Hamburg/Berlin 2000, S. 64).
41 Hiltrud Bontrup zeigt Schach dementsprechend als »Repräsentation einer ästhetizistischen Existenz, die sich von ihren ehemaligen soziokulturellen Inhalten abgelöst und ihren Verweischarakter eingebüßt hat und somit selbstreferentiell geworden ist« (Bontrup, Krankheit, S. 61).
42 Fontane, Schach von Wuthenow, S. 561.

suitischem Duktus wiederum hält man ebenfalls für nicht gelungen. Die Inszenierung als Konzept gesellschaftlichen Umgangs ist allgegenwärtig und begegnet auch, wenn nach den Motiven August Wilhelm Ifflands gefragt wird, ausgerechnet als Freimaurer Luther verkörpern zu wollen. Als mise-en-abyme wird hier das Inszenieren des Stückes selbst als Inszenierung des eigenen Schauspielertums hinterfragt und mit einer Einschätzung kommentiert, die proleptisch bereits den Ausgang des schachschen Dilemmas beschreibt: »Unsere Prinzipien dauern gradeso lange, bis sie mit unsern Leidenschaften oder Eitelkeiten in Konflikt geraten, und ziehen dann jedesmal den Kürzeren.«[43]

Ifflands Ehrgeiz, sich als Darsteller Luthers zu inszenieren, korrespondiert mit Schachs unbedingtem Willen zur makellosen Erscheinung. Gegenstand des Spottes zu sein, ist um jeden Preis zu vermeiden. Und genauso wie er die Witwe nicht zu heiraten gewillt ist, kommt auch die Verbindung mit deren »unrepräsentable[r] Tochter«[44] nicht in Frage. Die Ablehnung der ›Salonvirtuosität‹ selbst erweist sich als Maske, als Geste, deren Mehrwert es ist, die Rolle des Schätzers originärer Natürlichkeit vorzustellen. Dementsprechend ist Bülows Einschätzung bezüglich Schach mehr Kompliment als scharfsinnige Analyse: »Er spielt nicht bloß den Ritterlichen, er *ist* es auch. Natürlich auf seine Weise. Jedenfalls trägt er ein ehrliches Gesicht und keine Maske.«[45]

Das Wahre dieser Feststellung liegt in Schachs Maximen. Wenn Ritterlichkeit mit rigoroser Konsequenz gleichzusetzen ist, trifft die Charakteristik zu. Immerhin heiratet Schach die entstellte Victoire nach innerem Kampf tatsächlich und in bestem Geiste der Inszenierung mit überzeugend guter Miene. Der ebenso überzeugende Schutz der eigenen Eitelkeit aber führt zum unüberwindbaren Konflikt der so ritterlich vertretenen, aber gegensätzlichen Maximen von Verantwortung und Integrität der eigenen Rolle. Schach erschießt sich direkt nach der Heirat im Kutschwagen. So hat Bülow mit seinem Urteil: »Er ist immer er selbst«[46] auf fatale Weise recht. Jedoch nicht in dem Sinne, dass Schach bewundernswert unprätentiös wäre, sondern dahingehend, dass die Identifikation mit seiner Rolle absolut wird und die Wirklichkeit in der Allgegenwart der Inszenierung aufgeht.[47] Der Rittmeister von Schach ist tatsächlich immer er selbst, auch in dem Moment, als sein Dreiecksverhältnis mit den Damen Carayon in öffentlichen Karikaturen

---

43 Fontane, Schach von Wuthenow, S. 563.
44 Fontane, Schach von Wuthenow, S. 571.
45 Fontane, Schach von Wuthenow, S. 572.
46 Fontane, Schach von Wuthenow, S. 573.
47 In der Figur des Schach zeigt sich damit weit vor Thomas Mann und Arthur Schnitzler eine Spielart von »Ästhetizismus als Lebensverneinung« (Christian Grawe, Schach von Wuthenow. In: Fontane-Handbuch, hg. von Christian Grawe und Helmuth Nürnberger, Stuttgart 2000, S. 544).

verhöhnt wird. Diese Manipulation seines Bildes in der Öffentlichkeit ist zugleich eine Manipulation seiner selbst, denn Schach ist identisch mit seiner Fremdwahrnehmung: »Er ist krankhaft abhängig, abhängig bis zur Schwäche, von dem Urteile der Menschen«.[48]

Schachs Konflikt pointiert dabei eine Tendenz, die der Text in breiter Motivik auffächert, das Primat des Theatralischen über das Reale. So berichtet der Regimentsoffizier Alvensleben bereits als Kind in der Dorfkirche von der Lutherstatue mehr gelernt zu haben als von der Predigt.[49] Schachs Groom wird durch die Gravität seiner Selbstdarstellung »immer mehr eine Puppe«,[50] und auch das Lieblingszimmer Victoires und ihrer Mutter wird über Blickkonstellationen zum Ort der Inszenierung. Vom Balkon und »von beinahe jeder Stelle des Zimmers aus« bietet sich der Blick »auf das benachbarte Straßentreiben«,[51] das insbesondere dann interessant wird, wenn Paraden am Haus vorbeiziehen und sich die Blickkonstellation umkehrt, indem die Offiziere zum Balkon emporschauen und die Beobachtenden beobachten.

Das Zimmer als Aussichtsplattform auf alltägliche sowie militärische Aufführungen ist darüber hinaus als Erinnerungsraum ausgewiesen. Die antiquarische Einrichtung verweist sowohl auf ihr geschichtliches Herkommen als auch grundsätzlich darauf, von der Figur geprägt zu sein. Hier verlässt Victoire beim Anblick der satirischen Schlittenfahrt die Kraft, die eigene Maskerade aufrecht zu erhalten. Und das in einer Umgebung, die vollständig über das Prinzip der Inszenierung organisiert ist, ein Charakteristikum, das man ausdrücklich benennt. So zum Beispiel Bülow als er dem Prinzen vom Aufruhr um *Die Weihe der Kraft* berichtet:

> »Die ganze Stadt ist in Aufregung. Versteht sich, wenn ich sage ›die ganze Stadt‹, so mein' ich das Theater.«
> »Das Theater *ist* die Stadt.«[52]

Noch deutlicher wird Graf Petöfy in Fontanes gleichnamigem Roman und benennt gleich die in Frage stehende Schreibweise mit: »[U]nd als letztes Resultat haben wir dann auch selbstverständlich ein mit Theater gesättigtes Leben und ein mit Leben gesättigtes Theater. Also Realismus!«[53] Über diesen Umstand sind sich auch

---

48 Fontane, Schach von Wuthenow, S. 571.
49 Vgl. Fontane, Schach von Wuthenow, S. 563.
50 Fontane, Schach von Wuthenow, S. 575.
51 Fontane, Schach von Wuthenow, S. 574.
52 Fontane, Schach von Wuthenow, S. 601. [Hervorh. i. Orig.]
53 Theodor Fontane, Graf Petöfy. In: Theodor Fontane. Werke, Schriften und Briefe. Abteilung I. Sämtliche Romane, Erzählungen, Gedichte, Nachgelassenes. Erster Band, hg. von Walter Keitel und Helmuth Nürnberger, München 1970, S. 734.

die Protagonisten in *Schach von Wuthenow* einig, der Raum der Stadt ist die Bühne einer permanenten Aufführung. Als Teil einer solchen ist auch Victoire dem Prinzen bekannt, der sich an ihren Auftritt beim massowschen Kinderball erinnert. Dass das Kind unmittelbar nach dem Ball beinahe an den Blattern gestorben und in der Folge im Gesicht entstellt ist, rückt die beiden Ereignisse auch in symbolische Nähe. Die Teilnahme am Ball bezeichnet die eigene Eingliederung ins Maskendasein,[54] dementsprechend sieht sich die erwachsene Victoire mit einem Rest von Bitterkeit zwar durch ihr Handicap im Gegenzug von allen Zwängen gesellschaftlicher Inszenierung frei: »An dem Abende bei Massows, wo man mir zuerst huldigte, war ich, ohne mir dessen bewußt zu sein, eine Sklavin. Oder doch abhängig von hundert Dingen. Jetzt bin ich frei.«[55] Schach zwar hält dem entgegen, »daß sich die Seele den Körper schafft oder ihn durchleuchtet und verklärt.«[56] Bei diesem Standpunkt aber handelt es sich bekanntermaßen um eine Rolle, die der Rittmeister nicht durchhalten wird. Aber auch Victoire selbst hat der Maske nicht ganz entsagt, denn als sich Schach nach Konfrontation mit seiner Pflicht der Ehre auf sein Gut zurückzieht, ist es Frau von Carayon, die auf ein Entgegenkommen seinerseits drängt; Victoire hingegen spielt »Großmutskomödie«.[57]

Der Auslöser für Schachs Rückzug liegt dabei nicht allein in der Aussicht, das Junggesellendasein aufgeben zu müssen, sondern in einer Kränkung besonderer Art. Anonyme Karikaturen, die den Rittmeister im Dreiecksverhältnis mit Mutter und Tochter Carayon darstellen, treffen dessen Ehrgefühl und beschädigen die

---

[54] Ball und Tanz treten im fontaneschen Erzählwerk grundsätzlich als »Gradmesser für gesellschaftliche Einbindung« auf (Walter Salmen, ›Am Sylvester war Ressourcenball …‹. Tänze und Bälle bei Theodor Fontane, Fontane Blätter, 88, 2009, S. 118). Oder wie es Reinhold Frigge, Ulrike Schmiedinghöfer und Georg Werner fassen: »Selbstinszenierungen und darstellendes Spiel sind genuine Elemente des Fontane'schen Erzählens. Sie sind Rollen- und Lebensspiel zugleich« (Reinhold Frigge, Ulrike Schmiedinghöfer und Georg Werner, Raumcollagen und Genreszenen. Handlungsorientierte Zugänge zur Fontane-Lektüre im Unterricht berufsbildender Schulen. In: Diskussion Deutsch, 26, 1995, S. 291).
[55] Fontane, Schach von Wuthenow, S. 616. Ralph Szukala weist darauf hin, dass diese Freiheit Victoires durchaus auch als Defizit zu lesen ist und als Verzicht auf das »Eigenrecht des Scheins und auch des Scheinenwollens«. Schach imponiert der jungen Frau nicht zuletzt in der souveränen Intaktheit seiner Rolle, an deren Inszenierung nicht teilhaben zu können Victoire »als schmerzhaften Abschied von einer Illusion« erfährt (Ralph Szukala, Victoire 1806, Preußen. Zur Spiegelschrift der Bildmotive in Theodor Fontanes ›Schach von Wuthenow‹. In: In Bildern denken. Studien zur gesellschaftskritischen Funktion von Literatur, hg. von Giovanni Scimonellp und Ralph Szukala, Bielefeld 2008, S. 152).
[56] Fontane, Schach von Wuthenow, S. 616.
[57] Fontane, Schach von Wuthenow, S. 632.

Rolle des souveränen und integren Lebemannes.[58] Dass der Urheber sich bei Einreichung der Zeichnungen als ›Fremder‹ ausgibt, hält man »für bloße Maske«[59] und bringt einmal mehr den Inszenierungsdiskurs an.

Schach zieht sich in der Folge auf den alten Familienwohnsitz am See zurück, der in der Perspektive realistischer Raumlogik als geprägter Raum beschrieben wird. Neben dem gemähten Rasen werden vor allem die baulichen und architektonischen Bearbeitungen durch die verstorbene Mutter betont, die Haus und Garten zum jetzigen Zustand hergerichtet hat.[60] Im Zuge dessen wird das typisch realistische Motiv eines Raums angebracht, der seit dem Tod einer Figur unberührt und so zum Museumsraum geworden ist.[61] Da Schach seit dem Tod der Mutter das Schloss nicht mehr betreten hat, »hatte noch alles den alten Platz.«[62] Dass sich der Flüchtende von seinem Schutzraum aber ein durchaus romantisches Potenzial verspricht, zeigt sich, wenn Gut Wuthenow im Schein der Sterne »wie das Schloß im Märchen«[63] daliegt. Man ahnt bereits im Vorhinein, dass die realistische Textur keine tatsächliche Enklave romantischen Raums zulassen wird. Und tatsächlich distanziert sich der Erzähldiskurs noch im selben Satz und bezeichnet mit der »Schönheit des Bildes«[64] die ganze Szene als gerahmt, medial vermittelt und letztlich unecht. Die Versuche, den Raum romantisch und sogar ins Heterotope zu überhöhen, bleiben Geste im Sinne der realistischen Metapher. Wenn Schach auf dem Sofa grübelnd feststellt: »Jetzt bin ich zwölf Stunden hier, und mir ist, als wären es zwölf Jahre«,[65] wird eine Heterochronie wie sie Tiecks *Elfen* präsentiert zwar anzitiert, aber eben doch nur in der Figurenrede und als bildliche Beschreibung der Gemütsverfassung, denn die Zeit vergeht normal und eine Heterochronie entsteht nicht.[66] Das Seeschloss, von dem der Gendarmesleutnant

---

58 Betroffen ist damit ein Charakter, der »bis ins kleinste Detail seine äußere Erscheinung durchformuliert« (Stefan Greif, Ehre als Bürgerlichkeit in den Zeitromanen Theodor Fontanes, München u. a. 1992, S. 125). Dass Greif mit ›formulieren‹ eine Text-Metapher heranzieht, rückt die Figur in unmittelbare Nähe zum Prinzip diskursiver Selbstinszenierung.
59 Fontane, Schach von Wuthenow, S. 638.
60 Das Personal wirkt in diesem Sinne weiter; Schach ist bezüglich des Gartensalons »überrascht, was Ordnungssinn und ein paar freundliche Hände mittlerweile daraus gemacht hatten« (Fontane, Schach von Wuthenow, S. 648).
61 Die Wiederkehr dieses realistischen Topos illustriert auch Storms Novelle *Carsten Curator*, die die Kammer der verstorbenen Juliane zum von deren Tod an unberührten Museum werden lässt.
62 Fontane, Schach von Wuthenow, S. 642.
63 Fontane, Schach von Wuthenow, S. 640.
64 Fontane, Schach von Wuthenow, S. 640.
65 Fontane, Schach von Wuthenow, S. 651.
66 James M. Bade bringt hier eine interessante Allegorese an, wenn er auf die Korrespondenz von als Stunde kodierten Jahren und symbolischem Durchwandern der Landschaft hinweist. Die nächtlichen Erlebnisse auf Gut Wuthenow erhalten so den Charakter eines Parallelentwurfs »of

Nostitz »behauptet, daß es halb Wurmfraß und halb Romantik sei«,[67] wird zwar dem Anspruch als Schutzraum gerecht, Schachs Hoffnung aber auf einen romantischen Wirkraum erfüllt es nicht.[68] Als der Protagonist sich in der Nacht vom Grübeln wachgehalten zu zerstreuen sucht, rechnet er dabei auf die Wirkung des Gartens. Dessen »Charakter eines wuchernden Blühens«[69] bei beginnender Verwilderung verspricht zwar viel, enttäuscht aber die Erwartung eines bewusstseinsverändernden Wirkraums. Während Schach im Laubengang Götterfiguren aus Sandstein betrachtet, wird der Versuch deutlich, eine Kodierung oder einen Mehrwert wahrzunehmen. Bisher hatte er die Statuen passiert,

> ohne sich auch nur im geringsten um sie zu kümmern oder ihrer Bedeutung nachzuforschen; heut' aber blieb er stehen und freute sich besonders aller derer, denen die Köpfe fehlten, weil sie die dunkelsten und unverständlichsten waren und sich am schwersten erraten ließen.[70]

Um Hintersinn bemüht richtet sich Schachs Faszination ausgerechnet auf die Kopflosigkeit der Figuren und ihre damit einhergehende Entindividualisierung. Das Spiel, am gesichtslosen Körper die mythologische Identität zu erraten, muss als Platzhalter fungieren für belebte Statuen und darin kodierte Bedeutungen. Wie die Götterbilder kopflos, bleibt aber auch der Raum unbelebt und ohne eigene Intention. Der Text gibt weder preis, um welche Götter es sich genau handelt, noch wird irgendeine Wirkung auf Schach beschrieben. Das Ratespiel bleibt oberflächlich und dem Fehlen dämonischer Venusstatuen entsprechend ist kein

---

how his life would have looked had he not chosen a premature death« (James N. Bade, Fontane's Landscapes, Würzburg 2009, S. 45). Gemeinsam mit den Motten als Verbildlichung seiner panischen Flucht sucht Schach Beruhigung in der natürlichen Weite des Gartens. Wenn er nach seiner Ausfahrt auf den See nach einigen Stunden erwacht, ist er »beyond his second year, when he is, according to the arrangements he made with the Carayons, back in Berlin, and Victoire is in Wuthenow« (43). Die Störche unter der aufgehenden Sonne schließlich deuten auf das »contented family life with Victoire« (45).
67 Fontane, Schach von Wuthenow, S. 653.
68 Christine Hehle liest Schachs Aufenthalt auf Wuthenow mit dem Subtext antiker Mythologie und führt den kläffenden Hofhund mit Cerberus, den Wallnussbaum als aenäisches Schwellensymbol für den Eintritt in die Traumwelt sowie den Hausverwalter mit Charon eng. Am Ende steht aber auch hier die enttäuschte Hoffnung auf Hilfe durch den speziellen Ort: »So endet Schachs Unterweltsfahrt ohne die Befragung des Orakels, ohne die Wegweisung für Gegenwart und Zukunft [...]. Rat- und ausweglos steht er vor der seinem Empfinden nach unendlich gedehnten Gegenwart« (Christine Hehle, Unterweltsfahrten. Reisen als Erfahrung des Versagens im Erzählwerk Fontanes. In: Theodor Fontane. Am Ende des Jahrhunderts. Band III. Geschichte. Vergessen. Großstadt. Moderne, hg. von Hanna Delf von Wolzogen in Zusammenarbeit mit Helmuth Nürnberger, Würzburg 2000, S. 70).
69 Fontane, Schach von Wuthenow, S. 644.
70 Fontane, Schach von Wuthenow, S. 645.

frommer Gesang notwendig, der den Helden aus dem Bann der Situation löst. Anstelle des eichendorffschen christlichen Liedes hört Schach schlicht die Glocken zwei Uhr schlagen.

Der nächste Versuch betrifft »eine uralte Eiche, deren Schatten Schach jetzt umschritt, einmal, vielemal, als würd' er in ihrem Bann gehalten.«[71] Der Ruhelose selbst denkt dabei an den Kreis der bevorstehenden Ehe und sagt zu sich selbst: »[K]önnt' ich heraus!«[72] Was hier stattfindet, ist weniger romantischer Wirkraum, sondern vielmehr theatraler Realismus. Der sprichwörtliche Bann ist genauso Inszenierung wie Schachs Erklärung der Allegorie. Anstelle handelnden Raums präsentiert die Szene die Selbstinszenierung Schachs und seines Kardinalproblems. Garten und Umraum sind nicht länger Diorama, sondern Vitrine und Bühne. Und es ist kein Zufall, dass an den Garten »ein bloßer toter Arm des Sees, nicht der See selbst«[73] heranreicht. Plakativ gesagt ist die Natur als Figur tot, ihre Extremitäten unbrauchbar und wirkungslos.[74]

Die Immunität der Figuren dem nicht mehr wirkmächtigen Raum gegenüber deutet sich dabei schon früh in einer Äußerung Victoires gegenüber der Freundin Lisette von Perbandt an. Dieser schreibt sie, wie froh sie sei, ihre Sorge zerstreut zu sehen, die Freundin könne in der neuen Heimat in Masuren unter dem Eindruck von »hundert Seen und Sümpfen«[75] schwermütig werden. Stattdessen erkenne sie, »daß die Birken, die dein Schloß umstehen, grüne Pfingstmaien und keine Trauerbirken sind.«[76] Die Deutungsvarianten werden direkt benannt, die Zuordnung des Kodes obliegt der Figur – eine Souveränität der Figur über die Bedeutung des Raums, die im System einer romantischen Topologik undenkbar wäre.

Dennoch findet Schach, als er auf den See hinausrudert, in der Strömung des hindurchfließenden Rhin endlich so etwas wie handelnde Natur. Dass es sich um ein Surrogat handelt und der Text in diesem Zusammenhang jede Form von

---

71 Fontane, Schach von Wuthenow, S. 645.
72 Fontane, Schach von Wuthenow, S. 645. Peter Demetz moniert hier, Fontane unterschätze den Leser, wenn er glaube, ihm das Allegorische der Kreisbewegung erklären zu müssen (vgl. Demetz, Formen, S. 161).
73 Fontane, Schach von Wuthenow, S. 645.
74 Cordula Kahrmann liest Gut Wuthenow als Idylle und beschreibt eine ähnliche »Erwartung der Figuren in Bezug auf die idyllischen Orte«, nämlich die »Vermittlung zwischen den Ansprüchen von Individuum und Gesellschaft« (Cordula Kahrmann, Idyll im Roman. Theodor Fontane, München 1973, S. 109). Die Vergeblichkeit dieser Hoffnung gründet Kahrmann jedoch nicht auf die fehlende Wirkmacht realistischen Raums, sondern auf Schachs charakterliche Disposition; dessen Dilemma erwachse weniger aus gesellschaftlichen Zwängen, als vielmehr aus solchen des eigenen Wertesystems.
75 Fontane, Schach von Wuthenow, S. 590.
76 Fontane, Schach von Wuthenow, S. 590.

Personifikation vermeidet, stört den Protagonisten nicht. Schach schläft tatsächlich auf der Stelle ein und ist am darauffolgenden Morgen erfreut, gegen die Strömung zurückrudern und dem Raum als aktivem Widerpart zu begegnen. Dies jedoch bleibt letztlich ein bloßer Wunsch, denn Schach ist der Gleiche. Kein romantischer Raum hat ihn verändert. Erfrischt und vorübergehend ermutigt fügt er sich in das Notwendige und erkennt bald, dass ihm ein Leben damit unmöglich ist. Nach der Trauung erschießt sich Schach, als er im Wagen allein ist. Victoire bringt kurz darauf das gemeinsame Kind zur Welt, dessen schwere Krankheit und wundersame Heilung den Text beschließen. Dass diese Gesundung ganz im Zeichen eines esoterischen Rituals und dessen Inszenierung steht, hebt abschließend affirmativ das realistische Credo der Theatralität hervor und versöhnt die versehrte und geprellte Victoire mit dem Primat der Aufführung. Als das Kind vom Arzt bereits aufgegeben ist, bringt sie auf einen Hinweis der römischen Zimmerwirtin in der Kirche Arceli einem hölzernen Christkind einen Ring zum Geschenk, woraufhin die Tochter gesundet.

Das Ritual in kausalen Zusammenhang mit dem medizinischen Wunder zu bringen bedeutet nicht weniger, als die gegenseitige Durchdringung von Schein und Sein zuzulassen. Der mythische Glaube führt über das Ritual zu einer Aussöhnung mit dem Inszenierungscharakter realistischer Welten, sodass Victoire zuletzt vom Ort des Rituals sagen kann: »Sein schönstes aber ist sein Name, der ›Altar des Himmels‹ bedeutet. Und auf diesem Altar steigt tagtäglich das Opfer meines Dankes auf.«[77]

Die Metapher vom ›Welttheater‹ ist dabei eine für den europäischen Kontext allumfassende[78] und kein Alleinstellungsmerkmal realistischen Erzählens. Es geht vielmehr um den Status der Inszenierung. Denn Theater begegnet auch – und gerade – in der Romantik. Die Inszenierung steht in letzterem Fall jedoch im Zeichen der romantischen Metapher und wird zur Wirkmacht, die das beeinflusst, was sie ursprünglich nur spiegelt. So weist Markus Raith im Anschluss an Joachim Voigt auf die beispielhafte Konstellation in Achim von Arnims *Hollins Liebeleben* hin, wo »dämonische Kräfte wirksam [werden], die Spiel und Realität untrennbar verweben«.[79] Damit zeigen sich Theater und Inszenierung »als schicksalhafter, metaphysisch aufgeladener Spiegel des Lebens, der dieses nicht nur beschaubar

---

[77] Fontane, Schach von Wuthenow, S. 684. [Hervorh. i. Orig.]
[78] Vgl. Ernst Robert Curtius, Europäische Literatur und lateinisches Mittelalter, Tübingen/Basel 1993, S. 148–154.
[79] Markus Raith, Erzähltes Theater. Szenische Illusionen im europäischen Roman des 19. und frühen 20. Jahrhunderts. Tübingen 2004, S. 18. Vgl. auch Joachim Voigt, Das Spiel im Spiel. Versuch einer Formbestimmung an Beispielen aus dem deutschen, englischen und spanischen Drama, Göttingen 1954.

macht, sondern auch beeinflußte«.⁸⁰ Wenn für realistisch erzählte Welten also behauptet wird, dass die Inszenierung ein grundlegendes Verfahren ihrer Organisation bedeutet, ist damit über den Aspekt vom *theatrum mundi* hinaus eine spezifische Praxis gemeint. Selbstentwürfe genauso wie die Funktionen von Räumen auszuagieren. Der romantischen Verwischung der Fiktionalitätsgrenzen steht dabei die realistische Sprachgeste gegenüber und damit 1) die Reflexion des Erzählrahmens auf die Inszenierung sowie 2) der souveräne Umgang der Figur selbst mit Techniken der Inszenierung als Bestandteil gesellschaftlichen Handelns. Die Inszenierung bleibt dabei immer an ihren Regisseur gebunden, weshalb sich für die Übergriffe erzählter Theaterräume auf romantische Diegesen eher von der Verwischung binnendiegetischer Fiktionsgrenzen sprechen ließe. Um Inszenierung handelt es sich im entscheidenden Falle gerade nicht mehr, denn inszeniertes Welttheater bedeutet in der Romantik, dass der Text selbstreflexiv auf sein eigenes Geschehen hinweist. Die komplette Diegese, das gesamte Geschehen wird als Schauspiel gezeigt. Oder wie René Wehrli für die Schlussszenen der Prosa Joseph von Eichendorffs feststellt:

> Wenn dort alle Hauptakteure gleichsam zum Schlußappell noch einmal zusammenkommen, in einer bedeutsamen, auf ihre wesentlichen Elemente, Berge, Ebene, Meer und Himmel reduzierten Landschaft, so bedeutet das nicht verlegene Vereinfachung eines Schriftstellers, der zu einem Ende kommen will, sondern ein das Wichtige zusammenfassendes, großes Finale. Ein Akt ist zu Ende [...].⁸¹

Die Wendung des Erzählens, sich als vorgespielte Geschichte zu zeigen, lässt sich höchstens insgesamt als Inszenierung des Textes und seiner Handlung als solcher fassen. – Im hier beschriebenen Zusammenhang meint Inszenierung eine Verhaltensstrategie und Zeichenpraxis innerhalb der erzählten Welt, also vereinfacht gesagt: eine Inszenierung vor den anderen Figuren und nicht hauptsächlich vor dem Leser.

Diese Zentralität von Inszenierung und Aufführung findet sich auch im poetologischen Diskurs realistischer Texte häufig an den Stellen, die den handelnden Raum als literarhistorisch zurückgelassenen reflektieren. Als Beispiel sei die Einleitung in Wilhelm Heinrich Riehls *Gespensterkampf* gegeben. Dem ersten Kapitel ist die Überlegung vorangestellt, dass die Auswirkungen des Erdbebens von Lissabon⁸² zwar noch heute sichtbar sind, die Form aber nicht mehr unmit-

---

80 Raith, Erzähltes Theater, S. 18
81 René Wehrli, Eichendorffs Erlebnis und Gestaltung der Sinnenwelt, Frauenfeld/Leipzig 1938, S. 16 f.
82 Die Katastrophe von 1755, die Lissabon fast vollständig zerstörte, liegt unter anderem Heinrich von Kleists *Erdbeben in Chili* zugrunde.

telbar sei, sondern narrativ. Die zerstörerisch wirkende Topographie ist nur noch zu erkennen an einer »Stelle, welche uns erzählt, daß das Erdbeben von Lissabon selbst in den deutschen Alpen nachgezittert habe.«[83] Die Argumentation zielt dabei auf die Aussagekraft des Individuellen. Dem geschichtlichen Großereignis, das als überindividuelles Konstrukt fremd bleibt, steht dessen Einfluss auf einzelne Lebensläufe gegenüber. In deren Subjektivität und Einzigartigkeit wirkt nach Riehl das Ergreifende der Epoche nachdrücklicher als in ›großen Erzählungen‹. Deren Schilderung nämlich und der Rückgriff auf Mythen und die »allbekannten historischen Helden der Katastrophe«[84] bewegt sich im Bereich des Unpersönlichen und der allgemeinen Wahrheiten. Bezeichnend ist das Bild, das Riehl hier zur Beschreibung nutzt. Jene Verhandlung von Geschichte gleicht dem Beobachten »eines Trauerspiels aus dem Zuschauerraum des Theaters.«[85] Der wirkende Raum also ist einem solchen gewichen, an dem man die Vergangenheit *ablesen* kann. Diese Lektüre entwirft Riehl in seinen *Kulturgeschichtlichen Novellen*,[86] die über eine Ästhetik der Subjektivität sozusagen die einzelnen Stellen nachzeichnen, an denen die verschiedenen geschichtlichen Beben sichtbar werden. Die Metapher des Theaters aber bleibt insofern entscheidend, als sie ein Verfahren bezeichnet, dessen sich der Realismus exzessiv bedient. Die Inszenierung erweist sich auf verschiedenen Ebenen als – im Gegensatz zu Riehls Kritik – affirmativer Rückgriff auf Gesamtkonzepte oder kulturelle Kodes. Der Selbstentwurf über eine Anbindung an bestimmte geschichtliche, kulturelle oder diskursive Großformationen ist im realistischen Erzählen über die theatrale Inszenierung organisiert. In der Vorbemerkung zum *Gespensterkampf* wird so nicht nur die Geschichtlichkeit wirkmächtigen Raums benannt, sondern auch die Form von Raum beschrieben, die dessen Erbe angetreten hat – der Raum des Theaters und der Inszenierung.

Eine Reflexion dieses Inszenierungscharakters leistet auch Gottfried Kellers *Kleider machen Leute*. Die Novelle um den Seldwyler Schneider Wenzel Strapinski führt verschiedene Formen von Theatralität vor und problematisiert deren Ver-

---

83 Riehl, Gespensterkampf, S. 307.
84 Riehl, Gespensterkampf, S. 307.
85 Riehl, Gespensterkampf, S. 307.
86 Riehl, der als Vordenker der wissenschaftlichen Volkskunde gilt, wird trotz seines umfangreichen Erzählwerks in erster Linie als früher Soziologe gelesen. »Meistens wurde und wird seine Novellistik als eine ›Feierabendbeschäftigung‹ bzw. als fiktionales Ergänzungsstück seiner Gesellschaftstheorie betrachtet« (Jerzy Kałążny, Unter dem »bürgerlichen Wertehimmel«. Untersuchungen zur kulturgeschichtlichen Erzählprosa von Wilhelm Heinrich Riehl, Frankfurt am Main 2007, S. 29). Zu Riehls Verständnis der Volkskunde vgl. Wolf Lepenies, Handwerker und Poet dazu: W.H. Riehl. In: ders., Die drei Kulturen. Soziologie zwischen Literatur und Wissenschaft, München/Wien 1986, S. 239–243.

mengung. Dabei entfaltet sich die Handlung am Missverständnis, den armen Protagonisten fälschlicherweise für wohlhabend zu halten. Von Seldwyla aus auf dem Weg in die Nachbarstadt Goldach wird der jüngst um Lohn und Brot gekommene Schneider von einer herrschaftlichen Kutsche aufgegriffen. Bereits diese erste Wendung ist ursächlich gebunden an die Differenz von Sein und Schein, die sich im realistischen Hang ausdrückt, den Raum zu prägen und in Szene zu setzen. Dass das Geschehen inklusive der Funktion von Räumen durch die Figuren geprägt und inszeniert ist, führt die Novelle an den Effekten vor, die eine zunächst versehentliche Fehleinschätzung bewirkt. Der arme Schneider nämlich trägt Kleidung, die seinen finanziellen Zustand übersteigt. Von Kindheit an gewohnt, auf ein gewähltes Äußeres zu achten, trägt der Protagonist »über seinem schwarzen Sonntagskleide [...] einen weiten dunkelgrauen Radmantel«.[87] Dass dieser »seinem Träger ein edles und romantisches Aussehen«[88] verleiht, ist auch zeichentheoretisch bedeutsam, schließlich ist die romantische Lesbarkeit von allem als Zeichen[89] gerade die Qualität, die der Realismus verabschiedet. Romantisch auszusehen bedeutet für die realistische Figur über den Abruf eines klischierten Motivkatalogs hinaus auch die Teilhabe an einer Verweisstruktur im Sinne zeichenhafter Lesbarkeit. Dem über seine Verhältnisse gekleideten armen Schneiderlein wird die unkritische Lesart seiner Oberfläche zum Verhängnis.[90] Eine realistische Figur als romantische lesen bedeutet, die Inszenierung ihrer Erscheinung zu verkennen und sie stattdessen im Rahmen einer allegorischen Selbstbeschreibung zu erschließen. Wenn es von Strapinski heißt, sein »Habitus war ihm zum Bedürfnis geworden«,[91] ist darin vor allem die grundlegende Information enthalten, dass die Figur einen Habitus, das heißt eine automatisierte

---

[87] Keller, Kleider machen Leute, S. 286. Zum Mantel als Verschleierung der »wahren körperlichen Gegebenheiten« vgl. Pia Reinacher, Die Sprache der Kleider im literarischen Text. Untersuchungen zu Gottfried Keller und Robert Walser, Frankfurt am Main u. a. 1988, S. 118.
[88] Keller, Kleider machen Leute, S. 286.
[89] Zur Lesart Strapinskis selbst als »Zeichen der Romantik« (110) im Rahmen einer peirceschen Semiotik vgl. Frank Habermann, Zeichen machen Leute. Semiose und Glück in Gottfried Kellers ›Kleider machen Leute‹. In: Glück paradox. Moderne Literatur und Medienkultur – theoretisch gelesen, hg. von Anja Gerigk, Bielefeld 2010, S. 89–114. Konkret auch Benno von Wiese: »Trotz aller liebenswürdigen Ironisierung wirkt hier ein romantisches Erbe weiter, Eichendorffs Taugenichts und Brentanos fahrender Schüler klingen nach« (Benno von Wiese, Die deutsche Novelle von Goethe bis Kafka, Düsseldorf 1956, S. 244).
[90] Die »Romantic aesthetic sensibility«, die Erika Swales als Kompensation von Strapinskis desaströser ökonomischer Realität liest, wird von den Seldwylern ungebrochen indexikalisch verstanden (Erika Swales, The Poetics of Scepticism. Gottfried Keller and ›Die Leute von Seldwyla‹, Oxford 1994, S. 125).
[91] Keller, Kleider machen Leute, S. 286.

Praxis der Selbstpräsentation hat.[92] Als »Märtyrer seines Mantels«[93] werden bald Ansprüche an seinen Stand herangetragen, denen er nicht zu entsprechen vermag und die in Ermangelung des Mutes zur Selbstanzeige den Überschätzten im Spiel realistischer Inszenierungen zeigen. Nachdem nämlich der Wagen den Wanderer bei einsetzendem Regen aus Mitleid aufliest, fährt der Protagonist dergestalt in Goldach beim Gasthof zur Waage vor. Die Passanten, die das eindrucksvolle Gefährt umringen, sind bereit, einen hermeneutischen Akt zu vollziehen; man fragt sich, »welch' ein Kern sich aus so unerhörter Schale enthülsen werde«[94] und beginnt beim Anblick Strapinskis unmittelbar mit dessen Ausdeutung in Form einer Erzählung. Aufgrund seiner »Kleiderzeichen«[95] hält man den Schneider für einen Prinzen oder Grafensohn. Kutschwappen und als vornehmes Schweigen missgedeutete Schüchternheit tun ihr Übriges. Der Schneider wird zum geheimnisvollen Edelmann und als solcher empfangen und bewirtet. Dabei verselbständigt sich die Fehleinschätzung der Bürger durch deren Hang, das Auftreten des Schneiders zu narrativieren und ihm Ahnherrentum und unglückliche Liebschaften anzudichten. So wird schnell deutlich, dass es keinen Ausweg aus der gewollten Lesart gibt, der jedes beliebige Verhalten des Protagonisten zuspielt. Während zurückhaltende Tischmanieren ihn als adelig ausweisen, tut es das gierige Verspeisen des Dargebotenen später genauso, indem die Bürger darin die herrschaftliche Souveränität des Selbstverständlichen zu erkennen glauben. Der Kutscher des herrschaftlichen Wagens befördert dabei die Posse noch, indem er den Schneider im Gasthaus zurücklässt und als Graf Strapinski ausgibt. Ob der Name durch Zufall getroffen oder aus dem Wanderbuch des Schneiders ersichtlich war, bleibt dabei offen. Der Kutscher aber benennt mit seiner Vermutung, dass der Schneider im Haus »den Herren spielte«,[96] selbst die theatrale Komponente. Dass die Inszenierung unfreiwillig zustande kommt, macht dabei die humoristische Besonderheit des Textes aus. Grundsätzlich aber wird die Wirksamkeit der Selbstpräsentation vorgeführt an einer Figur, die sich mit der Zeit in ihre Rolle findet und nur noch selten daran denkt, sich zu entziehen. Im Gegenteil entwickelt

---

92 Erika Swales weist auf die Parallele zwischen der Figur und Kellers eigener Selbstinszenierung hin. Eine Karikatur seines Kommilitonen Johann Conrad Werdmüller zeigt ihn »sporting the wellnigh indispensable ›Radmantel‹ and peaked cap« (Swales, Scepticism, S. 126). Zur Inspiration Kellers durch zweifelhafte Figuren des politischen Tagesgeschehens, vermeintliche russische Spione sowie die Schweizer Polenbegeisterung der 1860er Jahre vgl. Rolf Selbmann, Gottfried Keller. Romane und Erzählungen, Berlin 2001, S. 77.
93 Keller, Kleider machen Leute, S. 287.
94 Keller, Kleider machen Leute, S. 287.
95 Selbmann, Gottfried Keller, S. 80.
96 Keller, Kleider machen Leute, S. 293.

der Schneider, dessen Wesenszüge fortwährend aus einer hypothetischen Adelsbiographie erklärt werden, zunehmendes Geschick in der Pflege seiner Rolle. Mit phraseologischen Versatzstücken aus seiner Militärzeit täuscht er einen herrschaftlichen Hintergrund vor und folgt schließlich sogar einer Einladung zur Weinprobe auf das Gut des Amtsrates. Die Allgegenwart des Theatralen wird hier einmal mehr deutlich, als er ablehnt, sich am Kartenspiel zu beteiligen und in der Folge seinerseits als Zuschauer unterhalten wird. Der Erzähldiskurs zeichnet ein deutliches Bild: »So saß er denn wie ein kränkelnder Fürst, vor welchem die Hofleute ein angenehmes Schauspiel aufführen und den Lauf der Welt darstellen.«[97] Neben dem Aspekt der Inszenierung wird auch die heterotope Kommentarfunktion direkt benannt und es wird erahnbar, über welche Charakteristika sich realistische Heterotopien konstituieren werden, die auf diesen Matrixraum aufsetzen. Das Szenische bleibt währenddessen auch im Normalraum gegenwärtig. Wenn von »Schauplatz« und »Rolle« die Rede ist, tritt das Geschehen genauso als Aufführung hervor, wie im Vortrag eines polnischen Liedes, dessen Bedeutung Strapinski nicht kennt und glücklicherweise auch nicht erklären muss. Dazu wäre er gar nicht in der Lage, denn es handelt sich um einstudierte Zeichen, deren Bedeutung er nicht kennt.[98]

Das Theatrale aber ist nicht auf die Figur des Schneiders beschränkt, sondern bezeichnet eine Grundverfasstheit realistischer Diegese. Nachdem das Schauspiel einmal in Gang gebracht ist, sind es die Dorfbewohner selbst, die die Täuschung aufrecht erhalten und ausbauen. Am Tag nach der Weinprobe findet sich der Schneider beim Erwachen im Gasthaus gänzlich neu ausgestattet. Als eine Art Werbegeschenk haben die städtischen Geschäftsleute Kleidung, Bücher und Luxusartikel bis hin zu Instrumenten angeliefert und Strapinski damit nicht nur als Person eine Empfehlung der eigenen Ware zukommen lassen, sondern vor allem die Requisite der Figur vervollständigt. Den werbewirksamen Absichten auf Motivebene steht so strukturell die Funktion zur Seite, Raum und Geschehen als Kulisse zu gestalten. Dementsprechend sind die Goldacher zwar »umsichtige

---

[97] Keller, Kleider machen Leute, S. 296.
[98] Wenn Rolf Selbmann bezüglich Strapinski auf dessen »Sprache als Redensartlichkeit« hinweist, ist der Modus der realistischen Metapher als Geste implizit (Selbmann, Gottfried Keller, S. 79). – Dieser Aspekt begegnet erneut auf einer Metaebene, wenn Hans Bänziger und ähnlich Klaus Jeziorkowski das Spiel mit trivial phrasierenden Passagen als Erzählverfahren herausstellen, das sich über explizite ironische Distanz, die Behauptung der Szene als Bild und damit eben als sprachliche Geste absichert (Hans Bänziger, Strapinskis Mantel. Zu einem Motiv in der Erzählung ›Kleider machen Leute‹. In: Schweizer Monatshefte, 51, 1971, S. 816–826; Klaus Jeziorkowski, Gottfried Keller. Kleider machen Leute. Text, Materialien, Kommentar, München 1984; vgl. auch Swales, Scepticism, S. 136 f.).

Geschäftsmänner«[99] aber auch »begierig auf eine Abwechslung, ein Ereignis«.[100] Die Andeutungen des Kutschers und die eigenen Eindrücke dienen als Fundament für das, was der realistischen Figur am liebsten ist – die Inszenierung.

So erscheint auch die gesamte städtische Topographie als theatraler Aufbau. Die »festgebauten Häuser[], welche alle mit steinernen oder gemalten Sinnbildern geziert und mit einem Namen versehen waren«,[101] stellen als ›Schwert‹, ›Eintracht‹ oder ›Wasserfrau‹ Orte dar, die als kleine Einzelbühnen im theatralen Gesamtraum einen spezifischen Aspekt der Gesellschaft inszenieren. Dabei hat der so geprägte Schauraum auch diachrone, museale Qualitäten, wird an den Bauten doch die »Zeit der Aufklärung und der Philanthropie«[102] lesbar genauso wie diejenige des Mittelalters »und der Märchen«.[103] Der geformte und eingerichtete Raum wird so zum archivarischen Zeichen und die Diegese zur von der Figur gestalteten Kulisse. Dass so auch die realistische Heterotopie funktionieren wird, als Inszenierung von Figuren und deren räumlicher Gestaltungsmacht, wird bereits an der Wirkung dieser Kulissenstadt auf den Schneider deutlich, denn »diese machte einen wunderbaren Eindruck auf Strapinski; er glaubte sich in einer anderen Welt zu befinden.«[104] Und dass diese als »eine Art moralisches Utopien«[105] bezeichnet wird, deutet einmal mehr auf das Potenzial einer heterotopen Aufladung hin, denn vor allem ist es der eingerichtete Vitrinenraum, der dem Protagonisten als ›realisierte Utopie‹ erscheint. Diese Beobachtung Strapinskis weist auf den grundlegenden Unterschied der realistischen zur romantischen Heterotopie voraus. Genau wie der realistische Raum an sich ist auch die realistische Heterotopie eine von den Figuren geprägte, eine inszenierte. Die Hoffnung des romantischen Irrgängers Strapinski, im Gasthaus ›Zur Waage‹ werde »das ungleiche Schicksal abgewogen und ausgeglichen und zuweilen ein reisender Schneider zum Grafen gemacht«,[106] ist eine Fehlinterpretation, die noch am romantischen Raum als Wirkmacht ausgerichtet ist. Die Leistung der realistischen Heterotopie, die im Folgenden als Erinnerungsheterotopie beschrieben wird, besteht nicht mehr in einer Wirkung auf die Figur, sondern in ihrer Funktion als Vergangenheitsspeicher. Die beschriebene Kodierung gesellschaftsgeschichtlicher Vergangenheit in der Häuser-

---

99 Keller, Kleider machen Leute, S. 302.
100 Keller, Kleider machen Leute, S. 302.
101 Keller, Kleider machen Leute, S. 303.
102 Keller, Kleider machen Leute, S. 303.
103 Keller, Kleider machen Leute, S. 303.
104 Keller, Kleider machen Leute, S. 304, oder mit Rolf Selbmann gesprochen: »Strapinskis Interpretation ist nicht nur naiv, sie ist auch falsch« (Selbmann, Gottfried Keller, S. 81).
105 Keller, Kleider machen Leute, S. 304.
106 Keller, Kleider machen Leute, S. 304.

kulisse deutet das an, was die realistische Heterotopie leistet, nämlich eine Erinnerungsschau. Dabei ist der Aspekt der ›Schau‹ mindestens ebenso wichtig wie das Erinnern selbst, denn die ›anderen Räume‹ des Realismus lassen ihre Passanten unversehrt. Eine Wirkung zu erhoffen, zumal eine positive, weist Strapinskis Lesart als romantische aus, dabei ist jene allegorische Umprägung der Figur durch den Raum genau das, was die realistische Topologik nicht mehr leistet. Zwar nehmen die Ereignisse um den Schneider im Gasthaus ›Zur Waage‹ ihren Ausgang, die Wandlung aber ist nicht beständig und wird vom Personal der Erzählung inszeniert. Die entsprechenden Skrupel sind bald gänzlich überwunden und Strapinski wird »zum Helden eines artigen Romanes, an welchem er gemeinsam mit der Stadt und liebevoll arbeitete«.[107] Die Prägung der Topographie über Inszenierung begegnet somit auch auf Verfahrensebene, indem der Ausbau Strapinskis zum Romanhelden dessen Einbettung in Textraum bedeutet, in diesem Fall natürlich auch von der Figur geprägten, weil erschriebenen. Die Figur, die gemeinsam mit dem Personal der Erzählung an ihrem eigenen erfundenen Doppelleben schreibt, bringt das Bild vom Raum im Text und den Textraum prägender Figur auf verschiedenen Ebenen zusammen und führt das Verhältnis vor, in dem die realistische Figur zum umgebenden Raum steht.

Und so ist auch Strapinski angelegt, dessen Verrichtungen weiterhin konsequent im Rahmen seiner Inszenierungen gelesen werden. Die Korrespondenz mit Lotterieanstalten wird ebenso wie die Einkassierung eines tatsächlichen Gewinns halb wahrgenommen und »als ein Zeichen wichtiger Beziehungen und Verhältnisse vermerkt.«[108] Der Versuch, der Rolle den entsprechenden finanziellen Hintergrund zu verschaffen, stärkt die Außenwahrnehmung des Schneiders als geheimnisvollem Adligen umso mehr. Dennoch vermag Strapinski nicht, sich aus der Hoffnung auf die romantische, aus sich selbst erklärbare Allegorie zu lösen. Mit der Tochter des Amtsmannes, die er bei der Weinprobe kennenlernt, geht er eine Beziehung ein, ohne deren Zukunftsfähigkeit zu problematisieren. Als er sie im Arm hält, ist es vielmehr »ein wahrhaft schönes Bild, das seine Berechtigung ganz allein in sich selbst zu tragen schien«.[109] Dass diese Lesbarkeit szenischer Situationen nicht mehr gegeben ist und die Allegorie als Erkenntnisgewinn abgelöst ist von der Inszenierung als Selbstaussage, die auf keinerlei dahinterliegende Wahrheit verpflichtet ist, zeigt sich, wenn zuletzt Sein und Schein kollidieren. Während die Goldacher als Hochzeitsgesellschaft Strapinski und dessen Braut feiern, treffen sie im Gasthaus mit einer Gruppe aus Seldwyla zusammen, die »eine kostümierte oder Maskenfahrt«[110] unternimmt.

---

107 Keller, Kleider machen Leute, S. 306.
108 Keller, Kleider machen Leute, S. 306.
109 Keller, Kleider machen Leute, S. 308.
110 Keller, Kleider machen Leute, S. 310.

Sich zu kostümieren reflektiert dabei die Inszenierungspraktiken, die die Novelle insgesamt vorführt. Unter der Gegenüberstellung von ›Leute machen Kleider‹ und ›Kleider machen Leute‹ rangiert ein »historisch-ethnographischer Schneiderfestzug«,[111] der das Wechselspiel von äußerer Darstellung und daraus erwachsender Wirkung szenisch abbildet.

Als einer der Maskierten im geheimnisvollen Grafen den ehemaligen seldwyler Schneider erkennt, gerät das Schauspiel zu dessen persönlicher Kolportage. In der folgenden Darstellung des zu seinen Gunsten verkannten armen Schneiders erkennt bald die ganze Gesellschaft Strapinski und dessen wahre Hintergründe. Düpiert und irritiert wendet man sich vom vermeintlichen Grafen ab und auch die seldwyler Maskenträger verabschieden sich theatral »und marschieren unter Absingung eines wohl einstudierten Lachchores aus dem Saale«.[112]

Strapinski sieht seine inszenierte Existenz zerstört und bewegt sich durch die verstreute Gesellschaft »wie ein Toter, der sich gespenstisch von einem Jahrmarkt stiehlt«.[113] Als er sich aber zum Sterben an den Wegesrand legt, findet ihn seine Braut und stellt ihn zu einer höchst pragmatischen Aussprache. Mit ihrer Mitgift und Strapinskis beruflichen Fertigkeiten will sie mit ihm eine Schneiderei in Seldwyla gründen, um sozusagen uninszeniert und ehrlich am Ursprungsort neu zu beginnen. Mit dem Gelingen dieses Vorhabens schließt der Text. Zu Wohlstand und Familie gekommen verlassen die Strapinskis nach zwölf Jahren Seldwyla in Richtung Goldach, ohne etwas zurückzulassen, »sei es aus Undank oder aus Rache«.[114] Die entscheidende Richtung aber gibt Strapinskis Verlobte während der Aussprache vor. Als Strapinski den Wunsch äußert, »in unbekannte Weiten zu ziehen und geheimnisvoll romantisch dort zu leben«,[115] wendet seine Zukünftige entschieden ein: »Keine Romane mehr!«[116] Dass der Weg ins gelingende Leben aus den Wechselwirkungen einer überinszenierten Scheinexistenz herausführt und die Selbstnarration und Einbettung in einen selbstgeschaffenen Textraum hinter sich lässt, ist zwar durchaus schon als selbstreflexive Kritik an der Theatralität realistischer Diegesen zu lesen. In jedem Fall aber wird die Inszenierung als zentrales Verfahren realistischen Erzählens beschrieben, dessen Kernaspekt die kulissenhafte Prägung des Raums durch die Figur ist.

In der Spätphase des Realismus erscheinen unter dem Titel *Vom Theater* (Teile 1 bis 4, 1879–1884) einige Erzählungen Louis Nötels, die ebenfalls auf Inszenierung als

---
111 Keller, Kleider machen Leute, S. 311.
112 Keller, Kleider machen Leute, S. 315.
113 Keller, Kleider machen Leute, S. 315.
114 Keller, Kleider machen Leute, S. 332.
115 Keller, Kleider machen Leute, S. 327.
116 Keller, Kleider machen Leute, S. 327.

zentrales Verfahren von Wirklichkeit reflektieren. Dabei steht gerade nicht das Schauspiel an sich im Vordergrund, sondern anekdotische Geschehnisse in dessen Umfeld, sodass der Titel mehrdeutig wird.[117] Die gesammelten Erzählungen berichten sowohl von der Einrichtung ›Theater‹ als auch ›Vom Theater der Wirklichkeit‹, also ›vom Theater, das als Welt abseits der Bühne stattfindet‹. Das Setting zwar ist im Kreis von Schauspielern und Bühne angelegt, das erzählte Geschehen aber findet außerhalb der Aufführungen statt und führt ähnlich Kellers *Kleider machen Leute* in humoristischem Gestus die Inszenierung auch als unfreiwilliges Phänomen vor.

So beispielsweise *Eine Gespenstergeschichte*, deren Hauptfigur, die Souffleuse einer Schauspielertruppe, durch ihren Alkoholismus unfähig zur Ausübung ihres Berufs ist. Dies deutet sich schon an, als sie bereits auf der dem Engagement vorangehenden Schiffsreise ausschließlich einen einzigen Ausspruch wiederholt: »Fast unausgesetzt führte sie ein Zitat aus Hersch's ›Annalise‹ im Munde: Immer forsch, fest! Quarré formirt!«[118] Hier zeigt sich schon die enge Begrenzung des souffleusischen Thesaurus. Den Kern der Erzählung aber bildet eine Nacht, während derer der im Theater einquartierte Kostümschneider eine Geistererscheinung zu haben glaubt. Nachdem ihn zunächst mysteriöse Geräusche erschrecken, stellt sich jedoch heraus, dass es sich dabei um die betrunkene Souffleuse handelt. Diese tastet im Dunkeln in den unteren Kulissen unter dem Bühnenboden herum; dort hatte sie sich vor der Polizei versteckt, die sie nach der Vorstellung als schwere Alkoholikerin zum wiederholten Male festnehmen und in eine Besserungsanstalt einweisen will. Eine Gespenstergeschichte muss im Realismus in der Regel ohne Gespenst auskommen oder dieses wie in Storms *Am Kamin* in eine Binnenerzählung auslagern. Die Auflösung etwaiger Erscheinungen in einen metonymischen Erklärungszusammenhang[119] lässt

---

117 Diese Inszenierung von Zeichen als Strategie realistischen Erzählens schließt unmittelbar an eine Beobachtung Claus-Michael Orts an: »Sprachliche wie ikonische Mimesis von Wirklichkeit droht eben diese zu ersetzen, die Zeichen‹ für ›Realität‹ gehen in der ›Realität‹ der ›Zeichen‹ auf« (Ort, Zeichen und Zeit, S. 9).
118 Louis Nötel, Eine Gespenstergeschichte. In: ders., Vom Theater. Humoristische Erzählungen. Drittes Bändchen, Leipzig o. J., S. 76.
119 Zum Realismus als Kipp-Figur zwischen metaphorischer Aufladung und metonymischer Entladung vgl. Moritz Baßler, Figurationen der Entsagung. Zur Verfahrenslogik des Spätrealismus bei Wilhelm Raabe. In: Jahrbuch der Raabe-Gesellschaft, 2010, S. 63–80; Moritz Baßler, Gegen die Wand. Die Aporie des Poetischen Realismus und das Problem der Repräsentation von Wissen. In: Magie der Geschichten. Weltverkehr, Literatur und Anthropologie in der zweiten Hälfte des 19. Jahrhunderts, hg. von Michael Neumann und Kerstin Stüssel, Konstanz 2011, S. 429–442; Moritz Baßler, Deutsche Erzählprosa. 1850–1950. Eine Geschichte literarischer Verfahren, Berlin 2015 sowie Stefan Tetzlaff, Entsagung im Poetischen Realismus. Motiv, Verfahren, Variation. In: Entsagung und Routines. Aporien des Spätrealismus und Verfahren der frühen Moderne, hg. von Moritz Baßler, Berlin 2013, S. 70–114.

sich dabei wie im Falle der betrunkenen Souffleuse häufig mit dem Konzept der Inszenierung lesen. Die verstörenden Geräusche, die die Alkoholikerin verursacht, indem sie versehentlich ins Ofenrohr seufzt, verschiedene Effektgeräte umstößt und Donner ertönen lässt, sind zweckentfremdetes Bühneninventar. Der Vorgang der Inszenierung und deren Ziel, eine Diegese hervorzubringen, wird als Verfahren gezeigt, das bei fehlenden Fiktionssignalen direkt anschlussfähig ist an gängige realweltliche Wahrnehmungsmuster.

Genauso verfährt Nötels Erzählung *Eine Nacht im »Elend«*. Eine notdürftig in einem Wirtshaus untergebrachte Gruppe von Schauspielern versetzt das Haus in nächtlichen Aufruhr, als die Erzählerfigur im Dunkeln stürzt und ein Handgemenge entsteht. Und auch nach dessen Schlichtung herrscht im Haus noch reger Betrieb; währenddessen wird eine ältere Schauspielerin in entsprechendem Licht, in Leinen und Kapuze gekleidet, mit einem Besen in der Hand für eine Hexe gehalten und beinahe aufgespießt.

Eine so inszenierte Wirklichkeit zeichnet sich dadurch aus, sich nicht mehr im Sinne einer romantischen Allegorik lesen zu lassen. Zwar gelingt der komplette Verzicht auf Sinnbildlichkeit auch im Realismus nicht, jedoch nehmen Erzähler wie Keller, Fontane oder Spielhagen deutlich Abstand von der beinahe ausnahmslosen Verzahnung beispielsweise von Wetter und Figurengemüt oder Szenen, die als Momentaufnahme wie die Ekphrasis eines Emblems mit Sinnspruch anmuten. Der Unterschied ist eher ein gradueller und nicht zuletzt deswegen interessant, weil ihn die realistische Programmatik als zentralen Gedanken ausgibt. Dass auch realistisches Erzählen manchmal in die Nähe des Allegorischen rückt, kann dabei eher als umso beobachtenswerter gelten. In der Regel aber funktioniert die Lesbarkeit der Welt und damit auch die der Topographie im Realismus nur noch so bedingt, wie es Alfred Friedmanns *Der Schein trügt* ausstellt. Die Novelle beschreibt exakt die Ablösung der aus sich deutbaren räumlichen Wirklichkeit durch die prägende Figur. Als Zeichen fungiert nicht mehr die allegorische Landschaft, sondern die theatrale Praxis der Figuren. So beginnt der Text mit der Rückkehr des Protagonisten Albrecht Wiegand in seine Vaterstadt, deren Oberfläche er nicht mehr lesen kann. Oft schlendert er »wehmütigen Gefühls durch die Straßen, die er gar nicht wie alte Bekannte zu erkennen vermochte«.[120] Die Architektur der Stadt hat sich verändert, neue Häuser sind entstanden, der Jahrmarktsplatz ist bebaut. In der Irritation, keinen selbsterklärenden Raum mehr vorzufinden und am realistisch geprägten Raum hermeneutisch abzuleiten, begegnet Wiegand einem alten Freund, dem Irrenarzt Doktor Eberhardt. Dass die Physiognomie kein sinnvoller Zeichenträger ist, wird bei jeder Gelegenheit erneut

---

120 Alfred Friedmann, Der Schein trügt. In: ders., Neue Lebensmärchen, Wien 1884, S. 10.

angebracht. So heißt es, dass zwar Wiegand behauptet, das Leid der Menschheit lediglich zu beobachten, während Eberhardt es mitfühle – die Wahrheit sei aber gerade umgekehrt. Und auch der Schein der jungen Dame, in die sich Wiegand auf der Zugreise verliebt hat, trügt. Als er dem Freund ihren Namen, Marianne Felsenfest, nennt, und diesen bittet, ihn der Familie vorzustellen, erschrickt der Arzt.

> Eberhardt zog Albrechts Kopf näher an sich heran und flüsterte ihm etwas in's Ohr. Wiegand erbleichte. [...]
> »So rein! So heilig! So sittsam!« stammelte er dann. »Und alles nicht wahr. Bah! noch Eine. Ich hätte es denken sollen.«[121]

Trotz des sprechenden Namens vom Kaliber eines ›Anton Wohlfahrt‹ scheint das junge Fräulein Felsenfest nicht das zu verkörpern, was sich in seiner Erscheinung offenbart. Ähnlich wie Vischers Albert Einhardt wird auch Marianne Felsenfest über die Bemerkung »noch Eine« in eine Reihe nicht weiter spezifizierter Verwerflicher gestellt. Topographien sind hier genausowenig lesbar wie menschliche Erscheinungen. Dabei schlägt die Unverständlichkeit eine andere Richtung ein als das Gesicht der Alten im *Blonden Eckbert*. In permanenter Bewegung ist dieses gar nicht erst als Zeichen zu erkennen und in jeder Hinsicht flüchtig. Die pathogene Erscheinung Eckberts wiederum lässt in genau der allegorischen Deutlichkeit seinen depressiven Charakter ablesen, die der Realismus verweigert. Die Oberfläche der realistischen Figur entzieht sich nicht, sie erweist sich schlicht als zwar lesbares, aber eben nicht zuverlässiges Zeichen.

Dass der Schein auf diese Weise trügt, zeigt sich Friedmanns Protagonisten in der zentralen Begegnung der Novelle. In einer Nebenstraße nämlich stößt Wiegand auf ein architektonisches Relikt, ein »uraltes Häuslein«,[122] dessen Umgegend sich »durch ihr barockes, halb- und unfertiges Aussehen von der jungen Pracht des Hauptplatzes gar seltsam«[123] abhebt. Dennoch gleicht das Haus einem »Puppenstübchen«[124] und trägt damit die Merkmale realistischen Vitrinenraums. Im Fenster jenes »Spielzeug[s]«[125] entdeckt Wiegand einen alten Mann, dessen faszinierende Wirkung an die Assoziation kunstästhetischer Kontexte gebunden ist. »Italienische Künstlermodelle, der Harfner Goethe's sehen so aus«[126] meint Wiegand und nähert sich dem Alten in der Erwartung, auf ein Kunstwerk zu

---

121 Friedmann, Der Schein trügt, S. 18.
122 Friedmann, Der Schein trügt, S. 20.
123 Friedmann, Der Schein trügt, S. 20.
124 Friedmann, Der Schein trügt, S. 20.
125 Friedmann, Der Schein trügt, S. 20.
126 Friedmann, Der Schein trügt, S. 20.

treffen, dessen Form in hermeneutischer Klarheit seinen Inhalt kodiert. Und als er stehen bleibt und »den in dem Rahmen seines Fensters fast Reglosen«[127] betrachtet, deutet die Konstellation in der Tat die Analogie zur bildenden Kunst an. Das statische Motiv im Rahmen fesselt Wiegand. Neben der Ähnlichkeit mit verschiedenen bekannten Bildern sind es »die Schönheit, die Ruhe, die Milde«,[128] die den Protagonisten in Gedanken von Winckelmann über Lessing zu Goethe schweifen lassen, um schließlich bei Sophokles und antiker Gravität anzugelangen. In einem auch optisch gesonderten topographischen Bereich also glaubt der Protagonist auf eine Figur zu treffen, die auf einen Charakter klassizistischer Erhabenheit hin transparent ist. Der Alte erscheint dem Heimgekehrten als »männliche Sphinx, ein Räthsel, das gelöst werden mußte«.[129] Der Abgleich mit dem Katalog kunstästhetischer Verbürgungen nimmt dabei kaum ein Ende und der Alte wird abwechselnd als »Fossil«[130] sowie als Fresko der Sixtinischen Kapelle beschrieben.[131]

Wiegand bringt schließlich in Erfahrung, dass das Objekt seines Interesses James Herford heißt und nach einem Schlaganfall auf Pflege angewiesen ist. Diese Aufgabe übernimmt Wiegand, um seinem Idol nahe sein und dessen Lebenshintergrund in Erfahrung bringen zu können. Und hier genau trügt eben der Schein. Als Herford stirbt, hinterlässt er seine Memoiren, aus denen das Leben eines Betrügers und Mörders hervorgeht. Der schöne Schein und dessen Wirkung sind Herford dabei selbst bewusst und er notiert ausdrücklich seine wiederholte Verwunderung darüber, dass man Zeit seines Lebens vom wohlgefälligen Äußeren auf die gute Seele fehlgeschlossen hat.

Die Novelle schließt moralisierend mit Wiegands Überlegung, vielleicht auch Marianne Felsenfest Unrecht getan zu haben. Zu dieser führt zwar kein Weg mehr zurück, aber der Protagonist findet in einer anderen Stadt sein Glück. – Was bleibt, ist die Erkenntnis der Gemachtheit der Oberfläche. Der Versuch, Umgebung und Menschen als natürliche Zeichen zu lesen, scheitert und deutet auf eine kardinale Eigenschaft realistischen Erzählens und mithin realistischen Raums hin: Realistische Raumlogik präsentiert in der Regel ein Setting, das als Theateraufbau, als Kulisse funktioniert. Konstellationen und Funktionen des Raums sind von den Figuren geprägt oder inszeniert und verfügen damit grundsätzlich über das Potenzial der Täuschung.

---

127 Friedmann, Der Schein trügt, S. 21.
128 Friedmann, Der Schein trügt, S. 21.
129 Friedmann, Der Schein trügt, S. 23.
130 Friedmann, Der Schein trügt, S. 22.
131 Vgl. Friedmann, Der Schein trügt, S. 23.

Dass der Inszenierungscharakter realistischen Raums häufig dazu dient, das Erbe romantischer Topologik als überholt vorzuführen, zeigt Friedrich Spielhagens Roman *Clara Vere*. Der Text führt einen Katalog romantischer Motive auf, deren Einbettung in ein realistisches Narrativ mit einer Löschung ihrer Funktionen einhergeht. Die insbesondere bei Eichendorff entlehnten Formeln und Strukturen werden sowohl von den Figuren künstlich in Szene gesetzt als auch auf der Ebene des Erzähldiskurses als Verfahren im Zitatmodus ausgestellt. So legt Spielhagens früher Roman die Logik realistischen Raums an dessen Überwindung romantischer Raumkonzepte dar und beschreibt den Wirkraum als topisches Relikt.

Mit seiner subjektzentrierten Ästhetik und einer auf den Helden ausgerichteten Romantheorie tritt Spielhagen ohnehin bereits als Verfechter der souveränen Figur auf. Die unbedingte Bindung der erzählten Welt an die Perspektive ihres Helden meint bei Spielhagen zwar zunächst Text-Raum.[132] Die Macht über den erzählten Raum scheint aber die logische Konsequenz dieser an der Figur befestigten Stabilität der Diegese zu sein. Wenn mit dem Protagonisten steht und fällt, ob die erzählte Welt als Wirklichkeitsmodell funktioniert, »bläht sich das Subjekt zur Welt auf«.[133] Wenn auch die Überlegung von geprägtem Raum einerseits und Subjektkonstituiertheit von erzählten Welten andererseits nicht dasselbe meinen, sind sie doch Aspekte derselben Denkfigur. Raum im Text und Text als Raum sind dieser Denkfigur unterworfen, die den Aktanten realistischen Erzählens als Souverän zeigt, der seine Umgebung prägt – im Falle der spielhagenschen Romantheorie ist das die Textumgebung.[134]

Die Eröffnungsszene in *Clara Vere* ist zunächst in der bekannten Weise an der realistischen Adressenlogik ausgerichtet: »Ein prächtiger Sommerabend sank herab auf die ausgedehnten Waldungen, die um Schloß Vere, in einer der westlichen Grafschaften von England, weithin das Hügelland bedeckten«.[135] Die Personifikation der Landschaft gelingt nur noch als verblasste Metapher. Dass der

---

132 In diesem Sinne fasst Lothar Schneider zusammen: »Die Ich-Form identifiziert die artistische Operation der Herstellung des Kunstwerks mit der Bewusstseinsstruktur seiner tragenden Figur. Scheitert der Held, ist das Kunstwerk verloren« (Lothar Schneider, Realistische Literaturpolitik und naturalistische Kritik. Über die Situierung der Literatur in der zweiten Hälfte des 19. Jahrhunderts und die Vorgeschichte der Moderne, Tübingen 2005, S. 102).
133 Schneider, Realistische Literaturpolitik und naturalistische Kritik, S. 103.
134 »Auf Merksatzniveau gebracht, kann man also sagen: Der Held ist das Werk, und das Werk ist der Held. – Und man kann kalauernd ergänzen, daß das so ist, weil der Held das Werk als seine Welt zusammenhält« (Lothar Schneider. Die Verabschiedung des idealistischen Realismus. Friedrich Spielhagens Romanpoetik und ihre Kritiker. In: Formen der Wirklichkeitserfassung nach 1848. Deutsche Literatur und Kultur vom Nachmärz bis zur Gründerzeit in europäischer Perspektive. Band 1, hg. von Helmut Koopmann und Michael Perraudin, Bielefeld 2003, S. 235).
135 Friedrich Spielhagen, Clara Vere [1857], Berlin ³1867, S. 1.

Wald die bergige Topographie ›bedeckt‹, findet keinen Anschluss an die handelnden Räume Tiecks oder Hoffmanns. Zumindest nicht direkt, denn als motivisches Zitat begegnet nach der Lagebeschreibung eine Szene, die durchaus auf den romantischen Prätext verweist. Wenn unter einer Buche ein junger Jäger »behaglich sich hingestreckt«[136] hat, werden entsprechende Szenen aus Texten wie dem *Runenberg* gleichzeitig aufgerufen und mit anderen Vorzeichen versehen. So ist der im Gebirge sitzende junge Jäger zwar bei Tieck entlehnt, wertet die Szene aber dadurch um, dass sein Gemütszustand von dem des Christian im *Runenberg* entscheidend abweicht. Der Jäger Georg Allen macht angenehme Rast, die Atmosphäre ist harmonisch und der topischen Einsamkeit steuert die Beigabe eines Hundes als bestem Freund des Menschen. Der Begleiter liegt dabei neben seinem Herrn, »als sei es ihm in müssigen Augenblicken eine angenehme Erholung, auf das Wachsen des Grases zu horchen«.[137] Die ›Sprache‹ der Natur wird hier sowohl durch die Umleitung in die Sprichwörtlichkeit depotenziert als auch durch den Umstand, dass es sich gar nicht mehr um Kommunikation handelt, sondern um bloßes Geräusch. Wo Tiecks Christian noch dem Sprechen der Pflanzen und Bäche lauscht, hört die realistische Figur dem Gras beim Wachsen zu und bedient die realistische Metapher als Sprachgeste.

Zunächst aber hat der Raum des Waldes durchaus noch romantisch prägende Qualitäten. Das »träumerische Sinnen, das ein Abend im Walde in uns wach ruft«,[138] lässt sich zwar nur noch als abgeschwächte Version romantischen Wirkraums lesen, vollzieht aber gerade vor der Folie einer realistischen Topologik einen deutlich zu erkennenden Rückbezug auf Konzepte räumlicher Einflussnahme auf die Figur. Dass der Geruch der Kräuter und das Hämmern des Spechtes nicht mehr zeichenhaft auftreten, markiert dabei die entscheidende Modifikation, die der romantische Raum im Versuch seiner Einbettung in den realistischen erfährt. Eventuelle Wirkungen gehen nicht mehr von intentional handelndem Umraum aus, sondern sind atmosphärische Gemütseffekte in der Figur selbst. Das Resümee der Verhandlungen zwischen dem Raum als Vitrine respektive dessen Auftreten zieht der Roman bereits im achten Kapitel, indem er die Vorstellung verabschiedet, der Raum funktioniere als Extension der Figurenpsyche oder als Wirkmacht:

> Wenn unsere Seele erfüllt ist von irgendeinem traurigen oder heitern Gedanken, hat sie ihr eigenes Licht, und die Natur kann nur als Folie dienen: ein sonniger Tag uns heiterer stimmen, wenn wir heiter; ein regnerischer, wenn wir traurig sind. Sonst jubelt das freudetrunkene Herz dem rauhen Wintersturm entgegen, und es giebt Augenblicke, wo der won-

---

[136] Spielhagen, Clara Vere, S. 1.
[137] Spielhagen, Clara Vere, S. 1.
[138] Spielhagen, Clara Vere, S. 1.

nigste Maimorgen uns nur ein schmerzliches Lächeln entlocken kann, wie der wohlgemeinte Zuspruch eines guten Freundes, wenn unser Herz zum Tode betrübt ist.[139]

Realistisches Erzählen konzipiert die innere Verfasstheit seiner Figuren als unabhängig vom umgebenden materialen Raum und die Abbildung der Figurenpsyche im Umraum genauso als Ausnahme wie die Einflussnahme der Topographie. Eine entsprechende Korrespondenz wird im Gegenteil im Realismus häufig regelrecht karikiert, indem Raum und figurales Innenleben als völlig disparat dargestellt werden. So zum Beispiel in Ferdinand von Saars *Vae Victis!*, das den Protagonisten auf blauen Himmel, Sonnenschein und »lustig zwitschernd[e]« Sperlinge mit der Einsicht reagieren lässt: »›Sie hat recht‹, sagte er endlich tonlos, ›ich habe keine Zukunft mehr‹«.[140] Die Fälle, in denen der realistische Raum tatsächlich wirkt, sind transparent im Rahmen metonymischer Erklärungsmuster – eine nachdenkliche Stimmung im Angesicht des Herbstes bleibt im Rahmen der realistischen Raumlogik und realisiert nicht den romantischen Wirkraum im für Tieck beschriebenen Sinne. Solche Konzepte romantischer Raumlogik tauchen vielmehr als Zitate auf, deren diskursive Beschwörung einer Wirkmacht aber erfolglos bleibt. Dass der Jäger Georg wie beschrieben als Tieck-Zitat im Wald rastet, ändert daran genauso wenig wie die Bezeichnung der Szene durch den Erzähldiskurs als »Waldeinsamkeit«.[141] Der Raum bleibt ein realistischer, dessen Figuren darin Romantik spielen, ganz im Sinne des realistischen Konzepts von Inszenierung.

Als kurze Zeit später die titelgebende Lady Clara Vere zu Pferd erscheint und von einem »verwunschenen Walde«[142] spricht, schließt sich Georg zwar mit der Bestätigung von dessen »Zauber«[143] an, der Befund aber bleibt eine sprachliche Geste und der Raum zeigt keinerlei Ambitionen, in das Geschehen einzugreifen. Lady Vere nämlich hat sich verirrt und während man im Anschluss an diesen Umstand den romantischen Wirkraum zitiert, lässt sich dieser tatsächliche ohne Gegenwehr topographisch handhaben. Der ortskundige Georg nämlich zeigt Lady Vere ohne Weiteres den Weg und geleitet sie bis in Sichtweite ihres Schlosses.

Die Begegnung Georgs mit der Adligen vervollständigt dabei eine Figurenkonstellation, die ebenfalls zum kanonischen Repertoire der Romantik gehört, nämlich

---

139 Spielhagen, Clara Vere, S. 54.
140 Ferdinand von Saar, Vae Victis!. In: Ferdinand von Saar. Novellen aus Österreich. Erster Band, hg. von Karl Wagner, Wien/München 1998, S. S. 191.
141 Spielhagen, Clara Vere, S. 2.
142 Spielhagen, Clara Vere, S. 3.
143 Spielhagen, Clara Vere, S. 3.

der Entscheidung eines jungen Mannes zwischen Hure und Heiliger.[144] Wie die übrigen Romantizismen tritt auch diese Anleihe als realistische Kontrafaktur auf. So findet sich Georg nicht zwischen Erotik und Naturfrömmigkeit, sondern in bestem poetologischen Figurenentwurf zwischen Romantik und Realismus. Die Romantik wird verkörpert von Helene, mit deren Mutter zusammen beide im alten Forsthaus des Waldes leben. Dieses wird ebenso weltabgeschieden beschrieben, wie in der Eingangsszene der Wald selbst. Der Wald und dessen »Gottesfriede«[145] heißt es da, lasse den darin Wandernden vergessen, »daß es draußen außerhalb des Waldes noch eine Welt giebt, eine unruhige, athemlose, zankende, rechthaberische, lärmende Welt.«[146] Der hier etablierte Gegenraum leistet mehr als einen Kontrast. Er entkoppelt seine Passanten vielmehr so nachhaltig vom Normalraum, dass dessen Existenz nicht mehr wahrgenommen wird.

Nachdem Lady Vere sich verabschiedet hat und in Richtung ihres Schlosses reitet, bleibt Georg träumend an derselben Stelle stehen, bis die Nacht einbricht. Schließlich wendet er sich vom bellenden Hund begleitet in den Wald zurück und erreicht das Zuhause, das wie eine harmlose Version der Hütte im *Blonden Eckbert* anmutet. Ebenfalls auf einer Lichtung steht die Försterwohnung nicht unter Linden, sondern im »Schutz uralter Buchen«;[147] vor allem aber bietet das Häuschen vom Efeu überwachsen »ein Bild tiefen Friedens«.[148] Ähnlich der Anfangsszene, die den Protagonisten zwar kontemplativ im Wald zeigt, aber die Elemente des manischen Grübelns und der Einsamkeit ausschließt, ist auch das Försterhaus bei motivischem Wiedererkennungswert um die romantisch bedrohlichen Elemente vermindert. Weder hermeneutische Irrpfade noch Reflexionen auf Zeichenhaftigkeit sind hier Programm, und die obligatorische ›Alte‹ ist nicht nur die tatsächliche Mutter Helenes, sondern auch eine transparente, fürsorgliche Figur. Das Forsthaus erweist sich als eine »Stelle wie sie Liebhaber der Einsamkeit in der Wirklichkeit aufsuchen, oder in der Phantasie erträumen.«[149] Eine gewisse Se-

---

144 Vgl. Kremer, Prosa der Romantik, S. 109 ff. Marianne Wünsch spricht diesbezüglich von einem »alternativen Frauenangebot«, das in der Romantik als präkare Wahl zwischen Glück und Verderben auftritt: »In diesen Fällen ist die eine Frau eine normale, menschliche, normeinhaltende, die andere eine abweichende, nicht-menschliche Frau.« Die Wahl der letzteren endet konsequent in »Wahnsinn oder Tod« (Wünsch, Psyche, S. 123). – Im Rahmen der feminist theory erweitert Pamela Tesch diese Dichotomie zur Trias von »the Romantic hag, the fatal woman, and the arabesque fragile woman« (Pamela Tesch, Romantic Inscriptions of the Female Body in German Night and Fantasy Pieces. In: Neophilologus, 92.4, 2008, S. 681).
145 Spielhagen, Clara Vere, S. 1.
146 Spielhagen, Clara Vere, S. 2.
147 Spielhagen, Clara Vere, S. 7.
148 Spielhagen, Clara Vere, S. 7.
149 Spielhagen, Clara Vere, S. 7.

hergabe ist zwar auch Helenes Mutter nicht abzusprechen, doch erscheint diese vielmehr als Mischung aus Vermutungen und kluger Menschenkenntnis. Die Bemerkung der Mutter bei Georgs Rückkunft, »[d]ich hat heut' ein böser Blick aus falschen Augen getroffen«,[150] ist eher als beachtenswert feinsinnige Deutung von Georgs Gesichtsausdruck zu lesen und keine hellseherische Vorausdeutung. Um einen im mythologischen Sinne ›bösen Blick‹ nämlich handelt es sich nicht. Die Problematik der Figur Clara Veres beschränkt sich auf deren Charakter und ist an keinerlei Fluch gekoppelt, der dem Protagonisten gefährlich würde. Viel interessanter ist die realistische Einschätzung ›falscher Augen‹ als eines Attributs, das nicht der mythischen Sphäre, sondern dem Diskurs um Inszenierung und Verstellung zuzurechnen ist. Und in der Tat wird sich Lady Vere als Verkörperung des realistischen Inszenierungsbedürfnisses erweisen, während Helene eine romantische Poetik vertritt. Ihre bevorzugte Textform ist dementsprechend die des Märchens. Als sie Georg eines jener Märchen vorliest, das ihr verstorbener Bruder seinerzeit für sie geschrieben hat, kommentiert Georg den Text: »[E]s ist ein dunkles Räthsel und die Auflösung ist sein Tod.«[151] Diese Feststellung ist ambig und erlaubt über den unklaren Bezug vier gänzlich verschiedene Lesarten:

(I) Das Märchen ist ein Rätsel und der Tod des Bruders dessen Auflösung.
(II) Das Märchen ist ein Rätsel, dessen Auflösung für den Bruder den Tod bedeuten würde.
(III) Das Märchen ist ein Rätsel, dessen Auflösung für das Märchen selbst den Tod bedeuten würde.
(IV) Das Märchen ist ein Rätsel und sein eigener Tod stellt die Auflösung dar.

Diese vierfach ambige Aussage über ein Märchen bildet das romantische Textverständnis sowohl in seiner Mehrdeutigkeit als auch der daraus resultierenden Unabschließbarkeit ab und kennzeichnet Helene als Transportfigur einer romantischen Poetik. Dass es Georg ist, der diesen Befund äußert, bildet bereits zu Beginn des Romans die Affinität des Protagonisten für das entsprechende Konzept ab und bereitet den Kontrast vor, den der Umgang mit der realistischen Lady Vere veranschaulichen wird. Georgs Mittelposition zwischen romantischer und realistischer Weltbeschreibung wird besonders anschaulich, als er später, nach ausgiebigem Umgang mit Lady Vere und der Gesellschaft des Schlosses von Helene gebeten wird, darüber zu erzählen. Dies aber soll Georg in einer Art Übersetzungsleistung tun und Helenes romantisches Dispositiv bedienen. Diese nämlich bittet ihn um Mitteilung in Märchenform: »[E]rzählen Sie mir von dem

---
150 Spielhagen, Clara Vere, S. 7.
151 Spielhagen, Clara Vere, S. 20

Schlosse und den Festlichkeiten dort. – In einem großen, großen Walde stand einmal ein prächtiges Königsschloß. Darin lebte – –«.[152]

Poetologisch gesprochen stellt Lady Vere der Existenz in harmlosen Romantizismen die inszenierte Wirklichkeit einer realistischen Erzählwelt entgegen. Dabei bestehen schon vor der ersten Begegnung mit Georg schicksalhafte Beziehungen zwischen den Familien. Helenes Vater nämlich wurde auf der Jagd mit dem jungen Vere versehentlich erschossen. Und auch Helenes Bruder und der alte Lord Vere sind durch den Tod verbunden, allerdings ohne gegenseitige Beteiligung. Während der Bruder krank war und Selbstmord beging, stürzte Lord Vere in eine Schlucht. Den beiden selbstverschuldeten Toden steht so die tödliche Begegnung in der Jagd zur Seite, die den Vater das Leben gekostet hat.

Begraben sind Bruder und Vater auf einem Friedhof, der gemeinsam mit dem Wald auch topographisch Schloss Vere gegenübergestellt wird. Während eines nächtlichen Spaziergangs gelangen Georg und Helene an die oft aufgesuchte ›Warte‹, einen Aussichtspunkt, der den Blick ins Tal freigibt. Dieses trägt »in seinem Grunde das Schloß«[153] und präsentiert damit die Sphäre der Lady Vere an dem Punkt, der die denkbar geringste Überhöhung aufweist. Ganz im Gegensatz zum Wald und dem einer Kapelle angegliederten, auf einer Terrasse im Berg liegenden Friedhof, deren metaphorischer Vektor sich auch topographisch in ihrer Erhöhung ausdrückt. Von der Warte aus beobachten die Spaziergänger die Mutter am Grab des Sohnes und des Gatten. Dabei beleuchtet der Mond die Szene:

> Die weißen Wände der Kapelle schimmerten hell; und ihr Wiederschein ließ den Friedhof fast in Tagesklarheit erscheinen; man hätte die goldenen Buchstaben auf den Kreuzen und Grabsteinen lesen zu können geglaubt.[154]

Auch diese topographische Schau funktioniert weniger romantisch, sondern offenbart sich als Inszenierung, die das Gezeigte zur wirkungslosen Kopie macht, indem sie es vermittelt. So beleuchtet der Mond nicht direkt die Szene, sondern es sind die Wände der Kapelle, einer von den Figuren angebrachten Modifikation des Raumes, die das Licht als ›Wiederschein‹ weitergeben und weder Belebung noch das Verständnis arkaner Schrift treten ein. Die paradoxe Konstellation der taghellen Nacht bleibt um ein ›fast‹ vermindert und die Lesbarkeit der Grabinschriften wird in den Konjunktiv II verlagert, der seinerseits noch einmal in die Vagheit des ›man hätte geglaubt‹ transponiert ist.

---

152 Spielhagen, Clara Vere, S. 90.
153 Spielhagen, Clara Vere, S. 12.
154 Spielhagen, Clara Vere, S. 12.

Was aber ungebrochen bleibt, ist zumindest der eichendorffsche Effekt, das gesamte Handlungstableau mit all seinen Gelenkstellen zu überschauen und vom erhöhten Standpunkt immer auch das Erzählen selbst zu überblicken.[155] Und dennoch bleibt die romantische Wirkmacht des Raums ein viel artikulierter, sich dabei aber nie selbstständig verwirklichender Wunsch. Als Georg am darauffolgenden Morgen durch den Wald reitet und sich »noch heiterer, wie gewöhnlich«[156] findet, kommt er zwar zu dem Schluss, »es mußte ein Zauber im Wald sein! –«,[157] die metonymische Erklärung aber ist in den vorangehenden Zeilen längst gegeben. Bewegung, Tau und Sonne stimmen den Ausreitenden fröhlich, von einem wirkmächtigen Raum im romantischen Sinne, der sich gar als ›Zauber‹ bezeichnen ließe, kann jedoch nicht die Rede sein.

Mit Lady Vere tritt auch deren Schloss in Erscheinung. Dem monolithischen Hauptgebäude, in dem sich Georg »unbehaglich und gedrückt«[158] fühlt, sind zwei Flügel angebaut, die durch »hellere, freundlichere Räume«[159] auffallen. Auch der anschließende Garten ist im französischen Stil gehalten und stellt in seiner akkuraten Anlage das realistische Konzept der Raumprägung aus. Dabei wird der Raum zwar im Entwurf des »verschnörkeltsten [...] Geschmacke[s]« mit »wunderlich verschnittenen Hecken« nebst »Sphinxen und Floren und Apollos aus Sandstein«[160] als mythisch überhöht angedeutet, ruft dieses Potenzial aber nicht als räumliche Funktion ab. Hinsichtlich der Statuen und der ›wunderlichen‹ Bepflanzung bleibt es bei deren Erwähnung. Das Schloss als zentraler Raum führt vielmehr vor, wie sich die Figuren aktiv vom Raum emanzipieren und diesen prägen, indem das Gebäude vollständig von Handwerkern in Beschlag genommen ist. Dachdecker, Tischler und Tapezierer renovieren das Schloss und demonstrieren in einer konzentrierten Szene die vollständige Beherrschung des Raums als Kulisse durch die sich darin inszenierende Figur.

Georgs Rolle ist dabei erneut die des Übersetzers. In diesem Falle aber nicht für Helene, sondern für Lady Vere. Diese nämlich engagiert ihn als Deutschlehrer. Georgs erste Lektion besteht in einer Übersetzung des Gesangs der Mignon aus Goethes *Wilhelm Meister* ins Englische. Die Wahl des Textes erweist sich auch hinsichtlich der Frage nach romantischem respektive realistischem Raum als treffend, artikuliert Goethes kindliche Figur doch die topische Sehnsucht nach dem romantischen Raum. Das »Land, wo die Zitronen blühn« ist bevölkert von

---

[155] Vgl. zu diesem eichendorffschen Erzählverfahren Kremer, Prosa der Romantik, S. 50.
[156] Spielhagen, Clara Vere, S. 27.
[157] Spielhagen, Clara Vere, S. 27.
[158] Spielhagen, Clara Vere, S. 28.
[159] Spielhagen, Clara Vere, S. 28.
[160] Spielhagen, Clara Vere, S. 28.

›Marmorbildern‹ und dient als ewigfernes Ziel, ähnlich dem unerreichbaren Ort bei Georg Philipp Schmitt. Dabei ist die Sehnsucht Mignons aus Goethes tendenziell anti-romantischer Warte dahingehend modifiziert, dass sie mit Italien ein tatsächlich adressiertes Ziel hat. Katja Löhr weist in diesem Zusammenhang darauf hin, dass die Sehnsucht, die sich im Gedicht der Mignon artikuliert, kein melancholischer Selbstzweck mehr ist, sondern konkretes Leid.[161] Die Einbettung der Mignon-Figur in im weitesten Sinne realistisches Erzählen geht mit einer Pragmatisierung von deren Sehnsuchtskonzept einher.»In Mignons Lied schlägt die Bewegung der Sehnsucht vom Sehen über das Wünschen (›Möcht' ich‹) in ein Wollen (›laß uns‹) um«.[162]

Die Übersetzungsleistung, die Georg gegenüber Helene erbringt, wiederholt sich hier in entgegengesetzter Richtung. Nachdem der Protagonist zuvor für Helene die Topographie von Schloss Vere in eine Märchenform übertragen hat, vermittelt er der realistischen Lady Vere mit Mignons Lied eine prominente Verdichtung romantischer Topoi. Die Mediatisierung und vielfache Brechung dieser Übersetzungsleistung ist dabei nicht zu übersehen, handelt es sich bei der Figur der Mignon selbst doch schon um eine Strategie Goethes, die eigene Stellung zum Romantischen narrativ auszuhandeln. So leistet Mignon »als romantische Kindsbraut *par excellence*«[163] zwar eine deutliche Markierung des Sprachunterrichts als Romantikvermittlung; zugleich bringt aber die Wahl ausgerechnet dieser Figur und deren Auftritt in einem für die Romantiker so ambivalenten Text den gesamten Kontext der Verhandlung von romantischem versus prosaischem Erzählen[164] mit an. Friedrich Schlegels Diktum vom *Wilhelm Meister* als »Roman gegen das Romantische«[165] ist ebenso bezeichnend wie Novalis' anfängliche Begeisterung, die später in ebenso emphatische Ablehnung umschlägt.[166]

---

161 Vgl. Katja Löhr, Sehnsucht als poetologisches Prinzip bei Joseph von Eichendorff, Würzburg 2003, S. 408 f., Fußnote 1017.
162 Löhr, Sehnsucht als poetologisches Prinzip, S. 409. Auch Konstanze Bäumers Beschreibung Bettine von Arnims als »romantische Doppelgängerin« Mignons deutet auf eine Abweichung der goetheschen Figur vom romantischen Prototyp hin (Konstanze Bäumer, ›Bettine, Psyche, Mignon‹. Bettine von Arnim und Goethe, Stuttgart 1986, S. 135).
163 Michael Wetzel, Mignon. Die Kindsbraut als Phantasma der Goethezeit, München 1999, S. 354.
164 Das Urteil des ›Prosaischen‹ findet sich speziell in Novalis' Kritik des *Wilhelm Meister* als einem Roman, dessen bestimmendes Prinzip die Ökonomie sei: »Das Romantische geht darinn [sic] zu Grunde« (Novalis, Fragmente und Studien 1799–1800. In: Novalis. Schriften. Die Werke Friedrich von Hardenbergs. Dritter Band. Das philosophische Werk II, hg. von Richard Samuel, Stuttgart u. a. 1983, S. 638).
165 Friedrich Schlegel, Goethes Werke. Erster bis vierter Band [Rezensionen in den Heidelbergischen Jahrbüchern der Literatur. 1808]. In: Kritische Friedrich-Schlegel-Ausgabe. Erste Abtei-

Mignon selbst ist eine Art Vermittlerfigur, die sich im nicht-romantischen Erzählen als lebensunfähig erweist. Lady Vere über den Gesang vom »Land, wo die Zitronen blühn« in die deutsche Sprache einzuführen, bedeutet genauso, eine literar- und kunsthistorische Schräglage anzuzitieren. Die Abarbeitung nicht-romantischer und nachromantischer Poetiken am romantischen Erbe ist ein Charakteristikum, das gerade den poetischen Realismus betrifft. Während die Übersetzung der realistisch konzipierten Wirklichkeit Lady Veres ins Romantisch-Märchenhafte scheinbar problemlos gelingt, greift Georg für die Vermittlung des Romantischen auf einen Text zurück, dessen Kontexte die poetologische Problematisierung dieser Vermittlung mitliefern. So bewegt sich der Vorgang nahezu einheitlich im Motiv, das romantische Versatzstück als nicht anschlussfähig auszustellen. Im Anliegen Lady Veres, von Georg auch die Bibliothek und Kunstsammlung des Schlosses ordnen zu lassen, ist ein ähnlicher Vermittlungswunsch kodiert. Nur ist es in diesem Fall ein ganzes Ordnungssystem, das auf das kulturelle Inventar übertragen werden soll. So findet sich insgesamt auch der Topos des jungen Mannes zwischen Hure und Heiliger zur poetologischen Textfigur umgewandelt, indem der Protagonist als Relais zwischen romantischen und realistischen Wirklichkeitskonzepten steht, deren Verhandlung im und am Raum stattfindet.

Dennoch entgeht die Konkurrenz der beiden Frauen und der darin abgebildeten Konzepte einer Stereotypisierung, indem nicht nur Lady Veres Realismus durch ihr Interesse für Romantik relativiert wird, sondern auch die romantisch angelegte Helene als »Zigeunerin mit den blauen Augen«[167] beschrieben wird. Das romantische Klischee der geheimnisvollen Zigeunerin aber wäre ein anderes. Zigeuner als »amazonenhafte Frauen mit schwarzen Locken und dunklen Augen«[168] begegnen schon bei Eichendorff, beispielsweise in *Die Entführung*, und nicht zuletzt im *Wilhelm Meister*, denn auch Mignon hat »[l]ange schwarze Haare« und wirft Wilhelm bei der ersten Begegnung einen »scharfen schwarzen Seitenblick«[169] zu. Helenes blaue Augen weisen damit bereits als Fremdkörper darauf hin, dass Romantik im Original nicht mehr zur Verfügung steht und setzen so die

---

lung. Dritter Band. Charakteristiken und Kritiken II (1802 – 1829), hg. von Hans Eichner, München u. a. 1975, S. 131.
166 Vgl. Wetzel, Mignon, S. 353.
167 Spielhagen, Clara Vere, S. 38.
168 Wilhelm Solms, Die ›schöne Zigeunerin‹ der Romantik und ihre häßliche Umgebung. In: Ungleichzeitigkeiten der Europäischen Romantik, hg. von Alexander von Bormann, Würzburg 2006, S. 331.
169 Johann Wolfgang von Goethe, Wilhelm Meisters Lehrjahre. In: Johann Wolfgang Goethe. Sämtliche Werke, Briefe, Tagebücher und Gespräche. Vierzig Bände. I. Abteilung. Sämtliche Werke. Band 9, hg. von Wilhelm Voßkamp und Herbert Jaumann, Frankfurt am Main 1992, S. 444.

Reihe fort, die Georgs idyllische Rast im Wald und die Forsthütte als romantisches Zitat im Gewand realistischer Verharmlosung eröffnen.

Dementsprechend haben auch die im Schloss installierten Romantizismen nur geringen Unterhaltungswert. Im Angesicht von Papagei und »abenteuerlichen Stickereien«[170] äußert sich Lady Vere lediglich durch ein Gähnen: »Ach! wie das einschläfernd war, dieses ewige Blühen und Duften, dieses rastlose Singen der Vögel, dieses Summen und Schwirren der Insecten, dieser ewig blaue Himmel, dieser ewige Sonnenschein!«[171] Der oberflächliche Versuch, den Raum romantisch aufzuladen, resultiert in Langeweile. Lady Vere aber ist realistische Figur genug, um intuitiv die Gegenstrategie zu kennen. Der realistische Raum erfüllt seinen Zweck als Kulisse der Figur und genau diese Funktion gilt es zu aktivieren. Dass Lady Vere die Wochen überschlägt, »bis sich das Haus mit Gästen füllte«,[172] entspricht damit der konsequenten realistischen Erwartung, die Qualität des Raumes allein durch die Figuren ändern zu können, die sich darin aufhalten.

Helene hingegen bleibt der romantische Gegenpol. Wenn Georg »von einer wissenschaftlichen Einsicht in die Natur«[173] spricht, setzt sich Helene ans Klavier und phantasiert. In der Musik als paradigmatisch sprachlichem Anderen ist einmal mehr die romantische Abweichung gegenüber dem realistischen Dispositiv markiert. Während Lady Vere all die Fachliteratur liest, zu deren Lektüre Georg Helene nicht bewegen kann, bringt letztere dem Protagonisten ihr romantisches Projekt näher: »Kommen Sie, Georg, ich will Ihnen den Wald erklären, und sein geheimnißvolles wunderbares Leben besser, als Sie es aus den dicken Büchern lernen können!«[174]

Lady Vere ist bei aller Pseudoromantik weiterhin einem realistischen Dispositiv verpflichtet, dessen Axiome sie genau der von Helene beschriebenen Naturmystik entgegenstellt. Denn obwohl sie das »einförmige Rauschen des Nadelholzes, das der Natur unergründliches Geheimnis immer und immer wieder vor sich hinmurmelt«,[175] als Phänomen wahrzunehmen vorgibt, ist ihr doch allein an der menschlichen Analytik gelegen: »[E]s ist nichts mit dieser Musik des Waldes, wie mit aller Musik! Erst in dem Wort des Menschen offenbart sich der Geist der Natur ganz«.[176] Die Ablehnung auch des Musikalischen an sich korrespondiert dabei mit Helenes beschriebener Hinwendung zur Musik. Im Wechselspiel der gegensätzlichen Frauenfiguren verlieren

---

170 Spielhagen, Clara Vere, S. 41.
171 Spielhagen, Clara Vere, S. 42.
172 Spielhagen, Clara Vere, S. 42.
173 Spielhagen, Clara Vere, S. 46.
174 Spielhagen, Clara Vere, S. 46.
175 Spielhagen, Clara Vere, S. 47.
176 Spielhagen, Clara Vere, S. 47.

auch Georgs Wahrnehmungsmuster an Trennschärfe. So ist es Lady Veres Kunstbegeisterung, die in ihm den Vergleich mit den eichendorffschen Statuen weckt. Dass »nur ihm gegenüber dieses Marmorbild Leben bekam«,[177] bleibt realistische Metapher und schließt sich der Rede vom »Tempel der Kunst«[178] an, der anstelle von Eichendorffs Venustempel Einlass gewährt.

Die Hierarchie aber steht außer Frage, der Text ist grundsätzlich ein realistischer, das Romantische wird darin lediglich verhandelt. Dementsprechend wird die zunehmende Verwirrung der beiden Sphären zuletzt in einem Akt der Inszenierung gelöst. Dabei ist das Moment des Theatralen von Beginn an in der Charakterzeichnung der Lady Vere präsent. Als diese die Konkurrenz begreift, die Helene darstellt, erhöht sie ihre Werbungsanstrengungen und spielt »ihre Rolle immer besser«.[179] Gegen Georgs Zuneigung zu Helene aber und deren »Zauber der Wunderblume, die ihm im einsamen Waldthale blühte«,[180] kann Lady Vere nicht bestehen. Während Georg in seiner Verwirrung befangen entscheidungsunfähig abwägt, ob er Helene in Lady Vere liebe oder durch den Kontrast erst seine Gefühle für die Adelige entdeckt habe, wendet sich diese dem Herzog von Arlington zu. Als Diener hätte sie ihn abgewiesen, »aber der ›Herzog‹ glich alles aus«.[181] Dem gefühlsarmen Kalkül entsprechend spielt Lady Vere eine »Rolle«[182] in dieser »Komödie«,[183] in der sie »abstoßend und anziehend zu gleicher Zeit«[184] ist. In dieser Figur romantischer Ironie als Vereinigung von Gegensätzen lässt sie »Ernst in den Scherz [...] einfließen«[185] und verbindet das Zitat einer romantischen Gemütslage mit dem realistischen Inszenierungstopos. Erneut kehrt die Konstellation realistischer Wirklichkeit als Aufführung und der Romantik als geprobtem Stück wieder.

Das Motiv einer solchen Zweckheirat findet sich im Spätrealismus bei Franz von Schönthau in einer Erzählung, die wie ein rückblickender Kommentar auf die oben beschriebenen Inszenierungsverfahren erscheint. In der Humoreske *Die Geschichte zu einer Pointe* steht der Wunsch nach der Metonymisierung, der kausalen Herleitung eines erstaunlichen Ereignisses im Mittelpunkt. Eine Verlobungsanzeige stellt den Ich-Erzähler vor die Frage: »Wie war's nur möglich?«[186]

---

177 Spielhagen, Clara Vere, S. 45.
178 Spielhagen, Clara Vere, S. 45.
179 Spielhagen, Clara Vere, S. 53.
180 Spielhagen, Clara Vere, S. 48.
181 Spielhagen, Clara Vere, S. 70.
182 Spielhagen, Clara Vere, S. 70.
183 Spielhagen, Clara Vere, S. 71.
184 Spielhagen, Clara Vere, S. 71.
185 Spielhagen, Clara Vere, S. 71.
186 Franz von Schönthau, Die Geschichte zu einer Pointe. In: Franz von Schönthau und Paul von Schönthau, Kleine Humoresken. Zweites Bändchen, Leipzig o. J., S. 74.

Bekannt mit beiden Beteiligten und in Kenntnis, dass dieselben bisher keinerlei besondere Neigung zueinander hatten erkennen lassen, kommt ihm die Anzeige vor wie »die überraschende Pointe einer Geschichte, die ich nicht kenne.«[187] Die Konstruktion dieser Vorgeschichte ist Gegenstand der Erzählung, indem der Verwunderte so lange auf das leere Blatt starrt, bis sich ihm ein erklärendes Narrativ präsentiert. Dabei ist die Verwendung des Theaterdiskurses bezeichnend, denn die Erwartung ist von Beginn an auf ein »Lustspiel[]«, eine »Salonkomödie« oder ein »Trauerspiel[ ]«[188] gerichtet. Und als dialogische Szene wird die Vorgeschichte dann auch präsentiert. In zwanglosem Gespräch mit dem Grafen wirft die Baronin ein: »– à propos Liebe, – man sagt, Sie wollen mich heirathen?«[189] Nach kurzem Austausch ist man sich einig, mit der realistischen Inszenierung zumindest voreinander zu brechen: »Wozu sollen wir Beide uns eine Komödie vorspielen, an die wir doch beide nicht mehr glauben würden?«[190] Der Verfahrenskatalog realistischen Erzählens wird anschließend auch um das Konzept des Raumprägens erweitert. So sagt die Baronin dem Grafen auf den Kopf zu, von diesem wie der Kauf eines Möbelstücks abgewogen zu werden:

> »Sie finden es convenable, eine Frau zu nehmen, – eine Frau, wie mich – etwa aus denselben Gründen, die Sie veranlassen, Ihren Salon mit einem prachtvollen Concertflügel zu schmücken, obwohl Sie selbst nicht Klavier spielen –«[191]

Die Szene enthält damit in enger Verbindung die realistischen Kernkonzepte inszenierter Wirklichkeit und geprägten Raums. Die Idee der unbeschönigten Vernunftehe und des Vergleichs mit einem Einrichtungsgegenstand lässt sich dabei poetologisch lesen. Es ist die Erzählerfigur, die den beschriebenen Grund für möglich hält und damit eine Reflexion auf realistisches Erzählen abgibt.

Worauf die Figuren bei Schönthau als auf einen leidgewordenen Gestus verzichten wollen, ist jedoch für Spielhagens *Lady Vere* legitim. Die Komödie der Verbindung zum Herzog von Arlington wird vielmehr um eine Ebene erweitert, als man auf Schloss Vere zur Zerstreuung des Besuchs plant, gemeinsam Shakespeares *Viel Lärmen um Nichts* aufzuführen. Schloss und Figuren begeben sich vollends in den Modus der Theatralität: »Wir wollen Comödie spielen, und dieser edle Saal soll die Bühne sein.«[192]

---

187 Schönthau, Die Geschichte zu einer Pointe, S. 75.
188 Schönthau, Die Geschichte zu einer Pointe, S. 75.
189 Schönthau, Die Geschichte zu einer Pointe, S. 76.
190 Schönthau, Die Geschichte zu einer Pointe, S. 77.
191 Schönthau, Die Geschichte zu einer Pointe, S. 77.
192 Spielhagen, Clara Vere, S. 80.

Dieser Vorgabe Lady Veres, die Bibliothek zur Vitrine umzugestalten, folgt man und inszeniert das Stück in einer Besetzung, die sich auf das Romangeschehen selbst bezieht, indem Georg den Romeo und Lady Vere die Julia verkörpert. Und wenn Helene dem Protagonisten aus einem ihrer Kleider ein Kostüm für die Gartenszene näht, findet sich auch hier eine Übersetzungsleistung vom romantischen Gebrauchskleid zur realistischen Verkleidung.

Die Theateraufführung allein macht den Raum zwar noch nicht heterotop, deutet aber diese Entwicklung an, indem das Stück die Figuren der Rahmenhandlung kommentierbar macht. Die Aufführung erweist sich als Gelegenheit für die Darsteller, unterdrückte Charakterzüge auszuleben. Die Zuschauer betrachten ihrerseits das Stück genau daraufhin und beobachten, wie nah oder fern der jeweilige Darsteller seiner Figur ist. Nachdem sich Georg und Helene bei Übergabe des Kostüms flüchtig küssen, flieht Helene in ihr Zimmer. Die Theateraufführung dient Georg währenddessen als Möglichkeit, seine Gefühle für Lady Vere zu inszenieren. Er hat durch die Rolle »die schalkhafte Göttin in die wunderliche Lage gebracht [...], die Leidenschaft, die in ihm wüthete, in Worte fassen zu dürfen«.[193] Anschließend tritt Georg beglückt und aufgewühlt ins Freie und trifft auf Helenes Mutter, die ihn zum Grab ihres Sohnes führt. Dort berichtet sie in Form eines Märchens, dass Lady Vere diesen verführt und in den Tod getrieben habe. Nachts träumt Georg schließlich, dass sein verstorbener Vater ihm in Gestalt der alten Margareth einen Schlüssel umhängt und darauf hinweist, dass er seinen Vater »hinter dem Bilde Deiner Mutter in der Bibliothek«[194] finden werde. Gemeint ist die Bibliothek im Schloss Vere, das inzwischen zu Georgs zweiter Wohnstätte geworden ist. So auch räumlich in romantische und realistische Sphäre aufgeteilt erhält der Protagonist jenen entscheidenden Hinweis im Schlaf und findet sich erwachend tatsächlich mit dem im Traum empfangenen Schlüssel ausgestattet. An dieser Stelle verlässt der Text in abruptem Bruch den realistischen Rahmen, dessen Integrität zwar direkt wieder eingesetzt und bis zuletzt gewahrt bleibt. Die Szene betreffs des Schlüssels aber bleibt ungeklärt und wäre als eventuell rekurrente Struktur im Werk Spielhagens erforschenswert. Für den in Frage stehenden Roman lässt sich lediglich feststellen, dass die Auflösung der emotionalen Konfusion und des Entscheidungsdilemmas der Hauptfigur von außerhalb des realistischen Verfahrenskatalogs beigesteuert wird. Der wundersam erhaltene Schlüssel nämlich öffnet hinter dem Bild einer blonden Unbekannten tatsächlich ein Geheimfach mit Dokumenten, die Georg als zur Familie Vere gehörig ausweisen.

Die Verwandtschaft mit Lady Vere nimmt eine diametrale Umwertung vor, da das keusche Verhältnis zwischen Helene und Georg auf der Inszenierung von

---

193 Spielhagen, Clara Vere, S. 90.
194 Spielhagen, Clara Vere, S. 105.

Geschwisterlichkeit aufgebaut ist. Georgs Gefühle für Helene sind zwar von Beginn an ambivalent und »Freundschaft! Geschwisterliebe! diese reizenden Märchen, die sich Personen verschiedenen Geschlechts, die nicht Bruder und Schwester sind, nur zu gerne einander erzählen«,[195] erscheinen eher labil. Dennoch ist es der inszenierte familiäre Rahmen, der Georg von einer Annäherung an Helene abhält und schließlich Lady Vere zuführt. Dass es sich exakt umgekehrt verhält und es sich bei Georg und der Adligen um eines jener für den Realismus so typischen Geschwisterpaare handelt, löst nicht nur den Interessenskonflikt, sondern gibt dem Pseudoromantischen für den Moment den Vorzug gegenüber dem Realismus. Derart an ihren Absichten gehindert, fällt Lady Vere bei der Mitteilung um die überraschenden Familienverhältnisse in ein mehrtägiges Delirium, während dessen sie ausschließlich Deutsch spricht. Georg verbrennt die Dokumente über seine Herkunft und nimmt Abschied. Der Erzähldiskurs kommentiert: »Unsere Heimath ist nicht Fels und Baum und Erde; die Herzen sind es, die für uns schlagen«.[196] Die Emanzipation der Figur über räumliche Bindungen bleibt als abschließendes Credo stehen, während sich Georg und Helene bereit machen, nach Amerika auszuwandern. Die clôture bleibt damit ambivalent. Zwar ist die Romantik als Inszenierung einer angenehmen Mode vorgeführt und das realistische Konzept von Wirklichkeit als das allem zugrunde liegende gezeigt. Für dieses Mal aber scheitert dennoch die realistische der Figuren und die Wahl des Protagonisten fällt auf die Vertreterin einer bekömmlichen Pseudoromantik. Der Rahmen hingegen ist deutlich; Inszenierung und geprägter Raum bestimmen die Matrix realistischen Erzählens.

7.3 Ein Haus machen. Geprägter Raum

»Züsiwyl lag nicht romantisch, die Landschaft war nicht belebt, [...] die Bäche murmelten nicht«[197] – diese Beobachtung in Jeremias Gotthelfs *Der Besuch auf dem Lande* ist paradigmatisch. Im Realismus geht es nicht mehr um die Wirkmacht des Raumes, sondern darum, wie die Protagonisten den Raum prägen und ihn sich einrichten.[198] Figuren in realistisch erzählten Welten emanzipieren sich

---

[195] Spielhagen, Clara Vere, S. 39.
[196] Spielhagen, Clara Vere, S. 146.
[197] Jeremias Gotthelf, Der Besuch auf dem Lande. In: Jeremias Gotthelf. Sämtliche Werke in 24 Bänden. Neunzehnter Band. Kleinere Erzählungen. Vierter Teil, hg. von Rudolf Hunziker und Hans Bloesch, Erlenbach/Zürich 1920, S. 10.
[198] So stellt der Realismus im Gegensatz zur Romantik überwiegend vom Menschen kultivierte und eingerichtete Räume vor. Auch Bettina Wild definiert wie selbstverständlich in Bezug auf die

vom Einfluss handelnder Räume und verweisen diese zurück in die Rolle nutzbaren und formbaren Inventars.

Die weibliche Hauptfigur in Theodor Storms *Psyche* agiert dieses Vorhaben am Meer aus. Trotz Seegang und entgegen der Warnungen der alten Badefrau begibt sich die Protagonistin ins Wasser. Ihre Annäherung an den Naturraum aber ist in ihrem Autoritätsanspruch noch deutlich gemäßigt: »Der Fisch und der Vogel, / Der Wind und die Wellen / Sind alle meine Spielgesellen!«,[199] dichtet die junge Frau und bezieht eine Mittelposition auf halbem Wege zwischen Wirkraum und geprägtem Raum. Die Skulptur, zu der ihr Anblick einen Bildhauer inspiriert, wird dem Leser dementsprechend halb fertig präsentiert: »[A]ber nur der obere Teil mit dem einen Arm, den sie dräuend in die Luft erhob, war vollendet; nach unten zu war noch die ungestalte Masse des Tons, als wäre die Gestalt aus rauhem Fels emporgewachsen«.[200] Diese Bewegung aus der kategoriellen Verbundenheit mit der Natur heraus ist das Projekt realistischer Figuren. Die Schwimmerin in Storms *Psyche* findet dabei Unterstützung durch jenen Bildhauer, der sie aus dem unterschätzten Wellengang vorm Ertrinken rettet; ihr Begehren steht für ein zentrales Charakteristikum realistischer Erzählwelten – die selbstbestimmte Einrichtung des Raums durch die Figur. Wo romantische Gärten verzaubern, infizieren oder Phantasmen wecken, sind realistische Gärten architektonische Spielwiesen. Dementsprechend finden sich in der Romantik ›öde Häuser‹ (Hoffmann) und Spukräume (Arnims *Majorats-Herren* u. a.), während der Realismus Figuren zeigt, die sich ihren Raum aneignen und umschaffen wie in Wilhelm Heinrich Riehls schon im Titel programmatischer Erzählung *Der Hausbau* [1864]. Über Probleme mit faulen Handwerkern und diplomatisches Geschick im Umgang mit Herberge fordernden Soldaten finden die Tochter und der Sohn zweier verfeindeter Nachbarn zusammen.[201] Der Sohn, der das Vaterhaus renovieren und zum eigenen

---

Dorfgeschichte als genuin realistisches Paradigma: »Der Begriff ›Landschaft‹ ist dabei zu verstehen als ›vom Menschen geformte Natur‹ [...] und steht damit in Opposition zur reinen Natur« (Bettina Wild, Topologie des ländlichen Raums. Berthold Auerbachs Schwarzwälder Dorfgeschichten und ihre Bedeutung für die Literatur des Realismus, Würzburg 2011, S. 431). Und dass Stifter sich vom romantischen Raum im Rahmen eines »domestizierten und kultivierten Landschaftsraumes konsequent wegbewegt«, ergibt schon Kerstens rein motivische Studie (Kersten, Eichendorff und Stifter, S. 190).
199 Theodor Storm, Psyche. In: Theodor Storm. Sämtliche Werke in vier Bänden. Band 2. Novellen 1867–1880, hg. von Karl Ernst Laage, Frankfurt am Main 1987, S. 318.
200 Storm, Psyche, S. 329.
201 Zum selbst für die Gründerzeit konservativen Bild Riehls von Familie und Geschlechterrollen vgl. Helmut Scheuer, ›Autorität und Pietät‹ – Wilhelm Heinrich Riehl und der Patriarchalismus in der Literatur des 19. Jahrhunderts. In: Familienmuster – Musterfamilien. Zur Konstruktion von

umbauen lässt, legt zuletzt die Fehde bei, und die Versöhnung wird von der Hochzeit mit der Nachbarstochter gekrönt. – Zuletzt erscheint Marie das Haus »ganz anders, so traumhaft schön, von dichterischem Schimmer verklärt.«[202] Die Verklärung durch den ›dichterischen Schimmer‹ weist dabei über das Inhaltliche hinaus auf die Verfahrensebene des Textes. Der Umbau des Hauses wird allegorisch lesbar, das unter der Zusammenarbeit der ursprünglich Zerstrittenen veränderte Haus wird zum Sinnbild der zur Familie zusammengeführten Protagonisten.[203] Eine alte Tafel mit einem Spruch über den Ärger mit Zimmerleuten wird nach dem Umbau des Hauses durch eine zweite ergänzt. Die neue »zeigte in halb erhabener Arbeit den Amor als Baumeister, umgürtet mit dem Schurzfell, Lot und Winkelmaß in der Hand, den Köcher auf dem Rücken.«[204] Die Bauernweisheit wird um eine symbolische ergänzt, genau wie der Raum im Realismus von den Figuren geprägt wird, wird auch dessen Kodierung selbst geschaffen. Die Allegorese wird in diesem Fall gleich mitgeliefert:

> Sie blickte auf das alte Nachbarhaus, und es stand wie ein leibhaftiges Märchen vor ihren Sinnen. [...] Von innen freilich war das Haus inzwischen umgebaut worden, von außen merkte man's wenig; hatte bei ihr selbst nicht auch inzwischen so ein innerer Umbau stattgefunden, den man von außen nicht merkte?[205]

Das Symbolische ist nicht länger eine infizierende Wirkmacht (Romantik), sondern eine Justierung des Raums durch seine Benutzer (Realismus).

Das Verfahren, sich exakt verortet anzusiedeln und die eigene Existenz an konkretem Ort theatral auszuagieren, lässt sich knapp als ›ein Haus machen‹ bezeichnen. Und dies ist es auch, womit die meisten realistischen Figuren beschäftigt sind. Der topische Texteinstieg der fontaneschen Adressenlogik wird dementsprechend meist direkt um diesen Aspekt ergänzt. So wird in *Mathilde Möhring*, kaum dass der Text mit der Verortung in der Georgenstraße 19 eröffnet ist, der Hauswirt über

---

Familie in der Literatur, hg. von Claudia Brinker-von der Heyde und Helmut Scheuer, Frankfurt am Main 2004, S. 135–160.
202 Wilhelm Heinrich Riehl, Der Hausbau. In: ders., Durch tausend Jahre. Fünfzig kulturgeschichtliche Novellen. Dritter Band, Leipzig o. J. [1937], S. 224.
203 Dass das ›ganze Haus‹ sowohl als Bild als auch als Institution in Riehls Hauptgeschäft, der Gesellschaftstheorie einen entscheidenden Platz einnimmt, verwundert nicht (vgl. Kałążny, Wertehimmel, S. 219 ff.); zumal wie Martin Swales an Otto Ludwig und Max Kretzer zeigt im »Laufe des neunzehnten Jahrhunderts [...] die Spannungen und Gefährdungen dieses Ethos vom ›ganzen Haus‹ immer drastischer« werden (Martin Swales, Epochenbuch Realismus. Romane und Erzählungen, Berlin 1997, S. 166).
204 Riehl, Der Hausbau, S. 230.
205 Riehl, Der Hausbau, S. 224.

seinen angeeigneten Raum charakterisiert: »[E]r hatte fünf Häuser, und das in der Georgenstraße war beinah schon ein Palais«.[206] Und genauso beispielhaft ist der Beginn von Ferdinand von Saars Erzählung *Vae Victis!*, die im Eröffnungssatz Adressenlogik und Raumprägen verbindet: »In der Wohnung des Generals Ludwig Baron Brandenberg war die Dienerschaft mit vollem Eifer tätig, den Salon und die anstoßenden Gemächer [...] instand zu setzen«.[207] Und auch Saars *Schloß Kostenitz* konfrontiert den Raum »einer künstlich geschaffenen romantischen Wildnis«[208] mit Renovierung und Einzug neuer Besitzer – »und zwar bei elektrischem Licht, dessen weißes Fanal die Avenue weithin erhellte«.[209] Am Vorhaben ein Haus zu machen wird zugleich eine Relation von Figur und Raum kenntlich, die dem romantischen Konzept des Wirkraums vollständig entgegengesetzt ist. Realistische Figuren prägen ihren Raum selbst. Der Raum seinerseits prägt nicht, sondern ist meist selbstgewählter Ausdruck von Verhältnissen. Die Frage, ob man »Hochparterre oder [...] eine Treppe hoch«[210] wohne, hat für die Protagonisten bei Fontane eine gesellschaftliche sowie logistische Bedeutung und die entscheidende Eigenschaft, die den Untermieter Hugo Großmann zum Einzug bewegt, besteht in der Harmlosigkeit des Raums. Die Abwesenheit von störenden Accessoires genügt, um den Raum als passiven und machtlosen – und damit als realistisch anschlussfähigen einzustufen.[211] Als Großmann die Masern hat, wird im Gegenteil die Macht der Figur über den Raum deutlich, denn umgebettet auf die Chaiselongue im Wohnzimmer ist es zuletzt das Möbel, das prägnante Liegestellen zurückbehält.[212] Und wenn der Genesene später Bürgermeister von Woldenstein wird, besteht seine erste Amtshandlung im Prägen des Raums, indem er einen Damm durch das Moor sowie ein Chausseehaus bauen lässt.

Realistischer Raum wird geformt über den Abdruck seiner Figuren;[213] Natur und Umgebung sind nicht länger Teil des Figurenensembles, sondern verfügbare

---

206 Theodor Fontane, Mathilde Möhring. In: Theodor Fontane. Werke, Schriften und Briefe. Sämtliche Romane. Vierter Band, hg. von Walter Keitel und Helmuth Nürnberger, Mathilde Möhring, hg.v. Gotthard Erler, München ²1974, S. 577.
207 von Saar, Vae Victis!, S. 189.
208 Ferdinand von Saar, Schloß Kostenitz. In: Ferdinand von Saar. Novellen aus Österreich. Zweiter Band, hg. von Karl Wagner, Wien/München 1998, S. 237.
209 von Saar, Schloß Kostenitz, S. 293.
210 Fontane, Mathilde Möhring, S. 577.
211 Vgl. Fontane, Mathilde Möhring, S. 581f.
212 Vgl. Fontane, Mathilde Möhring, S. 643.
213 Auch hier kommt David Wellbery aus genannten Gründen zum gegenteiligen Ergebnis: »Vom Haus Allworthy in Tom Jones bis zum Haus der Buddenbrooks kennt die – im weitesten Sinne des Wortes – ›realistische‹ Romantradition diesen Raum, der das Leben der ihn bevölkernden Figuren prägt« (Wellbery, Sinnraum und Raumsinn, S. 104).

und formbare Gegenstände des requisitären Fundus.[214] Und selbst wenn der Raum metaphorisch als Figur behauptet wird, dann als solche, die zu Diensten ist. Dementsprechend beschreibt der Freiherr von Risach in Stifters *Nachsommer* seinen ländlichen Besitz in ebendiesem Modus: »Wir sind von diesem Eigenthume umringt, wie von einem Freunde, der nie wankt und nicht die Treue bricht.«[215] Der Raum schließlich ist nur noch Bühne und Dekoration für die Stücke, die realistische Figuren aufführen. Das Einrichten des Zuhauses ist dementsprechend in realistischem Erzählen überdurchschnittlich häufig zu beobachten.[216] So wird Effi Briest in ihrem neuen Zuhause als Frau von Instetten direkt mit dem Verweis empfangen, dass der Raum für sie geprägt worden und ihr Zimmer eigens nach Anweisungen des Hausherrn für sie konzipiert und eingerichtet worden sei. Der Raum selbst hat im Realismus keinen Prägecharakter mehr und ist so machtlos, dass sich noch nicht einmal positive Wirkungen wie Zerstreuung willentlich herbeiführen lassen. So versucht Effi vergeblich, den Anblick eines Trauerzuges von der Wirkmacht des Raumes überlagern zu lassen und geht in den Garten, um »zwischen den Buchsbaumbeeten den Eindruck des Lieb- und Leblosen, den die ganze Szene drüben auf sie gemacht hatte, wieder loszuwerden.«[217] Dass dies nicht gelingt, ist bezeichnend, wird doch ausdrücklich die Natur als vermeintlicher Wirkraum gegen die raumdurchschreitende und raumgreifende Inszenierung eines kulturellen Rituals ins Feld geführt. Dass dabei die Semantik die stärkere bleibt, die dem Raum von den Figuren aufgeprägt wird, ist symptomatisch für realistisch verfasste Wirklichkeit. Räume treten wirkend bestenfalls noch in streng

---

214 Diese Unterscheidung ist nicht zu verwechseln mit derjenigen, »Architektur entweder als Leibprojektion oder aber als räumliche Technik der Macht zu begreifen« (Wagner, Produktion des Raumes, S. 211). Eine solche Dichotomie lässt sich eher als Binnendifferenzierung des realistischen Raums in zwei Aspekte lesen, denn in beiden Fällen hat die räumliche Macht ihren Ursprung im prägenden Subjekt – wie stark über den Raum als Medium vermittelt diese auch immer auftritt. Das Wirken des romantischen Raums dagegen ist fernab jeder Kulturtechnik oder personal initiierten Macht angelegt.
215 Adalbert Stifter, Der Nachsommer. In: Adalbert Stifter. Werke und Briefe. Historisch-Kritische Gesamtausgabe. Band 4,1. Der Nachsommer. Eine Erzählung. Erster Band, hg. von Alfred Doppler und Wolfgang Frühwald, Stuttgart u. a. 1997, S. 69.
216 Die gesellschaftsgeschichtliche Dimension dieser Faszination für das Interieur als Rückzug ins Private zeichnet Uta Schürmann nach; auf formaler Ebene äußert sich dies vor allem in gesteigerter Selbstreferenz: »In der Interieurmalerei des Neunzehnten Jahrhunderts verschwinden die Fenster als Verbindung zu Natur und Außenwelt allmählich aus den abgebildeten Räumen, dafür hängen immer häufiger Spiegel an den Wänden: Zeichen der Introspektion und Selbstreflexion« (Uta Schürmann, Tickende Gehäuseuhr, gefährliches Sofa. Interieurbeschreibungen in Fontanes Romanen. In: Fontane Blätter, 85, 2008, S. 127).
217 Fontane, Effi Briest, S. 108.

metonymischer Kausalkette als Luftkurort auf.[218] Das heißt zwar nicht, dass der realistische Raum unbeweglich wäre. Aber sein Geschehen steht nicht mehr im Rang des Handelns und bleibt fern von jeder Metakodierung ein bloßer Sachverhalt. So bemerkt Christian Begemann bezüglich Adalbert Stifters *Katzensilber*: »Eruptive Naturvorgänge können nicht in ihrer Existenz, wohl aber in ihrer Bedeutung geleugnet werden.«[219] Und genau diese Aberkennung eines metaphorischen Metakodes wird deutlich, wenn zwar der friedliche Handlungsraum durch Hagel und Feuer verwüstet wird, die Figuren aber unbeeindruckt bleiben. Die Katastrophe »bleibt in eigentümlicher Weise folgenlos«[220] und der Schaden wird behoben. Zur Einflussnahme oder Umprägung durch mythische oder kulturelle Metakodes ist der realistische Raum nicht mehr in der Lage. Er wird vielmehr selbst nach Belieben geprägt und bei gegebener Notwendigkeit repariert. Der Raum selbst ist handlungsunfähig; so auch bei Fontane. Im vergeblichen Versuch, den Eindruck eines Trauerzuges durch den Gang in die Natur loszuwerden, präsentiert *Effi Briest* sozusagen die Urszene eines durch Inszenierung geprägten realistischen Raums. Außerhalb seiner Einrichtung durch die Figur ist der realistische Raum ohnmächtig.[221]

Auch über Effis Zimmer hinaus erweist sich Instetten als geschickter Regisseur theatraler Räume. Das insgesamt mit übernatürlichen Qualitäten aufgeladene Haus in Kessin bedient phantastische Topoi nicht nur realistischem Erzählen entsprechend abgeschwächt, sondern zeigt sich vor allem als Inszenierung der Figuren selbst. Es ist der Hausherr, der als erzieherische Maßnahme den Diskurs

---

218 Dabei zeigt Fontane im Motiv der Landpartie gleichzeitig die Aporie auf, den Modus des Raumprägens nicht mehr verlassen und Natur in ihrer Ursprünglichkeit nicht mehr erleben zu können: »Die angesteuerten Ausflugsorte sind nichts weniger als Orte ursprünglicher Natur, sondern tragen als Erholungs- und Unterhaltungsstätten den Bedürfnissen der Städter Rechnung« (Grätz, Landpartie und Sommerfrische, S. 82); Landpartien erscheinen damit eher als »Vorstöße in einen naturaffinen Kulturraum« (81). Dass der Verlauf dieser Ausflüge »stark ritualisiert« (83) ist, weist auch den Aspekt der Inszenierung als unabwendbar aus.
219 Christian Begemann, Adalbert Stifter und die Ordnung des Wirklichen. In: Realismus. Epoche – Autoren – Werke, hg. von Christian Begemann, Darmstadt 2007, S. 74.
220 Begemann, Adalbert Stifter und die Ordnung des Wirklichen, S. 74.
221 Wenn dennoch für den realistischen Raum eine Wirkung behauptet wird, dann ist meist eine indirekte gemeint, so wie diejenige der Ruhe vermittelnden Ordnung stifterscher Erzählwelten: »Vor allem die Gestalthaftigkeit und die Gestalteheit wirken auf den Menschen. Der als Kosmos im Kleinen erfahrene Raum schafft für den Menschen und in ihm Klarheit, Maß, Geordnetheit« (Herbert Seidler, Gestaltung und Sinn des Raumes in Stifters ›Nachsommer‹. In: Adalbert Stifter. Studien und Interpretationen, hg. von Lothar Stiehm, Heidelberg 1968, S. 223). Worum es dabei nicht geht, ist das intentionale, aktive Handeln des Raums als Figur. Die hier gemeinte prägende Wirkung besteht vielmehr in der räumlichen Ausstellung eines taxonomischen Systems, an dem sich zu orientieren und zu sortieren der Beteiligung der Figur überlassen bleibt.

vom Spuk und vom Geist des Chinesen anbringt, um damit seiner Frau Effi den bis ins Jenseits reichenden Wert von Treue bewusst zu halten.[222] Besagter Chinese nämlich, so wird immerhin angedeutet, war Teil eines Treuebruchs.

Mit einem Krokodil und anderen Insignien des Unvertrauten und Mythischen dekoriert, wird das Haus in Kessin zur Vitrine und zum Schauraum eines inszenierten Netzes übernatürlicher Aufladung.[223] Auch die Kinderfrau Roswitha ist »beim Anblick all des Sonderbaren, das da umherhing, wie befangen.«[224] Die Rede vom Chinesen, dessen Grabstätte in den Dünen und verschiedenen, mit Sehergabe und übernatürlichen Schicksalen markierten Nebenfiguren sind die vom Personal der Erzählung angebrachten Requisiten, die den Raum nach Belieben gestalten.

Später schließlich hat Effi Sehnsucht nach dem »verwunschenen Hause«;[225] der Raum aber bleibt machtlos. Alles Geschehen, das den Figuren widerfährt, ist inszeniert. Wenn die junge Mutter Effi ihr Elternhaus besucht, ist es nicht der Raum der Vergangenheit, der ihr vorübergehend die Rückkehr in die unbeschwerte Jugend ermöglicht, sondern eine Inszenierung Effis und ihrer früheren Spielgefährtinnen: »[W]enn sie mit ihnen Ball oder Krocket gespielt hatte, war ihr's ganz aus dem Sinn gekommen, überhaupt verheiratet zu sein.«[226] Dieses Verheiratetsein ist aber bekanntermaßen die Crux.[227] Dass die Flucht aus Zwängen und Verantwortung über das Spiel gelingt, die seit Schiller menschlichste Form der

---

222 Uta Schürmann weist auf eine weitere Ebene hin, indem nicht nur Instetten den Raum prägt, um Spuk zu inszenieren, sondern auch sein »erzieherischer Anspruch und die Rätselhaftigkeiten seiner Person [...] im Interieur bewusst inszeniert« sind (Schürmann, Tickende Gehäuseuhr, S. 125).
223 Michael Andermatt sieht in diesen Insignien (Haifisch und Krokodil) »Siegestrophäen der Aneignung«, die »in Modellform das Szenario von gewaltsamer Kolonisation und Naturbezwingung« abbilden (Michael Andermatt, ›Es rauscht und rauscht immer, aber es ist kein richtiges Leben.‹ Zur Topographie des Fremden in Fontanes ›Effi Briest‹. In: Theodor Fontane. Am Ende des Jahrhunderts. Band III, hg. von Hanna Delf von Wolzogen, Würzburg 2000, S. 195). Die Verfahren von Inszenierung und Raumprägen treten damit in Wechselwirkung und verweisen zugleich auf Praktiken kolonialer Landnahme, die sich in der konkreten Gestaltung des Kessiner Landhauses spiegeln. – Die Accessoires des Raumprägens reflektieren selbst auf die Verfügung über den Raum im großen Stil.
224 Fontane, Effi Briest, S. 114.
225 Fontane, Effi Briest, S. 118.
226 Fontane, Effi Briest, S. 112.
227 Die gesellschaftskritische Dimension von Erzählungen wie *Effi Briest* ist ein etablierter Topos der Fontane-Forschung und wird in ihrer Reflexion auf »überkommene Rollensets« sowie »Praktiken gesellschaftlicher Verpflichtungen« an den Inszenierungsaspekt anschlussfähig (Stefan Hajduk, ›Das Eigentliche bleibt doch zurück.‹ Zur Erotik und transgenerationellen Dynamik der Beziehungsverhältnisse in Fontanes ›Effi Briest‹. In: Fontane Blätter, 89, 2010, S. 89 und 88).

Kultur[228] und prototypische Form des Handelns, betont die Rolle der Figur als Agens. Die passive Rolle des Raums hebt dabei die ursprünglich aus Stifters *Nachsommer* stammende Metapher vom ›weiten Feld‹[229] hervor. Die Bildlichkeit evoziert die Tätigkeit der Ernte oder des Bestellens und Kultivierens, aus der übertragen die Rede davon erwächst, dass der Raum zu umfassend sei für eine Orientierung. Es geht um eine Erschließung und Bestellung von Raum, die dem Konzept der Aneignung entspricht und damit dem natürlichen Verhältnis der realistischen Figur zum Raum. Nicht umsonst lässt sich der Metaphorcluster erweitern um ›ein Feld abstecken‹ oder ›bewirtschaften‹ und es ist nicht die Rede vom im Sturm verwehten Schiff oder ähnlichen Illustrationen der Orientierungslosigkeit in der Macht von Naturgewalten.

So wird von Orten und deren Qualitäten in der Regel im Modus ihrer Formung oder Dekoration durch die Figuren gesprochen.[230] Setzt man sich auf die Veranda, so wird im selben Zuge erwähnt, dass diese »schon im Sommer hergerichtet worden«[231] ist. Raum und die Eigenschaft, als zu formendes Requisit zu fungieren, gehen im Realismus eine organische Verbindung ein. Und wenn der Raum doch einmal eine Art Wirkung entfaltet, bleibt diese streng metonymisch angelegt und bedeutet keine Einreihung der Räumlichkeit ins Figureninventar. So kommen sich Effi Briest und Major Crampas zwar kanalisiert durch eine bestimmte Form von Raum näher – »die Enge des Weges zwang die beiden Reiter dicht nebeneinander«[232] – und doch ist diese Figuration in den Rahmen realistischer Metaphorizität gebettet, der durch die Sprachgeste deutlich den rein topologischen Umstand eines Engpasses durchscheinen lässt. Ein romantischer Wirkraum hätte dieser Erklärung gar nicht bedurft.

---

228 Vgl. Schillers Diktum aus dem 15ten der *Briefe zur ästhetischen Erziehung des Menschen*, der Mensch sei »nur da ganz Mensch, wo er spielt« (Friedrich Schiller, Über die ästhetische Erziehung des Menschen in einer Reihe von Briefen. In: Friedrich Schiller. Werke und Briefe in zwölf Bänden. Band 8. Theoretische Schriften, hg. von Rolf-Peter Janz, Frankfurt am Main 1992, S. 614). [Im Orig. kursiv]
229 Stifter, Nachsommer, S. 123: »»Das ist ein weites Feld, von dem ihr da redet‹, sagte ich«.
230 Ruth K. Angress beschreibt diesen Aspekt bezüglich der Prosa Adalbert Stifters als »Liebesgespräche auf gepolstertem Sofa, Verzweiflung vor tapezierten Wänden, innere Erleuchtung in geschmackvoller Laube« und weist auf das Interieur in seiner »Anschaulichkeit und Manipulierbarkeit« hin (Ruth K. Angress, Der eingerichtete Mensch. Innendekor bei Adalbert Stifter. In: Germanisch-Romanische Monatsschrift, 36, 1986, S. 32 und 33). – Die These einer Vertauschung von Vordergrund und Hintergrund bis hin zur »Eigenständigkeit« (32) des Letzteren scheint jedoch etwas stark, da somit ausgerechnet der realistische Raum definitorisch in die Nähe des Wirkraums rückt. Dass Stifter aber grundsätzlich »in vielfacher Variation Menschen [zeigt], die sich einrichten können und solche, denen es mißlingt« (46), illustriert genau den hier gemeinten realistisch geprägten Raum.
231 Fontane, Effi Briest, S. 121.
232 Fontane, Effi Briest, S. 130.

Auch die spätere Wohnung in Berlin, ein Neubau, »feucht und noch unfertig«,[233] zeichnet sich durch ihre Prägbarkeit, ja sogar die Notwendigkeit aus, von der Figur geformt zu werden. Die Bedenken des jungen Paares, eine Behausung im Rohzustand erst durch Lüftung und Beheizung benutzbar zu machen, artikuliert sich im Einwand, keine »Trockenwohner«[234] zu sein.

Dass man sich zuletzt doch für jene Wohnung in der Keithstraße entscheidet, gibt dem Text einmal mehr die Chance, sowohl die Machtlosigkeit des Raums zu illustrieren als auch das Verfahren, das diese neu entstandene Leerstelle besetzt. Denn gerade der von Effi und ihrer Mutter befürchtete Rheumatismus tritt nicht ein, die feuchte Wohnung bleibt ohne Wirkung. Exakt diese Wirkung wird dann aber von Effi inszeniert, um nicht unmittelbar heimreisen zu müssen; Effi »mußte wieder eine Komödie spielen, mußte krank werden.«[235] Der Raum wird so zur Kulisse eines Spiels, in das der lebenserfahrene Arzt mit einstimmt und Effis »Komödie mit einer Komödie«[236] begegnet. Seine Diagnose im Stillen lautet: »Schulkrank und mit Virtuosität gespielt«.[237]

Die vermeintliche Wirkmacht des Raums also ist inszeniert und der Raum selbst wird geprägt, indem Effi und Mutter Briest die Wohnung einrichten und sich aneignen. Dabei steht das Inszenieren in einem direkten Zusammenhang mit der realistischen Metapher. Den entscheidenden Punkt erklärt Baron von Instetten seiner Frau Effi beim Spaziergang zum ›Belvedere‹, einem Pavillon im Schlosspark:

> »Da drin soll es auch einmal gespukt haben«, sagte sie.
> »Nein, bloß Geistererscheinungen.«
> »Das ist dasselbe.«
> »Ja, zuweilen«, sagte Instetten. »Aber eigentlich ist doch ein Unterschied. Geistererscheinungen werden immer gemacht – wenigstens soll es hier in dem ›Belvedere‹ so gewesen sein, wie mir Vetter Briest erst gestern noch erzählte – Spuk aber wird nie gemacht, Spuk ist natürlich.«[238]

Der Spuk wird damit der romantischen Metapher zugeschlagen; worüber der Realismus verfügt, ist die Metapher als Sprachgeste. Geister sind ›gemacht‹, genau wie der entsprechende metaphorische Diskurs eine Geste ist. Der realistische Geist ist wie die ihn beherbergende Metapher inszeniert. Im Gegenzug ist damit abgesichert, dass die Diegese eine realistische bleibt. So besichtigt man beim Besuch einer Försterei das

---

[233] Fontane, Effi Briest, S. 196.
[234] Fontane, Effi Briest, S. 196.
[235] Fontane, Effi Briest, S. 197.
[236] Fontane, Effi Briest, S. 200.
[237] Fontane, Effi Briest, S. 200.
[238] Fontane, Effi Briest, S. 207.

Rehgehege und es ergibt sich eine Szene, die beinahe die realistische Tonlage verlässt. Die Tochter des Försters ist mit den Rehen so vertraut, dass diese sie völlig zutraulich umringen. Die Szene scheint »ganz wie ein Märchen. Aber die Eitelkeit des jungen Dinges, das sich bewußt war, ein lebendes Bild zu stellen, ließ doch einen reinen Eindruck nicht aufkommen, am wenigsten bei Effi.«[239] Die offensichtliche Selbstinszenierung also wirkt als Illusionsbruch und das ›lebende Bild‹ wird nicht zur Allegorie, sondern bleibt lebendig im bloßen Wortsinne.

Noch deutlicher, im Grunde sogar ausschließlich darauf ausgerichtet, ein ›Haus zu machen‹, ist Heinrich Seidels Leberecht Hühnchen. Der über den Metakode des Idylls organisierte Text, der eigentlich nur aus einer Aneinanderreihung liebenswert harmloser Anekdoten über einen Freund des Erzählers besteht,[240] wird nur durch seinen Umfang und die zwischenzeitlich aufscheinende Chronologie der Geschichten zum Roman. Was geschildert wird, ist das immer enger und stets erfreulich mit dem Erzähler verwobene Leben Hühnchens, dessen Vorname ›Leberecht‹ auf seine herausstechende Fähigkeit verweist, recht zu leben. Mit einer körperlich behinderten Frau und nicht ärmlichem aber bescheidenem Einkommen weiß Hühnchen doch ein Leben mit eigenem Haus, Glück und Kindern zu führen. Mit der Ausnahme des frühen Todes seiner Enkelin begegnet ihm nur Glück, und wohlwollende Erheiterung ist die äußerste Grenze dessen, was die Episoden hinsichtlich ihrer illustren Figuren wagen.[241]

Neben der familiären Eintracht verweist nicht zuletzt die »Dominanz des Räumlich-Zuständlichen«[242] auf die Form der Idylle. Wie das Haus ist auch der Garten idyllefähig im Sinne einer vom »Idyllenbewohner kultivierten Land-

---

239 Fontane, Effi Briest, S. 150.
240 Friedrich Mülder spricht bezüglich Leberecht Hühnchen von einem »Idyllenzyklus« (Friedrich Mülder, Am Ende des Vormärz: Suche nach der Idylle? Mecklenburg im Werk Heinrich Seidels. In: Fritz Reuter und die Reformbestrebungen seiner Zeit, hg. von Christian Bunners, Ulf Bichel und Jürgen Grote, Rostock 2002, S. 116).
241 Hans-Dieter Gelfert zählt Leberecht Hühnchen zu den »Archetypen des deutschen Humors« und beschreibt Seidel als »die epische Entsprechung dessen, was auf dem Gebiet der Malerei Spitzweg bedeutete« (Hans-Dieter Gelfert, Max und Monty. Kleine Geschichte des deutschen und englischen Humors, München 1998, S. 32 und 43). Friedrich Mülder weist auf die Zusammenhänge einer »heute eher brav anmutenden biedermeierlichen Komik« (Mülder, Am Ende des Vormärz, S. 116) sowie Seidels Zugehörigkeit zur Nachmärz-Generation hin. Unter dem Vorzeichen der gescheiterten Revolution von 1848 und dem anschließenden repressiven Zensursystem erscheint die Idylle als Rückzug ins Häusliche und als Kompensation des unerfüllten Wunsches nationaler Einheit.
242 Günter Häntzschel, Idylle. In: Reallexikon der deutschen Literaturwissenschaft. Neubearbeitung des Reallexikons der deutschen Literaturgeschichte. Band 2. H-O, hg. von Harald Fricke, Berlin/New York ³2000, S. 123; als »Vorherrschaft des Räumlich-Zeitlichen« bei Renate Böschenstein-Schäfer, Idylle, Stuttgart ²1977, S. 8. [Im Orig. kursiv]

schaft.«²⁴³ Hühnchen weiß: »Der Garten ist entzückend, das heißt wie ich ihn mir denke, wenn ich ihn erst bepflanzt habe«.²⁴⁴

Dementsprechend wird das Idyll als gewünschter Metakode deutlich, den Hühnchen selbst benennt und zwar typisch realistisch beim Prägen von Raum. Der Erzähldiskurs stimmt zu und nennt die Behausung »dies gepriesene Idyll«.²⁴⁵ Vom jüngst erstandenen Haus, das er sich in akribischer Arbeit zum individuellen Heim um- und ausbauen wird, berichtet Hühnchen von Beginn an in ebendiesem Renovierungsmodus. Der durch Kauf und Prägung in jeder Hinsicht angeeignete Raum wird in seiner Formung als Projekt beschrieben. Und zwar als solches, das den verbürgenden Metakode abbildet: »An die Schattenseite des Hauses wird Efeu gepflanzt, an die Westseite Rankrosen. Schließlich soll es ganz besponnen und berankt sein, wie es immer in den Geschichten vorkommt, wenn die Dichter ein idyllisches Glück schildern wollen.«²⁴⁶

Die Idylle kann wie alle realistischen Metakodes jedoch nur dann gelingen, wenn ihr durch Entsagung oder entsprechende Ersatzdefizite²⁴⁷ eine clôture ermöglicht wird. In diesem Fall ist es die Tochter des Erzählers, die zugleich Hühnchens Enkelin ist, die im Kindesalter sterben und zumindest als Momentaufnahme das Defizitäre im Realen aufscheinen lässt. Zuletzt wird zwar das verstorbene Mädchen durch eine neue Tochter ersetzt und die Schließung im Sinne der Idylle als »Versöhnung von ›Idealität‹ und ›Realität‹«²⁴⁸ geschildert, aber der bis dato beim Protagonisten übliche Indianertanz bleibt altersbedingt aus.

Das Großprojekt bleibt dabei der Entwurf eines eigenen Raums in Orientierung am Konzept von Idylle und Häuslichkeit. Ganz im Sinne realistischer Adressenlogik benennt Seidels Roman direkt im ersten Satz die Koordinaten seines Handlungsraums: Hühnchen ist in Berlin ansässig²⁴⁹ und arbeitet in einer Fabrik »vor dem

---

243 Renate Böschenstein, Idyllisch/Idylle. In: Ästhetische Grundbegriffe. Historisches Wörterbuch in sieben Bänden. Band 3. Harmonie-Material, hg. von Karlheinz Barck u.a., Stuttgart/Weimar 2001. S. 124.
244 Seidel, Leberecht Hühnchen, S. 47. Auch die »Aussparung tragischer Schicksale« respektive der »Hervorhebung glücklicher Zustände« (Ulrike Tanzer, Fortuna, Idylle, Augenblick. Aspekte des Glücks in der Literatur, Würzburg 2001, S. 179) findet sich in Seidels opus magnum, besonders deutlich in der Singularität des (kindlichen) Todes und dem unmittelbaren Sprung zur Geburt des nächsten Kindes.
245 Seidel, Leberecht Hühnchen, S. 48.
246 Seidel, Leberecht Hühnchen, S. 47.
247 Vgl. Tetzlaff, Entsagung im Poetischen Realismus.
248 Häntzschel, Idylle, S. 123.
249 Als exakte Adresse wird später die Chausseestraße präzisiert (vgl. Seidel, Leberecht Hühnchen, S. 16).

Oranienburger Tor«.²⁵⁰ Die von Industrielärm und belebten Häusern geprägte Gegend wird beschrieben über den Wandel ihrer Prägung durch den Menschen und die allgemeine »Bausucht«.²⁵¹ Das ehemalige Fabrikviertel ist zum Wohnblock geworden. Plätze sind zu Straßen geworden und der Raum ist zum benutzbaren Tableau umgewandelt. Dabei wird an der Hauptfigur selbst die Raumprägung gerade in Verbindung mit Inszenierung und Theatralität deutlich, wenn beispielsweise das Ehepaar Hühnchen der Tochter zu Weihnachten ein Puppenhaus baut:

> Dieses Wunderwerk zu beschreiben, sind Worte zu schwach; es genügt zu sagen, daß in diesen Puppenräumen nichts, aber auch gar nichts fehlte von dem, was die wirklichen Räume der Hühnchenschen Wohnung enthielten, und daß alles von einer großartigen Eleganz und Zierlichkeit war.²⁵²

Dass es sich nicht bloß um ein Haus in Miniatur, sondern um eine Kopie des tatsächlichen Wohnhauses handelt, befestigt die Hierarchie von Figur und Raum. Der Aspekt, kein imaginäres sondern das tatsächliche eigene Wohnhaus zu prägen, wird im Modell wiederholt und stellt einmal mehr die Wörtlichkeit des realistischen Projekts aus, ein ›Haus zu machen‹. Der direkte Bezug des Puppenhauses zur materialen Vorlage und die Ablehnung einer Symbolfunktion als bloß ausgedachtes Miniaturhaus wird betont durch die Installation von sanitären Anlagen. Von dieser »Naturwahrheit« heißt es, sie »war fast zu weit getrieben«;²⁵³ dabei stellt diese Detailtreue nicht nur den Humor des Protagonisten aus, sondern konkretisiert das Modell einmal mehr als exakten Raum.

Den Vorschlag schließlich, in ein Zimmer des kurz darauf erworbenen neuen Hauses einzuziehen, bekräftigt Hühnchen mit dem Hinweis auf die vorausgehenden raumprägenden Maßnahmen. Man tapeziert »mit Blumen, Vögeln und Schmetterlingen, [...] märchenhaft wie aus ›Tausendundeiner Nacht‹«.²⁵⁴ Jenes Zimmer wird im bekannten Gestus der Inszenierung durch die Tapetenbilder zum Märchenzitat und so von der Figur in einem einzelnen Aspekt heterotop aufgeladen, ohne jedoch eine Wirkung auf seinen Bewohner auszuüben. Im Gegenteil sind es durchgehend die Figuren, die auf den Raum wirken. So wird auch Doktor Havelmüller, ein Freund des Erzählers, über sein raumprägendes Hobby des Gartenbaus beschrieben²⁵⁵ und Hühnchen selbst schafft sogar Raum, indem er

---

250 Seidel, Leberecht Hühnchen, S. 3.
251 Seidel, Leberecht Hühnchen, S. 133.
252 Seidel, Leberecht Hühnchen, S. 70.
253 Seidel, Leberecht Hühnchen, S. 70.
254 Seidel, Leberecht Hühnchen, S. 86.
255 Vgl. Seidel, Leberecht Hühnchen, S. 103 und S. 111.

seinem Haus zwei Zimmer anbaut.[256] Und wenn der Raum doch einmal wirkt, dann schlicht meteorologisch und vor allem reversibel. So beobachten die Freunde um Hühnchen wie ein im Sturm gekentertes Segelboot gehoben wird; dies geschieht unter »ermunternden Zurufe[n]«.[257] Der Raum also unterliegt der Benutzung und Formung durch den Menschen. Dies zeigt sich auch am in der Romantik noch so wirkmächtigen Topos der Landschaft. Wenn Kinder bildlich als ›Forstkultur‹ gedacht werden (»die einzelnen Klassen bedeuten Schonungen verschiedenen Alters«[258]), ist die Natur so passiv formbar gedacht, dass sie zum Bild der Wirkung des Menschen auf den Menschen dient. In der Idee von Pädagogik als Raum-Kultivierung drückt sich das realistische Verfügen über den Vitrinen-Raum und dessen frei zu modifizierendes Inventar aus. Und auch der erste Ehestreit der Hühnchens betrifft bezeichnender Weise Entwurf und Gestaltung von Haus und Garten. Hühnchen nämlich intensiviert sein Projekt, indem er zuletzt sein Haus verkauft, um ein eigenes, neues bauen zu können. Die Grundrisse seines geplanten Hauses zu entwerfen nennt der Protagonist »dichten«[259] und bewegt sich damit in der Nähe des Diktums Henri Lefebvres: »[I]t is helpful to think of architectures as archi-textures«.[260] Das Prinzip, Raum im Text und Text als Raum zu betrachten, wird hier verschränkt. So sagt Hühnchen von seinem neuen Haus während dessen Planung: »Eine Dichtung soll es werden, [...] zwar ganz einfach und ohne jeglichen ›Schtuck‹, aber sinnig durchgearbeitet wie eine Novelle von Theodor Storm.«[261]

Realistischer Raum erweist sich damit als ein grundsätzlich von den Figuren geprägter im materialen sowie im semantischen Sinne; entsprechende diskursive Aufladungen werden dabei von Verfahren der Inszenierung begleitet. Man denke noch einmal zurück an die Sammelleidenschaft Herrn Dusedanns aus Seidels *Rotkehlchen*. Jener manische Drang, die realistische Vitrine zu füllen, hat einen interessanten Nebenaspekt. So resümiert Wilfried Thürmer mit Blick auf die Herrichtung des Weihnachtsbaumes: »Ferner wirkt Dusedanns Beitrag zum Baumputz [...] als Wiederholung seiner Sammel-Leidenschaft: Sie infiziert in buchstäblicher Verdinglichung *den* situativen Kontext, worin sie aufgelöst zu sein

---

256 Vgl. Seidel, Leberecht Hühnchen, S. 59.
257 Seidel, Leberecht Hühnchen, S. 112.
258 Seidel, Leberecht Hühnchen, S. 241.
259 Seidel, Leberecht Hühnchen, S. 205.
260 Henri Lefebvre, The Production of Space, Oxford 2005, S. 118. Foucault äußert sich ähnlich, allerdings in umgekehrter Denkrichtung: »Das Schreiben ist eine gärtnerische Tätigkeit« (Foucault, Die Heterotopien, S. 15).
261 Seidel, Leberecht Hühnchen, S. 204.

hofft.«[262] Interessanterweise spricht Thürmer hier von einer Infektion, und dies von Seiten der Figur. So zeigt dieser Extremfall realistischen Raumprägens mit dem exakten Gegensatz zum romantischen Raum auch die entgegengesetzten Verhältnisse: eine Figur, die den Raum infiziert.

Auch Storms Novelle *Beim Vetter Christian* handelt von geprägtem Raum und davon, sich ein Haus zu machen. Den Blick auf diese Systemstelle gibt eine denkbar einfache Handlung frei: Ein junger Mann kehrt vom Studium zurück und übernimmt nach dem Tod der Eltern das Haus samt gealterter Kinderfrau. Als zu deren Unterstützung die junge Julie als Haushälterin eingestellt wird, hält Christian nach einer Weile um deren Hand an, sodass die Erzählung mit Glück und Kindersegen schließt.

Zentral sind dabei der Einzug Juliens und der spätere Antrag durch Christian sowie die Verbindung dieser Wendungen mit Raum und Metonymie. Der Raum, den Julie zunächst als Haushälterin betritt, stellt den prototypischen realistischen Erinnerungsraum dar. Das gesamte Inventar des Wohnzimmers ist seit Lebzeiten der Mutter unverändert und auch die »daneben liegenden Räume« sind »seit des Vaters Tode unbenutzt«.[263] Das gesamte Haus fungiert als Vitrine, in musealen Ausstellungsstücken werden Zeit und Erinnerung konserviert, die ein schriftliches Pendant in Christians Aufzeichnungen über seine Mutter haben. Als diese ihren Tod herankommen spürt, diktiert sie dem Sohn ihre Erfahrungen und Lebensweisheiten. In »sauberer Reinschrift«[264] bringt Christian alles zu Papier, »bis er bemerkte, daß der Zyklus geschlossen und er nach dem Ende wieder in den Anfang hinein zu geraten beginne.«[265] Das Elternhaus hat im Folgenden die Funktion eines Speichers von Erinnerung und ist vollständig als museale Vitrine organisiert. Inventar und Ausstellungsstücke sind gänzlich Prägungen der Figuren und beanspruchen keinerlei Eigenleben. Damit entspricht die Verfasstheit des Raums zwar ganz der realistischen Topologik, stört aber den Protagonisten in ihrer Unbewohntheit. Wenn Christian die Sehnsucht überfällt, »diese Räume aufs Neue zu beleben«,[266] wird der Unterschied deutlich zwischen realistisch geprägtem und fixiertem Raum beispielsweise des Museums und solchen Räumen, die genauso als Vitrine aber in ständiger Umformung begriffen sind. In dieser Unterscheidung

---

262 Wilfried Thürmer, Das Andere als Dasselbe? Zum Wahrheitsmoment der Idyllenproduktion im Werk Heinrich Seidels – Plädoyer für die erneute Lektüre einiger Erzählungen. In: Jahrbuch der Raabe-Gesellschaft, 1989, S. 104 f. [Hervorh. i. Orig.]
263 Theodor Storm, Beim Vetter Christian. In: Theodor Storm. Sämtliche Werke in vier Bänden. Band 2. Novellen 1867–1880, hg. von Karl Ernst Laage, Frankfurt am Main 1987, S. 104.
264 Storm, Beim Vetter Christian, S. 103.
265 Storm, Beim Vetter Christian, S. 103.
266 Storm, Beim Vetter Christian, S. 105.

zeichnet sich eine Spannung der realistischen Raumlogik ab, deren Begehren, Erinnerung museal zu speichern mit der Tendenz kollidiert, den Raum aktiv zu prägen. In der Regel bedient realistische Narration beide grundlegenden Charakteristika. Nicht aber ohne deren Verhältnis auszuloten. So auch *Beim Vetter Christian*, das die Vitrine zwar Vitrine sein lässt, beim Protagonisten aber schnell den Wunsch weckt, auch einmal umzudekorieren. Dass dieses Prägen des Raums im realistischen Erzählen ganz in der Macht der Figur liegt, zeigt sich bald. Als nämlich Julie das Haus zum ersten Mal betritt, beginnen »drinnen die alten Wände plötzlich zu leuchten«.[267] Dieser Effekt scheint dem Hausherrn zunächst unbegreiflich, bis er im Laufe der Zeit Julie als diejenige erkennt, die seinen musealen Vitrinenraum zum Lebensraum umprägt; denn »später meinte er bei sich selber, es sei der Strahl von Güte, der aus diesen jungen Augen gehe.«[268] Der Vorgang wird im Kode der realistischen Metapher beschrieben, die von einem Vergleich eingeleitet, vollständig verharmlost wird. »Und wie von selber belebten sich die öden Räume«[269] heißt es, um für einen Moment tatsächlich metaphorisch fortzufahren: »Die Fenster füllten sich mit Blumen, und unten vom Wohnzimmer in das Treppenhaus hinauf klang Morgens der helle Schlag eines Kanarienvogels.«[270]

Dass hier keine magische Belebtheit selbst handelnder Gegenstände beschrieben wird, sondern das Wirken der neuen Haushälterin, ist von vornherein klar. Die überhaupt nur tendenziell angebrachte realistische Metapher ist als Gestus ausgewiesen und beschreibt die Wirkmacht der Figur auf den Raum des ehemals elterlichen Hauses. Auf einem der neuerdings abgehaltenen Gesellschaftsabende richten die Gäste das Kompliment für diese Belebung zwar an den Hausherrn, die Formulierung aber beschreibt dessen ungeachtet exakt die zugrunde liegende realistische Topologik: »Es ist höchst gemütlich bei Ihnen; Sie machen ein reizendes Haus.«[271] Dem Leser gegenüber lässt der Text keinen Zweifel, es ist Julie, die eigenhändig das ausgestellte Inventar bearbeitet, indem sie unter den staunenden Blicken der alten Kinderfrau »den Studiersessel des Doktors neu gepolstert hatte und nun so flink einen blanken Nagel nach dem andern einschlug.«[272] Der Raum also zeichnet sich ganz in der Tradition realistischen Erzählens dadurch aus, von den Figuren geprägt zu sein. Dass seine Anordnung und das in ihm stattfindende Geschehen metonymisch organisiert ist, zeigt sich, als Christian und Julie zum Liebespaar werden. Dabei ist der Hausherr der letzte

---

267 Storm, Beim Vetter Christian, S. 106.
268 Storm, Beim Vetter Christian, S. 106.
269 Storm, Beim Vetter Christian, S. 106.
270 Storm, Beim Vetter Christian, S. 106 f.
271 Storm, Beim Vetter Christian, S. 111 f.
272 Storm, Beim Vetter Christian, S. 107.

der Beteiligten, dem das bevorstehende Liebesglück klar wird. Zunächst liegt es ihm »auf dem Herzen, als habe er Fräulein Julien noch was Besonderes mitzuteilen«.[273] Was dies sein könnte, kann der Protagonist jedoch so lange nicht ergründen, bis die alte Kinderfrau ein durch und durch metonymisches Geschehen in Gang bringt. Als diese nämlich in der Tasche von Juliens Kleid eines von Christians Schnupftüchern findet, ist sie sicher, die metonymischen Zusammenhänge des Fundes zu durchschauen:

> [D]er Großtürke – ja, das hatte ihr Brudersohn, der Schiffer, einmal erzählt – wenn der aufs Freien wollte, so schickte er vorher sein Schnupftuch an das junge Frauenzimmer! Und ihr Herr, der Doktor, er rauchte türkischen Tabak, er hatte vergangenen Sommer türkische Bohnen im Garten gezogen, er war überhaupt sehr für das Türkische! – Eine Vorstellung jagte die andere im Hirn der braven Alten.[274]

Diese detektivisch kombinierte Verweiskette wird zu guter Letzt im Raum abgebildet. Juliens Zimmer ist nur durch eine kleine Kammer von demjenigen Christians getrennt und durch gemeinsame Türen vielmehr verbunden. Die unmittelbare räumliche Nähe gilt der alten Kinderfrau als Bestätigung und veranlasst sie zu handeln. In der Sorge, ihr Ziehsohn könne sich auf die finanziell nachteilige Partie mit Julie einlassen, spricht Caroline bei der alten Frau H. vor. Als diese sich in der Folge an Christian wendet, tritt die novellistische Peripetie auf den Plan, indem die metonymisch konstruierte Kette im exakten Gegenteil dessen endet, was zu erwarten gewesen wäre. Während nämlich Julies Mutter glaubt, Wiedergutmachung leisten zu müssen und Christian versichert, der Fleiß ihrer Tochter gründe auf keinerlei Hintergedanken und man gehe selbstverständlich nicht davon aus, dass Christian um ihre Hand anhalten werde, gibt ausgerechnet dies den entscheidenden Hinweis für den Protagonisten. Dem Onkel berichtet Christian später: »[W]ie ein Sonnenleuchten fuhr es mir durch's Hirn; das war es ja, was mir trotz dreistündigen Rauchens gestern Nacht nicht hatte einfallen wollen.«[275] – Auf diese Erkenntnis hin hält Christian um Juliens Hand an, die ebenfalls überrascht ist. Das in der Tasche deponierte Schnupftuch hatte als Muster für den Stoff gedient, aus dem eine Aufstockung des Tüchervorrats angeschafft werden sollte. Der fälschlich angenommene metonymische Zusammenhang war illusorisch und dessen Verfolgung zeitigt zuletzt gerade das Ergebnis, das die alte Caroline hatte abwenden wollen.

Julie aber hält Carolines Einflussnahme für Fürsprache und liegt damit genaugenommen auch richtig. Ihrer Dankbarkeit beugt sich Caroline schließlich und

---

273 Storm, Beim Vetter Christian, S. 116.
274 Storm, Beim Vetter Christian, S. 119.
275 Storm, Beim Vetter Christian, S. 127.

die neue Familie beschließt die Erzählung mit dem Bild glücklichen Nachwuchses. Als Vitrine zu funktionieren, durch die Figur geprägt und metonymisch organisiert zu sein, erweisen sich damit als die zentralen Aspekte realistischer Raumlogik.

8 Realistische Erinnerungsheterotopie

Schon in Foucaults Beschreibung des Utopischen und der zwei grundsätzlichen Strategien zur Desintegration des Körpers nimmt das Theatrale einen zentralen Platz ein. Gerade das Inszenieren verkörpert die Funktion der Heterotopie, mehrere widersprüchliche Orte in einem Raum zusammenzulegen. Indem das Imaginäre über seine Darstellung verwirklicht, zugleich aber klar als fiktionale Form ausgewiesen bleibt, überlagern sich sowohl verschiedene ontologische Ebenen als auch verschiedene Räume in der Sukzession des Erzählten. Das Theater platziert verschiedene fiktive Räume im selben Bühnenraum und realisiert das Imaginäre im abgesicherten Hybridraum des Erzählens und der Fiktion.

Die Utopie, die Foucault konsequent und extrem gedacht im Nichtsprachlichen verortet, stellt ihren Analysten naturgemäß vor handfeste Beschreibungsprobleme. Die utopischen Beispiele, auf die Foucault zurückgreift, nähern sich dementsprechend selbst eher der Heterotopie. Dies verwundert nicht, wird das Utopische doch im Akt der Realisierung und Abbildung zur Heterotopie. Die Variante des utopischen Körpers als Raumbeherrscher, als »großer utopischer Akteur«,[1] wird bei Foucault in theatraler Maskierung bildlich: »Maske, Tätowierung und Schminke versetzen den Körper in einen anderen Raum, an einen anderen Ort, der nicht direkt zu dieser Welt gehört.«[2]

Nachdem diejenige Form des utopischen Körpers mit dem realistischen Raum korrespondiert, die in einer Auflösung durch Allgegenwart und umfassende Beherrschung des Raums besteht, wird die Affinität des Realismus für das Theatrale erklärlich. Während die romantische Heterotopie den utopischen romantischen Raum und dessen Macht über den Körper abbildet, agiert die realistische Heterotopie die realistische Spielart der utopischen Auflösung des Körpers aus. Die Auflösung durch die eigene Kraft und Beherrschung des Raums lässt sich im Theatralen abbilden. Die Inszenierung macht »den Körper zu einem Teil des imaginären Raumes, der mit der Welt der Götter oder mit der Welt der Anderen kommuniziert.«[3]

Als Beispiel für einen solchen inszenierten heterotopen Raum sei der Ausflug zur »Liebesinsel«[4] in Heinrich Seidels *Leberecht Hühnchen* gegeben. Die Szene ergibt sich, als Doktor Havelmüller, ein Freund der Hauptfigur seine Bekannten zur Besichtigung einer jüngst erworbenen Kleinst-Insel einlädt. Bereits die Fahrt über den See deutet die Stoßrichtung als Grenzüberschreitung an: »[A]ls wir über den blanken Spiegel des

---

1 Foucault, Der utopische Körper, S. 31.
2 Foucault, Der utopische Körper, S. 31.
3 Foucault, Der utopische Körper, S. 32.
4 Seidel, Leberecht Hühnchen, S. 112.

Sees dahinfuhren, waren die kleinen Wellen, die von unserem Kahne ausgingen, fast das einzige, die glatte Fläche zu trüben.«[5] Der Überquerungsritus zum heterotopen Raum deutet über den ›Spiegel‹ bereits auf den reflexiven Kommentarraum hin, den man ansteuert. Und auch auf dem Rückweg erscheint über dem Spiegel der Wasseroberfläche das »dämmernde Blau der Ferne, als sei dort das schöne Land der Träume, wo alle holden, kaum geahnten Wünsche in Erfüllung gehen.«[6] Der künstlich aufgebaute Kommentarraum unterliegt dabei ganz den Figuren und bleibt damit harmlos. Über die entsprechenden Vokabeln (»wunderlich«, »Insel meiner Träume«, »so etwas Zauberhaftes«[7]) wird der Ort als metaphorisch überhöht eingeführt und in der Folge als Aufführung inszeniert.

Vom einzigen Baum ist als »kleine[s] Wäldchen«[8] die Rede, Doktor Havelmüller hält »Wahrheit mit Dichtung mischend«[9] einen Vortrag über eine benachbarte Insel und Hühnchen steuert Mythisches zur Vergangenheit der Insel selbst bei. Dieser Ort der Imagination, der zugleich sein Außen reflektiert, gibt auch dem Paradoxen Raum. So findet sich auf einem vor Ort ausgegrabenen Glas eine Widmung aus Vorzeiten, die aber namentlich an den Finder Havelmüller gerichtet ist. Diesen erstaunt das Unmögliche wenig, denn jedes der Elemente ist Teil der Inszenierung: »›Ach, der gute alte Wendenkönig‹, rief er dann, ›hat damals schon an mich gedacht vor so viel Jahrhunderten.‹«[10]

Damit sind mehrere Vektoren des Heterotopen gegeben und weisen den Ort als ›anderen Raum‹ aus. Bezeichnend ist aber eben dessen Zustandekommen. Jeder der heterotopen Aspekte wird von den Figuren selbst an den Ort herangetragen und der Insel aufgeprägt via Inszenierung. So finden sich sowohl Artefakte und individuelle Geschenke für jeden als auch Essbares im Sand vergraben, um mythologeme Anspielungen, abenteuerliche Atmosphäre und gemeinsame Speisen zu ermöglichen. Dass die offensichtlich vom Freund selbst deponierten Fundstücke mit Hilfe einer Wünschelrute gefunden werden, passt ins Bild der Inszenierung.

8.1 Erinnerung als Inszenierung

Neben ihrer theatralen Organisation zeichnen sich realistische Heterotopien inhaltlich durch Speicherung von Erinnerung sowie eine Vergangenheitsschau aus. Dem

---

5 Seidel, Leberecht Hühnchen, S. 112.
6 Seidel, Leberecht Hühnchen, S. 120.
7 Seidel, Leberecht Hühnchen, S. 113.
8 Vgl. Seidel, Leberecht Hühnchen, S. 113.
9 Seidel, Leberecht Hühnchen, S. 114.
10 Seidel, Leberecht Hühnchen, S. 118.

Raum die eigene Erinnerung einzuprägen, ist dabei ein Grundvektor auch realistischen Normalraums, wie ihn Heinrich Seidels *Daniel Siebenstern* vorführt. Auf dem Friedhof in der Berliner Bellealliancestraße lernt der Erzähler besagten Protagonisten kennen und schließt mit diesem an den Gräbern Adelbert Chamissos und E.T.A. Hoffmanns über der gemeinsamen Bewunderung für die Romantiker Freundschaft. Anschließend besichtigt man eine Grabkapelle, die Siebenstern für die eigene erklärt. Das Innere, mit allegorischen Arabesken ausgeschmückt, ist als letzte Ruhestätte – das Todesdatum ausgenommen – vollständig vorbereitet. Die Kapelle präsentiert sich als typisch realistischer, das heißt von der Figur selbst geprägter Raum. Bis hin zur mythischen Wandmalerei, die in der Romantik, beispielsweise in Eichendorffs *Marmorbild* noch eigenmächtig auf den Betrachter wirkt, ist der Raum von Siebenstern gestaltet und in allen Kodierungen selbst geprägt. Der Raum ist unter der Ägide der Figur zum selbst konzipierten Erinnerungsraum geworden, der die Glaubwürdigkeit einer solchen selbst entworfenen Erinnerung direkt mit hinterfragt:

> Ich ging umher und las die Inschriften. Welch eine Unsumme von Tugend lag hier begraben! […] Und sie, die im Leben der Haß ihrer Nebenmenschen, die Qual ihrer Verwandten waren, […] sie werden hier ruhen als unvergeßliche Väter, als geliebte Mütter, als musterhafte Bürger, und ein Verzeichnis ihrer Tugenden wird vorhanden sein in Stein und Erz zur Bewunderung nachfolgender Geschlechter. Es ist ein lügenhaftes Geschäft, Grabsteine zu fabrizieren.[11]

Ob lügenhaft oder nicht, im Realismus prägt die Figur selbst den Ort ihres eigenen Todes nebst dessen Symbolgehalt. Und ›andere Räume‹ im Realismus halten Vergangenes wach, um es in Form der heterotopen Paradoxie als gegenwärtig zu inszenieren. Die realistische Heterotopie zeichnet sich damit im Vergleich zur Romantik trotz identischer Verfahren in ihrer Funktion nicht als infektiöse, sondern als Erinnerungsheterotopie aus. Während sich in der Verbindung des Heterogenen, dem Auftreten des paradigmatisch Anderen und der Kommentarfunktion die epochenübergreifende Kontinuität der Kategorie zeigt, wird in deren Funktion der grundlegende Unterschied deutlich. Denn im Prinzip konstituieren sich romantische und realistische Heterotopien aus demselben Katalog von Verfahren und Charakteristika; die raumlogische Matrix aber, in die sie eingebettet sind, könnte unterschiedlicher kaum sein. Der infektiösen Heterotopie des romantischen Wirkraums steht die Erinnerungsheterotopie des realistischen, von den Figuren geprägten Raums gegenüber. So führt Paul Heyses *Der letzte Zentaur* [1870][12] die Erinnerungsheterotopie in ihren

---

11 Heinrich Seidel, Daniel Siebenstern. In: Heinrich Seidel. Gesammelte Werke. Neue wohlfeile Ausgabe. Band 2. Vorstadtgeschichten, Stuttgart/Berlin-Grunewald o. J. [um 1925], S. 3 f.
12 Heyse hatte die 1860 als *Der Centaur* erstveröffentlichte Novelle zehn Jahre darauf in revidierter Fassung und um eine Rahmenhandlung erweitert erneut publiziert (vgl. Rainer Hillenbrand, Heyses Novellen. Ein literarischer Führer, Frankfurt am Main u. a. 1998, S. 271).

entscheidenden Zügen vor. Um Mitternacht schlendert der Erzähler »ziellos durch die totenstille, taghelle Stadt«[13] und transportiert damit bereits ein topisches Merkmalscluster. Die schweifende Bewegung entspricht dem romantischen Wunsch nach unendlichem Transit, der Reise ohne Ziel und wird von der Figur als bewusste Gegenbewegung ausgeführt. Die soeben verlassene Abendgesellschaft nämlich war auch mit gutem Wein nicht »in Fluß zu bringen«.[14] Die Erzählerfigur also entzieht sich der Statik und wandert durch die Stadt, deren mitternächtliche Stille zwar mit Tod konnotiert ist, zugleich aber mit der Tageshelle eine surreale Atmosphäre des Widersprüchlichen installiert. In dieser paradoxen Mischung aus Tag und Nacht gelangt der Protagonist an einen Ort, der mit unerwarteter Gesellschaft der Totenstille ein Gegenelement kontrastiert. In einer Gasse nämlich findet sich die Weinhandlung August Schimons, die im Protagonisten lebhafte Erinnerungen weckt. Und dies im Wortsinne, denn den beim Anblick des Gasthauses imaginierten ehemaligen Gefährten begegnet er im Innern tatsächlich. Zumindest glaubt er dies, reflektiert aber den ontologisch fragwürdigen Zustand der Begegnung von Beginn an mit. Erstaunt, dass die Haustür trotz Sperrstunde nicht verschlossen ist, setzt sich der Protagonist auf ein leeres Fass und hängt seinen Erinnerungen nach. In dem Moment, da er im Mondlicht scherzeshalber eine »mystische Offenbarung«[15] erwartet und ihm zudem eben die Augen zufallen, tritt der wohlbekannte Kellner aus dem Gang an ihn heran, um ihn der Gesellschaft zuzuführen. Dabei ist zweierlei interessant. Zunächst operiert der Text mit dem klischierten Muster, im Moment des Einschlafens das Phantasma zu beleben. Während der Leser glaubt, die Figur schrecke durch das erstaunliche Ereignis aus dem Halbschlaf hoch, legt der Text im Nachhinein nahe, dass der entsprechende Moment vielmehr die endgültige Versenkung in den Traum markiert. Auch *Der letzte Zentaur* funktioniert so. Die entsprechende Szene wirkt aus heutiger Sicht nicht sehr raffiniert und es ist unmittelbar klar, was sie kodiert:

> [Ü]ber dem Harren und Sinnen wollten mir endlich eben die Augen zufallen –– Da kam ein schlurfender Schritt aus der Tiefe des Hausgangs auf mich zu [...].[16]

Zwei Gedankenstriche sind Platzhalter für das, was explizit nicht gesagt wird und sich später als implizit gemeint herausstellt: Die Erzählerfigur ist eingeschlafen und das, was nach dem doppelten Strich steht, ist kein tatsächliches Geschehen, das den Einschlafenden noch einmal aufweckt, sondern die erste Szene des Traums. Inter-

---

13 Paul Heyse, Der letzte Zentaur. In: Paul Heyse. Werke. Zweiter Band, hg. von Bernhard und Johanna Knick und Hildegard Korth, Frankfurt am Main 1980, S. 461.
14 Heyse, Der letzte Zentaur, S. 461.
15 Heyse, Der letzte Zentaur, S. 467.
16 Heyse, Der letzte Zentaur, S. 467.

essant ist dabei die Textgenese der Novelle; bei der Rahmenhandlung, die die Erzählung vom Zentaur einbettet – »[d]er Traum eines Traums ist dieser Centaur«[17] –, handelt es sich um eine nachträgliche Verbesserung, die Heyse ein Jahrzehnt nach Veröffentlichung der Novelle hinzufügt. So schreibt Heyse am 31.08.1859 an Emanuel Geibel, die Erzählung erscheine ihm »überaus mager. Ich nähme ihn gern zurück, um ihn reicher, toller, phantastischer auszustatten oder ihn zu vernichten«.[18] Die Rahmung durch die bekannte Gaststätte erfüllt diesen Wunsch nach gesteigerter Raffinesse, die damit verbundene Begegnung aber wird hinterfragt. Der Wirt August Schimon nämlich ist schon lange tot. Dessen tragisches Ende nach Verkauf der Weinhandlung und Bankrott hat der Besucher beim Spaziergang noch erinnert und lässt nun zumindest vor sich selbst das Auftauchen des Toten nicht unkommentiert: »Ich erkannte den schwarzen, schon etwas mit Silber angesprengten Krauskopf unseres Wirts und wunderte mich über mich selbst, daß mich dieses Wiedersehen fast lebhafter erschütterte als das der trefflichen Freunde.«[19] Dass der Zustand, in dem dieses Geschehen möglich ist, ein uneigentlicher ist, bestimmt die Atmosphäre. Und als der Besucher sein Erstaunen ausdrücken will, wird eine Art stillschweigende Übereinkunft deutlich: »Wieder brachte ich den Satz nicht zu Ende, denn ich sah plötzlich alle Blicke auf mich gerichtet, als fürchte man, daß ich etwas Ungeschicktes sagen möchte.«[20] Und das wäre zum Beispiel der Hinweis darauf, wie merkwürdig es ist, hier einem Toten zu begegnen. Es herrscht Konsens über die Illusion, der doppelte Gedankenstrich ist sozusagen ein kollektiver. In der Folge wird deutlich, dass der Modus dieser visionsartigen Erinnerung ein spezieller ist; denn auch die übrigen Beteiligten nehmen die Szene als markiert und die Zusammenkunft als außer der Reihe wahr. Der eigenen Bestellung »Man lebt nur einmal«[21] hinzuzufügen, unterdrückt der Protagonist im letzten Moment; der bittere Humor, den dieser Kommentar getragen hätte, ist begreiflich, denn offenbar setzt sich der Ort der Schenke über diese Einschränkung hinweg. Hier treffen längst Verstorbene und Verstreute wieder zusammen und anstelle des Traums von einem der damaligen Treffen steht eine Zusammenkunft, deren Ausnahme von der Logik allen Teilnehmern bewusst ist. Die Stimmung ist gedrückt, man nickt sich zu, »[k]einer aber bot mir die Hand, und auch sonst war ein Zug von Fremdheit, Ernst und Kummer in ihren Mienen, der mich nachdenklich machte.«[22]

---

17 Hillenbrand, Heyses Novellen, S. 272.
18 Zit. n. Hillenbrand, Heyses Novellen, S. 277.
19 Heyse, Der letzte Zentaur, S. 468.
20 Heyse, Der letzte Zentaur, S. 468.
21 Heyse, Der letzte Zentaur, S. 468.
22 Heyse, Der letzte Zentaur, S. 468.

Das Zugleich von Traum und einer Vernunft des Wachzustandes, die zudem noch von den erträumten Figuren herangetragen wird, bildet einen paradigmatisch anderen Zustand. Es geht nicht mehr um die Frage, ob es sich um Wirklichkeit oder Traum handele, sondern um die Verschränkung verschiedener Bewusstseinsgrade zu einer heterotopen Atmosphäre und um Figuren mit deutlich zu hoher Fiktionalitätskompetenz (s. Abb. 13).

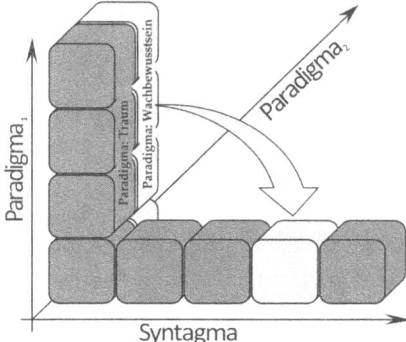

Abb. 13: Wachbewusstsein im Traum als paradigmatische Abweichung

Und schon Rudolf Gottschall bezeichnet den *Letzten Zentauren* in seiner Rezension als »Phantasiestück in Hoffmann'scher Manier, in welchem der Traum und die Wirklichkeit mit verschwommenen Grenzen ineinanderspielen«.[23] Das trifft die Parallele genau. Gleichzeitig liegt aber ein Unterschied in der Raumlogik. Während Hoffmanns *Fantasiestücke* im Wirkraum angesiedelt sind, hat das Verschwimmen der Grenze bei Heyse keinen anderen als einen sentimentalen Effekt auf die Figur, der Raum ist im Realismus nicht mehr eigenmächtig. Beschrieben wird eine Szene, in der die Protagonisten der Vision ein Eigenleben haben, aus dessen Rahmen heraus sie sich stillschweigend nach dem Anlass fragen, für diesen Auftritt herangezogen worden zu sein. Der Mond, von dem sich der Besucher kurz zuvor noch eine mystische Erkenntnis »wie weiland Jakob Böhme«[24] gewünscht hat, beleuchtet nun genau dieses bedrückende Wiedersehen und deutet auf den Zustand der Vision. Dabei wird permanent die Souveränität darüber ausgestellt, wie unecht dieser Zustand ist. Wenn die Erzählerfigur einen der Fremden noch so kräftig »wie in seinen lebensfrohesten Tagen«[25] findet, wird das Wiedergängerische des Ganzen genauso selbstverständlich gekauft wie mit der Frage der Stammtischler an den Besucher, wie die Welt laufe und

---

23 Zit. n. Hillenbrand, Heyses Novellen, S. 278.
24 Heyse, Der letzte Zentaur, S. 467.
25 Heyse, Der letzte Zentaur, S. 469.

was er treibe. In jeder Äußerung schwingt allseits das Bewusstsein mit, dass die Zusammenkunft physisch unmöglich ist, die Stimmung wird gedrückt vom Aufwand, den Aspekt des Übernatürlichen genau wie das Wissen um die teilweise längst vergangene oder gescheiterte eigene Existenz zu ignorieren.

Strukturell bedient die realistische Heterotopie damit den gleichen Verfahrenskatalog wie die romantische. Die Verbindung des Heterogenen findet sich auf verschiedenen Ebenen. Die über die Jahre gealterte Erzählerfigur bewegt sich im Kreis vergangener Freunde und erlebt eine Vision, die zugleich Rückblende als auch aktuell ist. Die Frage der Figuren nach der Befindlichkeit von Welt und Geschichte deutet quasi-metaleptisch über den Horizont einer erinnerten Figur hinaus und vermengt die Rückversetzung in die erinnerte Zeit mit der wiedergängerischen Projektion erinnerter Figuren in die Gegenwart. Die Illusion ist eine bewusste und wird gleichzeitig in melancholischem Einvernehmen aufrechterhalten. Und während eine freundschaftliche Konstellation erinnert wird, fragt die Figur sozusagen selbst, was sie hier tut und bringt in ein Syntagma, das sich aus dem Paradigma$_1$ ›Traum‹ generiert, Elemente aus einem systemfremden anderen Paradigma des Vektors P_2 – nämlich dem des Wachbewusstseins und dessen Weltlogik – ein.

In die Szene ist eine weitere Erinnerung eingebettet. Als der Maler Genelli auf seine Fabelwesen angesprochen wird, berichtet er vom titelgebenden letzten Zentauren. Das Erzählte wird dabei ungebrochen als Tatsachenbericht präsentiert; der Binnenerzähler weicht den Blicken nicht aus, »wie man sonst wohl zu tun pflegt, wenn man auf einer Münchhausiade nicht gleich ertappt zu werden wünscht.«[26] Dem Verdacht also, es könne sich um eine bloß erfundene Begegnung handeln, wird hier ernsthaft widersprochen. Und auch der Zweifel an der eigenen Wahrnehmung verbürgt eher noch Authentizität. Es ist zunächst der Wein, den Genelli für den Auslöser seiner vermeintlichen Sinnestäuschung hält. Auf dem Weg von einem Dorffest hält er das, was ihm begegnet, zunächst für »wunderliche Blasen in meiner Phantasie«[27] und bekräftigt, sich denklogisch im Realismus zu bewegen. Umso nachdrücklicher beansprucht nach allem Zweifeln und Hinterfragen die kommende Begegnung sozusagen hinlänglich geprüft zu sein. Genelli kommt tatsächlich »auf der weißen staubenden Bergstraße ein riesenhafter Zentaur«[28] entgegen, dessen Einritt in das Dorf er im Folgenden beobachtet. Während die Bevölkerung sich vor dem »ungefügen vierbeinigen Mirakel«[29] versteckt, sieht Genelli den Pferdemenschen als Kunstobjekt und begegnet ihm mit Interesse anstatt mit Furcht. Das Wesen lässt sich Wein bringen und wird von den Dorfbewohnern vorsichtig beobachtet.

---

26 Heyse, Der letzte Zentaur, S. 470.
27 Heyse, Der letzte Zentaur, S. 472.
28 Heyse, Der letzte Zentaur, S. 472.
29 Heyse, Der letzte Zentaur, S. 473.

Entscheidend ist, dass der Zentaur exakt die Haltung reproduziert, die auch die Figuren der Rahmenhandlung bezüglich ihres Wirklichkeitsstatus einnehmen. Das Fabelwesen nämlich fragt Genelli, wo er sich befinde und gibt zu verstehen, dass ihm selbst unklar sei, wie er in diese Umgebung geraten sei. Der Figur selbst ist ihre Deplatziertheit bewusst und mit dem Verweis auf die ungewohnte Gesellschaft von ›Wilden‹ mit »Pelzhauben und der ohrenzerreißenden Musik«[30] deutet sich bereits an, welche Funktion die Erzählung um den letzten Zentauren hat – die Sicht des Fabelwesens dient als Kommentar. Die Verfremdung durch den naiven Blick des Kulturunkundigen zeichnet bekannte Artefakte und Konstellationen neu. Die Sicht auf die eigene Kultur wird für den Moment entautomatisiert. Eine lebensgroße Figur des gekreuzigten Jesus, die der Zentaur zuerst für echt hält, erfüllt ihn mit »immer unheimlicherem Staunen«.[31] Das Fabelwesen präsentiert eine Sicht, in deren Rahmen die Normalwelt im besten Sinne der Heterotopie ›ausgelöscht, ersetzt, neutralisiert und gereinigt‹[32] wird. Für den Zentauren erscheint die ungewohnte Umgebung unglaubwürdig, den Bericht Genellis über die geschichtlichen Entwicklungen der vergangenen Jahrhunderte hält er seinerseits für »vorgefabelt«.[33] Das Auftauchen des Zentauren selbst wird dabei in einen metonymischen Zusammenhang gestellt. Als Landarzt auf Patientenbesuch im Gebirge wurde der Pferdemensch seinerzeit von einer Schneelawine begraben und aufs Beste konserviert. Dass »er nun als ein vorsintflutliches mythologisches Rätsel auf vier gesunden Beinen in unsere entgötterte Welt hineinsprengen könne«,[34] wird mit einer Kaschierung der Zusammenhänge verharmlost. Was sich eigentlich als Sphären verschiedener unvereinbarer Logiken gegenübersteht, wird schlicht als geschichtliche Sukzession, als eine Art Zeitreise behauptet. Die Welt der griechischen Mythologie wäre demnach kein alternatives Wirklichkeitssystem, kein kultureller Kode, der in einer ganz anderen Dimension verortet ist, sondern einfach eine historische Episode. Was der Zentaur vorfindet, scheint ihm seinerseits ebenso abwegig: »Er schüttelte nur den Kopf, als ich ihm erzählte, die Götter Griechenlands seien ein überwundener Standpunkt.«[35] Ihm selbst scheint nach dem langen Kälteschlaf »alles so wunderlich, daß er noch fortzuträumen glaubte.«[36] Wo sich üblicherweise eine Waldnymphe zeigt, trifft er nur auf ein Kräuterweib und die ganze Welt scheint ihm ein ›Rätsel‹ und ein ›Märchen‹, »das ihn an seinen gesunden Sinnen zweifeln

---

30 Heyse, Der letzte Zentaur, S. 475.
31 Heyse, Der letzte Zentaur, S. 478.
32 Vgl. Foucault, Die Heterotopien, S. 10.
33 Heyse, Der letzte Zentaur, S. 476.
34 Heyse, Der letzte Zentaur, S. 476.
35 Heyse, Der letzte Zentaur, S. 476.
36 Heyse, Der letzte Zentaur, S. 477.

ließ«.[37] Mit dem Zentaur wird eine Figur aufgebaut, die zugleich eine Logik des ganz Anderen vorstellt und deren Authentizität vorlebt.

Als diese Figuration des heidnischen Mythos sich schließlich ausgerechnet an den Pfarrer wendet und klagt, »wie sich überhaupt alles seit gestern so fabelhaft verändert hat«,[38] hält dieser ihn für den Satan und leitet dessen Vertreibung aus dem Dorf ein. Wenig später beugt sich der Zentaur den Anfeindungen und verlässt das Dorf.

Dass sich die Begegnung als nicht auf Dauer zu stellen erwiesen hat, ist die vorauszusehende Pointe; der Kern aber besteht in etwas anderem. Die Binnenerzählung vom letzten Zentauren vollzieht einen heterotopen Verfahrenskatalog und beschreibt neben der Heterochronie die Verbindung zweier unvereinbarer Sphären, indem die Sagenfigur als »schamloser Anachronismus«[39] beschrieben wird. Wenn es heißt, der Zentaur sei »eine totgeborene nur galvanisch belebte Reliquie«,[40] wird die kategorielle Verschiedenheit von Mythos und Realität in die Abfolge eines zeitlichen Kontinuums überführt. Was hier geschieht, ist dass eine paradigmatische Beziehung als metonymische und das Heterogene als überlappend behauptet wird. Der Pferdemensch tritt nicht als Mythos auf, sondern als zoologische Entdeckung, sodass der Erzähler warnt, sich vor dem ärztlichen Seziermesser in Acht zu nehmen. Die Kommentarfunktion wird ebenfalls deutlich, wenn sich der Besitzer eines Kuriositätenkabinetts über den Zentauren beschwert. Dieser macht schließlich den Exponaten die Systemstelle des materialisierten Phantasmas streitig.

Nachdem die Binnenerzählung geschlossen wird, löst sich auch die Tischgesellschaft auf. Man erhebt sich und im Hausgang wird dem Erzähler erneut sein unzuverlässiger Bewusstseinszustand deutlich. Daran, dass er keinerlei Fußtritte hört, deutet sich die vermeintliche Wirklichkeit als defizitär an und die Erzählung folgt dem beschriebenen Schema, das Erlebte als Traum erscheinen zu lassen. Der Gang durch den Flur nämlich führt zurück zu dem Fass, auf das sich der Besucher zu Beginn gesetzt hat und auf dem er nun erneut Rast macht. Als ihn dort schließlich ein Hausknecht findet und für einen verspäteten Gast der wöchentlichen Tarockgesellschaft hält, wird die vorangehende Begegnung mit den alten Freunden kaum noch anders denn als Traum lesbar. Der Besucher tritt auf die Straße hinaus und resümiert die Uneinholbarkeit des Vergangenen, »alles ist zerstoben«.[41]

Der in der Schenke erfahrene Raum stellt sich somit als Heterotopie heraus, die mit den bekannten Verfahren eine Verbindung heterogener Zeit- und Wirklichkeitsebenen etabliert und in deren Rahmen ein Kommentarraum entsteht. Der

---
37 Heyse, Der letzte Zentaur, S. 478.
38 Heyse, Der letzte Zentaur, S. 479.
39 Heyse, Der letzte Zentaur, S. 480.
40 Heyse, Der letzte Zentaur, S. 480.
41 Heyse, Der letzte Zentaur, S. 487.

kardinale Unterschied zur romantischen Infektionsheterotopie ist dabei, dass die realistische Erinnerungsheterotopie ihren Passanten völlig unverändert lässt, wenn man einmal vom sentimentalen Gemütszustand absieht. Die realistische Heterotopie verfährt exakt wie die romantische, verfolgt aber ein anderes Ziel. Die ›anderen Räume‹ des Realismus zeigen Erinnertes und Vergangenes, ohne eine direkte Wirkung auf die durchquerende Figur auszuüben; realistische Heterotopien setzen auf der Matrix einer Raumlogik auf, die den Raum als Vitrine und alles Nichtfigürliche als Dekorationsgegenstand begreift. Die Erinnerungsheterotopie ist dementsprechend die dominante, beinahe ausschließliche Form anderer Räume in realistischem Erzählen.

Wie eine Parallelstelle im realistischen Korpus zu Heyses Zentaur liest sich Wilhelm Heinrich Riehls Amphion. Die Erzählung spielt ebenfalls in einem Wirtshaus, in diesem Falle in der »weltberühmten Schenke zur ›Sirene‹ in Jena«,[42] die in einem ähnlichen Setting wie Heyse einen heterotopen Raum vorstellt. Dessen Funktion aber ist am anderen Ende der Skala angesiedelt und hebt weniger den realistischen Erinnerungsraum hervor als vielmehr dessen Inszenierungscharakter. Die Heterotopie als textuelles Vergrößerungsglas ist bei Riehl auf die theatrale Verfassung realistischer Wirklichkeitskonzepte fokussiert und bietet einem Geschehen Raum, das von den Figuren organisierte Aufführung und Kommentar ist.

Zunächst aber herrscht in der Schenke Trauer, denn der Besitzer ist jüngst verstorben. Die Tochter Eva und deren Verlobter Friedrich führen das verschuldete Gasthaus und fragen sich, wie an Geld zu kommen sei, um solvent heiraten zu können. Man kommt auf den berühmten Geigenvirtuosen Baronius zu sprechen und darauf, dass dieser an einem Abend genug verdient, um die Schulden des jungen Paares zu tilgen. Als Eva die Einnahmen des Künstlers schätzend überschlägt, tritt ein Mann in das Gasthaus, dessen Äußeres den Diskurs einer Teufelserscheinung anzitiert; er kleidet sich rot, seine Perücke hat hörnerartige Wülste und er trägt einen Degen und vornehme Schuhe. Der mythisch überhöhte Fremde bestellt Wein und erklärt, auf Freunde zu warten. Friedrich währenddessen geht als realistische Figur gekonnt souverän mit dem optisch indizierten mythischen Subtext um und schließt eine Teufelserscheinung von vornherein aus. Dieser solide Pragmatismus führt ihn zu dem Schluss, dass es sich um »Baronius in eigener Person«[43] handeln müsse. Als kurz darauf ein Student hereinkommt und in dem Mann besagten Geigenvirtuosen erkennt, wird dessen Identität auch objektiv bestätigt.

---

42 Wilhelm Heinrich Riehl, Amphion. In: ders., Durch tausend Jahre. Fünfzig kulturgeschichtliche Novellen. Zweiter Band, Leipzig o. J. [1937], S. 419.
43 Riehl, Amphion, S. 423.

Baronius indessen beklagt die verlorengegangene Wirkmacht der Kunst, speziell der Musik. Während ihm Orpheus' Fähigkeit, das Wetter zu beeinflussen, etwas zu hoch gegriffen scheint, ist sein kaum bescheideneres Ziel die Bändigung wilder Tiere. Orpheus und Amphion als Meister dieses Fachs gelten Baronius als Vorbilder und definieren den Zielpunkt seines ruhelosen Vorhabens. Der Student und Freund von Baronius spricht sich im Laufe jener Klagerede mit den Gästen der Schenke ab, und als der Virtuose schließlich mit der Geige in ein Volkslied einstimmt, agieren die Anwesenden wie Schauspieler die jeweilige Stimmung des Liedes aus und inszenieren damit ein Element des Paradigmas ›Mythos‹ als reales Ereignis in einer Diegese, die ursprünglich aus einem realistischen Paradigma hervorgeht. Baronius spielt abwechselnd fröhlich, traurig und begeistert und traut seinen Augen nicht, als er an den Zuhörern tatsächlich die orpheische Wirkung beobachtet; diese Wirkung aber ist in einem anderen Paradigma verortet und erweist sich als paradigmatische Abweichung (s. Abb. 14).

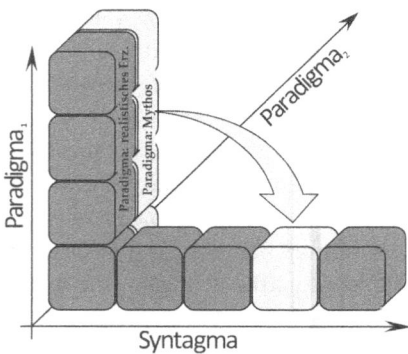

Abb. 14: Manifestes mythisches Element in realistischem Erzählen als paradigmatische Abweichung

Als man Baronius anschließend einweiht, ist dieser dankbar. Der Virtuose fühlt sich von einem vergeblichen Wunsch geheilt und kann seine Kunst fortan so genießen, wie sie ohne mythische Überhöhung oder zauberische Wirkung ist. Beglückt schenkt er den Wirtsleuten seine Abendgage, die in Höhe von fünfhundert Gulden exakt der finanziellen Verlegenheit Friedrichs und Evas entspricht.[44]

---

44 Kałążny sieht hier den »romantische[n] Topos des diabolischen Musikers destruiert und ins Lächerliche gezogen« (Kałążny, Wertehimmel, S. 200). Die vermeintliche metaphorische Überhöhung des Geschehens als »Komödie« (ebd.) zu entlarven, vollzieht dabei im Modus der Inszenierung das von Geppert für realistisches Erzählen festgestellte »Verbrauchen der Kodes« (Hans Vilmar Geppert, Der realistische Weg. Formen pragmatischen Erzählens bei Balzac, Dickens, Hardy, Keller, Raabe und anderen Autoren des 19. Jahrhunderts, Tübingen 1993, S. 126 ff.).

Während wie in Heyses *Letztem Zentaur* auch Riehls *Amphion* ein Gasthaus als Heterotopie präsentiert, geht die Variante um den Virtuosen Baronius deutlich über den bloßen Schauraum hinaus. Der Geiger nämlich erinnert sich der Schenke »als dem Hause, worin ich kuriert worden bin«[45] und attestiert dem Raum damit eine Wirkmacht, die für realistische Heterotopien untypisch ist. Die Tatsache aber, dass es sich um eine Gesundung und damit Aufhebung einer Infektion handelt, weist die Heterotopie in *Amphion* genauso als Gegenentwurf zur Romantik aus wie deren typisch realistische Inszeniertheit. Sowohl Heyse als auch Riehl bauen das Wirtshaus als Kommentarraum auf, der über einen mythologischen Metakode Bezüge des Normalraums abbildet. Riehls Schenke zur ›Sirene‹ weicht dabei vom realistischen Konzept der Erinnerungsheterotopie zu Gunsten eines Übergewichts des anderen zentralen realistischen Verfahrens ab – der Inszenierung. Und auch in Gottfried Kellers *Frau Regel Amrain und ihr Jüngster* wird auf einer Hochzeit ein Raum inszeniert, der stark heterotope Züge trägt, aber eben als Praxis der Figuren und nicht als Wirkraum erscheint. Die Hochzeitsgesellschaft nämlich unterscheidet sich in zwei Gruppen; den eigentlichen, geladenen Gästen stehen deren Freunde und Verwandte zur Seite. Und dies im Wortsinne, denn während die Hochzeitsgäste am Tisch sitzen, stellen sich die Sekundärgäste hinter deren Stühle, machen Scherze, Gedichte und Anspielungen, und übergeben ein Geschenk, nach dessen Motto sie selbst verkleidet sind. Diese Kommentarfunktion konstituiert in Verbindung mit der Heterogenität der Hochzeitsgesellschaft einen tendenziell heterotopen Raum, der zwar nicht unbedingt als Paradefall einer Heterotopie erscheint, aber umso deutlicher Inszenierungsverfahren als Macht der Figur über räumliche Aufladungen und Funktionen herausstellt. Dass der von den Figuren theatral organisierte Täuschungsraum bei Riehl sogar als Heilmittel einer Infektion auftritt, weist einmal mehr auf die im Vergleich zur Romantik völlig veränderte Hierarchie von Figur und Raum hin, in deren Rahmen es möglich ist, dass Figuren eine Heterotopie inszenieren, die genau solche Effekte aufhebt, die eine romantische Infektionsheterotopie an den Figuren ausagieren würde.

8.2 Erinnerung als Blockade

Die Macht über den Raum befähigt die realistische Figur nicht nur dazu, den Normalraum zu prägen, sondern auch heterotopen Raum zu manipulieren. Dass der Aufbau einer romantischen Heterotopie in der Umgebung realistischer Raumlogik ein illustres aber vergebliches Projekt bleibt, zeigt sich besonders am realistischen Er-

---

45 Riehl, Amphion, S. 440.

zählen der Gegenwartsliteratur.[46] Die entgegengesetzte Richtung aber, der Abbau romantischer oder realistischer Heterotopien, stellt eine regelmäßig wiederkehrende Form der Raumprägung im Poetischen Realismus dar. Dies deutet sich bereits in Heinrich Seidels *Das alte Haus*, einer Kontrafaktur von E.T.A. Hoffmanns *Ödem Haus* an. Die Erzählung beschreibt ein Haus, dessen topische Ähnlichkeit zu demjenigen in Hoffmanns Erzählung die Anspielung des Titels akkurat fortführt. Der Erzähler findet das unerwartete Erbstück als verwucherten Fremdkörper in der Reihe so prunkvoller wie gepflegter Villen, »wie ein vergessenes Überbleibsel aus alter Zeit«.[47] Darin dem ›öden Haus‹ noch nah verwandt, erweist sich die Erzählung im reflektierten Kenntnisstand des erzählenden Erben jedoch nicht so unwägbar wie bei Hoffmann. Dessen Phantastik der Leerstelle ist einem informierten Erzähler gewichen.[48] Man weiß, dass die Tante – über ihr »ödes Begräbnis«[49] nochmals ausdrücklich an den Diskurs ›Hoffmann‹ angeschlossen – ein »einsames Sonderlingsleben«[50] geführt hat. Die mit dem Haus verquickten Umstände sind schon im Vorhinein ganz transparent. Das Rätsel eröffnet sich erst bei Bezug des alten Hauses; dieses erweist sich als Romantikzitat affin zu allegorischem Chaos. Die »sinnvolle Unordnung«[51] der Blumen aus dem hauseigenen »verwilderten«[52] Garten zitiert mit ihrer tendenziell paradoxen Verbindung aus Sinn und Unordnung das romantische Credo, die einzige Lösung des epistemischen Dilemmas sei, gleichzeitig ein System zu haben und keins zu haben.[53]

Neben den Insignien einer romantischen Hermeneutik des Paradoxen zeichnet sich der Raum durch eine spezielle Heterochronie aus: Sämtliche Uhren stehen still, »jede auf eine andere Stunde deutend«.[54] Die Kontrafaktur des ursprünglich romantischen Sujets wäre aber keine realistische, wenn nicht die Macht der Figur über den Raum zum Zuge käme. Der Protagonist nämlich zieht jene Uhren kurzerhand auf, »um nur eine Art Leben um mich zu haben«.[55] Und bei der zufälligen nächtlichen Begegnung mit der Nichte der Haushälterin ist er selbst das Mittel zum Schreck und

---

46 Vgl. Tetzlaff, Zoë Jenny.
47 Heinrich Seidel, Das alte Haus. In: Heinrich Seidel. Gesammelte Werke. Neue wohlfeile Ausgabe. Band 2. Vorstadtgeschichten, Stuttgart/Berlin-Grunewald o.J. [um 1925], S. 234.
48 Uwe Japp hält für diesen »Zustand des Schwebens« in Bezug auf Hoffmanns *Rat Krespel* fest: »Dass das Rätsel (zu Teilen) beharrt – und nicht mit irgendeinem historischen oder analytischen Besen ausgekehrt wird –, gehört zur Strategie der Erzählung« (Uwe Japp, Rat Krespel. Rätsel der Kunst. In: E.T.A. Hoffmann. Romane und Erzählungen, hg. von Günter Saße, Stuttgart 2004, S. 158).
49 Seidel, Das alte Haus, S. 235.
50 Seidel, Das alte Haus, S. 234.
51 Seidel, Das alte Haus, 238.
52 Seidel, Das alte Haus, 239.
53 Vgl. Schlegel, Athenäumsfragmente, S 173.
54 Seidel, Das alte Haus, 238.
55 Seidel, Das alte Haus, 239.

der Grund für deren Ohnmacht. Noch kurz zuvor hatte der Protagonist angesichts im Zwielicht lebendig scheinender Möbel und einer »polternden, rieselnden und raschelnden«[56] Geräuschkulisse des baufälligen Gebäudes die »Gleichartigkeit meiner Lage mit der Alexanders«[57] in E.T.A. Hoffmanns *Fragment aus dem Leben dreier Freunde* festgestellt. Der Wechsel des Referenztextes vom *Öden Haus* zum *Fragment aus dem Leben dreier Freunde* korrespondiert dabei mit dem gezielten Handeln des Protagonisten. Ähnlich dem *Fragment* zeigt auch das *Alte Haus* die Entladung eines zumindest tendenziell heterotopen Raums zum Normalraum. Obwohl ohne romantischen Ansteckungsaspekt, wird das geerbte Haus doch über Anspielungen auf Zeitbrüche, Paradoxien und allegorische Aufladung als heterotop markiert vorgeführt. Von der nächtlichen Schrecksekunde zur Liebe inspiriert, hält der Protagonist um die Hand der Nichte seiner Haushälterin an und erklärt bei der Gelegenheit direkt sein raumumprägendes Vorhaben:

> Noch liegt das Haus am Karlsbade öde und verfallen in seinem verwilderten Garten. [...] Und so Gott will, soll ein neues Geschlecht aus ihm hervorgehen, das den Fluch nehmen wird von dem alten Hause [...].[58]

Was bei Hoffmann ohnehin schon tendenziell realistisch als Entladung zum Normalraum beschrieben wird, gelingt bei Seidel noch souveräner und gänzlich ohne den Ansteckungsdiskurs der zitierten Vorlage von Hoffmanns *Fragment*. Die im Realismus als Zitat erscheinende romantische Heterotopie sieht sich damit der souveränen Selbstbehauptung und der Gestaltungsmacht realistischer Protagonisten gegenüber und produziert in der Regel Geschichten der Umformung und Entladung zum Normalraum.

So beschreibt auch Theodor Storms *Viola Tricolor* eine Entladung. Ausgangspunkt ist dabei die Erinnerungsheterotopie als Störung biographischer Entwicklungsprozesse.[59] Die Resistenz der im Raum gespeicherten Erinnerung entspricht

---

56 Seidel, Das alte Haus, S. 243.
57 Seidel, Das alte Haus, S. 245.
58 Seidel, Das alte Haus, S. 263.
59 Hier kehrt der schon in *Beim Vetter Christian* als problematisch beschriebene Umgang mit dem Erinnerungsraum wieder. Silke Arnold-de Simine weist das Motiv auch für die Prosa Adalbert Stifters nach: »[S]owohl im ›Nachsommer‹ als auch im ›Tandelmarkt‹ wird die Frage aufgeworfen, wie Erben mit den auf sie überkommenen Häusern, deren Interieurs und Sammlungen umgehen sollen« (Silke Arnold-de Simine, Musealisierungsphänomene im Werk Adalbert Stifters. In: Ordnung – Raum – Ritual. Adalbert Stifters artifizieller Realismus, hg. von Sabina Becker und Katharina Grätz, Heidelberg 2007, S. 65).

dabei dem »leihende[n] Act«,⁶⁰ mit dem auch Friedrich Theodor Vischer die Relation von Figur und Raum bezeichnet. Wenn sich Vergangenheit im Raum ausdrückt, handelt es sich um »unbewusste Naturbeseelung [...], wodurch wir dem Unbeseelten unsere Seele und ihre Stimmungen unterlegen«.⁶¹ Eine solche ästhetische Position lässt grundsätzlich die Option offen, den Raum umzuprägen, schließlich war schon die ursprüngliche Aufladung als vom Betrachter ausgehende gedacht. Die Entladung des Vergangenheitsspeichers und dessen manischer Stagnation leisten die Figuren dementsprechend selbst, indem sie ihr realistisches Potenzial ausspielen, den Raum zu prägen und in diesem Rahmen auch heterotope Funktionen zu löschen.

Der Texteinstieg stellt das Haus des Witwers und alleinerziehenden Vaters Rudolf von vornherein als Raum dar, dessen Bewohner als Dekorateure tätig sind und über die Natur als Requisite verfügen. Dass man in dem stillen Haus »den Duft von frischen Blumensträußen«⁶² wahrnimmt, ist so entscheidend, dass es als erste Information gegeben wird. Selbst der Duft als Festwirkung der Natur im realistischen Dispositiv wird von den Figuren zur Gestaltung der Kulisse instrumentalisiert, und gerade vor dem Hintergrund, dass der Text Naturprägung in Form eines Gartens beschreibt, erscheint die einleitende Beschreibung bedeutsam. Die verhandelte Erinnerungsheterotopie nämlich besteht in einem angrenzenden Grundstück, das Rudolf nach dem Tod der Schwiegereltern gekauft und durch eine Tür mit dem eigenen Garten verbunden hat. Es handelt sich um den Kindheitsraum seiner verstorbenen Gattin, die er als junges Mädchen vom Arbeitszimmer aus beim Spiel beobachtet und Jahre später geheiratet hat. Schon zu Lebzeiten der Frau zeichnet sich der separate, angegliederte Garten als Erinnerungsraum aus, dessen personenbezogene Ausrichtung später zum Problem werden wird. Eine Lesart des Gartens als »Symbol erfüllter Mutterschaft«⁶³ lässt dabei die Personalisierung dieses Erinnerungsraumes außer Acht. Die Beobachtung, dass »die zweite Frau Rudolfs, Ines, den abgeschlossenen Garten erst betreten [darf], nachdem sie selbst Mutter und damit zur desexualisierten Frau geworden ist«,⁶⁴ wird der Prägung des Raums durch die Vorgängerin nicht gerecht. Dass

---

60 Friedrich Theodor Vischer, Das Symbol. In: Philosophische Aufsätze. Eduard Zeller zu seinem fünfzigjährigen Doctor-Jubiläum gewidmet, Leipzig 1887, S. 166.
61 Vischer, Das Symbol, S. 166.
62 Theodor Storm, Viola Tricolor. In: Theodor Storm. Sämtliche Werke in vier Bänden. Band 2. Novellen 1867–1880, hg. von Karl Ernst Laage, Frankfurt am Main 1987, S. 131.
63 Martin Schilling, Erzählen als Arbeit am kollektiven Gedächtnis. Zu Theodor Storms Novellen nach 1865. In: Euphorion, 89, 1995, S. 47.
64 Harald Neumeyer, Theodor Storms Novellistik. In: Realismus. Epoche – Autoren – Werke, hg. von Christian Begemann, Darmstadt 2007, S. 110. Auch David Jackson sieht Ines »erst als Mutter fähig und bereit, den bisher verschlossenen Garten zu betreten« (David Jackson, Von Müttern, Mamas, Marien und Madonnen. ›Viola tricolor‹, eine Novelle aus patriarchalischer Zeit. In:

die Aussöhnung der Stiefmutter (lat.: viola tricolor = Stiefmütterchen) mit dem Stiefkind über der Geburt eines eigenen Kindes gelingt, stimmt zwar.[65] Das Problem zuvor bestand aber nicht in der fehlenden Mutterschaft, sondern darin, nicht die Mutter des bereits vorhandenen Kindes zu sein. Der Ausschlussmechanismus ist an die Person der Mutter und nicht in erster Linie an den Aspekt ihrer Mutterschaft an sich gebunden. Die Konstellation bildet vielmehr die für den Poetischen Realismus typische Verhandlung von Original und Repräsentation ab, die hier in der Überforderung besteht, die Nachfolge einer Verklärten anzutreten.[66]

Einen dagegen eher museal geprägten Erinnerungsraum, der aufgrund der Unpersönlichkeit des gespeicherten Wissens harmlos bleibt, stellt der Arbeitsplatz dar, von dessen Fenster aus der Garten zu beobachten ist. Der »Schreibtisch mit dem ganzen Apparat eines gelehrten Altertumsforschers«[67] präsentiert »dem Schutt der Vergangenheit entstiegene Dinge«[68] und findet erst im darüber angebrachten Portrait der Verstorbenen die Anbindung an die persönliche Vergangenheit. Dabei sind Studierzimmer und Schreibtisch der Schauplatz zweier Szenen, die im Vergleich die sich wandelnde Funktion des Gartenschauraums darstellen. So zeigt die Vergangenheit den jungen Rudolf bei der Arbeit und den Garten als digressiven Faktor im positiven Sinne. Letztlich zerstreut der Raum in erster Linie durch das ihn einnehmende junge Mädchen »dem ernsten Mann die Gedanken«.[69] Und wenn es später heißt: »Jahre des Glückes und freudigen Schaffens waren mit ihr eingezogen«,[70] steht die Figur erneut als wirkende Kraft im Mittelpunkt. Der Garten dieser Rückblende ist eine Vitrine, in der sich die Figur ausstellt, realistischer Raum, dessen Unspezifik und Modellierbarkeit den Blick auf seinen Inhalt freigibt. – Ganz anders in identischer Szene mit verändertem Personal. In der Erzählgegenwart steht am späten Abend die Tochter allein am Schreibtisch und betrachtet den benachbarten Garten. Für das Kind ist der beobachtete Raum mit derselben Figur verbunden, mit dem Unterschied aber, dass diese inzwischen tot ist und der Garten eine Art Speicher ihres Nachbildes darstellt. Dieser Funktion entsprechend wird der Erinnerungsraum auf der Textur-

---

Stormlektüren. Festschrift für Karl Ernst Laage zum 80. Geburtstag, hg. von Gerd Eversberg, David Jackson und Eckart Pastor, Würzburg 2000, S. 157).
65 Vgl. hierzu auch Marianne Wünsch, Eigentum und Familie im Realismus: Das Werk Wilhelm Raabes. In: dies., Realismus (1850–1890). Zugänge zu einer literarischen Epoche, Kiel 2007, S. 205 f.
66 Franziska Irsigler zeigt treffend, dass die Erinnerung vom Abbild »zum identitätsstiftenden Vorbild, zu einem Wunschspiegel« verformt ist (Franziska Irsigler, Beschriebene Gesichter. Ekphrastische Porträts in der Erzählkunst des Poetischen Realismus, Bielefeld 2012, S. 366).
67 Storm, Viola Tricolor, S. 133.
68 Storm, Viola Tricolor, S. 133.
69 Storm, Viola Tricolor, S. 145.
70 Storm, Viola Tricolor, S. 145.

ebene völlig anders präsentiert. Der Raum zeigt sich als »Gartenwildnis«[71] und wird von einer Mauer umschlossen. Eine Hütte in »augenscheinlichem Verfall«[72] ist von Waldreben (Clematis) überwachsen und die »Anziehungskraft«[73] des Erinnerungsraums rückt beinahe in die Nähe romantisch räumlicher Wirkmacht. Was diesen Erinnerungsraum ausmacht, ist eine Blockadefunktion. Die gespeicherte Vergangenheit steht räumlich und diskursiv der Veränderung entgegen, die in Person von Ines, der neuen Frau Rudolfs, einzutreten versucht. Realistischer Raumlogik folgend fordert Rudolf seine Gattin zwar auf, »als Herrin Besitz von allen Räumen dieses Hauses«[74] zu nehmen; das genuin realistische Projekt der Raumaneignung aber scheitert am Störfaktor des Erinnerungsraums. Ines erkennt: »Ach, diese Tote lebte noch, und für sie beide war doch nicht Raum in einem Hause!«[75] Die ›lebende Tote‹ entspricht dem Paradoxon, das die Heterotopie als realisierte Utopie leistet. Der räumlich umgrenzte Garten, dessen Einrichtung verwildert und damit chaotisch erscheint, ist nach dem Tod seiner Benutzerin zur Heterotopie geworden und besetzt genau den Raum, den die neue Frau in der Kleinfamilie einzunehmen versucht.

Die Problematik einer so prominent gespeicherten Vergangenheit ist jedoch nur der Betroffenen voll bewusst. Was Ines meint, wenn sie beklagt: »Hier ist so Viel, Rudolf«,[76] erfasst dieser nicht. Der Herr des Hauses verweist beschwichtigend auf das nicht allzu umfangreiche Hauswesen. Selbst der Erzähldiskurs beschränkt sich im Rahmen dieses Horizonts, wenn es heißt, dass mit Ines' gelingender Einarbeitung in den Haushalt alle Befürchtungen widerlegt waren. Dabei richtet sich die Sorge der zweiten Frau auf die zeichenhafte Präsenz der ersten und nicht auf den Umfang von Hausrat und Tagesgeschäft. ›Viel‹ beschreibt die Intensität des Erinnerungsraumes und dessen Hemmwirkung sogar auf etwaige Anschlussdiskurse. Das Verhältnis zwischen Agnes und der Stiefmutter nämlich wird über verhinderte Verbalisierung beschrieben. Die Problematik, Ines aus sachlichen Gründen nicht ›Mutter‹ und aus emotionalen nicht ›Mama‹ nennen zu wollen, verhindert die Kommunikation; »ihr fehlte die Anrede, die der Schlüssel jedes herzlichen Gespräches ist«.[77] Das Thema einer Stiefmutter und deren Akzeptanz durch das fremde Kind lässt sich so als die hinderliche Statik eines räumlich kodierten Erinnerungsverhaltens lesen. Rudolfs Arbeitszimmer mit Ausblick auf den Garten findet Ines hergerichtet »wie in einer

---

71 Storm, Viola Tricolor, S. 134.
72 Storm, Viola Tricolor, S. 134.
73 Storm, Viola Tricolor, S. 134.
74 Storm, Viola Tricolor, S. 136.
75 Storm, Viola Tricolor, S. 137.
76 Storm, Viola Tricolor, S. 138.
77 Storm, Viola Tricolor, S. 139.

Kapelle«,[78] und tatsächlich sieht auch Rudolf seine verstorbene Frau beim Blick in den Garten in Gedanken darin wandeln. Dass ihm dabei ist, »als gehe er an ihrer Seite«,[79] ist Teil des von Ines benannten ›so Viel‹, das über die bloße Verfügbarkeit der Erinnerung hinaus deren Besitzanspruch auf die Gegenwart beschreibt. Dementsprechend ist es auch Ines, die den heterotopen Raum als »Garten der Vergangenheit«[80] fasst, um ihn schließlich bei Nacht zu erkunden. Dies jedoch geschieht nicht ganz freiwillig und ist vielmehr das Ergebnis des bekannten Zwischenzustandes von Wachen und Träumen, der als Romantik-Zitat auftritt. Als Ines während des Einschlafens beschließt, fortzugehen und bei ihrer Mutter zu leben, schließt sich die Durchquerung eines »finsteren Wald[es]«[81] an, die nicht nur topographisch an Berthas Wanderung im *Blonden Eckbert* erinnert. Auch der Zustand der Figur ist von Tieck her bekannt, denn wie Bertha weiß auch Ines nicht, wie sie den Weg zurückgelegt hat. Im Gegensatz zum *Blonden Eckbert* aber ist das Erlebnis eindeutig in den Rahmen des Traums eingelagert, zumindest solange bis Ines »ihre halb geschlossenen Augen«[82] öffnet und erkennt, dass sie schlafgewandelt und sich zum Kern des Problems begeben hat. Nachdem sie im Traum von aggressiven Hunden verfolgt worden war, versetzt sie der Haushund Nero, der sie im Garten aufgespürt hat, in Angst. Dabei beweist der Garten erneut seine heterotope Funktion, wenn »ihr das wirkliche Tier mit den grimmigen Hunden des Traumes in eins zusammen[lief]«.[83] Wenn Phantasma, Realität und Erinnerung kongruent werden, wird Heterogenes so verschaltet, wie es bei Foucault als Zusammenlegung von Räumen beschrieben ist, die an sich unvereinbar sind (s. Abb. 15).[84]

Die Erinnerungsheterotopie entspricht zwar darin dem realistischen Raumkonzept, wirkungslos zu bleiben, nimmt aber über einen Umweg Einfluss auf die Handlungsfreiheit der Figuren, indem sie eine neu zu besetzende Systemstelle blockiert. Die Wende bringt das deutlichst mögliche Erneuerungsmotiv, Ines ist schwanger und wird neben der Rolle der Stiefmutter auch zur leiblichen Mutter. Als Rudolf sie im Garten findet, eröffnet Ines ihm ihre Schwangerschaft. Dem Hausherrn ist zwar intuitiv klar, dass dies den Konflikt lösen wird, Ines aber erlebt den lösenden Moment erst später im Gespräch mit Agnes. In Gefahr im Kindbett zu sterben, bereitet sich Ines auf den Tod vor, bis Agnes sie ›Mama‹ nennt und die diskursive Blockade löst. Der entscheidende Konflikt ist gelöst und der Arzt verkündet am nächsten Tag:

---
78 Storm, Viola Tricolor, S. 147.
79 Storm, Viola Tricolor, S. 145.
80 Storm, Viola Tricolor, S. 148.
81 Storm, Viola Tricolor, S. 150.
82 Storm, Viola Tricolor, S. 150.
83 Storm, Viola Tricolor, S. 151.
84 Vgl. Foucault, Die Heterotopien, S. 14.

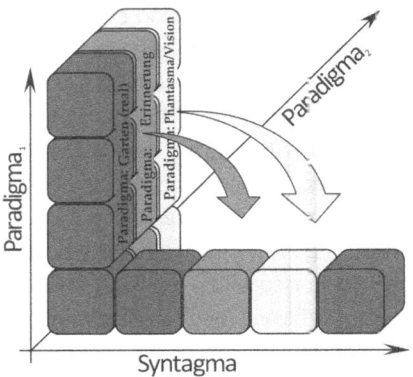

Abb. 15: Erinnerung und Phantasma als paradigmatische Abweichung im Rahmen des realistisch erzählten Gartens

»Gerettet!«[85] Begleitet wird die Szene von einem singenden Vogel, den Rudolf aber erst wahrnimmt, als die befreiende Diagnose gegeben ist. Die Hemmung des Diskurses ist von dem Moment an aufgehoben und man berät, wann man sich von der Verstorbenen erzählen und wie Ines mit Agnes über deren Mutter reden werde.

Parallel dazu wird schließlich auch die Erinnerungsheterotopie entladen. Wenn die Rede ist vom »Gesang der Vögel, die drüben in der noch ungestörten Einsamkeit ihr Wesen trieben«,[86] wird ein letztes Mal die Sphäre der Waldeinsamkeit und des Vogels aufgerufen, um zuletzt den Garten umzuformen und durch eigene Benutzung als Normalraum zu prägen. So schließt die Erzählung mit der Feststellung, dass »die fröhliche Zukunft des Hauses ihren Einzug in den Garten der Vergangenheit«[87] hält. *Viola Tricolor* führt damit einen Raum vor, dessen heterotope Funktionen zwar als realistische Erinnerungsheterotopie angelegt und somit für die Figuren harmlos sind. Die Präsenz der gespeicherten Vergangenheit aber bewirkt eine Statik, der gegenüber Veränderungen kaum möglich scheinen.[88] Durch die Überwindung der diskursiven Blockade zwischen Kind und Stiefmutter wird eine Aneignung und Löschung der Heterotopie möglich. Dies zeigt die Reichweite der realistischen Fähigkeit, den Raum und selbst Heterotopien zu prägen.

---

85 Storm, Viola Tricolor, S. 158.
86 Storm, Viola Tricolor, S. 161.
87 Storm, Viola Tricolor, S. 163.
88 Volker Hoffmanns Beschreibung der Problematik als »ehebrecherische[m] Totenkult« scheint etwas überpointiert, aber in der Sache zutreffend: »Nur mit Mühe und unter tödlicher Gefährdung seiner zweiten Frau findet er [Rudolf; S.T.] zu einer neuen Partnerschaft« (Volker Hoffmann, ›Überholtes Wissen‹ als ›produktiver Anachronismus‹ in der Literatur des Realismus: Storm, Raabe mit einem Ausblick auf Fontane. In: Fontane Blätter, 93, 2012, S. 71 f.).

Der passive Raum im realistischen Erzählen ist somit ein von den Figuren geprägter, der bei heterotoper Ausrichtung als Erinnerungsraum fungiert. Schon an bloß tendenziell heterotopen Räumen wird dies deutlich, so zum Beispiel in Storms *Aquis Submersus*. Die Geschichte um unstandesgemäße Liebe und den Tod des unehelichen Kindes wird gerahmt durch einen Blick über die Topographie. Der Schlossgarten, in dem sich der Erzähler aufhält, tritt als tendenziell romantischer Raum auf, da »die einst im altfranzösischen Stile angelegten Hagebuchenhecken [sich] zu dünnen, gespenstischen Alleen ausgewachsen«[89] und die klassizistische Akkuratesse in Richtung Verwilderung verlassen haben. Dieser mit »nachdenklichen Leuten«[90] bevölkerte Ort aber zitiert ein romantisches Potenzial an, das nicht abgerufen wird. Ein Hügel im Nordwesten des Gartens bietet vielmehr die Gelegenheit, über die romantische Topographie hinauszusehen und mit »der weitesten Aussicht«[91] zugleich eine entscheidende Qualität realistischen Raums in den Blick zu nehmen – die Speicherung von Vergangenheit. Während der Garten zwar romantisch verwachsen, zugleich aber über seinen ausgetrockneten Fischteich als tot markiert ist, werden dem Erzähler von erhöhtem Standpunkt aus »die Stätten [s]einer Jugend«[92] sichtbar. Im Speziellen meint dies eine Kirche, die zwar nicht als Heterotopie konstruiert, aber im Verbund mit einzelnen heterotopen Merkmalen als Erinnerungsspeicher ausgewiesen wird. Als Gegenort zum Normalraum »draußen im Alltagsleben«[93] erinnert sich der Erzähler schon als Kind angesichts der Kirche begriffen zu haben, »welch eine Vergangenheit an diesen Räumen hafte«.[94] An einem Bild und dessen Unterschrift entfaltet sich in der Folge die Binnenerzählung, deren tragisches Ende mit dem Vergessens-Topos korrespondiert. Um einen Topos handelt es sich dabei auch im Wortsinne, denn der Erzähler schließt nicht nur mit der Bemerkung, die Hauptfigur der Binnenerzählung sei inzwischen in Vergessenheit geraten, sondern auch damit, dass die Kirche als Ort der eigenen Erinnerung an dessen Geschichte längst abgebrochen und das Bild »verschleudert und verschwunden«[95] ist. Der Erzählrahmen artikuliert so eine doppelte Löschung der Erinnerung und bindet diesen Vorgang genau wie das Erinnern selbst an den Raum und dessen Umprägung.

---

89 Theodor Storm, Aquis Submersus. In: Theodor Storm. Sämtliche Werke in vier Bänden. Band 2. Novellen 1867–1880, hg. von Karl Ernst Laage, Frankfurt am Main 1987, S. 378.
90 Storm, Aquis Submersus, S. 378.
91 Storm, Aquis Submersus, S. 378.
92 Storm, Aquis Submersus, S. 378.
93 Storm, Aquis Submersus, S. 381.
94 Storm, Aquis Submersus, S. 382.
95 Storm, Aquis Submersus, S. 455.

Einen ähnlichen Effekt zeigt das Forsthaus, in dem die Erzählerfigur in Storms *Ein Doppelgänger* zu Gast ist. Ursprünglich auf der Durchreise, wird er vom Förster eingeladen, seine Frau und ihn für einige Tage zu besuchen. An der dialektalen Färbung der Aussprache des Fremden hat der Förster einen Landsmann seiner Frau erkannt und bietet ihm seine Gastfreundschaft an. Das Versprechen »der hohe dunkle Wald – der schützt Sie vor allem Weltgeräusch!«[96] löst der Aufenthalt dabei ganz ein. Kaum ist die Isolation topischer Waldeinsamkeit beschrieben, bringt der Text reflexartig die tieckschen Accessoires an; im Mondschein entfaltet sich eine Kulisse der Weltabgewandtheit und »eine mir unbekannte Vogelstimme scholl in Pausen vom Wald herüber.«[97] Die Zeichen jedoch stehen nicht auf Assimilation und Infekt, »die reiche Sommernacht nahm mich nicht gefangen«.[98] Stattdessen entfalten sich im Raum Erinnerungen. Als der Erzähler mit der Förstersfrau Christine spazieren geht, werden Raumdurchquerung und Erinnerung in ihrer Verbindung deutlich. Dem ziellosen Transit im romantischen Wirkraum steht der erinnernde Spaziergang auf einen festgelegten Punkt hin gegenüber. Auf dem Weg zur Baumschneise, wo man mit dem Förster zusammentreffen will, erzählt Christine von der gemeinsamen Heimatstadt und ihrem Vater John Hansen. Der Förster klärt den Gast später auf, dass John Glückstadt gemeint sei, ein Verbrecher, der eher unter diesem seinem Schmähnamen bekannt ist. Benannt »nach dem Orte, wo er als junger Mensch eine Zuchthausstrafe verbüßt hatte«,[99] wird mit John Hansen eine Figur präsentiert, die nicht nur diegetisch aus der Gesellschaft, sondern auch auf Verfahrensebene aus dem realistischen System ausgeschlossen ist. Die Namensgebung durch einen Ort kann als Höchststrafe im Rahmen einer Erzählung gelten, die ihre Figuren eigentlich als raumprägend vorstellt. John Hansen dagegen ist zeichentechnisch vom Raum geprägt und wird nach Abbüßen einer Haftstrafe von den Bewohnern der Stadt misstrauisch an einer Rückkehr ins soziale Leben gehindert. In Verbindung mit seinem Jähzorn lenkt ihn die menschliche Diskriminierung auf die Bahn neuer Schuld, bis er schließlich nach dem Totschlag an seiner Frau in einen Brunnen stürzt und stirbt.

Diese Erzählung jedoch bringt nicht der Förster hervor. Dessen einfacher Hinweis auf die Identität des Schwiegervaters löst im Besucher ein Fabulieren aus, das sich im Raum des Försterhauses entfaltet. Die Geschichte um John Hansen und dessen Versuche, auf den Weg der Rechtschaffenheit zurückzukehren, sind weniger persönliche Erinnerungen als vielmehr rückwärtsgewandtes Phantasma. Nach dem Ende dieser Binnengeschichte, die sich wie eine Rückblende gibt, findet

---

96 Theodor Storm, Ein Doppelgänger. In: Theodor Storm. Sämtliche Werke in vier Bänden. Band 3. Novellen 1881–1888, hg. von Karl Ernst Laage, Frankfurt am Main 1988, S. 523.
97 Storm, Ein Doppelgänger, S. 531.
98 Storm, Ein Doppelgänger, S. 531.
99 Storm, Ein Doppelgänger, S. 529.

sich die Erzählerfigur am Fenster mit Ausblick auf die mondbeschienene Landschaft. Diese aber zeitigt keine romantische Infektionsheterotopie mehr und der Mond offenbart keine ›Nachtseite der Naturwissenschaft‹, wie sie bei Schubert beschrieben wird. Sondern sie rahmt eine realistische Erinnerungsheterotopie als Raum, der seinen Passanten unverändert und unversehrt lässt. Im Schauraum des Forsthauses gerät das Schicksal John Hansens zur spekulativen Erzählung, über die der Förster später urteilt: »[D]as ist aber Poesie«[100] (s. Abb. 16).

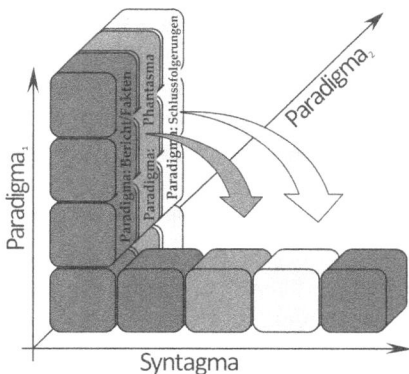

Abb. 16: Realisierung von hypothetischen Schlussfolgerungen und Phantasmen im Rahmen des Paradigmas ›Leben des John Hansen‹

Mit dem genauen Gang der Ereignisse und der unglücklichen Verquickungen war der Gast nicht vertraut. Mit John Hansen verbindet er vielmehr eine Frage, die sich erst im Forsthaus löst und rückwirkend dessen Geschichte entwirft, wie sie hätte sein können. Als Kind nämlich hatte ein Freund berichtet, er habe nachts aus einem Brunnen seinen Namen, Christian rufen hören. Aus dem Abstand der Jahrzehnte begreift nun der Gast, dass es John Hansen gewesen war, der im Brunnen verunglückt ›Christine‹ gerufen und wenig später gestorben war. Der heterotope Raum des Forsthauses entwickelt aus diesem Keim eines geklärten Zusammenhangs eine erzählte Vergangenheit, wie sie hätte sein können. »In halbvisionärem Zustande [...] hatte ich ein Menschenleben an mir vorübergehen sehen, dessen Ende, als es derzeit eintrat, auch mir ein Rätsel geblieben war.«[101] Die Lösung dieses Rätsels geht einher mit der Schau eines ganzen Lebens und führt das Forsthaus als Erinnerungsheterotopie vor. Der Charakterisierung als Vitrine entsprechend inszenieren realistische Heterotopien anstatt zu wirken. Der realistische Held wird nicht in einem einsamen Berg oder Wald wahnsinnig, sondern er erlebt Szenen der Geselligkeit und wirft einen Blick in die Vergangenheit; so wie auch der Protagonist in Paul Heyses *Im Grafen-*

---

100 Storm, Ein Doppelgänger, S. 577.
101 Storm, Ein Doppelgänger, S. 574.

schloß. Auf seiner Wanderung in der Heimatgegend eines Jugendfreundes gelangt er in das Umland des Schlosses, »und wie durch den Schlag eines Zauberstabes war die Gegend um mich her verwandelt [...] und ich sah die edle Gestalt des jungen Mannes wie damals daher wandeln.«[102] Die Wege zum Schloss sind alle gänzlich verwildert, sodass der Wanderer wie die Helden Eichendorffs einen Baum erklettert, um sich Überblick zu verschaffen. Das Schloss selbst liegt ›verwunschen‹ und zugewachsen, der Speisesaal ist eine ehemalige Kapelle und das Personal wird geleitet von der alten Haushälterin Flor. Diese erzählt dem Gast die Lebensgeschichte des nach Schweden ausgewanderten Jugendfreundes und erweist sich selbst als romantisches Relikt. Während dem Gast das Schloss gänzlich als realistische Erinnerungsheterotopie begegnet, bedeutet es der alten, aus der Generation der Romantik stammenden Frau eine Art musealen Schutzraum, an den sie im Sinne der assimilierenden romantischen Heterotopie gebunden ist. Der einzige Versuch Flors, das Schloss zu verlassen, scheitert exakt an der Grenze, die den Gast zu Beginn den ›Schlag des Zauberstabes‹ spüren lässt. Hier überkommt die Haushälterin Angst und sie rennt wie vom bösen Feinde gejagt, ohne anzuhalten, den Weg wieder zurück, und es war mir, als ich wieder in den Hof kam, als wäre ich hundert Jahre weg gewesen.[103]

Die Vermengung von Gegenwart und Vergangenheit als zweier heterogener Sphären wirkt damit in Verbindung mit den zeitlichen Brüchen, die Foucault als »Heterochronien«[104] bezeichnet. Das Ergebnis ist ein Raum, der mit dem Paradox und dem paradigmatisch Anderen dieselben Verfahren zur Bildung einer Heterotopie anwendet wie das Erzählen der Romantik. Die inhaltliche und funktionale Füllung aber ist eine genuin andere. Die realistische Heterotopie inszeniert und archiviert Vergangenheit und lässt ihre Besucher – abgesehen vom Eindruck der Erinnerungsschau – unbeeinträchtigt.

---

102 Paul Heyse, Im Grafenschloß. In: Paul Heyse. Werke. Zweiter Band, hg. von Bernhard und Johanna Knick und Hildegard Korth, Frankfurt am Main 1980, S. 165.
103 Heyse, Im Grafenschloß, S. 224.
104 Foucault, Von anderen Räumen, S. 939.

9 Romantische Reminiszenzen

Die Gegenüberstellung von Romantik und Realismus ist durch ein produktives Ungleichgewicht geprägt. Daraus, dass der Poetische Realismus literarhistorisch auf die Romantik folgt, wird es möglich und nötig, sich auf die überwundene Epoche zu beziehen. Dabei prägt realistisches Erzählen nicht nur eine eigene Raumlogik, sondern schärft diese oft an der Dekonstruktion romantischer Raumkonzepte. So ist Friedrich Spielhagens *Die Sphinx* [*In der zwölften Stunde*][1] als Spiel realistischen Vitrinenraums mit punktuell darin angebrachten Verweisen auf romantischen Wirkraum lesbar. Dass letzterer schließlich als überholt verabschiedet wird, ist wenig überraschend. Die Verfahren aber, über die jene Dekonstruktion organisiert ist, bestätigen die am realistischen Raum gemachten Beobachtungen. So positioniert die Eingangsszene romantische Topoi unmittelbar in einen als realistisch geprägt ausgewiesenen Raum. Als die Protagonisten Benno und Sven nach durchzechter Nacht am Ufer eines namenlosen Flusses entlangflanieren, stoßen sie auf eine von einem Eisengitter umzäunte Villa. Die aus dem Transit fallenden Figuren klettern auf die Terrasse, um den Sonnenaufgang zu beobachten und präsentieren sich damit als Eichendorff-Zitat. Das Eindringen in einen umzäunten Gartenraum im Morgengrauen aber führt nicht in das Reich von Marmorbildern oder Venusstatuen, sondern in einen Raum, der als vom familiären Leben geprägte Kulisse erscheint. In der zwar »malerischen Verwirrung«[2] wird schnell deutlich, dass die romantische Motivik als Zitat fungiert, an dem sich die Matrix realistischen Erzählens profilieren kann. Die Terrasse nämlich ist katalogartig mit Nähutensilien und Kinderspielzeug sowie Journalen und einer Puppe ausgestattet. Beschreibung und Definition des Raums geschehen vollständig über die Accessoires der Figuren, sodass schließlich die Bezeichnung der Terrasse »als ein luftiges Zimmer«[3] die realistische Raumlogik hervorhebt. Der in romantischem Gestus betretene Raum ist weniger von belebten Statuen zum Raum des Mythos erhoben als vielmehr durch die Lagerung alltäglicher Utensilien zur Vitrine bestimmt. Und doch findet sich ein romantischer Rest mit heterotoper Tendenz, denn durch die offene Tür sieht Sven im Salon das »lebensgroße Bild einer Dame.«[4] Das Bild erweist sich als Anspielung auf

---

[1] Der 1863 unter dem Titel *In der zwölften Stunde* erschienene Roman wurde 1866 erneut veröffentlicht. Die stark überarbeitete, mit einem anderen Schluss versehene, *Die Sphinx* betitelte Version soll hier den Vorzug erhalten, weil es sich laut Spielhagen um den ursprünglichen Entwurf handelt. *In der zwölften Stunde* ist zwar die zeitlich frühere, aber stark geglättete Version, sodass die im Nachhinein veröffentlichte als authentischer gelten kann.
[2] Friedrich Spielhagen, Die Sphinx, Berlin ³1867, S. 158.
[3] Spielhagen, Die Sphinx, S. 158.
[4] Spielhagen, Die Sphinx, S. 158.

wirkmächtigen Raum mit Kommentarfunktion und deutet zugleich darauf hin, dass der realistische Raum romantische Anspielungen als Abbildung einbettet und sie in der Quarantäne des Rahmens hält. Romantische Raumlogik existiert lediglich noch als

> wundersames Bild, eines jener Bilder, die den Beschauer wie durch einen mystischen Schleier aus einer dämonischen Welt heraus anblicken, in welcher unsere Träume leibhaftig sind und die geheimsten Wünsche unseres Herzens zur Wahrheit werden; eines jener Bilder, deren Anblick wie eine Offenbarung auf uns wirkt, und deren Erinnerung wir von dem Augenblicke an in allen Wechselfällen unseres Lebens nicht wieder verlieren können.[5]

Die Szene beschreibt eine Variation des eichendorffschen Venusgarten-Motivs. Mit dem Unterschied jedoch, dass hier das Dämonische nicht offen an einer belebten Statue zu Tage tritt und den Umraum verändert, sondern in ein Bild gebannt ist. So wird nicht die Villa wie der Venustempel zur Heterotopie, sondern das Bildinnere wird als Raum beschrieben, an dem sich Phantasmen realisieren. Genau wie die romantische Heterotopie hat das Bild aber noch anziehende Fernwirkung und bannt Sven. Was hier im Medium des Bildes eingedämmt ist, lässt sich mit verschiedenen Funktionen der Heterotopie engführen. Die Realisierung des Imaginären zitiert genau wie die ›Offenbarung‹ im Sinne der Kommentarfunktion eine heterotope Kerneigenschaft. Dass mit Schleier und Dämonie romantische Motive herangezogen werden, passt unmittelbar zur zuletzt beschriebenen Wirkmacht des Bildes. Die irreversible Prägung durch den Anblick des Bildes, dessen Eindruck sich ›nicht wieder verlieren‹ lässt, steht in direkter Nähe zum Infektionsprinzip romantischer Heterotopien. Dementsprechend ist Sven »auf eine seltsame Weise bewegt.«[6] Und wenn es heißt, die »unbeschreibliche Wirkung«[7] komme zustande durch »die tiefe, hoffnungslose Schwermuth, welche, wie ein feiner Duft über einer reichen Landschaft, über den schönen geistvollen Zügen lag«,[8] wird die abgebildete Person ausdrücklich mit Raum und Topographie gleichgesetzt. In der Villa ist sozusagen der im Rahmen versiegelte romantische Raum in seiner Eigenschaft als Figur abgebildet und weist die Selbstreflexivität der realistischen Textur auf. Während die Romantik ihre Materialität reflektiert, nimmt der Realismus seine Medialität und die Verfahren seiner Mediatisierung in den Blick. Die Umrechenbarkeit von Landschaft und Figur werden genauso reflektiert wie die Sekundarität und Konstruiertheit der Heterotopie. Beide Aspekte sind im Bild gebannt und durch die Transposition auf eine andere Ebene ungefährlich ge-

---

5 Spielhagen, Die Sphinx, S. 158.
6 Spielhagen, Die Sphinx, S. 158.
7 Spielhagen, Die Sphinx, S. 159.
8 Spielhagen, Die Sphinx, S. 159.

macht. Dabei sind zwar trotz Verschluss und statischer Fixierung noch heterotope Wirkungen zu spüren. Deren Entladung aber vollzieht sich gründlich und kompromisslos, indem die Profanierung des mystischen Bildes damit verbunden ist, dass dessen biographische Hintergründe aufgedeckt werden.

Zunächst zieht das Bild Sven »mit einer fast unheimlichen Gewalt an sich«,[9] bis ihn Benno in der Tradition des eichendorffschen Rufers oder frommen Sängers aus dem Bann löst. Auf der Terrasse sieht man die Sonne aufgehen, die Nebel auf dem Wasser, die »wie ein geisterhaftes Heer, wie die Schemen der Krieger, die mit ihrem Blut die grünen Wasser«[10] färben, verschwinden. »[D]ie Gespensterwolken zerflatterten«[11] und die mythische Überhöhung wird vollständig getilgt von der realistischen Kontrafaktur einer heineschen Vokabel, dem »Morgensonnenschein«.[12] Unter permanentem Verweis auf Eichendorff ist doch alles deutlich glimpflicher abgelaufen als im parallel geführten Kontext. Und entsprechend dem literarhistorischen Standpunkt setzt der Text auch später im Handlungsverlauf ein. Das nächtliche Abenteuer liegt schon zurück, wird nur in seinem letzten Moment als kurze Episode gezeigt:

> »Der Tag ist da,« sagte Sven; »und unser nächtliches Abenteuer muß ein Ende nehmen.«[13] Man verlässt die Veranda und Benno hinterlässt von Sven unbemerkt seine Karte.

Als Stellungnahme kann auch die Anlage der beiden Hauptfiguren gelten. Sven und Benno nämlich studieren auf der landwirtschaftlichen Akademie und figurieren damit nicht nur das Interesse des 19. Jahrhunderts für Ökonomie, sondern vor allem die Praxis der Raumprägung. Während die Romantiker Sprachen und Philosophie studieren, bilden die beiden Hauptfiguren bei Spielhagen das Handwerk aus, die Landschaft zu formen und werden Vitrinen-Dekorateure. Und als Ausstellungsraum zeigen sich auch im Folgenden Villa und Terrasse. Vom Balkon seiner Wohnung aus kann Sven mit einem Fernglas den Raum des nächtlichen Ausflugs beobachten, dabei hat ihn »das Gesicht, das in der unheimlichen Dämmerung so bleich, so still und so kalt auf ihn herniederschaute«,[14] noch immer im Bann. Die Faszination des Bildes wird dabei in aller Deutlichkeit mit dem romantischen Infektionsdiskurs beschrieben:

---

9   Spielhagen, Die Sphinx, S. 159.
10 Spielhagen, Die Sphinx, S. 159.
11 Spielhagen, Die Sphinx, S. 159.
12 Spielhagen, Die Sphinx, S. 159.
13 Spielhagen, Die Sphinx, S. 160.
14 Spielhagen, Die Sphinx, S. 168.

> Es hatte sich in seine Träume gestohlen; es hatte, als er aus dem kurzen, unruhigen Schlummer erwachte, mit erschreckender Klarheit vor seines Geistes Aug' gestanden; es verfolgte ihn, wo er ging und stand; es hielt fortwährend die dunklen, geisterhaften Augen auf ihn gerichtet; es schien ihm fortwährend eine Frage vorzulegen, von dessen Beantwortung sein eigenes Schicksal abhing; es ließ ihm keine Ruhe bei Tag und Nacht; es machte ihn stumm in der Gesellschaft, es machte ihn zerstreut und nachdenklich selbst Benno gegenüber.[15]

Ein weiteres Mal lässt sich in der Wirkung der bildlich eingedämmten Heterotopie die Palette heterotoper Funktionen ablesen. Die aktive, eigenmächtige Einflussnahme korrespondiert mit der im Wirkraum angesiedelten romantischen Heterotopie und sowohl der Blick des Bildes auf den außen liegenden Normalraum als auch die Affizierung Svens durch eine in jenem Blick liegende Frage stiften einen Bezug, der sich als Kommentar beschreiben lässt. Das über Eigenschaften des Räumlichen kodierte Bild beeinflusst den Protagonisten nachhaltig, modifiziert dessen Denken und Verhalten und nimmt auf eine Weise Bezug auf den umliegenden Normalraum, die unmittelbar mit Foucaults Ausführungen zum ›anderen Raum‹ beschreibbar wird, schließlich zeichnet sich die Heterotopie unter anderem dadurch aus, dass sie den Raum umwertet, in den sie eingebettet ist.[16]

Die Entladung aber jener ohnehin schon als Bild in eine rahmende Quarantäne gestellten Heterotopie folgt, als die Protagonisten die Bewohner jener über Eichendorff-Topoi angereicherten Villa kennenlernen. Als Sven unbekannterweise eine Einladung der englischen Familie Durham zum Tee erhält und seine Wirtin fragt, um wen es sich dabei handele, deutet diese auf die beobachtete Terrasse. Auch Benno ist eingeladen und erklärt gleichzeitig mit dieser Mitteilung die hinterlassene Visitenkarte als Ursprung. Am Abend schließlich machen die beiden Freunde den Besuch und treten bei der durhamschen Gesellschaft in den Salon mit dem Bild. Der Raum ist hell erleuchtet »und der rosige Schimmer der eben untergegangenen Sonne, der durch die weit geöffnete Balkontür hereinfiel, vermischte sich mit dem blendenden Schein der Lichter.«[17] Dem Bild wird ein letztes Mal ein eichendorffsches Versatzstück appliziert und zwar in Gestalt der vielleicht prominentesten Formel von dessen Prosa: »Die Sonne war eben prächtig untergegangen« heißt es in vielen Texten Eichendorffs, so auch in *Ahnung und Gegenwart*.[18] Die Allegorik von Sonnenauf- und -untergang lädt die gerahmte Heterotopie denkbar plakativ auf, um den Kontrast ihrer Entladung umso deutlicher inszenieren zu können. Als Sven nämlich Mrs. Durham sieht und in ihr die Abgebildete erkennt, stellt sich im Vergleich zum Bild Enttäuschung ein. Der so

---

15 Spielhagen, Die Sphinx, S. 169.
16 Vgl. Foucault, Die Heterotopien, S. 10.
17 Spielhagen, Die Sphinx, S. 188
18 Eichendorff, Ahnung und Gegenwart, S. 57.

berückende Ausdruck des Bildes fehlt im Original, das ihm »wie eine Maske«[19] vorkommt. Die Aufspaltung in Original und bildliche Inszenierung präsentiert die romantische Heterotopie bereits in ihrer realistischen Kontrafaktur, zumal wenn selbst die Vorlage der Abbildung nur noch als Maske erscheint. Was als Zitat infektiösen Wirkraums eingeführt wurde, präsentiert sich als realistische Inszenierung und verliert seine affektive Wirkung. Und auch diese realistische Aneignung wird mit der Profanierung der Isis noch in romantischer Bildlichkeit vorgeführt: »– der Schleier war gefallen und was erblickte sein entgeistertes Auge? ein sterbliches Weib, ein schönes, sehr schönes Weib – aber doch nur ein Weib.«[20]

Die enttäuschende Begegnung löst auf Verfahrensebene eine Art Sektion bildlicher und diskursiver Zusammenhänge aus; die abweisende Kühle Mister Durhams nämlich lässt Sven mutmaßen, bei dem Abbild von dessen Frau handele es sich um ein vergangenes Stadium menschlicher Blüte. Mrs. Durham, so vermutet der Protagonist, ist »auf diesen Marmorfels verpflanzt, nach und nach erstorben«.[21] Was inhaltlich als Schicksal einer unglücklichen Ehefrau entworfen wird, die unter der Gefühlskälte eines übereilt geheirateten Mannes leidet, entpuppt sich auf der Ebene der Textur als Wortspiel. Wenn Mrs. Durham in Form eines Bildes auf dem ›Marmorfels‹ präsent ist, wird die handfeste Reihe motivischer Anleihen bei Eichendorff in ein Spiel mit dem entsprechenden Diskurs aufgelöst, indem hier ein Marmor-Bild ganz anderer Art auftritt. Entsprechend der reflexiven Distanziertheit der realistischen Metapher von der materiellen Realisierung des romantischen Pendants, kann ein Marmorbild nur noch als ›Bild *auf* Marmor‹ und damit als Wortspiel auftreten. Die tatsächliche Bedeutung des Kompositums im Sinne eines ›Bildes *aus* Marmor‹ lässt die realistische Matrix nicht zu.

Als Sven E.A. Poes *Annabel Lee* vorträgt, nimmt Mrs. Durhams Gesicht für einen kurzen Moment den Ausdruck des Bildes an, bald darauf zeigt es sich wieder als »kalte, teilnamslose Maske«.[22] Und auch als Sven auf die Terrasse tritt, erscheint die Abgebildete ihm »wie ein schönes Gespenst«[23] und beweist ihr, wenn auch flüchtiges, Potenzial. Dessen Realisierung wird an den Umraum gebunden, denn die Szenerie, im Rahmen derer diese kurze mythische Überhöhung möglich wird, ist eine von romantischer Ambiguität: »Ein magisches Halbdunkel lag über der Landschaft. Die Nacht war nur ein milderer Tag.«[24] Was die Entzauberte noch

---

19 Spielhagen, Die Sphinx, S. 188.
20 Spielhagen, Die Sphinx, S. 189.
21 Spielhagen, Die Sphinx, S. 190.
22 Spielhagen, Die Sphinx, S. 199.
23 Spielhagen, Die Sphinx, S. 200.
24 Spielhagen, Die Sphinx, S. 199.

einmal momenthaft in dem erhofften Effekt aufblitzen lässt, sind Poesie und romantische Landschaft und damit Formen der Metaphorisierung. Die Wirkung aber bleibt flüchtig. Und nachdem die heterotope Aufladung einmal gelöscht ist, gehen auch deren Effekte an Sven nur noch mit der direkten Metonymisierung einher. Zwar erwacht dieser als »die Sonne schon hoch am Himmel«[25] steht und wird über sein bleiches Äußeres umso stärker mit dem Eichendorff-Topos verknüpft – als aber selbst die Haushälterin erschrickt und der Kontext von belebten Marmorstatuen und Wiedergängern unabwendbar scheint, metonymisiert sie selbst die scheinbare Aufladung; das Haus der Durhams sei bekanntermaßen feucht und verschimmelt. Seit der Gegenüberstellung des Bildes mit seiner Vorlage vermögen Motive und Diskurse romantischer Raumlogik nicht mehr zu greifen und der Text wird zur Schau realistischer Verfahren der Raumproduktion.[26]

So auch beim gemeinsamen Gebirgsausflug am Folgetag. Nachdem C. Durham betont, weder ihr Bild noch das Gedicht von Poe zu schätzen und sogar das Leben zu hassen, wirft sie von einem steilen Abgrund fasziniert ihren Handschuh in die Tiefe. Sven reißt die Todessehnsüchtige zurück, die daraufhin weinend zusammenbricht. Anstelle von handelndem Raum finden die Figuren eine topographische Leerstelle. Auch als seelischer Abgrund lässt sich die Schlucht nicht lesen; es handelt sich schlicht um das räumliche Nichts, in das hineinzustürzen die einzig mögliche wirkmächtige Handlung ist, und damit eine, die von der Figur ausgeht.

Die Beschreibung der Szene enthält auf Texturebene eine interessante Anomalie. Der Erzähldiskurs nämlich wechselt an der entsprechenden Stelle ins Präsens und beschreibt den Ausblick auf die Landschaft wie zur Bestätigung als Blick auf eine Art überdimensionales Mobiliar: »Die Platte, auf der sich Sven und Mrs. Durham befanden, ist wie eine letzte Stufe für den Fuß eines Riesen, der die steile Felstreppe emporklimmt«.[27] Die Vorstellung der menschlichen Raumbeherrschung als Riese findet sich wie gezeigt auch bei Foucault. In den Ausführungen zur Utopie tritt die Vorstellung des überdimensionalen Körpers und dessen Macht über den Raum als die prototypische Spielart einer realistischen Raumlogik auf, die von hier an dominant ist. Als man zur Rückfahrt aufbricht, ist zwar »die Sonne längst untergegangen«,[28] aber auch das wiederholte wörtliche Eichendorff-Zitat gewinnt dem Raum keine heterotope Wirkung mehr ab. Der Fokus liegt von nun an vollständig auf der Figur. Die Beziehung zwischen Sven und Cornelie entwickelt sich zu einer für die verheiratete

---

25 Spielhagen, Die Sphinx, S. 205.
26 Und dennoch fragt man sich bei so viel Romantik, ob die »Ablehnung des romantischen Erbes«, wie sie Spielhagen in seiner Romantheorie entwirft, in den eigenen Prosatexten tatsächlich so konsequent durchgehalten wird (Ridley, Halbbruder des Vormärz, S. 220).
27 Spielhagen, Die Sphinx, S. 216.
28 Spielhagen, Die Sphinx, S. 220.

Frau prekären Nähe. Märchen, die Sven den durhamschen Kindern erzählt, muten ihr »so wunderbar an, als hätte ich es schon erlebt oder geträumt, oder doch gelesen wenigstens.«[29] Und die gemeinsame Vergangenheit, die sich an dieser Stelle bereits erahnen lässt, stellt sich bald als tatsächlich heraus. Svens Haushälterin übergibt diesem das Notizbuch einer ehemaligen Mieterin seines Zimmers. Bei dieser räumlichen Vorgängerin handelt es sich um Cornelie Durham, deren topographische Verwandtschaft sich als Verweis auf eine reale Verschwisterung herausstellt. Die Aufzeichnungen beschreiben die Geschichte Corneliens. Diese gerät als Kind in die Obhut einer Kupplerin, die ›die Alte‹ genannt wird. Als diese Cornelie einem jungen Mann zuführen will, flieht das Mädchen und wird von einem Mann aufgenommen, der einige Jahre darauf um ihre Hand anhält. Sie willigt ein und realisiert als Erwachsene in Wohlstand und kinderreicher Familie, dass sie aus Mitleid geliebt wurde und selbst aus Dankbarkeit und Achtung liebt. Ihr Mann hat für sie auf eine politische Karriere verzichtet und sie sucht nach einem Vorwand für die Trennung. – Die Geschichte, die sich wie eine weitere Version des topischen *Blonden Eckbert* liest, beschreibt eine Art von moderner Variante des Stoffes, der seinen Ausgangspunkt in der Parallelkonstruktion mit Tieck nimmt, um sich dann über das Motiv psychologisierter Partnerschaftsprobleme von der Vorlage zu lösen und in die Bahn realistischen Erzählens einzuschwenken. Was mit ›der Alten‹ beginnt, endet in einer Konstellation, die an Fontanes Frauenfiguren in enttäuschenden Ehen erinnert. Das heterotope Potenzial wird so in einer binnenerzählerischen Miniatur noch einmal exemplarisch abgebaut und in Richtung realistischen Erzählens verlassen.

Sven schließlich findet bei den Aufzeichnungen ein Bild seines Vaters und begreift, dass Cornelie seine Schwester ist. Als er ihr dies eröffnet, bricht sie den Kontakt ab und ertränkt sich wenig später. Sven hingegen lebt zurückgezogen auf einem Gut an der Ostsee.

Ähnlich diesem fatalen Ende spielt auch Ernst Ecksteins *Roderich Löhr* [1896] im Rahmen realistischer Schreibweisen romantische Motive und Verfahren durch. Im stark selbstreflexiven Spätrealismus angesiedelt, erscheint der Versuch der Hauptfigur, eine romantische Figur zu sein, wie eine Gegenprobe, um die eigenen poetisch-realistischen Verfahren zu profilieren. Der Tendenz des Spätrealismus, die eigenen Verfahren demonstrativ scheitern zu lassen, steht so der Versuch gegenüber, den Realismus rückblickend ein vielleicht letztes Mal als den Überwinder der Romantik zu legitimieren. Entsprechend hybrid gestaltet sich der Roman auf allen Ebenen und versucht permanent Versatzstücke romantischen Schreibens in das realistische Tableau zu integrieren, um zuletzt die Hauptfigur als Manifestation dieses Begehrens in den Tod zu verabschieden.

---

29 Spielhagen, Die Sphinx, S. 229.

Die Eröffnungsszene findet Roderich Löhr in einem gothischen Zimmer bei offenem Fenster am Schreibtisch. Der Arbeitsraum fungiert dabei als Erinnerungsraum und Bühne der Vergangenheit. Die Striche am Bücherregal sind Größenmessungen des früh verstorbenen Sohnes und erinnern an das verlorene Kind. Und wann immer Löhr mit der Ehefrau im Gespräch das Thema der Kinderlosigkeit streift, dient der Raum als Ausweichthema, man spricht über das häusliche Interieur und darüber, wie man den Raum eingerichtet, also selbst geprägt hat. Löhrs Arbeitszimmer aber tendiert stark zur Erinnerungsheterotopie und zeigt dem Protagonisten »mit der Klarheit einer Vision [...] das reizende Kind, zweijährig vielleicht, an der Hand seiner Mutter über die Schwelle kommen«.[30] In einer paradoxen Vermengung von Gegenwart und Vergangenheit entsteht das Phantasma der lebendigen Begegnung mit dem toten Kind. Der Rede von »Zaubergewalt« und »überirdischem Glanze«[31] steht dabei das Konzept des realistischen Vitrinenraums gegenüber, dessen Grundsatz, keinerlei Wirkung auf die Figuren auszuüben, auch im Rahmen heterotoper Raumformen bestehen bleibt. Romantizistische Mitteilungsversuche des Raums sind dementsprechend zum Scheitern verurteilt. Zwar glaubt Löhr, beim Spaziergang ein Raunen der »sterbenden Landschaft«[32] und darin die Worte: »Bald wirst auch du einschlafen, wie dieser herbstliche Hain«[33] zu vernehmen. Die Botschaft bleibt aber nicht nur durch ein »schien ihm«[34] relativiert, die realistische Figur weiß sich auch radikaler zu helfen. Bald nämlich kommt Löhr an eine Stelle, die einen demonstrativen Gegenpol zu mitteilsamer Landschaft bildet und die Prägung des Raums durch den Menschen vorführt. Wenn es über den Anblick der Umgegend heißt: »Dort unten allein war zwanzigerlei zu ordnen gewesen. Die Ausrodung absterbender Bäume, die Beseitigung des überall wuchernden Grases, die Ausbesserung schadhafter Mauerteile und vermorschter Statuen«,[35] ist die Hierarchie von Figur und Raum klar herausgestellt. Mit den verfallenen Statuen wird zugleich ein Hinweis darauf gegeben, welchen kulturellen Thesaurus es zurückzulassen gilt, beispielsweise eben die Marmorbilder einer eichendorffschen Romantik. Diese Kardinalsymbole handelnden Raums werden in realistischem Erzählen abgelöst von durch die Figur geprägten Erinnerungsräumen.

So auch jenes Arbeitszimmer der Hauptfigur. Anstatt inniger Briefe oder Gedichte, die das romantische Setting erwarten ließe, hat er Rechnungen vor sich und figuriert so genau die Amalgamierung romantischer Topik und realistischer Diskurse

---

30 Ernst Eckstein, Roderich Löhr, Berlin 1896, S. 26.
31 Ernst Eckstein, Roderich Löhr, S. 26.
32 Ernst Eckstein, Roderich Löhr, S. 28.
33 Ernst Eckstein, Roderich Löhr, S. 28.
34 Ernst Eckstein, Roderich Löhr, S. 28.
35 Ernst Eckstein, Roderich Löhr, S. 30.

(in diesem Fall des allgegenwärtigen ökonomischen), die den gesamten Roman prägt. Löhr ist als Haupterbe eines entfernten Verwandten überraschend zu Geld gekommen, nachdem dieser Löhrs Buch über Georginenzucht genug bewundert, um ihn als Alleinerben einzusetzen. In der botanisierenden Nachfolge Peter Schlemihls, der zuletzt die Romantik in Richtung Realismus wandernd verlässt, ist Löhr mit seiner vor Ort betriebenen häuslichen Zucht eigentlich im Realismus angekommen – wenn ihn nicht das Ungenügen an der Statik seines Lebens als romantischen Nachzügler erkennen ließe. Und als solcher ist Löhr anfällig für das romantische Schema von Hure und Heiliger. Als Kontrast zur treusorgenden Ehefrau Alwine tritt Eva auf den Plan, die junge Tochter benachbarter Gutsbesitzer, deren Name den Sündenfall zitiert und die an sämtlichen Figuren ihre Verführungsstrategien erprobt. Ihr Sprechen klingt dem männlichen Figurenensemble »wie das Lied einer Lorelei«[36] und unter dem Eindruck ihrer Schönheit finden die Verehrer den Reiz ihrer Frauen empfindlich geschmälert. In ihr bietet sich Roderich der ideale Fluchtpunkt für die Inszenierung vermeintlich romantischer Liebe. Die auf Roderichs Wohlstand spekulierende Eva gibt schließlich dem Mann nach, der ohne sie »dem Wahnsinn [zu] verfallen«[37] und »rettungslos zu Grunde zu gehen«[38] glaubt. Und als Roderich mit seinen neuen Schwiegereltern anstößt, steigt vom Wein »ein fremdartig schwerer Duft« auf und er leert »sein Glas wie im Rausch« und »traumverloren.«[39] Dass Eva ihn kurze Zeit später zu vergiften versucht und sich im Gefängnis mit dem Abendbrotbesteck umbringt, sei ebenso am Rande bemerkt wie Löhrs darauffolgendes Duell, bei dem er schwer verwundet und im Sterben mit der alles verzeihenden Alwine ausgesöhnt wird.

Worum es geht, ist nach wie vor der Raum in einem Text, dessen realistische Verfahren über die volle Distanz demonstrieren, dass sie die sukzessive eingestreuten Romantizismen zu tilgen vermögen. Der Raum der Diegese entspricht ganz dem, was sich als realistische Topographie fassen lässt und erweist sich dementsprechend als Vitrine, deren Schaufläche und Orte von den Figuren gestaltet werden. Der unerwarteten Wohlhabenheit wegen wechseln Löhr und seine Frau den Wohnort, räumliche Veränderungen sind nicht mehr Auslöser, sondern Ergebnis von Veränderungen der Figur. Der Diskurs über Architektur, Garten- und Inneneinrichtungen ist allgegenwärtige Artikulation der Souveränität der Figuren über den Raum. Der realistische Raum zeigt sich als Bühne eigener Inszenierungen, indem sich Roderich Löhr sein Gut zum »Schauplatz eines neuen farbenprächtigen Lebens«[40] umschafft. Was die Hauptfigur aber in der Vitrine ihres

---

36 Ernst Eckstein, Roderich Löhr, S. 249.
37 Ernst Eckstein, Roderich Löhr, S. 165.
38 Ernst Eckstein, Roderich Löhr, S. 164.
39 Ernst Eckstein, Roderich Löhr, S. 178.
40 Ernst Eckstein, Roderich Löhr, S. 30.

Wohnraums ausstellen will, ist ein romantisch-manisches, leidenschaftliches Leben, dessen »berauschende[r] Duft wie aus prachtvollen Märchengärten«[41] herüberweht. Roderich Löhr ist anfällig für Fernweh, für Mythen und vor allem für die Sehnsucht nach der Intensität des Erlebens. Er erinnert sich, wie er als Kind »krank geworden vor unüberwindlicher Sehnsucht« vom Kirchturm »in die duftblaue Ferne hinausblickte.«[42] Zentraler Mythos ist dabei das nicht weiter beschriebene Märchen der Fee Morgana und ihrer goldenen Blumen.

Auf dem Tableau realistischen absoluten Raums, einer transparenten Welt mit geringstmöglicher Allegoriegefahr, ist ein Schau- und Reflexionsraum eingerichtet, der motivische, diskursive und poetologische Aspekte überblendet und im Kleinen das Vorhaben des Gesamttextes abbildet. In Gesellschaft auf dem Nachbargut unternimmt man einen nächtlichen Ausflug zu jener Heterotopie:

> Auf der steil abfallenden Höhe lag die Ruine im Mondschein wie ein versilberter Klotz. Schwere Granitmauern umrahmten von drei Seiten einen quadratischen Raum: die vierte Wand fehlte. Langsam hintereinander herwandelnd, trat die Gesellschaft herein. Der Boden, auf dem jetzt die zierlichen Schuhe der jungen Mädchen das Gras knickten, war wohl einmal das ansehnliche Prunk- oder Zechgemach der stolzen Reichsfreiherren gewesen, deren Stamm nun dahin war, wie das gesamte übrige Schloß. Ein merkwürdiger Bau – schmucklos und ohne Gliederung. Durch die breit gähnenden Fensterhöhlen der Westseite hatte man in der That einen herrlichen Ausblick über das Dorf und die Villa und das reichbewaldete Droßnitzthal, dessen entfernteste Hügel wie duftige Scheingebilde im Dämmer des Mondes verschwammen. Roderich Löhr fühlte sich von dem Nebelglanz dieser schlummernden Landschaft seltsam ergriffen. Und abermals fiel ihm der sehnsüchtige Traum seiner Kindheit ein, der Bornheimer Kirchturm, der lichtblaue Himmelsrand und die blühenden Zaubergärten der Fee Morgana.[43]

Die nach einer Seite offene Schlossruine präsentiert sich in zweifacher Hinsicht als Schauraum. Als dioramatisches Museum romantischer Strukturelemente erlaubt der »merkwürdige Bau [...] ohne Gliederung«[44] nicht nur das Betreten des Reliktes Romantik, sondern auch den Blick auf den realistischen Normalraum durch das romantische Dispositiv. Die Heterotopie der Ruine wirkt als Transformator, aus ihr heraus, durch ihre Fenster erscheint der Normalraum anders. Während die Romantik den Blick von außen in die Ruine hinein präsentiert (beispielsweise in Tiecks *Runenberg*), blickt die Figur hier aus der Ruine heraus. Dabei bleibt der realistische Raum gewohnt harmlos und die heterotope Kommentarfunktion erschöpft sich wie in Heyses *Zentaur* in der harmlosen Schau. Nicht die Figur wird

---

41 Ernst Eckstein, Roderich Löhr, S. 31.
42 Ernst Eckstein, Roderich Löhr, S. 31.
43 Ernst Eckstein, Roderich Löhr, S. 73f.
44 Ernst Eckstein, Roderich Löhr, S. 73.

verändert, sondern im Blick das, worauf sie zurücksieht. Die romantische Ruine ›spiegelt‹ die Orte und ›spricht von ihnen‹, indem sie einen Ausblick freigibt, der den Normalraum ins Unwirkliche transponiert. Dem Blick aus der Ruine heraus geraten Dorf und Villa zum »Scheingebilde«[45] und in Roderich wird die Tendenz bestärkt, in romantischen Kategorien des Geheimnisvollen, Mythischen und Unendlichen zu denken. Mit dieser Empfänglichkeit ist Roderich allein, denn während in ihm eine Art symbolischer Kode geweckt wird und der Mond als Verlust seiner inneren Sonne der Jugend erscheint, beginnen die übrigen Protagonisten den Raum diskursiv umzugestalten und überführen das im Diorama ausgestellte Verfahren einer romantisierten Welt in den realistischen prägbaren Raum. Man stimmt *In einem kühlen Grunde* an, um unmittelbar das Timing zu tadeln und auf die Form zu abstrahieren; mit dem anschließenden *An der Saale grünem Strande* ist der ursprünglich romantisch-reflexive Raum umgewertet auf eine motivisch organisierte Trivial- und Heimatromantik. Das eigentlich *An der Saale hellem Strande* betitelte Lied wurde 1826 von Franz Kugler verfasst und ist Ausdruck einer idyllisch geprägten Wanderromantik. Entgegen den Texturexperimenten der Spätromantik um Tieck, Hoffmann und Brentano, die ihre eigenen Aporien in psychologischen Abgründen ausloten, kann der fünfte Vers der dritten Strophe als das Credo dieses mehr ins Biedermeierliche vorausdeutenden, völlig entproblematisierten Romantizismus gelten, denn: »Herz ist heiter und gesund.«[46] Wenn eine progressive Universalpoesie eins nicht zulässt – dann das. Das Diorama also ist desintegriert und weicht einer Vitrine, die eine Genuss- und Konsumromantik ausstellt. Dementsprechend verlässt man die Ruine mit der Feststellung, man habe »ja nun die ›Romantik der Mondnacht‹ hinlänglich ausgekostet.«[47] Es ist exakt dies: die Romantik der ›Mondnacht‹, also die versöhnliche katholizistische Romantik, wie sie sich eben in Eichendorffs *Mondnacht* artikuliert, wo nicht mehr das Ich durch enge Labyrinthe getrieben wird, sondern die ›Seele nach Haus fliegt‹. Dies hindert natürlich nicht, Eichendorff zugleich als Vertreter einer Spätromantik des Ich-Zerfalls und der Phantastik zu veranschlagen. Zwischen von Marmorbildern bevölkerten Gärten und der Mondnacht liegen Welten. Ohne das Fass einer dekonstruktivistischen Zersplitterung von Autorschaft aufmachen zu wollen, kann man sicher sagen, Eichendorff bedient mindestens zwei Spielarten, deren eine sich in der Mondnacht als Zuflucht in die Geborgenheit von Glauben und Innerlichkeit ausdrückt. Und dieser Hauch eines verheißungsvoll-geheimnisvollen Weltganzen ist es, der den Besuchern der Ruine als wohlige Unterhal-

---

45 Ernst Eckstein, Roderich Löhr, S. 73.
46 Franz Kugler, An der Saale hellem Strande. In: ders., Gedichte, Stuttgart/Tübingen 1840, S. 90.
47 Ernst Eckstein, Roderich Löhr, S. 76.

tung dient. Die Ruine auf der Karlshöhe vollzieht so die gleiche Funktion in der Diegese wie der Textraum, den sie auf der Ebene der Textur einnimmt: eine Reflexion romantischer Sicht- und Sprechweisen, die sukzessive durch realistische Verfahren depotenziert wird.

Die Figur zeigt sich so einmal mehr als die bestimmende Kraft im Vergleich zum Raum. Denn als Roderich Eva seine Georginenzucht zeigt, die mit einem »gigantischen Smyrnateppich[]«[48] verglichen wird, trägt Eva ein Gedicht vor, das den Pseudoromantiker trübsinnig macht. Es ist ausdrücklich nicht der mit dem Teppich enggeführte Garten, der auf Löhr wirkt, sondern der darin geführte Diskurs. Und über den Diskurs lässt sich die Überhöhung auch leicht wieder abschalten. So bestimmt Eva kurzerhand: »Kommen Sie! Schreiten wir diese Beete doch ruhig ab und bekümmern wir uns mehr um die Blumen selbst, als um das, was sie bedeuten mögen!«[49] Garten und Georginenzucht sind realistischer Raum und dementsprechend auch »ohne hinzugedachte Symbolik«[50] schön.

Ein solcher, über den Versuch symbolischer Auflädung organisierter Raum, begegnet auch bei der anschließenden Bootspartie. Als Roderich und Eva mit einem Ruderboot eine kleine Insel im Parkteich ansteuern, finden sie dort in der Hütte eine »vergleichende Grammatik des Sanskrit, Zend, Griechischen, Lateinischen, Litthauischen, Gotischen und Deutschen«.[51] Anstelle des magisch-esoterischen Buchs, das die Welt ›romantisiert‹, findet sich im realistischen Erzählen ein Verständniswerkzeug. Der systematische Übersetzungsschlüssel bedient gerade nicht die romantische Unverständlichkeit und die Figur legt ihn wieder aus der Hand, ohne einer verändernden Wirkung ausgesetzt gewesen zu sein.

Dass symbolische Auflädung nicht vom Raum, sondern von der Figur ausgeht, wird nochmals deutlich, wenn Eva Roderich eine seiner Georginen ansteckt und ihm erst daraufhin wieder die »goldgelben Blumen der Fee Morgana«[52] einfallen. Als Eva einige Tage darauf erneut zu Besuch kommt, ausgerechnet, um die Landschaft zu malen, wird Roderich bewusst, dass er sie liebt. Die Blume, die sie ihm angeheftet hat, presst er in die vergleichende Grammatik.

Die Verdichtung des Verfahrens, romantische Raumlogik zu verhandeln, tritt in Gestalt des Malers Theophil Konrad Storm auf. Der wiederholt als Bürge einer realistischen Poetik herangezogene Theodor Storm findet sich hier als Namenszitat für eine Figur wieder, die realistisches Raumprägen und romantischen Manierismus in einer Figur des Widerspruchs vereint. Mit Storm tritt das Projekt des

---

[48] Ernst Eckstein, Roderich Löhr, S. 102.
[49] Ernst Eckstein, Roderich Löhr, S. 105.
[50] Ernst Eckstein, Roderich Löhr, S. 105.
[51] Ernst Eckstein, Roderich Löhr, S. 112.
[52] Ernst Eckstein, Roderich Löhr, S. 114.

Textes selbst auf; während seine Erscheinung eher alltäglich ist, reichen seine Projekte in die Sphäre des Phantastischen. Im Sinne des jungen Malers soll der Ballsaal »den Ausgangspunkt einer wahrhaft gloriosen bacchantischen Freskokunst neuester Art bilden, eines jungdeutschen, welt- und götterverachtenden symbolistisch-naturalistischen Hochstils.«[53] Dass dabei »alles decent, – aber doch übermütig«[54] sein soll, beschreibt eine satirisch überzeichnete Ästhetik des Paradoxen. Jene Art »mythologischer Kreuzpolka«[55] umreißt das Erscheinungsbild einer pseudoromantischen Melange, wie sie der Realismus heranzitiert. Die Gestaltung eines realistischen (Innen-)Raums durch modische Romantizismen setzt den Versuch in Szene, den eine Vielzahl realistischer Erzählungen mit verschiedener Attitude unternimmt: eine Art Reenactment romantisch symbolischen Raums und die Erzeugung räumlicher Wirkmacht. Dies gelingt in *Roderich Löhr* genauso wenig wie bei Spielhagen. Der Versuch aber wird zur Verhandlung romantischer Raumlogik und der Erkenntnis, dass romantische Verfahren der Wirklichkeitskonstituierung nur noch im Modus realistischer Inszenierung und der Wirkungslosigkeit des Als-ob zu haben sind.

Gelingende Partnerschaft empfindet Roderich als ungenügend und sucht in Eva »etwas Anderes, Höheres.«[56] Weil die räumliche Wiederbelebung der Romantik nicht gelingen will, verlegen sich die realistischen Figuren auf die Inszenierung als Kernkompetenz realistischer Wirklichkeitskonzepte. Die romantisch-leidenschaftliche Liebe aber, die Roderich mit Eva leben will, versteht der Hauptdarsteller dieser Inszenierung grundlegend falsch. Während das Konzept romantischer Liebe eng verbunden ist mit Wahnsinn und Ich-Verlust, befürchtet Löhr, gerade in seiner unerfüllten Ehe den Verstand zu verlieren und im Gegenteil mit Eva zu Ruhe und Erfüllung zu gelangen. – Damit liegt Löhr letzten Endes zwar richtig, dies aber aus dem Grunde, dass es sich eben nicht um Liebe im romantischen Sinne handelt, die er erlebt. Nach einer Weile nämlich beginnt ihn Eva zu ermüden. Löhr mag »dieser ewig flatternden, ewig zwitschernden Turmschwalbe auf ihrem Fluge«[57] nicht mehr folgen. Dass der Erzähldiskurs weiterhin von Roderichs ›wahnsinniger Liebe‹[58] spricht, belegt die semantische Entleerung der Phrase. Die romantische Liebe ist Diskursgeste geworden, denn Löhr ist nicht wahnsinnig. Die realistische Inszenierung stellt Romantik und romantische Liebe vielmehr als lebbare, unschädliche Genussversion vor. So wendet sich Roderich trotz angeblicher wahnsinniger Liebe einem hochsystemati-

---

53 Ernst Eckstein, Roderich Löhr, S. 152 f.
54 Ernst Eckstein, Roderich Löhr, S. 155.
55 Ernst Eckstein, Roderich Löhr, S. 155.
56 Ernst Eckstein, Roderich Löhr, S. 164.
57 Ernst Eckstein, Roderich Löhr, S. 197.
58 Vgl. Ernst Eckstein, Roderich Löhr, S. 274.

schen rationalen Projekt zu, nämlich dem Verfassen einer »Geschichte der Blumenzucht«.⁵⁹ Als er die vergleichende Grammatik von Bopp zur Hand nimmt, findet er darin die getrocknete gelbe Blume und analysiert deren Symbolgehalt sehr treffend:

> Traumverloren starrte er auf den zierlich geformten Kelch, der ihm allmählich zum Symbol seines Glückes geworden war. Die gelbe Blume! Was sangen doch die Poeten so unermüdlich von ihrer blauen Blume, deren geheimnisvoller Duft das Weltall erfüllt und heimliche Sehnsucht weckt, brennende, ewig unbefriedigte Sehnsucht? Die gelbe Blume, das war das Heilmittel für allen Jammer und alle Seelenqual! Die gelbe Blume war der Besitz, die Ruhe im Vollvergnügen, die sonnige Seeligkeit!⁶⁰

Als die beiden kardinalen Erkenntnisse erweisen sich dabei die eigene Aufladung und damit Prägung des Symbols sowie die im Farbwechsel indizierte Abweichung vom Dynamisch-Chaotischen (Romantik) zum idyllisch Positiven (Romantizismus). Romantik wird als Verschnitt inszeniert, die gelbe Blume steht für eine um das Essentielle verminderte, entkernte Moderomantik.

Evas »Zauber, der ihn gleich von der ersten Minute ab so unwiderstehlich verstrickt hatte«,⁶¹ wird währenddessen auch dem Maler Storm und vor allem dem heimlichen Verehrer Leutnant Sülfingen zuteil. Nachdem Storm sich im Banne Evas von seiner Verlobten trennt, berichtet diese Löhr von der Vielzahl seiner bislang verborgenen Nebenspieler. Löhr malt sich daraufhin aus, wie er Eva tötet, um anschließend seine heißen Lippen auf ihren kalten Mund zu pressen. Diese Szene entspräche zwar der wahnsinnigen romantischen Liebe in Vollendung, Löhrs Phantasma aber bleibt Imagination. Tatsächlich reagiert der Protagonist, wie es sich für eine realistische Figur gehört, nämlich mit einer Inszenierung. Beim Poker reizt er den Leutnant gezielt mit Anspielungen auf dessen Spielsucht, bis dieser ihn beleidigt und Roderich einen Grund liefert, den Konkurrenten zum Duell zu fordern. Diese Klärung mit erwartungsgemäß tödlichem Ausgang will Eva zwar durch einen Giftmord an Roderich verhindern, scheitert aber, weil sie beim Versuch vom designierten Opfer selbst sowie dem Diener beobachtet wird. Roderich liegt nach dem Geschehenen wach und testet den eigenen Verstand mit Übungsaufgaben in formaler Logik, um festzustellen, dass er noch nicht wahnsinnig ist. Als er vor dem Duell einen Abschiedsbrief an Alwine schreiben will, fällt ihm erneut die getrocknete gelbe Blume in die Hand. Was der Verführte an seiner ersten Frau hatte, wird ihm in dem Moment bewusst. Und wieder bedient sich der Pseudoromantiker eines geglätteten Symbols, wenn er nun Alwine als ›blaue

---

59 Ernst Eckstein, Roderich Löhr, S. 263.
60 Ernst Eckstein, Roderich Löhr, S. 268.
61 Ernst Eckstein, Roderich Löhr, S. 277.

Blume‹ bezeichnet, die ihm »Leben und Sein mit dem holdseligen Dufte des Friedens und der Reinheit erfüllt«[62] hatte. Die späte Erkenntnis bricht sich dabei über ein Bild Bahn, das einerseits als klares Zitat auftritt, andererseits symbolisch ausgehöhlt ist. Denn wieder dienen Romantik und blaue Blume als Chiffre für Ruhe und Seelenfrieden, die so bestenfalls in der idyllisierenden Trivialromantik vorkommen, der ursprünglichen Semantik der blauen Blume um rastloses Begehren aber widersprechen.

Während Eva verhaftet wird und sich in der Zelle mit dem Abendbrotmesser die Pulsadern öffnet, nimmt auch Löhrs Duell keinen guten Ausgang. Trotz erstem Schuss wird der Protagonist in die Lunge getroffen und liegt in der Folge schwer verwundet im Antoniusstift. In für den Realismus typisch unsubtiler Namensgebung sieht Löhr seinem Ende in einem Raum entgegen, dessen Schutzpatron für den Kampf gegen die Versuchung steht. Löhr hat dieser zwar nicht widerstanden, dennoch wird ihm verziehen. Als er wider Erwarten aus dem Fieber erwacht, sitzt Alwine bei ihm und verzeiht dem Verirrten. Man beschließt nach Gostritz in das ursprüngliche Leben zurück zu ziehen. In Erinnerung an das verstorbene Kind und in der Glückseligkeit der Vergebung stirbt Roderich.

Das einzig Romantische bleibt der tatsächliche Wahnsinn, den Evas Inszenierungen und deren fatales Ende bei der eigenen Familie auslösen. Die Nachricht vom Ende der umtriebigen Tochter nämlich wirkt mit Nachdruck: »Frau Neythorff rannte wie hirnkrank durch alle Gemächer«[63] und ihr Gatte »schlich umher wie ein Gespenst«,[64] um kurz darauf am Schlagfluss zu sterben. Der Versuch, Romantik zu leben, ist trotzdem nachhaltig gescheitert; das wird am Text *Roderich Löhr* ebenso wie an dessen Hauptfigur unterhaltsam vorgeführt.

Philipp Schwarz wiederum, die Hauptfigur in Heyses *Unvergeßbare Worte* [1882], ist ein Charakterverwandter Roderich Löhrs. Dabei ist er noch deutlicher Teil bloßen romantischen Inventars als der aktiv zum Romantischen strebende Löhr. Heyses Erzählung experimentiert ähnlich wie der Roman Ecksteins mit der Einbettung romantischer Versatzstücke in ein realistisches Paradigma; im Grunde ist die Erzählung der Entwurf einer realistischen Venus. Als solche tritt mit ähnlicher Berechnung wie Eva das Freifräulein von Heinstetten, Victoire Clémence, auch ›Neßchen‹ genannt, auf. Die Besichtigung einer Palladio-Villa in der Nähe Vicenzas ist auf Texturebene eine Begegnung mit dem Diskurs der Romantik. Der »in der tiefsten Einsamkeit«[65] gelegene »verwunschen[e] Park«[66] säumt in unbe-

---

62 Ernst Eckstein, Roderich Löhr, S. 360.
63 Ernst Eckstein, Roderich Löhr, S. 388.
64 Ernst Eckstein, Roderich Löhr, S. 388.
65 Paul Heyse, Unvergeßbare Worte. In: Paul Heyse. Gesammelte Werke. Erste Reihe. Band IV, Stuttgart/Berlin-Grunewald o. J., S. 459.

rührter Verwilderung ein ewig dämmerndes Museum alter Möbel, Statuen und Deckengemälde, durch das gegen Spende ein altes Faktotum Führungen anbietet. Diese Auslagerung aus dem Normalraum wird dabei noch durch die Ausklammerung körperlicher Bedürfnisse unterstrichen. Im Raum des romantisch Ästhetischen fehlt nämlich zur Verwunderung aller Besichtigenden eine Küche. Die scherzhafte Bemerkung, die Besitzer hätten »wie die Statuen draußen, immer nur von der Luft gelebt«,[67] transponiert die sich darin Aufhaltenden einmal mehr in die Sphäre des Artefakts. Hier brauchen Kunst und Natur nirgendwo goethesch ineinander überzugehen, weil sie im romantisch verhängnisvollen Sinne kongruent sind. Diese Replik eines romantischen Sujets ist so vollendet, dass Victoire sogar einen schlafenden Jüngling im Garten findet. Ohne ihn zu wecken, kehrt sie ins Haus zurück und stimmt *Ach, ich habe sie verloren* an – und hier beginnt eine gewisse funktionelle Schräglage der Symbolik, der Widerstreit romantischer Importe und realistischer Erzählverfahren tritt hervor. Der elegische Gesang auf die verstorbene Geliebte ist die Arie Nr. 43 aus dem Libretto *Orfeo ed Euridice* von Willibald Gluck und Rainier de Calzabigi. Und obwohl eine weibliche Darstellerin in der Rolle des Orpheus nicht unüblich ist, lädt die Vertauschung die Szene in Heyses Novelle speziell auf. Victoire nämlich betätigt sich mit ihrem Gesang als Souffleuse und beginnt damit eigentlich erst das Projekt einer realistischen Venus. Die abschließenden Verse »Ruh und Hoffnung / Trost des Lebens / ist nun nirgends / mehr für mich« bedienen dasselbe Prinzip wie Schmidts Rede vom unerreichbaren Glück des immerfernen Woanders und erklären dem Schäfer im Garten genau die Mentalität, die er annehmen muss, um das Bild zu vollenden. Dass dabei Victoire orpheischen »Zauber«[68] entfaltet und Philipp sich in ein Märchen versetzt glaubt, als er vom Gesang erwacht, deutet bereits an, dass keine restlose Allegorese mehr betrieben werden kann. Der Rahmen um diesen romantischen Schauraum ist sichtbar, nicht zuletzt weil Victoire den Beschluss fasst, »die Villa *mit ihrem gesamten Inventar* zu erwerben, und dazu gehörte ein gewisser junger Mann, der dort schlafend im Grase lag«.[69]

Schwarz erwacht, folgt dem Gesang und willigt im Gespräch mit Victoire ein, sie als Hofmeister für ihren kleinen Bruder auf ihr Heimatgut zu begleiten. Ihr Bann aber lässt sich im räumlichen Gegenentwurf des lichtdurchfluteten Schlosses nicht aufrechterhalten. Erneut schläft Schwarz im Garten ein, diesmal aber in einem »nach französischer Art angelegten«[70] und erneut weckt ihn die

---

66 Heyse, Unvergeßbare Worte, S. 459.
67 Heyse, Unvergeßbare Worte, S. 462.
68 Heyse, Unvergeßbare Worte, S. 465.
69 Heyse, Unvergeßbare Worte, S. 504. [Hervorh. i. Orig.]
70 Heyse, Unvergeßbare Worte, S. 485.

Stimme Victoires. Diese gesteht ihrer Schwester, Schwarz nicht aus Liebe, sondern um des vollständigen Bildes der Villa und aus Gründen der Praktikabilität heiraten zu wollen. Schwarz bleibt unbemerkt und verlässt bald darauf die Familie.

Einige Jahre später entdeckt Victoires Schwester das Grab des Philosophen in Rom mit der Aufschrift ›oblivisci nequeo‹ (»ich kann nicht vergessen«). Auch Victoires Grabstein wird nach ihrem Tod so beschriftet. Gemeint sind die belauschten ›unvergessbaren Worte‹ im realistischen Garten. Die Fassade ist brüchig, der Bann der Venus ist kein unbegreiflicher, metaphysischer mehr, sondern Oberfläche einer Strategie, die sich erkennen und profanieren lässt. Der isotopische Schläfer im Garten klammert so den Versuch, durch Aneignung der Villa (motivisch) beziehungsweise des Sujets (Verfahren) eine Funktion romantischer Erzählverfahren zu übernehmen. Das Projekt, als realistische Figur die Systemstelle der romantischen Venus zu übernehmen, scheitert, der heterotope romantische Garten hat nicht mehr die Infektionskraft seines Ursprungs bei Tieck und Eichendorff. Realistische Gärten sind französische, vom Menschen geprägte Ziergärten mit akkuraten Buchsbäumen.

Den Versuch, romantisch-heterotopen Raum einzurichten, beschreibt auch Wilhelm Raabes »Erzählung in Moll«[71] *Else von der Tanne*.[72] Das vage Mischungsverhältnis, das aus diesem Projekt resultiert, wird schon im Texteinstieg in der Topographie abgebildet: »Es schneiete heftig, und es hatte fast den ganzen Tag hindurch geschneit.«[73] Der erste Satz der Novelle beschreibt damit eine Orientierungslosigkeit, die aus der Verwischung menschlicher Bahnungen durch den Raum hervorgeht; »verweht wurden Weg und Steg«[74] heißt es und entwirft als Exposition einen Raum, dessen menschliche Prägung, Gangbarmachung und Systematisierung von der Natur verdeckt wird. Dass es sich um keine Löschung handelt, sondern die Anzeichen von Zivilisation lediglich temporär von Schnee bedeckt sind, zeichnet genauso einen hybriden Raum wie die Beschreibung der Akustik. Wenn der Wald »knackt[]« und »knarrt[]«,[75] wird deutlich auf eine romantische Metaphorik seufzender und flüsternder Landschaft verzichtet. Auch

---

71 Gertrud Brate, Form und Inhalt in Wilhem Raabes ›Else von der Tanne oder das Glück Domini Friedemann Leutenbachers, armen Dieners am Wort Gottes zu Wallrode im Elend‹. In: Jahrbuch der Raabe-Gesellschaft, 1973, S. 54.
72 Fritz Martini spricht vom »romantisiernede[n] und lyrisierende[n] Stimmungston« (Martini, Deutsche Literatur im bürgerlichen Realismus, S. 706).
73 Wilhelm Raabe, Else von der Tanne. In: Wilhelm Raabe. Sämtliche Werke. Neunter Band. Erster Teil. Erzählungen, hg. von Karl Hoppe, Göttingen 1974, S. 161.
74 Raabe, Else von der Tanne, S. 161.
75 Raabe, Else von der Tanne, S. 161.

später »knirscht[]« und »kracht[]«[76] das Gehölz anstatt sich einer topischen Bildlichkeit der Belebung zu bedienen. Zwar nimmt der Text damit wiederholt Abstand von einer gängigen aber romantischen Bildlichkeit, es folgt jedoch jedes Mal genau die Personifikation, die damit zunächst vermieden wurde. In jedem der Fälle ist im Nachsatz von der »Windsbraut« die Rede, die »Atem schöpfte«.[77] Der Handlungsraum wird so als unentschieden zwischen romantischer und realistischer Verfasstheit beschrieben. Einerseits vom Menschen erschlossen und geprägt, handelt doch die Natur, indem sie diese Indizes verdeckt, und ist zugleich aber der Vergänglichkeit dieser rein optischen Geste unterworfen. Und auch der Klangraum stellt verschiedene Beschreibungsverfahren nebeneinander, wenn einerseits vom reinen, nicht belebten Materialgeräusch die Rede ist, um direkt im Anschluss mit wörtlich wiederkehrender Formulierung den Wind zu personifizieren. Vor Handlungsbeginn werden damit räumliche Verhältnisse beschrieben, die ein topologisches Amalgam romantischer und realistischer Charakteristika von Raum darstellen. Unter diesem Vorzeichen steht das gesamte Narrativ, das im Kern davon handelt, wie die weibliche Protagonistin den Versuch unternimmt, in der realistischen Vitrine romantischen Wirkraum zu installieren.

Perspektiviert durch die Hauptfigur des Pfarrers Friedemann Leutenbacher, entfaltet sich die Geschichte um jenes Mädchen und ihren Vater Magister Konrad. Dieser hatte 1631 beim Angriff Hauptmann Tillys auf Magdeburg Frau und Kinder verloren und war nach vierjährigem Leben in den Trümmern mit der allein überlebenden Tochter Else in den Wald gezogen. In verbitterter Abwendung von Zerstörung und menschlichem Elend des Dreißigjährigen Krieges siedelt sich Konrad im Wald nahe dem Dorf Wallrode an. Dabei deutet sich bei der Ankunft bereits die Semantik des Übernatürlichen an, die Else später zum Verhängnis wird. Der dem Mädchen vielfach zugesprochene ›Zauber‹[78] steht in Verbindung mit dem Eindruck, den der studierte Konrad bei den einfachen Dorfbewohnern hinterlässt. Der »Wunderkarren«,[79] mit dem er seinen Besitz transportiert, birgt »mehr Dinge, als man auf den ersten Blick glauben konnte«[80] und deutet an, für sich bereits als rational kaum nachzuvollziehendes Phänomen aufzutreten. Auf dem Wagen finden sich Utensilien, »die nicht zum Hausgebrauch dienen konnten«[81] und damit verdächtig erscheinen. Darüber hinaus macht Konrad einen speziellen Eindruck mit seiner ersten Begegnung, indem er sich schweigend vor das niedergebrannte Gemeindehaus setzt und

---

76 Raabe, Else von der Tanne, S. 178.
77 Raabe, Else von der Tanne, S. 161; identisch S. 178.
78 Vgl. Raabe, Else von der Tanne, S. 171, 172, 174, 176, 184.
79 Raabe, Else von der Tanne, S. 171.
80 Raabe, Else von der Tanne, S. 171.
81 Raabe, Else von der Tanne, S. 171.

erst beim Eintreffen Leutenbachers zu sprechen beginnt, dann jedoch auf Lateinisch. Das Angebot, eine der verlassenen Hütten zu bewohnen und sich der Dorfgemeinschaft anzuschließen, schlägt Konrad aus und bittet lediglich um Hilfe beim Bau einer Hütte im Wald. Diese wird zwar gewährt, das Misstrauen der Dorfgemeinschaft aber richtet sich von nun an gegen den Einsiedler und mehr noch gegen Else, die man allgemein für eine Hexe hält.

Der Auslöser dieser Befürchtung ist ein Raumkonzept, das an die Figur Elses gekoppelt ist und in Richtung romantischen Wirkraums von der realistischen Matrix abweicht. Einerseits zwar wird Else als »ein grün Zweiglein«[82] beschrieben, das »in die Wildnis und Wüste«[83] gebracht die Bildlichkeit der Raumkultivierung durch den Menschen bedient. Andererseits weist die Darstellung Elses als Gewächs darauf hin, dass die Figur an einer Sphäre personifizierter Natur teilhat. Es ist nicht der Mensch, der den Raum prägt, sondern nach einer Irritation wird der Raum selbst zum lebendigen Aktanten.

Dieses paradoxe Vorhaben, einen Wirkraum zu prägen, begegnet in allen realistischen Texten, die versuchen, romantischen Raum zu entwerfen. Und Else scheint dies auch zu gelingen. Denn der Umgang mit ihr bedeutet für Leutenbacher den Moment, von dem an »dem Walde eine Seele wuchs«.[84] Das widersprüchliche Projekt, dem formbaren Raum eigene Formungshandlungen zu befehlen, scheint erfolgreich, zumal vor dem Kontrast, dass Leutenbacher selbst an diesem Projekt gescheitert ist. Das Begehren des Pfarrers nämlich richtet sich von vornherein an eine Lebensweise, die »aufs innigste mit der Natur verkehrt«.[85] Der wissenschaftlichen Taxonomie stellt Leutenbacher dabei natursymbolische Termini, »die Namen, die Adam den Dingen gegeben«,[86] gegenüber und arbeitet explizit auf die Naturbeseelung hin. Mit Gestein und Bächen bemüht er sich »zu verkehren wie mit Freunden«[87] und bei der Schilderung dieses Vorhabens bedient auch der Erzähldiskurs die romantische Bildlichkeit, die er bei gleicher Gelegenheit wiederholt auf identische Weise vermieden hatte. Der Pfarrer nämlich hört »die Tannen leise singen im Hauch des Windes.«[88] Der Tenor dieser Anstrengungen aber bleibt Leutenbachers Eigenleistung – »er trug seine Seele hinein und

---

82 Raabe, Else von der Tanne, S. 170.
83 Raabe, Else von der Tanne, S. 170.
84 Raabe, Else von der Tanne, S. 174.
85 Raabe, Else von der Tanne, S. 173.
86 Raabe, Else von der Tanne, S. 173.
87 Raabe, Else von der Tanne, S. 173.
88 Raabe, Else von der Tanne, S. 173.

gab sie ihm.«[89] Durch diese Prägung den realistischen Raum in romantischen Wirkraum umzuwandeln, gelingt jedoch nicht:

> Nun war der Wald nur schön, erhaben, lieblich, feierlich: eine Seele hatte er nicht wiederzugeben [...]. Einsam blieb der Pfarrherr Friedemann Leutenbacher [...].[90]

Der besonders von Tieck bekannten topischen Einsamkeit des Helden in der Landschaft begegnet hier kein personifizierter Raum. Die Vitrine wird nicht zum Diorama, sondern bleibt Schutzraum, in dem die Figur vermeintlich romantische Accessoires platziert. Als Leutenbacher dies erkennt, fürchtet er auch sein Echo, eben weil es nichts transportiert, weder die Kontrafaktur der eigenen Stimme noch eine Frage wie in Schmidts *Wanderer*. Tatsächlich fehlt dem Wald trotz aller Bemühungen die Seele, sodass der Erzähldiskurs nicht umsonst den Vergleich zu *Undine* zieht, die »nur ein schönes Märchen«[91] ist. Fouqués Erzählung als konsequente Ausgestaltung handelnden Raums und der Landschaft als Teil des Figurenensembles steht am anderen Ende der Skala und tritt als Gewährstext für eine Raumlogik ein, die Leutenbacher selbst nicht hervorzubringen vermag. Das »Wunder und der Zauber«[92] schließlich werden initiiert durch Else, unter deren Einfluss der Wald eine eigene Seele hervorbringt.[93]

Der Raum, an dem diese Belebung deutlich wird, entwickelt stark heterotope Züge. So ist einer der Gründe für das Misstrauen der Dorfgemeinschaft, dass die Hütte durch die Wirren des Krieges hindurch unversehrt bleibt. Die »verborgene Stelle im wilden Walde«[94] fungiert als Schutzraum, dessen optische Abkopplung ihn als ausgelagert markiert.[95] Der bereits über die Person Konrads und dessen abenteuerlichen Hausrat sonderbar erscheinende Raum wird zur Projektionsfläche der Imaginationen der Dorfbewohner. Deren Köpfe füllen sich »mit den

---

89 Raabe, Else von der Tanne, S. 173.
90 Raabe, Else von der Tanne, S. 173.
91 Raabe, Else von der Tanne, S. 174.
92 Raabe, Else von der Tanne, S. 174.
93 Vgl. für die mehrfache Wiederholung dieser Wendung auch S. 176: »von diesem Augenblicke an bekam der große Wald eine Seele«.
94 Raabe, Else von der Tanne, S. 170.
95 Christof Hamann und Oliver Ruf benennen implizit die realistische Basis dieses romantisch projektierten Raums, indem sie davon ausgehen, dass der Waldabschnitt nicht an sich als Schutzraum funktioniert, sondern erst durch seine Bewohner aus dem Geschehen der Kriegsverwüstung herausgelöst wird; Hamann und Ruf gehen davon aus, »dass der Wald gerade durch die Ansiedlung der Fremden befriedet wird« (Christof Hamann und Oliver Ruf, Der Wald, die Insel, der Osten. Zur Symbolisierung des Raums in Wilhelm Raabes historischen Novellen vor der Reichsgründung. In: Jahrbuch der Raabe-Gesellschaft, 2009, S. 62).

merkwürdigsten Phantasien«[96] bezüglich der Hütte im Wald. Die Öffnung für das paradigmatisch Andere ist dabei vor allem an die Protagonistin gekoppelt, denn »Else von der Tanne verstand die Sprache der Tiere, des Windes«[97] und setzt damit das romantische Projekt um, an dem Leutenbacher gescheitert war. Das Zusammenwirken von Aberglaube, Zufall und Bildungsgefälle lässt damit den Raum Elses und ihres Vaters zum Gegenraum werden, der sowohl auslagert und schützt als auch die Fähigkeiten seiner Bewohner modifiziert. Dass mit Elses naturmagischer Kompetenz ein paradigmatisch anderes Zeichensystem angebracht wird, steht in Verbund mit einem weiteren aus der romantischen Textur bekannten Diskurs. Denn auch das Infektiöse wird anzitiert. Wenn die Dorfgemeinschaft ob Leutenbachers Faible für das Mädchen davon spricht, dass er »am giftigsten verzaubert worden sei«,[98] wird die Nähe zu dem Phänomen deutlich, das bei Tieck, Hoffmann und Eichendorff beschrieben wurde.

Und dennoch fügen sich die Zitate nicht zum konsistenten romantischen Raum. Die wirkräumlichen und heterotopen Eigenschaften sind instabil und bleiben an die Figurenperspektive gebunden. Die Strategie eines realistischen Textes, romantischen Raum zu entwerfen, kann nur auf im Endeffekt realistische Verfahren zurückgreifen. So sind die beobachteten Aspekte eine für sich überzeugende Leihgabe aus dem romantischen Verfahrenskatalog, gehen aber letztlich vom genuin realistischen Prinzip raumprägender Figuren aus. Es ist in der Hauptsache Else, die dem Raum romantisch heterotope Aspekte appliziert. Sie selbst ist die »reinste, heiligste Blume in der grauenvollen Wüstenei der Erde«,[99] doch anstatt diese Metapher romantisch fortzuführen und die von Eichendorff bekannte Umrechenbarkeit der Sphären materialiter auszugestalten, sperrt sich das Erzählen gegen den Versuch. Als Konrad und Else am Johannistag das Dorf besuchen, um an der Messe teilzunehmen, eskaliert die angespannte Abneigung gegen die beiden Waldbewohner. Die wütende Menge versucht, diese in der Kirche

---

96 Raabe, Else von der Tanne, S. 171.
97 Raabe, Else von der Tanne, S. 179. Karl Hotz sieht in Else eine Märchenfigur, eine »Elfe«, die den »Märchencharakter der Erzählung« entscheidend mitprägt (Karl Hotz, Raumgestaltung und Raumsymbolik in Wilhelm Raabes Erzählung ›Else von der Tanne‹. In: Jahrbuch der Raabe-Gesellschaft, 1968, S. 85). Außer Acht bleibt jedoch, dass dieses märchenhafte, romantisch-paradigmatische Begehren mit einer realistischen Raumlogik konfrontiert wird, um letztlich zu scheitern.
98 Raabe, Else von der Tanne, S. 172.
99 Raabe, Else von der Tanne, S. 178. Im Rahmen dieser Symbolik liest Ursula Beitter Else als »Christus-Postfiguration« (Ursula E. Beitter, Mythologische Symbolik in Raabes ›Else von der Tanne‹. In: Jahrbuch der Raabe-Gesellschaft, 1980, S. 45). Ralf Georg Czapla wiederum sieht Jesus Christus im Pfarrer Leutenbacher abgebildet (bei gleichzeitigem Verweis auf Beitter; Ralf Georg Czapla, Mythen im Wandel. Zur nordischen Mythologie in Wilhelm Raabes ›Else von der Tanne‹ und Arno Schmidts ›Die Wasserstraße‹. In: Jahrbuch der Raabe-Gesellschaft, 1996, S. 73).

festzuhalten und kurz bevor der Pfarrer die Menge mit Gewalt zerstreuen kann, wird Else von einem Stein an der Brust getroffen. Als sie später den davongetragenen Verletzungen erliegt, irrt Leutenbacher verzweifelt durch das Schneegestöber im Wald und stirbt ebenfalls.

Der Vorgang aber, Else und deren räumlichen Aufladungen zu bekämpfen, legt eine genuin realistische Topologik frei. Die Absicht, Else und ihren Vater in der Kirche festzuhalten, verfolgt man über ein Bann-Ritual, das trotz seiner Semantik des Übernatürlichen strukturell als Raumprägen auftritt. Mit Hilfe verschiedener Accessoires (Erde von einem frischen Grab, ein Zweig von einem zum Aufknüpfen verwendeten Baum) soll die Schwelle der Kirchentür für die vermeintliche Hexe unüberschreitbar werden. Der Raum wird damit durch Umgruppierung seiner eigenen Elemente geformt. Dass die mythische Wirkung ausbleibt, geht im Gewaltausbruch der Menge unter. Der Ansatz ist aber trotz inhaltlicher Füllung durch Aberglaube ein realistischer. Der Figur, die scheinbar den Raum zum Leben erweckt, wird die Macht der Figuren über den Raum entgegengesetzt.

Elses Tod wird dabei schon auf dem Weg zur Messe von einer alten Frau vorausgesagt, die den Pfarrer auch zuletzt an das Sterbebett des Mädchens aus dem Wald ruft. Die Alte wird im Dorf ebenfalls mit Hexerei in Verbindung gebracht und lässt sich im Kontext der Anspielungen auf Tiecks *Blonden Eckbert* als profanierte Version der Alten aus der Waldeinsamkeit lesen. Die ehemals romantische Figur ist nicht mehr handlungsentscheidend und fristet ihr Dasein als Bettlerin.

Leutenbacher indessen hält an seiner romantischen Raumwahrnehmung fest. Nachdem er Else tot in der Hütte beim Vater gefunden hat,[100] läuft er ziellos durch den Wald. Seine Bewegung im Raum präsentiert sich als fatale Kontrafaktur romantischen Schweifens: »Er wanderte und wußte nicht wohin.«[101] Der Raum bleibt dabei stumm, kein Echo erreicht den Pfarrer, der den Namen der Verstorbenen ruft. Was in erster Linie Ausdruck der Verzweiflung ist, wird auch auf einer weiteren Ebene lesbar, wenn als Adressat Natur und Raum angenommen werden. Die Koppelung der Protagonistin an den Raum macht es durchaus plausibel, sich auf der Suche nach ihr buchstäblich an die Landschaft zu wenden.

Als Leutenbacher aber Else nicht findet, wird im Modus realistischer Inszenierung eine Todesszene aufgeführt, die mit typischen Motiven eichendorffscher Prosa versetzt ist. Nachdem der Pfarrer von einer Anhöhe aus den Überblick auf Wald und Land gesucht hat, stirbt er in einer Pose, die analog zu einer zentralen

---

100 Hier erweist sich die von Sonja Klimek beschriebene »Schutz- und Heilfunktion des Waldes« als brüchig und wird durch tatsächliche körperliche Versehrtheit an ihre Grenzen geführt (Sonja Klimek, Waldeinsamkeit – Literarische Landschaft als transitorischer Ort bei Tieck, Stifter, Storm und Raabe. In: Jahrbuch der Raabe-Gesellschaft, 2012, S. 120).
101 Raabe, Else von der Tanne, S. 196.

Szene aus Eichendorffs *Ahnung und Gegenwart* angelegt ist: »Sein Kopf ruhte auf einem Felsstück, sein Leib streckte sich lang, seine Hände mit den blutroten Narben um die Gelenke kreuzten sich über der Brust«.[102] Eine nachdrücklichere, fast emblematische Allegorisierung als zum Kreuz verschränkte, von Kriegsfolter gezeichnete Gliedmaße eines Sterbenden, ist kaum möglich. Die Vorlage dazu findet sich in Eichendorffs Roman, als der Held Friedrich das Grabmal seiner Jugendbekanntschaft Angelina findet. Jenes

> stellte nämlich eine junge, schöne, fast wollüstig gebaute weibliche Figur vor, die tot über den Steinen lag. Ihre Arme waren mit künstlichen Spangen, ihr Haupt mit Pfauenfedern geschmückt. Eine große Schlange mit einem Krönlein auf dem Kopfe, hatte sich ihr dreimal um den Leib geschlungen. Neben und zum Teil über dem schönen Leichnam lag ein altgeformtes Schwert, in der Mitte entzweigesprungen, und ein zerbrochenes Wappen. Aus dieser Gruppe erhob sich ein hohes, einfaches Kreuz, mit seinem Fuße die Schlange erdrückend.[103]

Die übervolle Allegorik der romantischen Szene erreicht die realistische Variante zwar nicht, das Setting wird aber in seiner Analogie bedeutsam. Die Kontrafaktur steht dabei im Zeichen realistischer Erzählverfahren, indem eine Skulptur nachgestellt und ein romantisches Motivzitat von der Figur inszeniert wird. So verliert sich Leutenbacher in Ermangelung eines Vertreters romantischer Raumlogik in der Vagheit der Topographie und bricht im Schneetreiben verirrt geschwächt zusammen.

Raabes Novelle zeigt unter dem Blickwinkel der Raumkonstruktion mit dem Pfarrer einen Anhänger und mit Else eine Praktikerin romantischer Raumlogik. Zuletzt aber setzt sich das realistische Dispositiv durch, tilgt den Einfluss Elses gewaltsam und lässt Leutenbacher desorientiert in einem Raum zurück, den er sich topographisch nicht anzueignen vermag. Der finale Tod der beiden Figuren bildet so auch das Scheitern einer Affinität zum romantische Wirkraum und dessen Reinstallation ab.

Dem zumindest teilwirksamen Versuch in Raabes *Else von der Tanne* folgt mit Storms *Waldwinkel* ein reiner Versuchsaufbau nach, der ein tatsächliches Experiment jedoch gar nicht erst in Gang bringt. Während die erfolglose Installation einer romantischen Heterotopie bei Wallrode im Elend immerhin von flüchtigen, aber diegetisch und auf Texturebene zu verzeichnenden Effekten begleitet ist, beschreibt Storms zehn Jahre später entstandene Erzählung eine topographische Konstellation, deren Rückbezug auf den Topos der Waldeinsamkeit ebenso deutlich wird, wie dessen Wirkungslosigkeit.[104] Dabei sieht sich die Hauptfigur in

---

102 Raabe, Else von der Tanne, S. 197.
103 Eichendorff, Ahnung und Gegenwart, S. 324.
104 Eine ähnliche Lesart zeigt Christian Begemann für Stifters *Hochwald*: »Stifter demontiert das romantische Bild einer sinnerfüllten und sprechenden, mit dem Menschen korrespondierenden

Waldwinkel durchaus in der Tradition romantischer Raumlogik. Richard ist an keine Heimat gebunden und auf zielloser Reise stets auf der Suche nach einem »Inhalt für das noch immer leere Gefäß meines Lebens«.[105] Die schweifende Attitude erhält ihre romantische Vollendung im Nachsatz; »›vielmehr‹, fügte er etwas ernster hinzu, ›ich suche ihn nicht, ich leide nur ein wenig an dieser Leere.‹«[106] Dass die Wehmut eigentlich willkommen und das Remedium der Reise bewusst unabschließbar konzipiert ist, weist den Protagonisten als Melancholiker aus, der sich genauso im Defizitären eingerichtet hat wie Eckbert und Christian in den Novellen Ludwig Tiecks. Und auch den minimalen notwendigen Halt sucht der »alte Meister Unruh«[107] im gleichen Ordnungssystem, das schon im *Runenberg* als rationaler Gegenentwurf zur panmythischen Natur präsentiert wird – der Botanik. Die Rastlosigkeit des publizierten Wissenschaftlers aber wird bald mit einem Motiv erklärt, das die Raumdurchquerung von der Fremdbestimmtheit der tieckschen Figuren und von verlockenden Erzählungen löst. Aus der Kriegsgefangenschaft zurückkehrend findet er die Frau in den Armen eines anderen, fordert diesen und tötet ihn, um sich im Anschluss in den unbestimmten Transit zu begeben. Die Ersetzung allgemeinen Fernwehs durch eine Art Fluchtbewegung beschreibt damit bereits das Vorzeichen der Kontrafaktur, unter dem die Erzählung steht. Zwar schweift Richard wie der Großteil des romantischen Personals ohne Ziel durch den Raum, bewegt sich dabei aber nicht auf etwas Unbestimmtes hin, sondern von etwas Konkretem weg.

Die Haftbedingungen hingegen weisen deutliche Parallelen auf, indem Richard sich in seiner Isolierzelle von allen Eindrücken von Tages- und Jahreszeiten abgeschnitten dem Lesen zuwendet. In dem so hermetisch abgeschlossenen Raum »hatte er ohne Kunde, ob Morgen oder Mitternacht, Tagaus, Tagein gesessen und viele dicke Bücher durchstudiert.«[108] Dabei bleibt ungeklärt, ob es sich bei der Lektüre um erzählende oder wissenschaftliche Literatur handelt. Die Frage, ob die Figur hier auf das Phantasma ausgerichtet wird oder in naturwissenschaftlichen Abhandlungen ein stabilisierendes System in einer Situation der vollständigen

---

und ihn bergenden Natur und erweist es als bloße Wunschvorstellung der Subjekte« (Begemann, Ordnung des Wirklichen, S. 68). Dass die Vorstellung bergender Natur als romantischer Generaltopos aber ohnehin nicht haltbar ist, kommt für den Versuchsaufbau der Figuren gar nicht erst zum Tragen.
105 Theodor Storm, Waldwinkel. In: Theodor Storm. Sämtliche Werke in vier Bänden. Band 2. Novellen 1867–1880, hg. von Karl Ernst Laage, Frankfurt am Main 1987, S. 222.
106 Storm, Waldwinkel, S. 222.
107 Storm, Waldwinkel, S. 223.
108 Storm, Waldwinkel, S. 229.

Orientierungslosigkeit findet, bleibt unbeantwortet. Der anschließende Transit aber gerät zur Fluchtbewegung.

Zu Gast schließlich bei einem alten Bekannten erfährt der Protagonist von einer Waldung in der Nähe, die sich einer speziellen Behandlung ihrer Bewohner erfreut. Der Forst »bei Föhrenschwarzeck, wo die verrückten Junker wohnen, die weder einen Baum fällen, noch ein Stück Heide aufbrechen wollen«,[109] macht in seiner Naturbelassenheit Eindruck auf den Reisenden. Hier hat »seit hundert Jahren keine Menschenhand hineingegriffen [...]; rings um sie her waltete frei und üppig die Natur.«[110] Das Charakteristikum des Wildwuchses wird dabei ex negativo konstruiert, indem vom Raum nicht behauptet wird, er sei romantisch wirkmächtig, sondern lediglich das Unterlassen raumprägender Tätigkeit durch die Figuren. Spätestens hier kündigt sich die Sterilität des Versuchs an, von romantischem Raum allein dadurch zu handeln, dass die Charakteristika einer realistischen Raumlogik nicht in Anspruch genommen werden. Der Verzicht darauf, den Raum zu prägen, installiert jedoch noch weniger romantische Raumkonzepte als der mit *Else von der Tanne* beschriebene Versuch, diese aktiv zu prägen. Die Hoffnung, in der Passivität eine Alternative zum bei Raabe beschriebenen Projekt zu finden, ist von Beginn an deutlich, schließlich »soll dort in heimlichen Gründen noch allerlei sonst Verschwundenes zu finden sein.«[111] Als der Protagonist als Protokollant bei einer gerichtlichen Anhörung die junge Franziska Felders kennenlernt, entfaltet sich in seiner Phantasie das Szenario, abgeschieden von der Welt mit der jungen Frau zu wohnen. Diese hat gegen ihren Vormund geklagt und lässt ihr altes Leben hinter sich, sodass Richards Traum gute Aussichten auf Erfüllung hat.

Der Ort des Begehrens ist praktischerweise schon eingerichtet und plakativ bezeichnet. »Nun, Richard, da könntest du dich ja im Narrenkasten einquartieren!«[112] rät der Freund auf Richards Hoffnung hin, im unberührten Wald Relikte einer vergangenen Zeit zu finden. Jener ausdrücklich auf den Wahnsinn verweisende Name bezeichnet das Weltfluchtprojekt des inzwischen verstorbenen Schlossherrn. Das ursprünglich ›Waldwinkel‹ genannte Kastell bietet architektonisch exzentrisch die perfekte Anlage zur Nutzung als Gegenraum; »alle Fenster nach einer Seite und drum herum die Ringmauer«.[113]

---

109 Storm, Waldwinkel, S. 223.
110 Storm, Waldwinkel, S. 249.
111 Storm, Waldwinkel, S. 223.
112 Storm, Waldwinkel, S. 223.
113 Storm, Waldwinkel, S. 223. Diese Umgrenzung und Beschränkung des Blicks liest Mareike Börner als Scheitern des erhofften »Weitblick[s], den die in die Kindfrau imaginierte Transzendenz verheißt« (Mareike Börner, Mädchenknospe – Spiegelkindlein. Die Kindfrau im Werk Theodor Storms, Würzburg 2009, S. 293).

Bald bezieht Richard als Förster den Narrenkasten und engagiert das entsprechende Personal. Neben der obligatorischen ›Alten‹, der vormaligen »Wärterin ihres jetzigen Herrn«,[114] zieht auch Franziska als Haushälterin in die Waldeinsamkeit. Dass sie bei der ersten Begegnung mit dem sonderbaren Haus von einem Pudel begrüßt wird, scheint genauso bezeichnend wie die Tatsache, dass dieses direkte *Eckbert*-Zitat sich als Anhängsel des Verwalters erweist und nicht tatsächlich zum Narrenkasten gehört. Der Entwurf bleibt oberflächlich, Zeichen und Verweise werden zusammengetragen aber blind montiert, und bleiben funktionslos.[115] Dabei leitet der Text diesen Entwurf vielversprechend ein. Nicht nur erinnert der »Bann«,[116] in den Franziska den reisenden Botaniker schlägt, an romantische Zauberei und Fremdbestimmung, auch die Gegend um die neue Behausung macht Anstalten, sich als belebt zu zeigen. Die Vögel schließlich »hüpften und krächzten, als hätten sie die Chronik des Tages mit einander festzustellen«.[117] Das Bild aber bleibt nicht umsonst von vornherein im Modus des Vergleichs, denn einen wirklichen Dialog mit dem Naturraum erwartet man vergebens.

Und dennoch gibt sich der Text alle Mühe, das Haus in der Waldeinsamkeit als abgeschlossenen Spezialraum zu beschreiben, ist der Weg zum Narrenkasten doch deutlichst möglich als Schwelle markiert. Eine »mit Wiesenkräutern bewachsene, muldenartige Vertiefung, gleich dem Bette eines verlassenen Flusses«[118] kündigt nicht nur einen geographischen Übergang an, indem sich der Nadelwald jenseits der Mulde als Laubwald fortsetzt. Sondern der ›verlassene‹ Fluss wird durch sein Beiwort auf eine Sphäre der Vermenschlichung ausgerichtet, die romantischen Raum erhoffen lässt. Der romantische Wirkraum jedoch bleibt aus und es ist vielmehr der von »Ringmauer« und »schwere[m] Tor«[119] abgeschlossene Innenraum, der im Mittelpunkt des Geschehens steht. Das »System der Öffnung und Abschließung«[120] umgrenzt einen Raum, der direkt beim ersten Betreten sein Instrumentarium des Kommentars und der Reflexion ausstellt. Tapeziert mit »rot und violett blühendem Mohn«[121] weist sich das Haus symbolisch als Raum von Schlaf und Vergessen aus. Bereits von seinem Erbauer als weltflüchtiger Rück-

---

114 Storm, Waldwinkel, S. 238.
115 Börner attestiert dem Narrenkasten daher bezeichnend: »Gleich der verlorenen Unschuld Franziskas mangelt es auch diesem Ort an Referenz« (Börner, Die Kindfrau im Werk Theodor Storms, S. 293).
116 Storm, Waldwinkel, S. 240.
117 Storm, Waldwinkel, S. 240.
118 Storm, Waldwinkel, S. 232.
119 Storm, Waldwinkel, S. 236.
120 Foucault, Von anderen Räumen, S. 940.
121 Storm, Waldwinkel, S. 234.

zugsort konzipiert, bezieht auch Richard den Narrenkasten, um die eigene Erinnerung zu betäuben.

Deren Stelle aber nimmt eine ganz andere Art von Phantasma ein. Die »stattliche Hausbibliothek«[122] schließt zwar zunächst an die zentrale Rolle der Literalität in der Waldeinsamkeit des *Blonden Eckbert* an, die Textgattung aber ist eine andere. Während Bertha sich in Geschichten verliert, stattet Richard seine Waldeinsamkeit mit naturwissenschaftlichen Abhandlungen aus. Ein aufs Geratewohl aus dem Regal gezogenes Buch erkennt Franziska als »einen Band von Okens Isis«,[123] einer von 1817 bis 1848 erschienenen Zeitschrift mit enzyklopädischem Anspruch. Neben Beiträgen von Alexander von Humboldt, August Wilhelm Schlegel und Christian Ludwig Brehm stellt die *Isis* eine interdisziplinäre Fülle dar, die der Verabschiedung des Universalgelehrtentums entgegenschreibt. Die Platzierung gerade dieser Zeitschrift als naturwissenschaftlich allumfassendes Wissensarchiv markiert die entscheidende Abweichung von der heterotopen Waldeinsamkeit Ludwig Tiecks. Das Ordnungssystem nämlich, das bei Tieck als potenzielles Korrektiv nur mitläuft, um letztlich keine erfolgreiche Wirkung gegen die heterotope Infektion zu zeigen, wird in Storms *Waldwinkel* zum Ausstattungsgegenstand ausgerechnet des Raumes, der sich über heterotope Ambitionen definiert. Dieses Begehren aber zeigt sich am Narrenkasten eher in Quantität denn in Qualität, indem reine Texthäufungen produziert werden. »[D]ie Zeitungen, welche von draußen aus der Welt Kunde bringen sollten, wurden seit Wochen ungelesen in einem unteren Fache des Schreibtisches aufgehäuft.«[124] Informationen über die Außenwelt ausdrücklich *nicht* zur Kenntnis zu nehmen, schneidet jede Möglichkeit zum Kommentar von vornherein ab. So bringt das Haus im Wald zwar beinahe katalogisch vollständig Motive, Figuren und Konstellationen aus Tiecks Texten an, kann damit aber weiter nichts anfangen und versteht es nicht, diese für einen heterotopen Zweck zu aktivieren.

Das Versprechen seines heterotopen Projekts löst der Text damit nicht ein. Der Narrenkasten wird zwar als Gegenraum zur von dessen Bewohnern »verlassenen Welt«[125] behauptet, als solcher jedoch nicht in Funktion gebracht. *Waldwinkel* stellt vielmehr eine Sammlung von motivischen Verweisen und Strukturzitaten zusammen, die sich selbst unmittelbar ihrer Aufladung begeben. Als einschlägiges Beispiel für diesen Effekt kann die ›Alte‹ dienen, deren Parallelfigur im *Blonden Eckbert* zunächst für ein hohes symbolisches Potenzial zu bürgen scheint. In der Folge aber wird die Alte in Storms Erzählung mit einer Bemerkung charakterisiert, die derjenigen der

---

[122] Storm, Waldwinkel, S. 234.
[123] Storm, Waldwinkel, S. 234.
[124] Storm, Waldwinkel, S. 249 f.
[125] Storm, Waldwinkel, S. 237.

tieckschen Figur exakt entgegensteht. Während ein entscheidendes Merkmal der Alten im *Blonden Eckbert* die fortwährende Bewegung und Unkenntlichkeit des Gesichts ist, erweist sich Storms ›Alte‹ regelrecht als Gegenfigur, »deren gutmütiges Gesicht schon durch die Einförmigkeit seines Ausdrucks eine langjährige Taubheit verraten würde, wenn dies nicht noch deutlicher durch ein Hörrohr geschähe«.[126] Der figurierten Unabschließbarkeit steht das statische verblasste Zeichen gegenüber, das genauso wenig in der Lage ist, eine romantische Heterotopie künstlich zu erschaffen wie das übrige funktionslos zitierte Inventar. So zum Beispiel »der kleine Kunstvogel« der »Schwarzwälder Uhr«,[127] der in seiner Bezeichnung sowohl aufwertend über den Text hinausdeutet und die Sphäre von Kunst (und Kunstmärchen) bezeichnet als auch in seiner Künstlichkeit im Sinne von Leblosigkeit vorgeführt wird. Das Pendant zum magischen Vogel im *Blonden Eckbert* ist in Storms *Waldwinkel* der mechanische Bewohner einer Kuckucksuhr, der anstelle allegorischer Lieder in zyklischer Wiederholung reine Zeitkoordinaten von sich gibt. Das ausschließliche Augenmerk auf der bloßen Anzahl seines immer gleichen, semantisch leeren Zeichens bietet einen ähnlich starken Kontrast zum kommentierenden Lied von der Waldeinsamkeit wie das einförmige Gesicht der Alten zum in der Vagheit fortwährender Bewegung aufgelösten Gesicht ihrer Präfigur im *Blonden Eckbert*.

Da hilft es wenig, dass die Protagonisten versuchen, den Raum diskursiv aufzuladen. Wenn Richard beim Schuhkauf über Franziskas Wahl entscheidet: »Füße aus dem Märchen dürfen nicht auf solchen Klötzen gehen«,[128] dann wird der realistische Ansatz, Raumeffekte theatral herzustellen zwar deutlich, die Überhöhung zum Märchen aber bleibt aus. Auch der Erzähldiskurs kann daran nichts ändern, wenn er den Versuch bekräftigt und mit der Bemerkung, »die Elfen hätten darauf tanzen können«,[129] mindestens ein Genre (Feenmärchen) und die dementsprechende Sphäre und eventuell auch direkt Tiecks Erzählung aus dem Jahr 1812 zitiert. – Die »Einsamkeit der Waldnacht«[130] bleibt räumlich banal, homotop sozusagen. Dies zeigt auf der Mikroebene bereits die obenstehende Phrase, der es nicht gelingt, die beiden entscheidenden Systeme zur Waldeinsamkeit zu verbinden, sondern in einer attributiven Genitivphrase unvermittelt nebeneinanderstellt.

Dass es sich beim umliegenden Forst um »ihren Wald«[131] handelt, bezeichnet ebenfalls ein Aneignungsverhältnis zwischen Figur und Raum, das einer dezidiert

---

126 Storm, Waldwinkel, S. 238.
127 Storm, Waldwinkel, S. 244.
128 Storm, Waldwinkel, S. 247.
129 Storm, Waldwinkel, S. 248.
130 Storm, Waldwinkel, S. 245.
131 Storm, Waldwinkel, S. 251.

realistischen Topologik folgt. Unter diesen Vorzeichen bleibt der Versuch, romantischen Raum zu installieren, erfolglos, genauso wie die Partnerschaft Richards und Franziskas. Durch eine aus der Stadt überbrachte Einladung zum Tanz an das Leben erinnert, beginnt sich die junge Frau vom Einsiedler zu lösen. Dessen Versuche, sie mit Heirat und gemeinsamem finanziellen Kapital zu binden, scheitern, Franziska »kommt nicht mehr herüber.«[132] Als Gehilfin beim Botanisieren und anschließender Verschriftlichung des Erforschten in der Bibliothek ist »etwas Müdes in ihrem ganzen Tun und Wesen.«[133] Der Versuchsaufbau ist misslungen, ein Experiment erst gar nicht in Gang gekommen. Dementsprechend verliert Franziska die Motivation, an der Inszenierung weiter teilzunehmen und fasst den Entschluss, den Narrenkasten zu verlassen, während der Text noch einmal das gesamte Zitatregister zieht:

> Im Haus war alles still, wenn nicht mitunter ein Husten der alten Frau Wieb aus deren Gardinenbett hervorbebte, oder droben im Wohnzimmer der Uhrenkuckuck von Stunde zu Stunde die Stationen der Nacht in die schweigenden Räume hinausrief.[134]

Die hustende Alte und der singende Vogel aber stehen der Tatsache gegenüber, dass es sich beim Vogel lediglich um das Teil einer mechanischen Uhr handelt und dessen Ruf mit »schweigenden Räume[n]«[135] auf eine Topographie trifft, die als handelnde, belebte gewünscht ist, bis zuletzt aber passiv bleibt. Dass nur der schweigen kann, der auch sprechen könnte, ist durchaus als Aufforderung des Textes zu lesen, der der Raum jedoch nicht nachkommt. Wenn selbst das (pseudo)romantische Inventar dem Raum keinen Metakode und keine symbolische Überhöhung mehr abgewinnen und stattdessen nur noch das mathematische Intervall seiner Matrix, die »Stationen der Nacht« bezeichnen kann, ist die Hoffnung auf romantischen Raum vergebens. Vom Lied über die Waldeinsamkeit ist nicht viel mehr geblieben als eine gleichförmige, semantisch leere Koordinatenreihe. Der ehemals bedeutsame, wirkmächtige Raum ist nurmehr die Feststellung von Räumlichkeit. Dieser realistische Raum aber schweigt.

Kurz darauf verlässt Franziska nachts endgültig den Narrenkasten. Der »Zeitruf des kleinen Kunstvogels«[136] rahmt die Szene, in der Richard aufgeschreckt »[w]ie noch im Traume«[137] zur Waffe greift und aus dem Fenster auf das sich eben schließende Tor feuert. Stellvertretend für Berthas Vogelmord hat Franziska den

---

132 Storm, Waldwinkel, S. 262.
133 Storm, Waldwinkel, S. 263.
134 Storm, Waldwinkel, S. 269.
135 Storm, Waldwinkel, S. 269.
136 Storm, Waldwinkel, S. 275.
137 Storm, Waldwinkel, S. 275.

Hund vergiftet und Richards Waldeinsamkeit verlassen. Auch dieser tritt nach den Ereignissen wieder in den Transit ein. Und der Text schließt mit einem letzten Versuch der Analogie zum *Blonden Eckbert* sowie dessen umgehender Widerlegung. »[S]ein eigen Blut«[138] soll Franziska gewesen und damit leicht verschoben ein ähnlicher unbewusster Inzest wie bei Tieck gegeben sein. Dieses Gerücht aber widerlegt eine genauso nüchterne wie nicht abzuweisende Überlegung:

> »Das ist eine gewaltige Geschichte, die Ihr da erzählt, Casper-Ohm«, meinte der Andere, »und stimmt nicht ganz mit dem Kalender; denn der Doktor ist bei der Geburt des Mädels ja schon drei Jahr' außer Landes gewesen!«[139]

Im finalen Scheitern, die Bezüge zum romantischen Prätext nicht nur herzustellen, sondern auch wirksam zu machen, wird das Resümee des Textes erkenntlich, im Aufbau einer romantischen Heterotopie noch grundsätzlicher gescheitert zu sein als beispielsweise Raabes *Else von der Tanne*. Waldeinsamkeit und romantischer Raum bleiben nicht in ihrer Wirkung unberechenbar oder instabil, sondern sie kommen erst gar nicht zu Stande. Storms *Waldwinkel* erweist sich damit verfahrenstechnisch als Motiv- und Zitatfriedhof.

---

138 Storm, Waldwinkel, S. 277.
139 Storm, Waldwinkel, S. 278.

10 Schluss

Die Frage nach literarischen Heterotopien ist immer auch eine Frage nach der räumlichen Matrix, der Raumlogik des Erzählens überhaupt, in deren Rahmen ein Raum als Heterotopie entworfen wird. Als Sekundärräume bedienen sich Heterotopien am materiellen Inventar des Normalraums, in dem sie angesiedelt sind. Genauso verfahren textuelle, erzählte Heterotopien und ›löschen, ersetzen, neutralisieren oder reinigen‹[1] keinen beliebigen, sondern den Raum und die Raumkonzepte, in die sie eingebunden sind. Genau wie Heterotopien in der außerliterarischen Wirklichkeit den Normalraum kommentieren, nehmen auch Heterotopien im Text Bezug auf dessen Raumlogik. Der Blick auf Heterotopien in Romantik und Realismus ist dementsprechend zugleich einer auf romantischen und realistischen Raum, deren spezielle Charakteristika sich bei der Verhandlung heterotoper Texturen wie unter einer Lupe herausstellen.

Die räumliche Matrix romantischen Erzählens lässt sich dabei als Diorama beschreiben im Vergleich zum realistischen Raum und dessen Funktion als Vitrine. Im Konzept des romantischen Raums als Diorama ist eine Belebtheit kodiert, die sich bis zum Handeln als Figur steigert. Romantischer Raum verfügt über eigene Wirkmacht und wird von seinen Protagonisten im Transit erfahren, denn es fehlt ihm an Fixpunkten, die aus sich heraus bedeutsam wären. Seine Wertigkeiten und Aufladungen erhellen vielmehr aus der Relation zu anderen Räumen, sodass ein Verstehen dieser Räume immer eine Bewegung über das Tableau beschreibt, die im Rahmen romantischer Selbstreferenz einer Lesebewegung ähnelt.

Die verschiedenen Raumlogiken romantisch und realistisch texturierter Welten gründen auf einem sozusagen ontologischen Unterschied. Der romantische Text und das, wovon er erzählt, treten bei aller Reflexion auf seine Materialität als Erweiterung und als Teil der Wirklichkeit auf.[2] In Korrespondenz mit einzelnen Aspekten der jüdischen Mystik ist die romantische Ästhetik von der Wirkmacht des Wortes geprägt. Romantische Texte – und im Großen und Ganzen romantische Kunst überhaupt – versteht sich weniger als Abbild, sondern vielmehr selbst als Geschehen. Die enge Verknüpfung von Skripturalität, Körper und Bewusstsein richtet das romantische Erzählen von vornherein auf eine Ver-

---

[1] Vgl. Foucault, Die Heterotopien, S. 10.
[2] Vgl. Christoph Schulte, Kabbala in der deutschen Romantik. Zur Einleitung. In: Kabbala und Romantik, hg. von Eveline Goodman-Thau, Gerd Mattenklott und Christoph Schulte, Tübingen 1994, S. 1–19 sowie Andreas Kilcher, Die Sprachtheorie der Kabbala als ästhetisches Paradigma. Die Konstruktion einer ästhetischen Kabbala seit der Frühen Neuzeit, Stuttgart/Weimar 1998, S. 317 ff.

wandtschaft mit der Wirklichkeit aus und konzipiert es als Diorama.³ Und genau dieses Verhältnis von Kunst und Text zur Welt ist es, das romantische Erzählungen abbilden und problematisieren. Das Verschwimmen von Erzählebenen und die Durchlässigkeit der Grenze zwischen Vernunft und Wahnsinn, Wachen und Träumen, Realität und Phantasma reflektiert auf die ästhetische Attitude der außerliterarischen Wirklichkeit, dem Text einen welthaltigen Mehrwert zuzusprechen und die Grenzen von Kunst und Leben genauso zu verwischen, wie es den meisten romantischen Figuren geschieht. Den Modus dieser Durchlässigkeit bildet die romantische Metapher, indem sie dazu tendiert, sich diegetisch zu manifestieren. In Eichendorffs *Eine Meerfahrt* zeigt sich der Effekt auf zwei verschiedenen Ebenen. Zunächst heißt es von dem Schiff, auf dem die Handlung spielt, es hänge über dem bis zum Grund transparenten Meer »wie ein dunkler Raubvogel über den unbekannten Abgründen«.⁴ Kurz darauf kreist über dem Schiff selbst ein Raubvogel. Anschließend singt einer der Seereisenden bei anhaltender Windstille ein Lied über seinen verschollenen Onkel und die Orte seiner Kindheit. Unmittelbar darauf kommt Wind auf und man gelangt zu einer kartographisch nicht erfassten Insel, auf der sich ausgerechnet jener Onkel findet. Im ersten Fall nimmt das bildliche Sprechen des Erzähldiskurses, im zweiten Fall das einer Figur Gestalt an und manifestiert die jeweilige Metapher in der Diegese.

In Tiecks *Die Versöhnung* findet sich ein analoges Verfahren: Ein aus spanischer Gefangenschaft entlassener Ritter tötet versehentlich seine Frau, als diese ihn abholen will. Zur Buße beschließt der Ritter, in der Heimat zu beten, bis das Blut seiner Frau, das in Spanien ins Meer geflossen ist, den Bach passiert. Als schließlich der Sohn des schicksalhaften Paares den Ort besucht, wird damit die Bedingung wörtlich eingelöst und der Bann gebrochen. Die clôture besteht darin, die Ewigkeitsmetapher des nicht Sühnbaren in reales Geschehen zu überführen und das Blut der Getöteten materialiter in Form des Sohnes auftreten zu lassen. Die Überführung der Metapher in diegetische Wirklichkeit stellt hier im Gegensatz zu Eichendorff die Lösung dar.

Insgesamt erweist sich der romantische Raum als Wirkraum. Dies ist umso interessanter als um 1800 die Kultivierung der bekannten Welt und ihres Raumes in der Nachfolge der Linnés bis Alexander von Humboldt einen prominenten

---

3 Nicht umsonst weist Dietrich Dörner gerade auf das »Spiel aus täuschend echter Realität« dieser medialen Form hin (Dietrich Dörner, Planspiel, Pannen und Parcours. Vom Diorama zur telekommunikativen Totalausrüstung. In: Bertelsmann Briefe, 131, 1994, S. 70).
4 Eichendorff, Eine Meerfahrt, S. 358.

Diskurs darstellt.[5] Ein solches »Wissen von der Landeskultivierung und Raumgestaltung« steht der Wirkmacht der fiktiven Räume diametral entgegen und zeigt im wissenschaftlichen Diskurs mit der »Bebauung wilder Natur, Rodung der Wälder« und »urbane[r] Raumgestaltung«[6] genau die Raumpraktiken, die romantisches Erzählen – wenn überhaupt – als höchst prekär beschreibt. Die literarische Rede erweist sich damit durchaus im Sinne eines Autonomiepostulats als unabhängig von anderen Diskursen im Sinne modellbildender Systeme.

Die textuelle Heterotopie, die auf einem so entworfenen Raum aufsetzt, figuriert einen Raum der Infektion und der gefährlichen Metapher. Die Tendenz der romantischen Metapher, sich diegetisch zu manifestieren, wird in der Heterotopie potenziert und konsequent vorgeführt. Die damit verbundenen Textverfahren bleiben dabei als Ansteckung an den Passanten hängen und führen sie ins Verderben.

Die realistische Heterotopie hingegen lässt ihre Besucher unversehrt. Der romantische Wirkraum ist einem Raum gewichen, der von den Figuren angeeignet und geformt wird. Theodor Storms *Im Schloß* setzt diese Ablösung in Szene, indem die Novelle zunächst eine junge Dame einen Obstbaum erklettern lässt, »bis die Umgebung der hohen Laubwände ihren Blick nicht mehr beschränkte«.[7] Unten aber doziert währenddessen der Vetter über »die Dränierung einer kaltgrundigen Gutswiese«.[8] Das »Trockenlegen von [...] feuchtem Gelände durch unterirdische Abzüge«[9] ist ein für die damalige Zeit höchst modernes Verfahren und macht die Abfolge von romantischem und realistischem Raum topisch sichtbar. Die Protagonistin steigt im besten eichendorffschen Sinne auf einen Baum, aber anstelle eines Waldhorns, das sie mit einem frommen Lied aus den Wirrnissen des Lebens geleitet, erscheint der Vetter mit einer Lektion über Gartenbau. Realistisches Erzählen befasst sich unausgesetzt mit der Aneignung und Prägung von Raum sowie der Einrichtung und Gestaltung des eigenen Wohnraums. Walter Benjamin attestiert dem 19. Jahrhundert in diesem Sinne, es sei »wie kein anderes wohnsüchtig«.[10]

An diesem Raum der Vitrine ausgerichtet kommentiert die realistische Heterotopie dessen Logik der genauen Adresse sowie die Prägung durch die Figur.

---

5 Vgl. Chenxi Tang, Poetologie der Kulturlandschaft bei Alexander von Humboldt und Friedrich Hölderlin. In: Räume der Romantik, hg. von Inka Mülder-Bach und Gerhard Neumann, Würzburg 2007, S. 169–196.
6 Tang, Poetologie der Kulturlandschaft, S. 173.
7 Theodor Storm, Im Schloß. In: Theodor Storm. Sämtliche Werke in vier Bänden. Band 1. Gedichte. Novellen. 1848–1867, hg. von Dieter Lohmeier, Frankfurt am Main 1987, S. 486.
8 Storm, Im Schloß, S. 487.
9 Stellenkommentar. In: Theodor Storm. Sämtliche Werke in vier Bänden. Band 1. Gedichte. Novellen. 1848–1867, hg. von Dieter Lohmeier, Frankfurt am Main 1987, S. 1124.
10 Walter Benjamin, Das Passagen-Werk. Erster Band, hg. von Rolf Tiedemann, Frankfurt am Main 1982, S. 292.

Realistischer Raum wird als Kulisse beliebig geformt und dient als Bühne, die (dem Bild entsprechend) den Status der Wirklichkeit als Inszenierung permanent auf verschiedenen Ebenen bedient und reflektiert.[11] Die Heterotopien des Realismus sind diesen Charakteristika entsprechend reine Schauräume, die keine Macht über den Betrachter haben. In der Regel führen realistische Heterotopien Erinnerungen vor und stellen von der Figur eingerichtete, museale Archive der Vergangenheit dar.

Trotz der Verschiedenheit von Infektionsheterotopie und Erinnerungsheterotopie sind die beiden Formen über gemeinsame Verfahren verbunden, durch die der heterotope Raum organisiert ist. Über die erzählweltliche Funktion an Diorama oder Vitrine gebunden, realisieren Heterotopien unabhängig von der Schreibweise, in die sie eingebettet sind, Konstellationen des Paradoxen und der Zusammenlegung des Unvereinbaren sowie die von Foucault beschriebenen zeitlichen Brüche der Heterochronie. Darüber hinaus sind sowohl Infektions- als auch Erinnerungsheterotopie als Kommentar auf den umgebenden Normalraum ausgewiesen. Als integrierendes Verfahren der beschriebenen Motive und Funktionen fungiert dabei das paradigmatisch Andere und dessen Einbettung eines Elementes aus P_2 in ein Syntagma, das sich grundsätzlich aus Elementen von P_1 zusammensetzt. – Heterotopien als Hybridräume zwischen Realität und Utopie erweisen sich damit vor allem in Hinblick auf die paradigmatische Abweichung als epochenübergreifende Form, die als textuelles Verfahren beschreibbar ist.

---

11 Damit sei Evgenij Volkov direkt widersprochen, der vom Raum bei Fontane behauptet, »er spielt die Rolle und Funktion einer nicht namentlich genannten Person und dies äußerst aktiv und wirksam innerhalb des künstlerisch-literarischen Geschehens«. Als Beispiel führt Volkov dann freilich die sprechenden Interieurs an wie sie in *Effi Briest* vorkommen und bringt damit gerade ein Beispiel für solchen Raum, der hier als geprägt und eben als Beleg für das Gegenteil, nämlich eben doch »erstarrte tote Dekoration« dienen soll (Evgenij Volkov, Zum Begriff des Raumes in Fontanes später Prosa. In: Fontane Blätter, 63, 1997, S. 144).

11 Abbildungsverzeichnis

Abb. 1:   Die Heterotopie als Verbindung zwischen Utopie und Normalraum, S. 15.
Abb. 2:   Das Andere als Vermittlungskategorie, S. 25.
Abb. 3:   Heterotopie in Raabes *Else von der Tanne*, S. 27.
Abb. 4:   Das Zwei-Achsen-Modell, S. 30.
Abb. 5:   Minimalpaare im Paradigma lateinischer Schrift, Minimalpaare im Paradigma kyrillischer Schrift (ВОЛ/vol: Bulle, ГОЛ/gol: Tor, МОЛ/mol: Mole, ПОЛ/pol: Boden, Geschlecht), Paradigma verschiedener Paradigmen, S. 30.
Abb. 6:   Paradigmatische Abweichung, S. 31.
Abb. 7:   Die Heterotopie der *Ordnung der Dinge* als paradigmatische Abweichung, S. 33.
Abb. 8:   Andreas Nesselthaler: Seelandschaft mit aufgehendem Mond [1785] und Hafenlandschaft mit Mond [1785], S. 74; Abdruck mit freundlicher Genehmigung des Kupferstichkabinetts, Staatliche Museen zu Berlin.
Abb. 9:   Semantik des Klangs als paradigmatische Abweichung, S. 89.
Abb. 10: Das ›andere Licht‹ als paradigmatische Abweichung, S. 104.
Abb. 11: Die materialisierte Metapher, S. 127.
Abb. 12: Rücküberführung des Geschehens in Erzählen/Metapher/Mythos, S. 128.
Abb. 13: Wachbewusstsein im Traum als paradigmatische Abweichung, S. 207.
Abb. 14: Manifestes mythisches Element in realistischem Erzählen als paradigmatische Abweichung, S. 212.
Abb. 15: Erinnerung und Phantasma als paradigmatische Abweichung im Rahmen des realistisch erzählten Gartens, S. 219.
Abb. 16: Realisierung von hypothetischen Schlussfolgerungen und Phantasmen im Rahmen des Paradigmas ›Leben des John Hansen‹, S. 223.

12 Literatur

12.1 Quellen

Arnim, Achim von, Angelika, die Genueserin und Cosmus, der Seilspringer. In: Ludwig Achim von Arnim. Sämmtliche Werke. Neue Ausgabe (1857). Band 1. Novellen I, Hildesheim u.a. 1982, S. 323–412.

Arnim, Achim von, Die Kronenwächter. In: Achim von Arnim. Werke in sechs Bänden. Band 2. Die Kronenwächter, hg. von Paul Michael Lützeler, Frankfurt am Main 1989, S. 9–615.

Arnim, Achim von, Die Majorats-Herren. In: Achim von Arnim. Werke in sechs Bänden. Band 4. Sämtliche Erzählungen. 1818–1830, hg. von Renate Moering, Frankfurt am Main 1992, S. 107–147.

Brentano, Clemens, Die Schachtel mit der Friedenspuppe. In: Clemens Brentano. Sämtliche Werke und Briefe. Band 19. Prosa IV, hg. von Jürgen Behrens u.a., Stuttgart u.a. 1987, S. 315–356.

Delany R., Samuel, Trouble on Triton. An Ambiguous Heterotopia, New York 1976.

Eckstein, Ernst, Roderich Löhr, Berlin 1896.

Eichendorff, Joseph von, Ahnung und Gegenwart. In: Joseph von Eichendorff. Werke in sechs Bänden. Band 2. Ahnung und Gegenwart. Erzählungen I, hg. von Wolfgang Frühwald und Brigitte Schillbach, Frankfurt am Main 1985, S. 53–382.

Eichendorff, Joseph von, Das Marmorbild. In: Joseph von Eichendorff. Werke in sechs Bänden. Band 2. Ahnung und Gegenwart. Erzählungen I, hg. von Wolfgang Frühwald und Brigitte Schillbach, Frankfurt am Main 1985, S. 383–428.

Eichendorff, Joseph von, Das Schloß Dürande. In: Joseph von Eichendorf. Werke in sechs Bänden. Band 3. Dichter und ihre Gesellen. Erzählungen II, hg. von Brigitte Schillbach und Hartwig Schultz, Frankfurt am Main 1993, S. 421–465.

Eichendorff, Joseph von, Dichter und ihre Gesellen. In: Joseph von Eichendorff. Werke in sechs Bänden. Band 3. Dichter und ihre Gesellen. Erzählungen II, hg. von Brigitte Schillbach und Hartwig Schultz, Frankfurt am Main 1993, S. 105–353.

Eichendorff, Joseph von, Die Glücksritter. In: Joseph von Eichendorff. Werke in sechs Bänden. Band 3. Dichter und ihre Gesellen. Erzählungen II, hg. von Brigitte Schillbach und Hartwig Schulzt, Frankfurt am Main 1993, S. 509–558.

Eichendorff, Joseph von, Die Zauberei im Herbste. In: Joseph von Eichendorff. Werke in sechs Bänden. Band 2. Ahnung und Gegenwart. Erzählungen I, hg. von Wolfgang Frühwald und Brigitte Schillbach, Frankfurt am Main 1985, S. 9–27.

Eichendorff, Joseph von, Eine Meerfahrt. In: Joseph von Eichendorff. Werke in sechs Bänden. Band 3. Dichter und ihre Gesellen. Erzählungen II, hg. von Brigitte Schillbach und Hartwig Schultz, Frankfurt am Main 1993, S. 355–419.

Eichendorff, Joseph von, Zur Geschichte des Dramas. In: Joseph von Eichendorff. Werke in sechs Bänden. Band 6. Geschichte der Poesie. Schriften zur Literaturgeschichte, hg. von Hartwig Schultz, Frankfurt am Main: Deutscher Klassiker Verlag 1990. S. 633–803.

Fontane, Theodor, Der Stechlin. In: Theodor Fontane. Werke, Schriften und Briefe. Abteilung I. Sämtliche Romane, Erzählungen, Gedichte, Nachgelassenes. Fünfter Band, hg. von Walter Keitel und Helmuth Nürnberger, München 1980, S. 5–388.

Fontane, Theodor, Die Poggenpuhls. In: Theodor Fontane. Werke, Schriften und Briefe. Abteilung I. Sämtliche Romane, Erzählungen, Gedichte, Nachgelassenes. Vierter Band, hg. von Walter Keitel und Helmuth Nürnberger, München 1974, S. 479–576.
Fontane, Theodor, Effi Briest. In: Theodor Fontane. Werke, Schriften und Briefe. Abteilung I. Sämtliche Romane, Erzählungen, Gedichte, Nachgelassenes. Vierter Band, hg. von Walter Keitel und Helmuth Nürnberger, München 1974, S. 7–296.
Fontane, Theodor, Frau Jenny Treibel. In: Theodor Fontane. Werke, Schriften und Briefe. Abteilung I. Sämtliche Romane, Erzählungen, Gedichte, Nachgelassenes. Vierter Band, hg. von Walter Keitel und Helmuth Nürnberger, München 1974. S, 297–478.
Fontane, Theodor, Graf Petöfy. In: Theodor Fontane. Werke, Schriften und Briefe. Abteilung I. Sämtliche Romane, Erzählungen, Gedichte, Nachgelassenes. Erster Band, hg. von Walter Keitel und Helmuth Nürnberger, München 1970, S. 685–866.
Fontane, Theodor, Gustav Freytag: ›Soll und Haben‹ (1855). In: Theorie des bürgerlichen Realismus, hg. von Gerhard Plumpe, Stuttgart 1985, S. 226–232.
Fontane, Theodor, Irrungen, Wirrungen. In: Theodor Fontane. Werke, Schriften und Briefe. Abteilung I. Sämtliche Romane, Erzählungen, Gedichte, Nachgelassenes. Zweiter Band, hg. von Walter Keitel und Helmuth Nürnberger, München 1971, S. 319–476.
Fontane, Theodor, Mathilde Möhring. In: Theodor Fontane. Werke, Schriften und Briefe. Abteilung I. Sämtliche Romane, Erzählungen, Gedichte, Nachgelassenes. Vierter Band, hg. von Walter Keitel und Helmuth Nürnberger, München 1974, S. 577–676.
Fontane, Theodor, Schach von Wuthenow. In: Theodor Fontane. Werke, Schriften und Briefe. Abteilung I. Sämtliche Romane, Erzählungen, Gedichte, Nachgelassenes. Erster Band, hg. von Walter Keitel und Helmuth Nürnberger, München 1970, S. 555–684.
Fontane, Theodor, Stine. In: Theodor Fontane. Werke, Schriften und Briefe. Abteilung I. Sämtliche Romane, Erzählungen, Gedichte, Nachgelassenes. Zweiter Band, hg. von Walter Keitel und Helmuth Nürnberger, München 1971, S. 477–566.
Fontane, Theodor, Unterm Birnbaum. In: Theodor Fontane. Werke, Schriften und Briefe. Abteilung I. Sämtliche Romane, Erzählungen, Gedichte, Nachgelassenes. Erster Band, hg. von Walter Keitel und Helmuth Nürnberger, München 1970, S. 453–554.
Fontane, Theodor, Unwiederbringlich. In: Theodor Fontane. Werke, Schriften und Briefe. Abteilung I. Sämtliche Romane, Erzählungen, Gedichte, Nachgelassenes. Zweiter Band, hg. von Walter Keitel und Helmuth Nürnberger, München 1971, S. 567–812.
Fontane, Theodor, Brief an Gustav Karpeles vom 18.08.1880. In: Theodor Fontane. Werke, Schriften und Briefe. Abteilung IV. Briefe. Dritter Band 1879–1889, hg. von Walter Keitel und Helmuth Nürnberger, München 1980, S. 101.
Fontane, Theodor, Brief an Mathilde von Rohr vom 03.06.1879. In: Theodor Fontane. Werke, Schriften und Briefe. Abteilung IV. Briefe. Dritter Band 1879–1889, hg. von Walter Keitel und Helmuth Nürnberger, München 1980, S. 23.
Fouqué, Friedrich de la Motte, Undine. Eine Erzählung [1811], Stuttgart 2001.
Freytag, Gustav, Soll und Haben, München 1977.
Friedmann, Alfred, Der Schein trügt. In: ders., Neue Lebensmärchen. Wien 1884, S. 10–43.
Goethe, Johann Wolfgang von, Wilhelm Meisters Lehrjahre. In: Johann Wolfgang Goethe. Sämtliche Werke, Briefe, Tagebücher und Gespräche. Vierzig Bände. I. Abteilung. Sämtliche Werke. Band 9, hg. von Wilhelm Voßkamp und Herbert Jaumann, Frankfurt am Main 1992, S. 355–992.

Goethe, Johann Wolfgang, Die Wahlverwandtschaften. In: Goethes Werke. Hamburger Ausgabe in 14 Bänden. Band VI. Romane und Novellen I, hg. von Erich Trunz, München 1981, S. 242–490.

Gotthelf, Jeremias, Der Besuch auf dem Lande. In: Jeremias Gotthelf. Sämtliche Werke in 24 Bänden. Neunzehnter Band. Kleinere Erzählungen. Vierter Teil, hg. von Rudolf Hunziker und Hans Bloesch, Erlenbach/Zürich 1920, S. 5–64.

Das feindseelige Todten-Gerippe. In: Grösseste Denkwürdigkeiten der Welt oder so genannte Relationes Curiosae. Worinnen fürgestellet / und auß dem Grund der gesunden Vernunfft examiniret werden / allerhand Antiquitäten / Curiositäten / Historische /Physikalische / Mathematische / Künstliche und andere Merckwürdige Seltzahmkeiten [...]. Band III, Hamburg 1687, S. 510–516.

Herder, Johann Gottfried, Kalligone. In: Johann Gottfried Herder. Werke in zehn Bänden. Schriften zur Literatur und Philosophie 1792–1800, hg. von Hans Dietrich Irmscher, Frankfurt am Main 1998, S. 641–964.

Heyse, Paul, Der letzte Zentaur. In: Paul Heyse. Werke. Zweiter Band, hg. von Bernhard und Johanna Knick und Hildegard Korth, Frankfurt am Main 1980, S. 461–487.

Heyse, Paul, Im Grafenschloß. In: Paul Heyse. Werke. Zweiter Band, hg. von Bernhard und Johanna Knick und Hildegard Korth, Frankfurt am Main 1980, S. 161–224.

Heyse, Paul, Unvergeßbare Worte. In: Paul Heyse. Gesammelte Werke. Erste Reihe. Band IV. Stuttgart/Berlin-Grunewald o.J., S. 458–514.

Hoffmann, E.T.A, Das Gelübde. In: E.T.A. Hoffmann. Sämtliche Werke in sieben Bänden. Band 3. Nachtstücke. Klein Zaches. Prinzessin Brambilla. Werke 1816–1820, hg. von Hartmut Steinecke, Frankfurt am Main 1985, S. 285–317.

Hoffmann, E.T.A., Das öde Haus. In: E.T.A. Hoffmann: Sämtliche Werke in sieben Bänden. Band 3. Nachtstücke. Klein Zaches. Prinzessin Brambilla. Werke 1816–1820, hg. von Hartmut Steinecke, Frankfurt am Main 1985, S. 163–198.

Hoffmann, E.T.A., Das steinerne Herz. In: E.T.A. Hoffmann. Sämtliche Werke in sieben Bänden. Band 3. Nachtstücke. Klein Zaches. Prinzessin Brambilla. Werke 1816–1820, hg. von Hartmut Steinecke, Frankfurt am Main 1985, S. 318–345.

Hoffmann, E.T.A., Der Elementargeist. In: E.T.A. Hoffmann. Sämtliche Werke in sieben Bänden. Band 5. Lebens-Ansichten des Katers Murr. Werke 1820–1821, hg. von Hartmut Steinecke, Frankfurt am Main 1992, S. 659–707.

Hoffmann, E.T.A., Der goldene Topf. In: E.T.A. Hoffmann. Sämtliche Werke in sieben Bänden. Band 2/1. Fantasiestücke in Callot's Manier. Werke 1814, hg. von Hartmut Steinecke. Frankfurt am Main 1993, S. 229–321.

Hoffmann, E.T.A., Der Magnetiseur. In: E.T.A. Hoffmann. Sämtliche Werke in sieben Bänden. Band 2/1. Fantasiestücke in Callot's Manier. Werke 1814, hg. von Hartmut Steinecke, Frankfurt am Main 1993, S. 178–225.

Hoffmann, E.T.A., Der Sandmann. In: E.T.A. Hoffmann. Sämtliche Werke in sieben Bänden. Nachtstücke. Klein Zaches. Prinzessin Brambilla. Werke 1816–1820, hg. von Hartmut Steinecke, Frankfurt am Main 1985, S. 11–49.

Hoffmann, E.T.A., Der Zusammenhang der Dinge. In: E.T.A. Hoffmann. Sämtliche Werke in sieben Bänden. Band 4. Die Serapionsbrüder, hg. von Wulf Segebrecht, Frankfurt am Main 2001, S. 1055–1113.

Hoffmann, E.T.A., Die Geschichte vom verlornen Spiegelbilde. In: E.T.A. Hoffmann. Sämtliche Werke in sieben Bänden. Band 2/1. Fantasiestücke in Callot's Manier. Werke 1814, hg. von Hartmut Steinecke, Frankfurt am Main 1993, S. 342–359.

Hoffmann, E.T.A., Die Jesuiterkirche in G. In: E.T.A. Hoffmann. Sämtliche Werke in sieben Bänden. Band 3. Nachtstücke. Klein Zaches. Prinzessin Brambilla. Werke 1816–1820, hg. von Hartmut Steinecke, Frankfurt am Main 1985, S. 110–140.
Hoffmann, E.T.A., Ein Fragment aus dem Leben dreier Freunde. In: E.T.A. Hoffmann. Sämtliche Werke in sieben Bänden. Band 4. Die Serapionsbrüder, hg. von Wulf Segebrecht, Frankfurt am Main 2001, S. 129–176.
Hoffmann, E.T.A., Rat Krespel. In: E.T.A. Hoffmann. Sämtliche Werke in sieben Bänden. Band 4. Die Serapionsbrüder, hg. von Wulf Segebrecht, Frankfurt am Main 2001, S. 39–64.
Kant, Immanuel, Kritik der Urteilskraft. In: Immanuel Kant. Werke in sechs Bänden. Band V, hg. von Wilhelm Weischedel, Wiesbaden 1957.
Keller, Gottfried, Kleider machen Leute. In: Gottfried Keller. Sämtliche Werke in sieben Bänden. Band 4. Die Leute von Seldwyla, hg. von Thomas Böning, Frankfurt am Main 1989, S. 286–332.
Klingemann, Ernst August Friedrich, Nachtwachen. Von Bonaventura, hg. von Wolfgang Paulsen, Stuttgart 2003.
Kugler, Franz, An der Saale hellem Strande. In: ders., Gedichte, Stuttgart/Tübingen 1840, S. 90.
Lindau, Paul, Der König von Sidon, Breslau 1898.
Ludwig, Otto, Zwischen Himmel und Erde, Stuttgart 1954.
Mosen, Julius, Sämmtliche Werke von Julius Mosen. Siebenter Band. Bilder im Moose, Oldenburg 1863.
Novalis, Blüthenstaub. In: Novalis. Schriften. Die Werke Friedrich von Hardenbergs. Zweiter Band. Das philosophische Werk I, hg. von Richard Samuel, Stuttgart 1960, S. 413–463.
Novalis, Die Christenheit oder Europa. Ein Fragment. In: Novalis. Schriften. Die Werke Friedrich von Hardenbergs. Dritter Band. Das philosophische Werk II, hg. von Richard Samuel, Stuttgart u.a. 1983, S. 507–524.
Novalis, Die Lehrlinge zu Sais. In: Novalis. Schriften. Die Werke Friedrich von Hardenbergs. Erster Band. Das dichterische Werk, hg. von Paul Kluckhohn und Richard Samuel., Darmstadt 1977, S. 79–112.
Novalis, Fragmente und Studien 1799–1800. In: Novalis. Schriften. Die Werke Friedrich von Hardenbergs. Dritter Band. Das philosophische Werk II, hg. von Richard Samuel, Stuttgart u.a. 1983, S. 527–696.
Nötel, Louis, Eine Gespenstergeschichte. In: ders., Vom Theater. Humoristische Erzählungen. Drittes Bändchen, Leipzig o.J., S. 76–91.
Raabe, Wilhelm, Else von der Tanne. In: Wilhelm Raabe. Sämtliche Werke. Neunter Band. Erster Teil. Erzählungen, hg. von Karl Hoppe, Göttingen 1974, S. 159–198.
Riehl, Wilhelm Heinrich, Amphion. In: ders., Durch tausend Jahre. Fünfzig kulturgeschichtliche Novellen. Zweiter Band, Leipzig o.J. [1937], S. 417–442.
Riehl, Wilhelm Heinrich, Burg Neideck. In: ders., Durch tausend Jahre. Fünfzig kulturgeschichtliche Novellen. Dritter Band, Leipzig o.J. [1937], S. 165–204.
Riehl, Wilhelm Heinrich, Der Hausbau. In: ders., Durch tausend Jahre. Fünfzig kulturgeschichtliche Novellen. Dritter Band, Leipzig o.J. [1937], S. 205–230.
Riehl, Wilhelm Heinrich, Gespensterkampf. In: ders., Durch tausend Jahre. Fünfzig kulturgeschichtliche Novellen. Dritter Band, Leipzig o.J. [1937], S. 305–330.
Saar, Ferdinand von, Schloß Kostenitz. In: Ferdinand von Saar. Novellen aus Österreich. Zweiter Band, hg. von Karl Wagner, Wien/München 1998, S. 233–295.

Saar, Ferdinand von, Vae Victis! In: Ferdinand von Saar. Novellen aus Österreich. Erster Band, hg. von Karl Wagner, Wien/München 1998, S. 185–201.
Schiller, Friedrich, Über die ästhetische Erziehung des Menschen in einer Reihe von Briefen. In: Friedrich Schiller. Werke und Briefe in zwölf Bänden. Band 8. Theoretische Schriften, hg. von Rolf-Peter Janz, Frankfurt am Main 1992, S. 556–676.
Schlegel, Dorothea, Florentin, hg. von Liliane Weissberg, Frankfurt am Main/Berlin 1987.
Schlegel, Friedrich, Athenäums-Fragmente. In: Kritische Friedrich-Schlegel-Ausgabe. Zweiter Band. Erste Abteilung. Charakteristiken und Kritiken 1. (1796–1801), hg. von Hans Eichner, München u. a. 1967, S. 165–255.
Schlegel, Friedrich, Goethes Werke. Erster bis vierter Band [Rezensionen in den Heidelbergischen Jahrbüchern der Literatur. 1808]. In: Kritische Friedrich-Schlegel-Ausgabe. Erste Abteilung. Dritter Band. Charakteristiken und Kritiken II (1802–1829), hg. von Hans Eichner, München u. a. 1975, S. 109–144.
Schlegel, Friedrich, Lyceumsfragmente. In: Kritische Friedrich-Schlegel-Ausgabe. Erste Abteilung. Zweiter Band. Charakteristiken und Kritiken I (1796–1801), hg. von Hans Eichner, München u. a. 1967, S. 147–163.
Schlegel, Friedrich, Über die Unverständlichkeit. In: Kritische Friedrich-Schlegel-Ausgabe. Erste Abteilung. Zweiter Band. Charakteristiken und Kritiken I (1796–1801), hg. von Hans Eichner, München u. a. 1967, S. 363–372.
Schlegel, Friedrich, Zur Philologie. II. In: Kritische Friedrich-Schlegel-Ausgabe. Sechzehnter Band. Fragmente zur Poesie und Literatur. Erster Teil, hg. von Hans Eichner, Paderborn u. a. 1981, S. 57–82.
Schmidt, Georg Philipp, Des Fremdlings Abendlied. In: ders., Lieder. Altona ³1847, S. 76f.
Schönthau, Franz von, Die Geschichte zu einer Pointe. In: Franz von Schönthau und Paul von Schönthau, Kleine Humoresken. Zweites Bändchen, Leipzig o. J., S. 74–78.
Schubert, Gotthilf Heinrich, Ansichten von der Nachtseite der Naturwissenschaft. Neubearbeitete und wohlfeilere Ausgabe, Dresden 1818.
Seidel, Heinrich, Daniel Siebenstern. In: Heinrich Seidel. Gesammelte Werke. Neue wohlfeile Ausgabe. Band 2. Vorstadtgeschichten, Stuttgart/Berlin-Grunewald o. J. [um 1925], S. 3–14.
Seidel, Heinrich, Das alte Haus. In: Heinrich Seidel. Gesammelte Werke. Neue wohlfeile Ausgabe. Band 2. Vorstadtgeschichten, Stuttgart/Berlin-Grunewald o. J. [um 1925], S. 234–263.
Seidel, Heinrich, Der Gartendieb. In: Heinrich Seidel. Gesammelte Werke. Neue wohlfeile Ausgabe. Band 2. Vorstadtgeschichten, Stuttgart/Berlin-Grunewald o. J. [um 1925], S. 444–455.
Seidel, Heinrich, Leberecht Hühnchen. In: Heinrich Seidel. Gesammelte Werke. Neue wohlfeile Ausgabe. Band 1. Leberecht Hühnchen. Von Berlin nach Berlin, Stuttgart/Berlin o. J. [um 1925], S. 1–266.
Seidel, Heinrich, Rotkehlchen. In: Heinrich Seidel. Gesammelte Werke. Neue wohlfeile Ausgabe. Band 2. Vorstadtgeschichten, Stuttgart/Berlin-Grunewald o. J. [um 1925], S. 189–207.
Spielhagen, Friedrich, Clara Vere [1857], Berlin ³1867.
Spielhagen, Friedrich, Die Sphinx, Berlin ³1867.
Stifter, Adalbert, Der Nachsommer. In: Adalbert Stifter. Werke und Briefe. Historisch-Kritische Gesamtausgabe. Band 4,1. Der Nachsommer. Eine Erzählung. Erster Band, hg. von Alfred Doppler und Wolfgang Frühwald, Stuttgart u. a. 1997.

Storm, Theodor, Am Kamin. In: Theodor Storm. Sämtliche Werke in vier Bänden. Band 4. Märchen. Kleine Prosa, hg. von Dieter Lohmeier, Frankfurt am Main 1988, S. 52–78.
Storm, Theodor, Aquis Submersus. In: Theodor Storm. Sämtliche Werke in vier Bänden. Band 2. Novellen 1867–1880, hg. von Karl Ernst Laage, Frankfurt am Main 1987, S. 378–455.
Storm, Theodor, Beim Vetter Christian. In: Theodor Storm. Sämtliche Werke in vier Bänden. Band 2. Novellen 1867–1880, hg. von Karl Ernst Laage, Frankfurt am Main 1987, S. 102–130.
Storm, Theodor, Carsten Curator. In: Theodor Storm. Sämtliche Werke in vier Bänden. Band 2. Novellen 1867–1880, hg. von Karl Ernst Laage, Frankfurt am Main 1987, S. 456–522.
Storm, Theodor, Die Söhne des Senators. In: Theodor Storm. Sämtliche Werke in vier Bänden. Band 2. Novellen 1867–1880, hg. von Karl Ernst Laage, Frankfurt am Main 1987, S. 721–764.
Storm, Theodor, Ein Doppelgänger. In: Theodor Storm. Sämtliche Werke in vier Bänden. Band 3. Novellen 1881–1888, hg. von Karl Ernst Laage, Frankfurt am Main 1988, S. 517–579.
Storm, Theodor, Im Schloß. In: Theodor Storm. Sämtliche Werke in vier Bänden. Band 1. Gedichte. Novellen. 1848–1867, hg. von Dieter Lohmeier, Frankfurt am Main 1987, S. 480–528.
Storm, Theodor, Psyche. In: Theodor Storm. Sämtliche Werke in vier Bänden. Band 2. Novellen 1867–1880, hg. von Karl Ernst Laage, Frankfurt am Main 1987, S. 312–345.
Storm, Theodor, Viola Tricolor. In: Theodor Storm. Sämtliche Werke in vier Bänden. Band 2. Novellen 1867–1880, hg. von Karl Ernst Laage, Frankfurt am Main 1987, S. 131–163.
Storm, Theodor, Waldwinkel. In: Theodor Storm. Sämtliche Werke in vier Bänden. Band 2. Novellen 1867–1880, hg. von Karl Ernst Laage, Frankfurt am Main 1987, S. 221–279.
Tieck, Ludwig, Das jüngste Gericht. In: Ludwig Tieck's Schriften. Neunter Band. Arabesken, Berlin 1828, S. 339–359.
Tieck, Ludwig, Der blonde Eckbert. In: Ludwig Tieck. Schriften in zwölf Bänden. Band 6. Phantasus, hg. von Manfred Frank, Frankfurt am Main 1985, S. 126–146.
Tieck, Ludwig, Der getreue Eckart und der Tannhäuser. In: Ludwig Tieck. Schriften in zwölf Bänden. Band 6. Phantasus, hg. von Manfred Frank, Frankfurt am Main 1985, S. 149–183.
Tieck, Ludwig, Der Psycholog. In: Ludwig Tieck's Schriften. Funfzehnter Band. Erzählungen, Berlin 1829, S. 245–252.
Tieck, Ludwig, Der Runenberg. In: Ludwig Tieck. Schriften in zwölf Bänden. Band 6. Phantasus, hg. von Manfred Frank, Frankfurt am Main 1985, S. 184–209.
Tieck, Ludwig, Die Elfen. In: Ludwig Tieck. Schriften in zwölf Bänden. Band 6. Phantasus, hg. von Manfred Frank, Frankfurt am Main 1985, S. 306–327.
Tieck, Ludwig, Musikalische Leiden und Freuden. In: Ludwig Tieck. Werke in vier Bänden. Band III. Novellen, hg. von Marianne Thalmann, Darmstadt 1965, S. 75–128.
Vischer, Friedrich Theodor, Das Symbol. In: ders., Philosophische Aufsätze. Eduard Zeller zu seinem fünfzigjährigen Doctor-Jubiläum gewidmet, Leipzig 1887, S. 151–193.
Vischer, Friedrich Theodor, Auch Einer. Eine Reisebekanntschaft, Frankfurt am Main 1987.

12.2 Forschungsliteratur

Alewyn, Richard, Eine Landschaft Eichendorffs. In: Eichendorff heute. Stimmen der Forschung mit einer Bibliographie, hg. von Paul Stöcklein, Darmstadt 1966, S. 19–43.

Althaus, Thomas, Von den Stockwerken des Lebens und von der Tücke des Objekts. Friedrich Theodor Vischers Roman ›Auch Einer‹ und sein Held als Phraseur. In: Friedrich Theodor Vischer. Leben – Werk – Wirkung, hg. von Barbara Potthast und Alexander Reck, Heidelberg 2011, S. 169–190.

Andermatt, Michael, ›Es rauscht und rauscht immer, aber es ist kein richtiges Leben.‹ Zur Topographie des Fremden in Fontanes Effi Briest. In: Theodor Fontane. Am Ende des Jahrhunderts. Band III, hg. von Hanna Delf von Wolzogen, Würzburg 2000, S. 189–199.

Andre, Thomas, Kriegskinder und Wohlstandskinder. Die Gegenwartsliteratur als Antwort auf die Literatur der 68er, Heidelberg 2011.

Angélil, Marc, Construction Deconstructed: A Relative Reading of Architectural Technology. In: Journal of Architectural Education, 40.3, 1987, S. 24–31.

Angress, Ruth K., Der eingerichtete Mensch. Innendekor bei Adalbert Stifter. In: Germanisch-Romanische Monatsschrift, 36, 1986, S. 32–47.

Arendt, Dieter, Friedrich de la Motte Fouqué: ›Undine‹ – oder: ›Du aber siehst jetzt wirklich eine Undine, lieber Freund‹. In: »Von Mythen und Mären« – Mittelalterliche Kulturgeschichte im Spiegel einer Wissenschaftler-Biographie. Festschrift für Otfrid Ehrismann zum 65. Geburtstag, hg. von Gudrun Marci-Boehncke und Jörg Riecke, Zürich u. a. 2006, S. 204–213.

Arnold-de Simine, Silke, Musealisierungsphänomene im Werk Adalbert Stifters. In: Ordnung – Raum – Ritual. Adalbert Stifters artifizieller Realismus, hg. von Sabina Becker und Katharina Grätz, Heidelberg 2007, S. 41–67.

Arwidsson, Thorsten, Kurze Mitteilung über homotope und heterotope Parasiten. In: Zeitschrift für Parasitenkunde, 10.1, 1938, 153–156.

Auerbach, Alfred, Panorama und Diorama Ein Abriß über Geschichte und Wesen volkstümlicher Wirklichkeitskunst. 1. Teil: Das Panorama in den Anfängen und der ersten Blütezeit – das Diorama bis auf Dagueree und Gropius, Grimmen 1942.

Augé, Marc, Nicht-Orte, München 2010.

Bachmann-Medick, Doris, Cultural Turns. Neuorientierungen in den Kulturwissenschaften, Reinbek ²2007.

Bade, James N., Fontane's Landscapes, Würzburg 2009.

Baer, Leonard D. und Bodil Ravneberg, The outside and inside in Norwegian and English prisons. In: Geografiska Annaler: Series B. Human Geography, 90.2, 2008, S. 205–216.

Bänziger, Hans, Strapinskis Mantel. Zu einem Motiv in der Erzählung ›Kleider machen Leute‹. In: Schweizer Monatshefte, 51, 1971, S. 816–826.

Baßler, Moritz, Deutsche Erzählprosa. 1850–1950. Eine Geschichte literarischer Verfahren, Berlin 2015.

Baßler, Moritz, Figurationen der Entsagung. Zur Verfahrenslogik des Spätrealismus bei Wilhelm Raabe. In: Jahrbuch der Raabe-Gesellschaft, 2010, S. 63–80.

Baßler, Moritz, Gegen die Wand. Die Aporie des Poetischen Realismus und das Problem der Repräsentation von Wissen. In: Magie der Geschichten. Weltverkehr, Literatur und Anthropologie in der zweiten Hälfte des 19. Jahrhunderts, hg. von Michael Neumann und Kerstin Stüssel, Konstanz 2011, S. 429–442.

Bäumer, Konstanze, Bettine, Psyche, Mignon. Bettine von Arnim und Goethe, Stuttgart 1986.

Bausinger, Hermann, Zwischen Dilettantismus und Wissenschaft: Friedrich Theodor Vischer. In: Friedrich Theodor Vischer. Leben – Werk – Wirkung, hg. von Barbara Potthast und Alexander Reck, Heidelberg 2011, S. 1–14.
Becker, Sabina und Katharina Grätz, Einleitung. In: Ordnung – Raum – Ritual. Adalbert Stifters artifizieller Realismus, hg. von Sabina Becker und Katharina Grätz, Heidelberg 2007, S. 7–16.
Becker, Sabina, Urbanität als romantische Kategorie. Stadt-Bilder Ludwig Tiecks. In: »lasst uns, da es uns vergönnt ist, vernünftig seyn! –«. Ludwig Tieck (1773–1853), hg. vom Institut für deutsche Literatur der Humboldt-Universität zu Berlin, Frankfurt am Main u. a. 2004, S. 179–197.
Begemann, Christian, Adalbert Stifter und die Ordnung des Wirklichen. In: Realismus. Epoche – Autoren – Werke, hg. von Christian Begemann, Darmstadt 2007.
Begemann, Christian, Eros und Gewissen. Literarische Psychologie in Ludwig Tiecks Erzählung ›Der getreue Eckart und der Tannenhäuser‹. In: Internationales Archiv für Sozialgeschichte der deutschen Literatur, 15.2, 1990, S. 89–145.
Behrens, Rudolf und Jörn Steigerwald (Hg.), Räume des Subjekts um 1800: Zur imaginativen Selbstverortung des Individuums zwischen Spätaufklärung und Romantik, Wiesbaden 2010.
Beitter, Ursula E., Mythologische Symbolik in Raabes ›Else von der Tanne‹. In: Jahrbuch der Raabe-Gesellschaft, 1980, S. 43–51.
Bell, Emma und Scott Taylor, Vernacular mourning and corporate memorialization in framing the death of Steve Jobs. In: Organization, 23.1, 2016, S. 114–132.
Benjamin, Walter, Das Passagen-Werk. Erster Band, hg. von Rolf Tiedemann, Frankfurt am Main 1982.
Berndt, Christian und Robert Pütz (Hg.), Kulturelle Geographien. Zur Beschäftigung mit Raum und Ort nach dem Cultural Turn, Bielefeld 2007.
Bertschick, Julia, NebenSachen. Literatur als Gehäuse ›der nächsten Dinge‹ im 19. Jahrhundert. In: Magie der Geschichten. Weltverkehr, Literatur und Anthropologie in der zweiten Hälfte des 19. Jahrhunderts, hg. von Michael Neumann und Kerstin Stüssel, Konstanz 2011, S. 321–336.
Blum, Elisabeth, Atmosphäre. Hypothesen zum Prozess räumlicher Wahrnehmung, Zürich 2010.
Bohlman, Philip, Jüdische Lebenswelten. Zwischen Utopie und Heterotopie, jüdische Musik zwischen Schtetl und Ghetto. In: Lied und populäre Kultur, 47, 2002, S. 29–57.
Böhme, Gernot, Architektur und Atmosphäre, München 2006.
Böhme, Hartmut (Hg.), Topographien der Literatur. Deutsche Literatur im transnationalen Kontext, Stuttgart/Weimar 2005.
Böhme, Hartmut, Geheime Macht im Schoß der Erde. Das Symbolfeld des Bergbaus zwischen Sozialgeschichte und Psychohistorie. In: ders., Natur und Subjekt, Frankfurt am Main 1988, S. 67–144.
Bontrup, Hiltrud, »… auch nur ein Bild«. Krankheit und Tod in ausgewählten Texten Theodor Fontanes, Hamburg/Berlin 2000.
Börner, Mareike, Mädchenknospe – Spiegelkindlein. Die Kindfrau im Werk Theodor Storms, Würzburg 2009.
Borsò, Vittoria und Reinhold Görling (Hg.), Kulturelle Topographien, Stuttgart 2004.

Borsò, Vittoria, Utopie des kulturellen Dialogs oder Heterotopie der Diskurse? In: Poststrukturalismus – Dekonstruktion – Moderne, hg. von Klaus W. Hempfer, Stuttgart 1992, S. 95–117.
Böschenstein, Renate, Idyllisch/Idylle. In Ästhetische Grundbegriffe. Historisches Wörterbuch in sieben Bänden. Band 3. Harmonie-Material, hg. von Karlheinz Barck u. a. Stuttgart/Weimar 2001, S. 119–138.
Böschenstein-Schäfer, Renate, Idylle, Stuttgart ²1977.
Bowman, Peter James, Schach von Wuthenow. Interpreters and Interpretants. In: Theodor Fontane and the European Context. Literature, Culture and Society in Prussia and Europe, hg. von Patricia Howe und Helen Chambers, Amsterdam/Atlanta 2001, S. 43–62.
Brandstetter, Grabiele und Gerhard Neumann, ›Le laid c'est le beau.‹ Liebesdiskurs und Geschlechterrolle in Fontanes Roman Schach von Wuthenow. In: Deutsche Vierteljahrsschrift für Literaturwissenschaft und Geistesgeschichte, 72.2, 1998, S. 243–267.
Brate, Gertrud, Form und Inhalt in Wilhelm Raabes ›Else von der Tanne oder das Glück Domini Friedemann Leutenbachers, armen Dieners am Wort Gottes zu Wallrode im Elend‹. In: Jahrbuch der Raabe-Gesellschaft, 1973, S. 54–70.
Breger, Claudia und Tobias Döring (Hg.), Figuren der/des Dritten. Erkundungen kultureller Zwischenräume, Amsterdam 1998.
Brüggemann, Heinz, Das andere Fenster: Einblicke in Häuser und Menschen. Zur Literaturgeschichte einer urbanen Wahrnehmungsform, Frankfurt am Main 1989.
Buddemeier, Heinz, Panorama, Diorama, Photographie. Entstehung und Wirkung neuer Medien im 19. Jahrhundert, München 1970.
Cachola-Schmal, Peter und Yorck Förster (Hg.), Heterotopia, Heidelberg 2008.
Curtius, Ernst Robert, Europäische Literatur und lateinisches Mittelalter, Tübingen/Basel 1993.
Czapla, Ralf Georg, Mythen im Wandel. Zur nordischen Mythologie in Wilhelm Raabes ›Else von der Tanne‹ und Arno Schmidts ›Die Wasserstraße‹. In: Jahrbuch der Raabe-Gesellschaft, 1996, S. 69–91.
Dawidowski, Christian, Anagramm und Selbstbezüglichkeit in Tiecks ›Blondem Eckbert‹. In: Euphorion, 102, 2008, S. 91–105.
Demetz, Peter, Formen des Realismus: Theodor Fontane. Kritische Untersuchungen, München 1964.
Derrida, Jacques, Cogito und die Geschichte des Wahnsinns. In: ders., Die Schrift und die Differenz, Frankfurt am Main 1972, S. 53–101.
Derrida, Jacques, Die Struktur, das Zeichen und das Spiel im Diskurs der Wissenschaften vom Menschen. In: ders., Die Schrift und die Differenz, Frankfurt am Main 1972, S. 422–442.
Diebitz, Stefan, Übersehen und verkannt: Hoffmanns serapiontische Erzählung ›Der Zusammenhang der Dinge‹. In: Mitteilungen der E.T.A. Hoffmann-Gesellschaft, 33, 1987, S. 50–65.
Dieckhoff, Klaus, Romanfiguren Theodor Fontanes in andragogischer Sicht. Untersuchungen zur Geschichte des Erwachsenseins, Frankfurt am Main u. a. 1994.
Diesch, Claude Henri, Heterotope Schwangerschaft. Eine aktuelle Literaturübersicht. In: Speculum, 23.1, 2005, S. 17–21.
Diez, Max, Metapher und Märchengestalt. In: Publications of the Modern Language Association of America, 48, 1933, S. 877–894.
Dilthey, Wilhelm, Das Leben Schleiermachers, Berlin ²1922, Bd. 1.

Doetsch, Hermann, Baudelaires Pariser Topographien (am Beispiel von ›Les Veuves‹), In: Stadt-Bilder. Allegorie, Mimesis, Imagination, hg. von Andreas Mahler, Heidelberg 1999, S. 197–228.
Döring, Jörg und Tristan Thielmann (Hg.), Spatial Turn. Das Raumparadigma in den Kultur- und Sozialwissenschaften, Bielefeld 2008.
Dörner, Dietrich, Planspiel, Pannen und Parcours. Vom Diorama zur telekommunikativen Totalausrüstung. In: Bertelsmann Briefe, 131, 1994, S 70–74.
Duden. Das Fremdwörterbuch, Mannheim/Zürich [10]2010.
Duden. Deutsches Universalwörterbuch, Mannheim [6]2007.
Duden. Deutsches Universalwörterbuch, Mannheim [7]2011.
Dünne, Jörg u. a. (Hg.), Von Pilgerwegen, Schriftspuren und Blickpunkten. Raumpraktiken in medienhistorischer Perspektive, Würzburg 2004.
Fischbacher-Bosshardt, Andrea, Otto Ludwig: Zwischen Himmel und Erde. In: Erzählkunst der Vormoderne, hg. von Rolf Tarot, Bern u. a. 1996, S. 219–225.
Foucault, Michel, Der utopische Körper. In: ders., Die Heterotopien. Les hétérotopies. Der utopische Körper. Le corps utopique, Frankfurt am Main 2005, S. 23–36.
Foucault, Michel, Die Geburt der Klinik. Eine Archäologie des ärztlichen Blicks, Frankfurt am Main 1988.
Foucault, Michel, Die Heterotopien. In: Michel Foucault: Die Heterotopien. Les hétérotopies. Der utopische Körper. Le corps utopique, Frankfurt am Main 2005, S. 7–22.
Foucault, Michel, Die Ordnung der Dinge. Eine Archäologie der Humanwissenschaften, Frankfurt am Main 1974.
Foucault, Michel, Die Sprache des Raumes. In: Michel Foucault. Schriften in vier Bänden. Dits et Ecrits. Band I. 1954–1969, hg. von Daniel Defert und François Ewald, Frankfurt am Main 2001, S. 533–539.
Foucault, Michel, Einführung [in: Binswanger, L., ›Traum und Existenz‹]. In: Michel Foucault. Schriften in vier Bänden. Dits et Ecrits. Band I. 1954–1969, hg. von Daniel Defert und François Ewald, Frankfurt am Main 2001, S. 107–174.
Foucault, Michel, Von anderen Räumen. In: Michel Foucault. Schriften in vier Bänden. Dits et Ecrits. Band IV. 1980–1988, hg. von Daniel Defert und François Ewald, Frankfurt am Main 2005, S. 931–942.
Foucault, Michel, Vorrede zur Überschreitung. In: Michel Foucault. Schriften in vier Bänden. Dits et Ecrits. Band I. 1954–1969, hg. von Daniel Defert und François Ewald, Frankfurt am Main 2001, S. 320–342.
Frank, Gustav und Wolfgang Lukas (Hg.), Norm – Grenze – Abweichung. Kultursemiotische Studien zu Literatur, Medien und Wirtschaft, Passau 2004.
Frank, Manfred, Steinherz und Geldseele. Ein Motiv im Kontext. In: Das kalte Herz. Texte der Romantik, hg. von Manfred Frank, Frankfurt am Main 1978, S. 253–387.
Frigge, Reinhold, Ulrike Schmiedinghöfer und Georg Werner, Raumcollagen und Genreszenen. Handlungsorientierte Zugänge zur Fontane-Lektüre im Unterricht berufsbildender Schulen. In: Diskussion Deutsch, 26, 1995, S. 288–295.
Gelfert, Hans-Dieter, Max und Monty. Kleine Geschichte des deutschen und englischen Humors, München 1998.
Genocchio, Benjamin, Discourse, discontinuity, difference: the question of ›other spaces‹. In: Postmodern Cities and Spaces, hg. von Sophie Watson und Katherine Gibson, Blackwell 1995, S. 35–46.

Geppert, Hans Vilmar, Der realistische Weg. Formen pragmatischen Erzählens bei Balzac, Dickens, Hardy, Keller, Raabe und anderen Autoren des 19. Jahrhunderts, Tübingen 1993.
Gernsheim, Helmut und Alison, L.J.M. Daguerre. The History of the Diorama and the Daguerrotype, New York ²1968.
Gille, Klaus F., Der Berg und die Seele. Überlegungen zu Tiecks ›Runenberg‹. In: Neophilologus, 77, 1993, S. 611–623.
Gockel, Heinz, Friedrich Schlegels Theorie des Fragments. In: Romantik. Ein literaturwissenschaftliches Studienbuch, hg. von Ernst Ribbat, Königshausen/Ts. 1979, S. 23–37.
Gordon, Joan, Hybridity, Heterotopia, and Mateship in China Miéville's ›Perdido Street Station‹. In: Science Fiction Studies, 30.3, 2003, S. 456–476.
Görling, Reinhold, Heterotopia. Lektüren einer interkulturellen Literaturwissenschaft, München 1997.
Gösweiner, Friederike, Einsamkeit in der jungen deutschsprachigen Literatur der Gegenwart, Innsbruck 2010.
Grätz, Katharina, Landpartie und Sommerfrische. Der Ausflugsort in Fontanes literarischer Topographie. In: Magie der Geschichten. Weltverkehr, Literatur und Anthropologie in der zweiten Hälfte des 19. Jahrhunderts, hg. von Michael Neumann und Kerstin Stüssel, Konstanz 2011, S. 77–92.
Grawe, Christian, Schach von Wuthenow. In: Fontane-Handbuch, hg. von Christian Grawe und Helmuth Nürnberger, Stuttgart 2000, S. 533–546.
Gray, Richard T., The Fourth Wall Illusion and the Theatre of Narrative in Franz Kafka's ›Ein Bericht für eine Akademie‹. In: Außenraum – Mitraum – Innenraum. Heterotopien in Kultur und Gesellschaft, hg. von Hamid Tafazoli und Richard T. Gray, Bielefeld 2012, S. 103–130.
Greif, Stefan, Ehre als Bürgerlichkeit in den Zeitromanen Theodor Fontanes, München u.a. 1992.
Grimm, Reinhold, Zur Wirkungsgeschichte von Vischers ›Auch Einer‹. In: Gestaltungsgeschichte und Gesellschaftsgeschichte, hg. von Helmut Kreuzer, Stuttgart 1969, S. 352–381.
Großklaus, Götz, Medien-Zeit, Medien-Raum. Zum Wandel der raumzeitlichen Wahrnehmung in der Moderne, Frankfurt am Main 1997.
Günter, Manuela, Tierische T/Räume. Zu Kafkas Heterotopien. In: Raumkonstruktionen in der Moderne. Kultur – Literatur – Film, hg. von Sigrid Lange, Bielefeld 2001, S. 49–73.
Günzel, Stephan (Hg.), Topologie. Zur Raumbeschreibung in den Kultur- und Medienwissenschaften, Bielefeld 2007.
Habermann, Frank, Zeichen machen Leute. Semiose und Glück in Gottfried Kellers ›Kleider machen Leute‹. In: Glück paradox. Moderne Literatur und Medienkultur – theoretisch gelesen, hg. von Anja Gerigk, Bielefeld 2010, S. 89–114.
Hajduk, Stefan, ›Das Eigentliche bleibt doch zurück.‹ Zur Erotik und transgenerationellen Dynamik der Beziehungsverhältnisse in Fontanes ›Effi Briest‹. In: Fontane Blätter, 89, 2010, S. 88–108.
Hall, Brian K., Evo-Devo: evolutionary developmental mechanisms. In: The International Journal of Developmental Biology, 47, 2003, S. 491–495.
Hamann, Christof und Oliver Ruf, Der Wald, die Insel, der Osten. Zur Symbolisierung des Raums in Wilhelm Raabes historischen Novellen vor der Reichsgründung. In: Jahrbuch der Raabe-Gesellschaft, 2009, S. 54–68.

Häntzschel, Günter, Idylle. In: Reallexikon der deutschen Literaturwissenschaft. Neubearbeitung des Reallexikons der deutschen Literaturgeschichte. Band 2. H-O, hg. von. Harald Fricke, Berlin/New York ³2000, S. 122–125.

Harms, Wolfgang, In Buchstabenkörpern die Chiffren der Welt lesen. Zur Inszenierung von Wörtern durch figurale oder verdinglichte Buchstaben. In: ›Aufführung‹ und ›Schrift‹ in Mittelalter und früher Neuzeit, hg. von Jan-Dirk Müller, Stuttgart/Weimar 1996, S. 575–595.

Harris, Chapin A., Dictionary of Dental Science. Biography, Bibliography and Medical Terminology, Philadelphia 1849.

Hasse, Jürgen, Übersehene Räume. Zur Kulturgeschichte und Heterotopologie des Parkhauses, Bielefeld 2007.

Hehle, Christine, Unterweltsfahrten. Reisen als Erfahrung des Versagens im Erzählwerk Fontanes. In: Theodor Fontane. Am Ende des Jahrhunderts. Band III. Geschichte. Vergessen. Großstadt. Moderne, hg. von Hanna Delf von Wolzogen in Zusammenarbeit mit Helmuth Nürnberger, Würzburg 2000. S. 65–76.

Heimböckel, Dieter, Eichendorff mit Kleist. ›Das Schloß Dürande‹ als Dichtung umgestürzter Ordnung. In: Aurora, 65, 2005, S 65–81.

Herlinghaus, Hermann (Hg.), Heterotopien der Identität. Literatur in interamerikanischen Kontaktzonen, Heidelberg 1999.

Hetherington, Kevin, The Badlands of Modernity. Heterotopia and social ordering, London/New York 1997.

Hillenbrand, Rainer, Heyses Novellen. Ein literarischer Führer, Frankfurt am Main u. a. 1998.

Hoffmann, Volker, ›Überholtes Wissen‹ als ›produktiver Anachronismus‹ in der Literatur des Realismus: Storm, Raabe mit einem Ausblick auf Fontane. In: Fontane Blätter, 93, 2012, S. 60–77.

Hollmer, Heide und Albert Meier, ›So oft der Lenz erwacht‹. Zu einigen Motivzusammenhängen in Joseph von Eichendorffs ›Das Marmorbild‹. In: Schnittpunkt Romantik. Text- und Quellenstudien zur Literatur des 19. Jahrhunderts, hg. von Wolfgang Bunzel, Konrad Feilchenfeldt und Walter Schmitz, Tübingen 1997, S. 69–80.

Hölter, Achim, Über Weichen geschickt und im *Kreis gejagt*. Wie Tiecks ›Blonder Eckbert‹ den modernen Leser kreiert. In: Die Prosa Ludwig Tiecks, hg. von Detlef Kremer, Bielefeld 2005, S. 69–94.

Hörster, Reinhard, Bildungsplazierungen. Räume, Möglichkeiten und Grenzen der Heterotopologie. In: Raumbildung – Bildungsräume. Über die Verräumlichung sozialer Prozesse, hg. von Jutta Ecarius und Martina Löw, Opladen 1997, S. 93–121.

Hotz, Karl, Raumgestaltung und Raumsymbolik in Wilhelm Raabes Erzählung ›Else von der Tanne‹. In: Jahrbuch der Raabe-Gesellschaft, 1968, S. 83–90.

Huber, Martin, Christine Lubkoll, Steffen Martus und Yvonne Wübben (Hg.), Literarische Räume. Architekturen – Ordnungen – Medien, München 2012.

Irsigler, Franziska, Beschriebene Gesichter. Ekphrastische Porträts in der Erzählkunst des Poetischen Realismus, Bielefeld, 2012.

Jackson, David, Von Müttern, Mamas, Marien und Madonnen. ›Viola tricolor‹, eine Novelle aus patriarchalischer Zeit. In: Stormlektüren. Festschrift für Karl Ernst Laage zum 80. Geburtstag, hg. von Gerd Eversberg, David Jackson und Eckart Pastor, Würzburg 2000, S. 151–162.

Jäger, Andrea, Groteske Schreibweise als Kipp-Phänomen der Romantik. In: Romantik und Ästhetizismus, hg. von Gerhard Plumpe, Würzburg 1999, S. 75–88.

Jakobson, Roman, Linguistik und Poetik. In: ders., Poetik. Ausgewählte Aufsätze 1921–1971, Frankfurt am Main 1979, S. 83–121.

Jakobson, Roman, Zwei Seiten der Sprache und zwei Typen aphatischer Störungen. In: ders., Aufsätze zur Linguistik und Poetik, Frankfurt am Main/Berlin/Wien 1979, S. 117–141.

Japp, Uwe, Rat Krespel. Rätsel der Kunst. In: E.T.A. Hoffmann. Romane und Erzählungen, hg. von Günter Saße, Stuttgart 2004, S. 157–167.

Jeziorkowski, Klaus, Gottfried Keller. Kleider machen Leute. Text, Materialien, Kommentar, München 1984.

Jongen, Marc und Matthias Müller (Hg.), Philosophie des Raumes. Standortbestimmungen ästhetischer und politischer Theorie, München ²2010.

Kahn, Miriam, Heterotopic Dissonance in the Museum Representation of Pacific Island Cultures. In: American Anthropologist. New Series, 97.2, 1995, S. 324–338.

Kahrmann, Cordula, Idyll im Roman. Theodor Fontane, München 1973.

Kałążny, Jerzy, Unter dem »bürgerlichen Wertehimmel«. Untersuchungen zur kulturgeschichtlichen Erzählprosa von Wilhelm Heinrich Riehl, Frankfurt am Main 2007.

Kayser, Wolfgang, Das Groteske. Seine Gestaltung in Malerei und Dichtung, Oldenburg/Hamburg 1957.

Kern, Johannes P., Ludwig Tieck. Dichter einer Krise, Heidelberg 1977.

Kersten, Johannes, Eichendorff und Stifter. Vom offenen zum geschlossenen Raum, Paderborn u. a. 1996.

Kleiner, Marcus S., Medien-Heterotopien. Diskursräume einer gesellschaftskritischen Medientheorie, Bielefeld 2006.

Klimek, Sonja, Waldeinsamkeit – Literarische Landschaft als transitorischer Ort bei Tieck, Stifter, Storm und Raabe. In: Jahrbuch der Raabe-Gesellschaft, 2012, S. 99–126.

Klotz, Volker, Auferlebte Frauenstatuen: Variationen eines Novellen-Sujets. Eichendorffs ›Das Marmorbild‹ und Mérimées ›La Vénus d'Ille‹. In: Romanistische Zeitschrift für Literaturgeschichte, 20.3/4, 1996, S. 315–342.

Klussmann, Paul Gehrhard, Die Zweideutigkeit des Wirklichen in Ludwig Tiecks Märchennovellen [1964]. In: Ludwig Tieck, hg. von Wulf Segebrecht, Darmstadt 1976, S. 352–385.

Kremer, Detlef, Einsamkeit und Schrecken. Psychosemiotische Aspekte von Tiecks ›Phantasus‹-Märchen. In: Die Prosa Ludwig Tiecks, hg. von Detlef Kremer, Bielefeld 2005, S. 53–68.

Kremer, Detlef, Frühes Erzählen (Auftragsarbeiten, Kunstmärchen). In: Ludwig Tieck. Leben – Werk – Wirkung, hg. von Claudia Stockinger und Stefan Scherer, Berlin 2011, S. 496–514.

Kremer, Detlef, Kabbalistische Signaturen. Sprachmagie als Brennpunkt romantischer Imagination bei E.T.A. Hoffmann und Achim von Arnim. In: Kabbala und die Literatur der Romantik. Zwischen Magie und Trope, hg. von Eveline Goodman-Thau, Gert Mattenklott und Christoph Schulte, Tübingen 1999, S. 197–221.

Kremer, Detlef, Prosa der Romantik, Stuttgart 1997.

Kremer, Detlef, Romantische Metamorphosen. E.T.A. Hoffmanns Erzählungen, Stuttgart/Weimar 1993.

Kremer, Detlef, Vorwort. In: Die Prosa Ludwig Tiecks, hg. von Detlef Kremer, Bielefeld 2005, S. 7–10.

Kreuzer, Ingrid, Märchenform und individuelle Geschichte. Zu Text- und Handlungsstrukturen in Werken Ludwig Tiecks zwischen 1790 und 1811, Göttingen 1983.

Krug, Michaela, Auf der Suche nach dem eigenen Raum. Topographien des Weiblichen im Roman von Autorinnen um 1800, Würzburg 2004.
Kun, Josh, Audiotopia. Music, Race, and America, Berkeley/Los Angeles 2005.
Lange, Carsten, Architekturen der Psyche. Raumdarstellung in der Literatur der Romantik, Würzburg 2007.
Ledanff, Susanne, Raumpraktiken in den Romanen Theodor Fontanes. Mit besonderem Blick auf Michel de Certeaus Raumtheorien. In: Raumlektüren. Der Spatial Turn und die Literatur der Moderne, hg. von Tim Mehigan und Alan Corkhill, Bielefeld 2013, S. 147–166.
Lefebvre, Bertrand und Audrey Bochaton, The Rebirth of the hospital. Heterotopia and medical tourism in Asia. In: Asia on tour. Exploring the rise of Asian tourism, London 2009, S. 97–108.
Lefebvre, Henri, The Production of Space, Oxford 2005.
Lehmann, Johannes F., Im Abgrund der Wut. Zur Kultur- und Literaturgeschichte des Zorns, Freiburg/Berlin/Wien 2012.
Lehnert, Gertrud, Raum und Gefühl. Der Spatial Turn und die neue Emotionsforschung, Bielefeld 2011.
Lehnert, Gertrud, Verlorene Räume. Zum Wandel eines Wahrnehmungsparadigmas in der Romantik. In: Deutsche Vierteljahrsschrift für Literaturwissenschaft und Geistesgeschichte, 69, 1995, S. 722–734.
Leiß, Judith, Inszenierungen des Widerstreits. Die Heterotopie als postmodernistisches Subgenre der Utopie, Bielefeld 2010.
Leiteritz, Christiane, Gespenster-Welten: Heterotopien bei Kasack, Sartre und Wilder. In: Gespenster. Erscheinungen – Medien – Theorien, hg. von Moritz Baßler, Bettina Gruber und Martina Wagner-Egelhaaf, Würzburg 2005, S. 253–266.
Lemma Haarmenschen. In: Meyers Konversationslexikon. Band 7. Gehirn-Hainichen, Leipzig/Wien ⁴1890, S. 979.
Lemma Heterotopie. In: Günter Krämer, Kleines Lexikon der Epileptologie, Stuttgart/New York 2005, S. 130.
Lemma Pankreas, In: Ursus-Nikolaus Riede, Martin Werner und Nikolaus Freudenberg, Basiswissen Allgemeine und Spezielle Pathologie, Heidelberg 2009.
Lepenies, Wolf, Handwerker und Poet dazu: W.H. Riehl. In: ders.: Die drei Kulturen. Soziologie zwischen Literatur und Wissenschaft, München/Wien 1986, S. 239–243.
Lieb, Claudia, Das öde Haus. In: E.T.A. Hoffmann. Leben – Werk – Wirkung, hg. von Detlef Kremer, Berlin/New York 2009, S. 197–202.
Liebrand, Claudia, Odysseus auf dem Dorfe. Genre, Topographie und Intertextualität in Droste-Hülshoffs Judenbuche. In: Droste-Jahrbuch, 7, 2007/2008, S. 145–162.
Löhr, Katja, Sehnsucht als poetologisches Prinzip bei Joseph von Eichendorff, Würzburg 2003.
Lotman, Jurij, Die Struktur literarischer Texte, München 1972.
Löw, Martina, Raumsoziologie, Frankfurt am Main 2007.
Löw, Martina, Soziologie der Städte, Frankfurt am Main 2008.
Löwer, Ingrid, Die 68er im Spiegel ihrer Kinder. Eine vergleichende Untersuchung zu familienkritischen Prosatexten der jüngeren Autorengeneration, Bremen 2011.
Maresch, Rudolf und Nils Werber (Hg.), Raum – Wissen – Macht, Frankfurt am Main 2002.
Martínez, Matías und Michael Scheffel, Einführung in die Erzähltheorie, München 1999.

Martínez, Matías, Das Leben als Roman. Weltanschauung, Handlungsführung und Poetik in Hoffmanns ›Der Zusammenhang der Dinge‹. In: E.T.A. Hoffmann. Text + Kritik. Zeitschrift für Literatur. Sonderband, hg. von Heinz Ludwig Arnold, München 1992, S. 76–85.

Martini, Fritz, Deutsche Literatur im bürgerlichen Realismus. 1848–1898, Stuttgart 1962.

Matt, Peter von, Die Augen der Automaten. E. T. A. Hoffmanns Imaginationslehre als Prinzip seiner Erzählkunst, Tübingen 1971.

Mead, Walter Russell, Trains, Planes, and Automobiles: The End of the Postmodern Moment. In: World Policy Journal, 4.12, 1995/1996, S. 13–31.

Mecklenburg, Norbert, ›Die Gesellschaft der verwilderten Steine‹. Interpretationsprobleme von Ludwig Tiecks Erzählung ›Der Runenberg‹. In: Der Deutschunterricht, 34.6, 1982, S. 62–76.

Meyer-Sickendiek, Burkhard, Tiefe. Über die Faszination des Grübelns, München 2010.

Mills, Charles Karsner, The Nervous System and its Diseases. A Practical Treatise on Neurology for the Use of Physicians and Students, Philadelphia 1898.

Mittelstraß, Jürgen, Neuzeit und Aufklärung. Studien zur Entstehung der neuzeitlichen Wissenschaft und Philosophie, Berlin/New York 1970.

Mittenzwei, Ingrid, Die Sprache als Thema. Untersuchungen zu Fontanes Gesellschaftsromanen, Berlin/Zürich 1970.

Montigel, Ulrike, Der Körper im humoristischen Roman. Zur Verlustgeschichte des Sinnlichen. François Rabelais – Laurence Sterne – Jean Paul – Friedrich Theodor Vischer, Frankfurt am Main 1987.

Moussa, Brahim, Heterotopien im poetischen Realismus. Andere Räume, Andere Texte, Bielefeld 2012.

Mülder, Friedrich, Am Ende des Vormärz: Suche nach der Idylle? Mecklenburg im Werk Heinrich Seidels. In: Fritz Reuter und die Reformbestrebungen seiner Zeit, hg. von Christian Bunners, Ulf Bichel und Jürgen Grote, Rostock 2002, S. 111–125.

Mülder-Bach, Inka und Gerhard Neumann, Einleitung. In: Räume der Romantik, hg. von Inka Mülder-Bach und Gerhard Neumann, Würzburg 2007, S. 7–11.

Mülder-Bach, Inka, Tiefe. Zur Dimension der Romantik. In: Räume der Romantik, hg. von Inka Mülder-Bach und Gerhard Neumann, Würzburg 2007, S. 83–102.

Müller, Gerhard, Nichts, Nichtseiendes. In: Historisches Wörterbuch der Philosophie. Band 6. Mo-O, hg. von Joachim Ritter und Karlfried Gründer, Stuttgart/Basel 1984, Sp. 805–838.

Müller-Fromme, Renate, Anforderungen an Vitrinen im Museums- und Ausstellungsbereich. Technischer und konservatorischer Kriterienkatalog aus der Praxis. In: Der Ausstellungsraum im Ausstellungsraum. Moderne Vitrinentechnik für Museen, hg. von der Bildungsstätte für Museumspersonal, Köln 1994, S. 10–31.

Müller-Seidel, Walter, Theodor Fontane. Soziale Romankunst in Deutschland, Stuttgart ²1980.

Neumann, Gerhard, Kindheit und Erinnerung. Anfangsphantasien in drei romantischen Novellen: Ludwig Tieck ›Der blonde Eckbert‹. Friedrich de la Motte Fouqué ›Undine‹. E.T.A. Hoffmann ›Der Magnetiseur‹. In: Jugend – ein romantisches Konzept?, hg. von Günter Oesterle, Würzburg 1997, S. 81–102.

Neumann, Michael, Wandern und Sammeln. Zur realistischen Verortung von Zeichenpraktiken. In: Magie der Geschichten. Weltverkehr, Literatur und Anthropologie in der zweiten Hälfte des 19. Jahrhunderts, hg. von Michael Neumann und Kerstin Stüssel, Konstanz 2011, S. 131–154.

Neumeyer, Harald, Theodor Storms Novellistik. In: Realismus. Epoche – Autoren – Werke, hg. von Christian Begemann, Darmstadt 2007, S. 103–120.

Nutt-Kofoth, Rüdiger, Schreibräume, Landnahmen. Annett von Droste-Hülshoffs Manuskriptblätter. In: Droste-Jahrbuch, 7, 2007/2008, S. 243–273.
Oesterle, Günter, Die Grablegung des Selbst im Andern und die Rettung des Selbst im Anonymen. Zum Wechselverhältnis von Biographie und Autobiographie in der zweiten Hälfte des 19. Jahrhunderts am Beispiel von Friedrich Theodor Vischers ›Auch Einer‹. In: Vom Anderen und vom Selbst. Beiträge zu Fragen der Biographie und Autobiographie, hg. von Reinhold Grimm und Jost Hermand, Königstein/Ts. 1982, S. 45–70.
Oesterle, Ingrid, Verübelte Geschichte. Autobiographische Selbstentblößung, komische Selbstentlastung und bedingte zynische Selbstbehauptung in Friedrich Theodor Vischers Roman ›Auch Einer‹. In: Vom Anderen und vom Selbst. Beiträge zu Fragen der Biographie und Autobiographie, hg. von Reinhold Grimm und Jost Hermand, Königstein/Ts. 1982, S. 71–93.
Ort, Claus-Michael, Zeichen und Zeit. Probleme des literarischen Realismus, Tübingen 1998.
Osborne, John, Schach von Wuthenow. ›Das rein Äußerliche bedeutet immer viel ...‹. In: Fontanes Novellen und Romane, hg. von Christian Grawe, Stuttgart 1991, S. 92–112.
Ott, Michaela und Elke Uhl (Hg.), Denken des Raums in Zeiten der Globalisierung, Münster 2005.
Ottmann, Dagmar, Angrenzende Rede. Ambivalenzbildung und Metonymisierung in Ludwig Tiecks späten Novellen, Tübingen 1990.
Pikulik, Lothar, Romantik als Ungenügen an der Normalität. Am Beispiel Tiecks, Hoffmanns, Eichendorffs, Frankfurt am Main 1979.
Piotrowska, Anna, Gypsy Music in European Culture. From the Late Eighteenth to the Early Twentieth Centuries, Boston 2013.
Plett, Heinrich, Amplification. In: Encyclopedia of Rhetoric, hg. von Thomas O. Sloane, Oxford/New York 2001, S. 25–26.
Polheim, Karl Konrad, Eichendorffs ›Marmorbild‹. Quelle – Text – Edition«. In: edition, 11, 1997, S. 86–96.
Potthast, Barbara und Alexander Reck, Einführung. In: Friedrich Theodor Vischer. Leben – Werk – Wirkung, hg. von Barbara Potthast und Alexander Reck, Heidelberg 2011, S. VII–X.
Raith, Markus, Erzähltes Theater. Szenische Illusionen im europäischen Roman des 19. und frühen 20. Jahrhunderts, Tübingen 2004.
Rath, Wolfgang, Die Novelle, Göttingen 2000.
Rath, Wolfgang, Ludwig Tieck. Das vergessene Genie. Studien zu seinem Erzählwerk, Paderborn u. a. 1996.
Rauch, Marja, Die Schule der Einbildungskraft. Zur Geschichte des Literaturunterrichts in der Romantik, Frankfurt am Main 2011.
Reinacher, Pia, Die Sprache der Kleider im literarischen Text. Untersuchungen zu Gottfried Keller und Robert Walser, Frankfurt am Main u. a. 1988.
Reiser, Frank, Andere Räume, entschwindende Subjekte. Das Gefängnis und seine Literarisierung im französischen Roman des ausgehenden 20. Jahrhunderts, Heidelberg 2007.
Relph, Edward, Post-Modern Geography. In: Canadian Geographer, 35.1, 1991, S. 98–105.
Ribbat, Ernst, Lebensräume, Todesorte und eine Inschrift. Zum topographischen Erzählen in Die Judenbuche. In: Droste-Jahrbuch, 7, 2007/2008, S. 163–175.
Ribbat, Ernst, Ludwig Tieck. Studien zur Konzeption und Praxis romantischer Poesie, Kronberg/Ts. 1978.

Ridley, Hugh, ›Der Halbbruder des Vormärz‹: Friedrich Spielhagen. Reflexionen zu den Kontinuitäten seines Werkes. In: Formen der Wirklichkeitserfassung nach 1848. Deutsche Literatur und Kultur vom Nachmärz bis zur Gründerzeit in europäischer Perspektive. Band 1, hg. von Helmut Koopmann und Michael Perraudin, Bielefeld 2003, S. 217–231.

Riese, Utz, Heterotopien der Komplizenschaft. Räume differentieller Negativität in der amerikanischen Literatur. In: Postmoderne – globale Differenz, hg. von Robert Weimann und Hans Ulrich Gumbrecht, Frankfurt am Main 1991, S. 278–289.

Sagave, Pierre-Paul, ›Schach von Wuthenow‹ als politischer Roman. In: Fontanes Realismus. Wissenschaftliche Konferenz zum 150. Geburtstag Theodor Fontanes in Potsdam, hg. von Hans-Erich Teitge und Joachim Schobeß, Berlin 1972, S. 87–94.

Salmen, Walter, ›Am Sylvester war Ressourceball …‹. Tänze und Bälle bei Theodor Fontane. In: Fontane Blätter, 88, 2009, S. 104–126.

Sarasin, Philipp, Michel Foucault zur Einführung, Hamburg 2005.

Saße, Günter, Familie als Traum und Träume. Adalbert Stifters ›Nachsommer‹. In: Ordnung – Raum – Ritual. Adalbert Stifters artifizieller Realismus, hg. von Sabina Becker und Katharina Grätz, Heidelberg 2007, S. 211–233.

Sauter, Michiel, Marmorbilder und Masochismus. Die Venusfiguren in Eichendorffs ›Das Marmorbild‹ und in Sacher-Masochs ›Venus im Pelz‹. In: Neophilologus, 75, 1991, S. 119–127.

Scheffel, Michael, ›Der Weg ins Freie‹ – Figuren der Moderne bei Theodor Fontane und Arthur Schnitzler. In: Theodor Fontane. Am Ende des Jahrhunderts. Band III, hg. von Hanna Delf von Wolzogen, Würzburg 2000, S. 253–265.

Scheld, Hans, Dieter Hammel, Christof Schmid und Mario Denk, Leitfaden Herztransplantation. Berlin/Heidelberg, Springer ²2001.

Scherpe, Klaus R., Ort oder Raum? Fontanes literarische Topographie. In: Theodor Fontane. Am Ende des Jahrhunderts. Band III, hg. von Hanna Delf von Wolzogen, Würzburg 2000, S. 161–169.

Scheuer, Helmut, ›Autorität und Pietät‹ – Wilhelm Heinrich Riehl und der Patriarchalismus in der Literatur des 19. Jahrhunderts. In: Familienmuster – Musterfamilien. Zur Konstruktion von Familie in der Literatur, hg. von Claudia Brinker-von der Heyde und Helmut Scheuer, Frankfurt am Main 2004, S. 135–160.

Schilling, Martin, Erzählen als Arbeit am kollektiven Gedächtnis. Zu Theodor Storms Novellen nach 1865. In: Euphorion, 89, 1995, S. 37–53.

Schmitz, Hermann, Der Leib, der Raum und die Gefühle, Bielefeld 2007.

Schneider, Lothar, Die Verabschiedung des idealistischen Realismus. Friedrich Spielhagens Romanpoetik und ihre Kritiker. In: Formen der Wirklichkeitserfassung nach 1848. Deutsche Literatur und Kultur vom Nachmärz bis zur Gründerzeit in europäischer Perspektive. Band 1, hg. von Helmut Koopmann und Michael Perraudin, Bielefeld 2003, S. 233–244.

Schneider, Lothar, Realistische Literaturpolitik und naturalistische Kritik. Über die Situierung der Literatur in der zweiten Hälfte des 19. Jahrhunderts und die Vorgeschichte der Moderne, Tübingen 2005.

Schroer, Markus, Räume, Orte, Grenzen: Auf dem Weg zu einer Soziologie des Raums, Frankfurt am Main 2006.

Schuhmacher, Hans, Narziß an der Quelle. Das romantische Kunstmärchen, Wiesbaden 1977.

Schulte, Christoph, Kabbala in der deutschen Romantik. Zur Einleitung. In: Kabbala und Romantik, hg. von Eveline Goodman-Thau, Gerd Mattenklott und Christoph Schulte, Tübingen 1994, S. 1–19.
Schürmann, Uta, Tickende Gehäuseuhr, gefährliches Sofa. Interieurbeschreibungen in Fontanes Romanen. In: Fontane Blätter, 85, 2008, S. 115–131.
Segebrecht, Wulf, Autobiographie und Dichtung. Eine Studie zum Werk E.T.A. Hoffmanns, Stuttgart 1967.
Seidler, Herbert, Gestaltung und Sinn des Raumes in Stifters ›Nachsommer‹. In: Adalbert Stifter. Studien und Interpretationen, hg. von Lothar St ehm, Heidelberg 1968, S. 203–226.
Seidlin, Oskar, Eichendorffs symbolische Landschaft. In: Eichendorff heute. Stimmen der Forschung mit einer Bibliographie, hg. von Paul Stöcklein, Darmstadt 1966, S. 218–241.
Selbmann, Rolf, Gottfried Keller. Romane und Erzählungen, Berlin 2001.
Siebenpfeiffer, Hania, Kerker, Kirchen, Kriegsschauplätze – Heterotopie und Stadt in Wolfgang Koeppens ›Der Tod in Rom‹. In: Krieg und Nachkrieg. Konfigurationen der deutschsprachigen Literatur (1940–1965), hg. von Hania Siebenpfeiffer und Ute Wölfel, Berlin 2004, S. 99–121.
Simons, Oliver, Raumgeschichten. Topographien der Moderne in Philosophie, Wissenschaft und Literatur, München 2007.
Sloterdijk, Peter, Die Akademie als Heterotopie. Rede zur Eröffnung des Wintersemesters an der HFG Karlsruhe. In: Philosophie des Raumes. Standortbestimmungen ästhetischer und politischer Theorie, hg. von Marc Jongen, Paderborn ^{2}2010, S. 23–31.
Sloterdijk, Peter, Sphären I–III, Frankfurt am Main 1998/1999/2004.
Soja, Edward, Postmodern Geographies, London 1989.
Soja, Edward, Thirdspace, Malden 1996.
Solms, Wilhelm, Die ›schöne Zigeunerin‹ der Romantik und ihre häßliche Umgebung. In: Ungleichzeitigkeiten der Europäischen Romantik, hg. von Alexander von Bormann, Würzburg 2006, S. 329–346.
Sonesson, Göran, Metonymy. In: Encyclopedia of Semiotics, hg. von Paul Bouissac, New York 1998, S. 415–416.
Spinner, Kaspar Heinrich, Der Mond in der deutschen Dichtung von der Aufklärung bis zur Spätromantik, Bonn 1969.
Springer, Mirjam, Verbotene Räume. Annette von Droste-Hülshoffs Klänge aus dem Orient. In: Droste-Jahrbuch, 7, 2007/2008, S. 95–108.
Staiger, Emil, Ludwig Tieck und der Ursprung der deutschen Romantik [1960]. In: Ludwig Tieck, hg. von Wulf Segebrecht, Darmstadt 1976, S. 322–334.
Steiner, Uwe C., ›Alles Gartenutensil mischt sich in das Kampfgewühl‹. Vom Aufstand der Inneneinrichtung und den Krisen des Menschen bei Busch, in Vischers ›Auch Einer‹ und in Stifters ›Nachsommer‹. In: Magie der Geschichten. Weltverkehr, Literatur und Anthropologie in der zweiten Hälfte des 19. Jahrhunderts, hg. von Michael Neumann und Kerstin Stüssel, Konstanz 2011, S. 285–303.
Stenger, Karl L., Die Erzählstruktur von Friedrich Theodor Vischers Auch Einer: Wesen und Funktion, New York 1986.
Stone, Philip R., Dark tourism, heterotopias and post-apocalyptic places. The case of Chernobyl. In: Dark Tourism and Place Identity. Managing and interpreting dark places, hg. von Leanne White and Elspeth Frew, London/New York 2013, S. 79–93.
Swales, Erika, The Poetics of Scepticism. Gottfried Keller and ›Die Leute von Seldwyla‹, Oxford 1994.

Swales, Martin, Epochenbuch Realismus. Romane und Erzählungen, Berlin 1997.
Szukala, Ralph, Victoire 1806, Preußen. Zur Spiegelschrift der Bildmotive in Theodor Fontanes ›Schach von Wuthenow‹. In: In Bildern denken. Studien zur gesellschaftskritischen Funktion von Literatur, hg. von Giovanni Scimonellp und Ralph Szukala, Bielefeld 2008, S. 137–153.
Tafazoli, Hamid und Richard T. Gray (Hg.), Außenraum – Mitraum – Innenraum. Heterotopien in Kultur und Gesellschaft, Bielefeld 2012.
Tang, Chenxi, Poetologie der Kulturlandschaft bei Alexander von Humboldt und Friedrich Hölderlin. In: Räume der Romantik, hg. von Inka Mülder-Bach und Gerhard Neumann, Würzburg 2007, S. 169–196.
Tanzer, Ulrike, Fortuna, Idylle, Augenblick. Aspekte des Glücks in der Literatur, Würzburg 2001.
Tautz, Birgit, Michel Foucault trifft Yoko Tawada. Sprache und ethnologische Poetologie als Heterotopien. In: Außenraum – Mitraum – Innenraum. Heterotopien in Kultur und Gesellschaft, hg. von Hamid Tafazoli und Richard T. Gray, Bielefeld 2012, S. 169–191.
Tesch, Pamela, Romantic Inscriptions of the Female Body in German Night and Fantasy Pieces. In: Neophilologus, 92.4, 2008, S. 681–697.
Tetzlaff, Stefan, Entsagung im Poetischen Realismus. Motiv, Verfahren, Variation. In: Entsagung und Routines. Aporien des Spätrealismus und Verfahren der frühen Moderne, hg. von Moritz Baßler, Berlin 2013, S. 70–114.
Tetzlaff, Stefan, Zoë Jenny. Kindheitsraum als versuchte Heterotopie. In: Topographien der Kindheit. Literarische, mediale und interdisziplinäre Perspektiven auf Orts- und Raumkonstruktionen, hg. von Caroline Roeder, Bielefeld 2014, S. 329–346.
Thalmann, Marianne, Romantiker entdecken die Stadt, München 1965.
Thums, Barbara, Das Kloster als imaginierte Heterotopie um 1800. In: Räume des Subjekts um 1800: Zur imaginativen Selbstverortung des Individuums zwischen Spätaufklärung und Romantik, hg. von Rudolf Behrens und Jörn Steigerwald, Wiesbaden 2010, S. 37–51.
Thürmer, Wilfried, Das Andere als Dasselbe? Zum Wahrheitsmoment der Idyllenproduktion im Werk Heinrich Seidls – Plädoyer für die erneute Lektüre einiger Erzählungen. In: Jahrbuch der Raabe-Gesellschaft, 1989, S. 100–113.
Toussaint, Stéphanie und Alain Decrop, The Père-Lachaise Cemetery. Between dark tourism and heterotopic consumption. In: Dark Tourism and Place Identity. Managing and interpreting dark places, hg. von Leanne White und Elspeth Frew, London/New York 2013, S. 13–27.
Trotha, Hans von, Gartenkunst. Auf der Suche nach dem verlorenen Paradies, Berlin 2012.
Tung, Charles, Modernist Heterochrony, Evolutionary Biology, and the Chimery of Time. In: The Year's Work in the Oddball Archive, hg. von Jonathan Eburn und Judith Roof, Indiana 2016, S. 246–278.
Urban, Urs, Der Raum des Anderen und Andere Räume, Würzburg 2007.
Verwiebe, Birgit, Lichtspiele. Vom Mondscheintransparent zum Diorama, Stuttgart 1997.
Virchow, Rudolf, Die Cellularpathologie in ihrer Begründung auf physiologische und pathologische Gewebelehre, Berlin 1858.
Voigt, Joachim, Das Spiel im Spiel. Versuch einer Formbestimmung an Beispielen aus dem deutschen, englischen und spanischen Drama. Göttingen 1954.
Volkov, Evgenij, Zum Begriff des Raumes in Fontanes später Prosa. In: Fontane Blätter, 63, 1997, S. 144–151.
Vredeveld, Harry, Ludwig Tieck's ›Der Runenberg‹: An Archetypal Interpretation. In: The Germanic Review, 69, 1974, S. 200–214.

Wagner, Kirsten, Zur Produktion des Raumes in der Architektur. Leibproduktion oder räumliche Technik der Macht? In: RaumErkundungen. Einblicke und Ausblicke, hg. von Elisabeth Tiller und Christoph Oliver Mayer, Heidelberg 2011, S. 183–211.
Walshe, Walter Hayle, The Physical Diagnosis of Diseases of the Lungs, Philadelphia 1843.
Weber, Philipp, Weltraum und Subjektraum. Zum Kozept des inneren Universums bei Novalis. In: Raumlektüren. Der Spatial Turn und die Literatur der Moderne, hg. von Tim Mehigan und Alan Corkhill, Bielefeld 2013, S. 55–68.
Wehrli, René, Eichendorffs Erlebnis und Gestaltung der Sinnenwelt, Frauenfeld/Leipzig 1938.
Weisrock, Katharina, Grenzüberschreitung im Phantastischen. Zur Struktur der ästhetischen Wahrnehmung in Joseph von Eichendroffs ›Das Marmorbild‹ (1818). In: Das literarische Antlitz des Grenzlandes, hg. von Krzysztof Antoni Kuczyński und Thomas Schneider, Frankfurt am Main u. a. 1991, S. 210–220.
Weitin, Thomas, Nachtstücke (1816/17). In: E.T.A. Hoffmann. Leben – Werk – Wirkung, hg. von Detlef Kremer, Berlin/New York ²2010, S. 161–168.
Wellbery, David E., Sinnraum und Raumsinn. Eine Anmerkung zur Erzählkunst von Brentano und Eichendorff. In: Räume der Romantik, hg. von Inka Mülder-Bach und Gerhard Neumann, Würzburg 2007, S. 103–116.
Wesollek, Peter, Ludwig Tieck oder der Weltumsegler seines Innern. Anmerkungen zur Thematik des Wunderbaren in Tiecks Erzählwerk, Wiesbaden 1984.
West-Eberhard, Mary Jane, Developmental Plasticity and Evolution, Oxford/New York 2003.
Wetzel, Michael, Mignon. Die Kindsbraut als Phantasma der Goethezeit, München 1999.
White, Michael, Space and Ambiguous Sentimentality. Theodor Storm's ›Die Söhne des Senators‹. In: Raumlektüren. Der Spatial Turn und die Literatur der Moderne, hg. von Tim Mehigan und Alan Corkhill, Bielefeld 2013, S. 107–121.
Wiese, Benno von, Die deutsche Novelle von Goethe bis Kafka, Düsseldorf 1956.
Wild, Bettina, Topologie des ländlichen Raums. Berthold Auerbachs Schwarzwälder Dorfgeschichten und ihre Bedeutung für die Literatur des Realismus, Würzburg 2011.
Wilhelm, Gisela, Die Dramaturgie des epischen Raumes bei Theodor Fontane, Frankfurt am Main 1981.
Wünsch, Marianne, Eigentum und Familie im Realismus: Das Werk Wilhelm Raabes. In: dies., Realismus (1850–1890). Zugänge zu einer literarischen Epoche, Kiel 2007, S. 189–211.
Wünsch, Marianne, Konzeptionen der ›Person‹ und ihrer ›Psyche‹ in der Literatur der ›Goethezeit‹ bis zum ›frühen Realismus‹. In: dies., Realismus (1850–1890). Zugänge zu einer literarischen Epoche, Kiel 2007, S. 121–151.
Zelditch, Miriam L. und William L. Fink, Heterochrony and heterotopy. Stability and Innovation in the Evolution of Form. In: Paleobiology, 22.2, 1996, S. 241–254.
Zumbusch, Cornelia, Der Raum der Seele. Topographien des Unbewussten in Joseph von Eichendorffs ›Eine Meerfahrt‹. In: Räume der Romantik, hg. von Inka Mülder-Bach und Gerhard Neumann, Würzburg 2007, S. 197–216.

13 Personen- und Werkregister

Alberti, Leo Battista 73
Arnim, Achim von 42, 63, 79, 122, 159, 186
– Angelika, die Genueserin und Cosmus, der Seilspringer 79
– Die Kronenwächter 79
– Die Majorats-Herren 42, 63, 186
– Hollins Liebeleben 159
– Isabella von Ägypten 63
Arnim, Bettine von 179
Arwidsson, Thorsten 2
– Kurze Mitteilung über homotope und heterotope Parasiten 2
Auerbach, Alfred 73–75
Auerbach, Berthold 149, 186
Austen, Jane 150

Balzac, Honoré de 212
Barrio, Luis Felipe 5
– Heterotopia 5
Baudelaire, Charles 8
Borges, Jorge Luis 14, 32
Brehm, Christian Ludwig 251
Brentano, Clemens 60, 81, 83, 162, 235
– Aus der Chronika eines fahrenden Schülers 162
– Die Schachtel mit der Friedenspuppe 81
– Godwi 81

Calvino, Italo 40
– Wenn ein Reisender in einer Winternacht 40
Calzabigi, Ranieri de' 240
Chevalier Avant Garde 5
– Heterotopias 5

Daguerre, Louis 73 f.
– Bergrutsch im Tal zu Goldau 74
– Das feindseelige Todten-Gerippe 132
Delany, Samuel R. 5
– Trouble on Triton 5
Dickens, Charles 212
Droste-Hülshoff, Annette von 11
– Die Judenbuche 11
– Klänge aus dem Orient 11

Eckstein, Ernst 231–239
– Roderich Löhr 231–239
Eichendorff, Joseph von 13, 60, 75–79, 82–84, 103, 106, 122–135, 137, 139, 158, 160, 162, 172, 178, 179 f., 182, 186, 204, 224–230, 232, 235, 241, 245–247, 256 f.
– Ahnung und Gegenwart 78, 228, 247
– Aus dem Leben eines Taugenichts 78
– Das Marmorbild 78 f., 123–135, 204
– Das Schloß Dürande 60, 83 f., 103, 125
– Dichter und ihre Gesellen 77
– Die Entführung 180
– Die Glücksritter 79
– Die Zauberei im Herbste 79
– Eine Meerfahrt 76, 79, 256
– In einem kühlen Grunde 235
– Mondnacht 235
– Viel Lärmen um Nichts 78
– Zur Geschichte des Dramas 82
Einstein, Carl 8

Fontane, Theodor 11 f., 18, 29, 40, 68 f., 76, 146–159, 169, 187–194, 220, 231, 258
– Cécile 148
– Der Stechlin 147
– Die Poggenpuhls 147
– Effi Briest 147 f., 189–194, 258
– Frau Jenny Treibel 68 f., 147
– Graf Petöfy 154
– Grete Minde 148
– Irrungen, Wirrungen 148
– L'Adultera 148
– Mathilde Möhring 147, 187 f.
– Quitt 148
– Schach von Wuthenow 146, 148, 150–159
– Stine 148
– Unterm Birnbaum 146
– Unwiederbringlich 147
Fouqué, Friedrich de la Motte 68, 84 f., 88, 124, 244
– Undine 68, 84 f., 88, 124, 244
Freytag, Gustav 69, 149
– Soll und Haben 69, 149

13 Personen- und Werkregister — 281

Friedmann, Alfred 169–171
– Der Schein trügt 169–171

Gluck, Christoph Willibald 240
– Ach, ich habe sie verloren 240
– Orfeo ed Euridice 240
Goethe, Johann Wolfgang 34 f., 103, 170 f., 178–180, 240
– Die Wahlverwandtschaften 34 f.
– Faust 70, 103
– Wilhelm Meisters Lehrjahre 178–180
Gotthelf, Jeremias 185
– Der Besuch auf dem Lande 185

Hackert, Philipp 73
Haeckel, Ernst 1 f., 4
– Die Gastrula und die Eifurchung der Thiere 1
– Evolution of Man 1
Halle, Johann Samuel 73
– Magie, oder die Zauberkräfte der Natur 73
Hardy, Thomas 212
Harris, Chapin A. 2
– Dictionary of Dental Science. Biography, Bibliography and Medical Terminology 2
Hegel, Georg Wilhelm Friedrich 43
Herder, Johann Gottfried 86
– Kalligone 86
Heyse, Paul 149, 204–213, 224, 234, 239–241
– Der letzte Zentaur 204–211
– Im Grafenschloß 224
– Unvergeßbare Worte 239–241
Hoffmann, Ernst Theodor Amadeus 34–40, 42–44, 60–66, 68, 75, 77 f., 80, 88, 91, 93, 122, 125, 135–142, 173, 186, 204, 207, 214 f., 220, 235, 245
Die Bergwerke zu Falun 145
– Das Gelübde 80
– Das öde Haus 44, 61–66, 78, 137
– Das steinerne Herz 138–142
– Der Artushof 137
– Der Elementargeist 80
– Der goldene Topf 78, 80
– Der Sandmann 68
– Der Zusammenhang der Dinge 34–39

– Die Elixiere des Teufels 67, 81
– Die Geschichte vom verlornen Spiegelbilde 80, 125
– Die Jesuiterkirche in G. 80
– Die Serapionsbrüder 34, 135, 137
– Fantasiestücke in Callot's Manier 80, 93, 125, 207
– Lebensansichten des Katers Murr 40
– Nachtstücke 60, 137–139
– Der Magnetiseur 88, 93
– Fragment aus dem Leben dreier Freunde 135–137, 142, 215
– Rat Krespel 137 f., 214
Hölderlin, Friedrich 51
Humboldt, Alexander von 251, 256
– Isis 251

Jean Paul 48
Jenny, Zoë 130, 214

Kafka, Franz 11
– Ein Bericht für eine Akademie 11
Kant, Immanuel 86, 105
– Kritik der Urteilskraft 105
Keller, Gottfried 68, 146, 149, 161–169, 212 f.
– Die Leute von Seldwyla 68, 162
– Frau Regel Amrain und ihr Jüngster 146, 213
– Kleider machen Leute 68, 161–168
Kleist, Heinrich 60, 160
– Das Erdbeben in Chili 160
Klingemann, Ernst August Friedrich 67, 79, 121
– Nachtwachen. Von Bonaventura 67, 79, 121
Koeppen, Wolfgang 9
– Der Tod in Rom 9
Kompert, Leopold 149
König, Franz Nikolaus 73
Kugler, Franz 235
– An der Saale hellem Strande 235

Lindau, Paul 55, 124 f.
– Der König von Sidon 55, 124 f.
Lourtherbourg, Philippe Jacques 73

Ludwig, Otto   60, 67–71., 148, 187
– *Aus dem Regen in die Traufe*   148
– *Zwischen Himmel und Erde*   60, 67–71, 149

Mann, Thomas   153
Mojsisovics, Edmund   1f.
Mörike, Eduard   49
– *Maler Nolten*   49
Mosen, Julius   145
– *Bilder im Moose*   145
Musil, Robert   8

Nesselthaler, Andreas   73f.
– *Hafenlandschaft mit Mond*   74
– *Seelandschaft mit aufgehendem Mond*   74
Nötel, Louis   167–169
– *Eine Gespenstergeschichte*   168
– *Eine Nacht im „Elend"*   169
– *Vom Theater*   167f.
Novalis (Friedrich von Hardenberg)   44, 60, 62, 76f., 81, 179
– *Blüthenstaub*   44
– *Die Christenheit oder Europa*   62
– *Die Lehrlinge zu Sais*   81
– *Heinrich von Ofterdingen*   81, 145

Oken, Lorenz   251

Poe, Edgar Allen   229f.
– *Annabel Lee*   229

Raabe, Wilhelm   26f., 149, 168, 212, 241–247, 249, 254
– *Else von der Tanne*   26f., 241–247, 249, 254
Rabelais, Francois   42
Rank, Joseph   149
Reil, Johann Christian   65f.
– *Rhapsodieen über die Anwendung der psychischen Curmethode auf Geisteszerrüttungen*   65
Riehl, Wilhelm Heinrich   21f., 149, 160f., 186f., 211–213
– *Amphion*   211–213
– *Burg Neideck*   149
– *Der Hausbau*   186f.
– *Durch tausend Jahre. Fünfzig kulturgeschichtliche Novellen*   21, 149, 187, 211
– *Gespensterkampf*   21f., 160f.
Rilke, Rainer Maria   8

Saar, Ferdinand von   174, 188
– *Schloß Kostenitz*   188
– *Vae Victis!*   174, 188
Sacher-Masoch, Leopold von   135
– *Venus im Pelz*   135
Sartre, Jean-Paul   8
Schiller, Friedrich   103, 191f.
– *Über die ästhetische Erziehung des Menschen in einer Reihe von Briefen*   103, 192
Schlegel, August Wilhelm   251
Schlegel, Dorothea   81
– *Florentin*   81
Schlegel, Friedrich   44f., 61, 92f., 179, 214
– *Athenäum*   44f.
– *Lyceumsfragmente*   93
– *Über die Unverständlichkeit*   61
Schmidt, Georg Philipp   77, 240, 244
– *Des Fremdlings Abendlied*   77, 244
Schmidt, Julian   149
Schnitzler, Arthur   153
Schönthau, Franz von   182f.
– *Die Geschichte zu einer Pointe*   182f.
Schubert, Franz   77
– *Der Wanderer*   77
Schubert, Gotthilf Heinrich   103, 113, 129, 144, 223
– *Ansichten von der Nachtseite der Naturwissenschaft*   103, 144, 223
Schwab, Gustav   51
Seidel, Heinrich   12, 52–56, 58f., 150, 194–198, 202–204, 214f.
– *Daniel Siebenstern*   204
– *Das alte Haus*   214f.
– *Der Gartendieb*   12
– *Leberecht Hühnchen*   55f., 194–197, 202f.
– *Rotkehlchen*   52–54, 58, 197f.
Shakespeare, William   183
– *Viel Lärmen um Nichts*   183
Simmel, Georg   6
– *Soziologie des Raums*   6f.